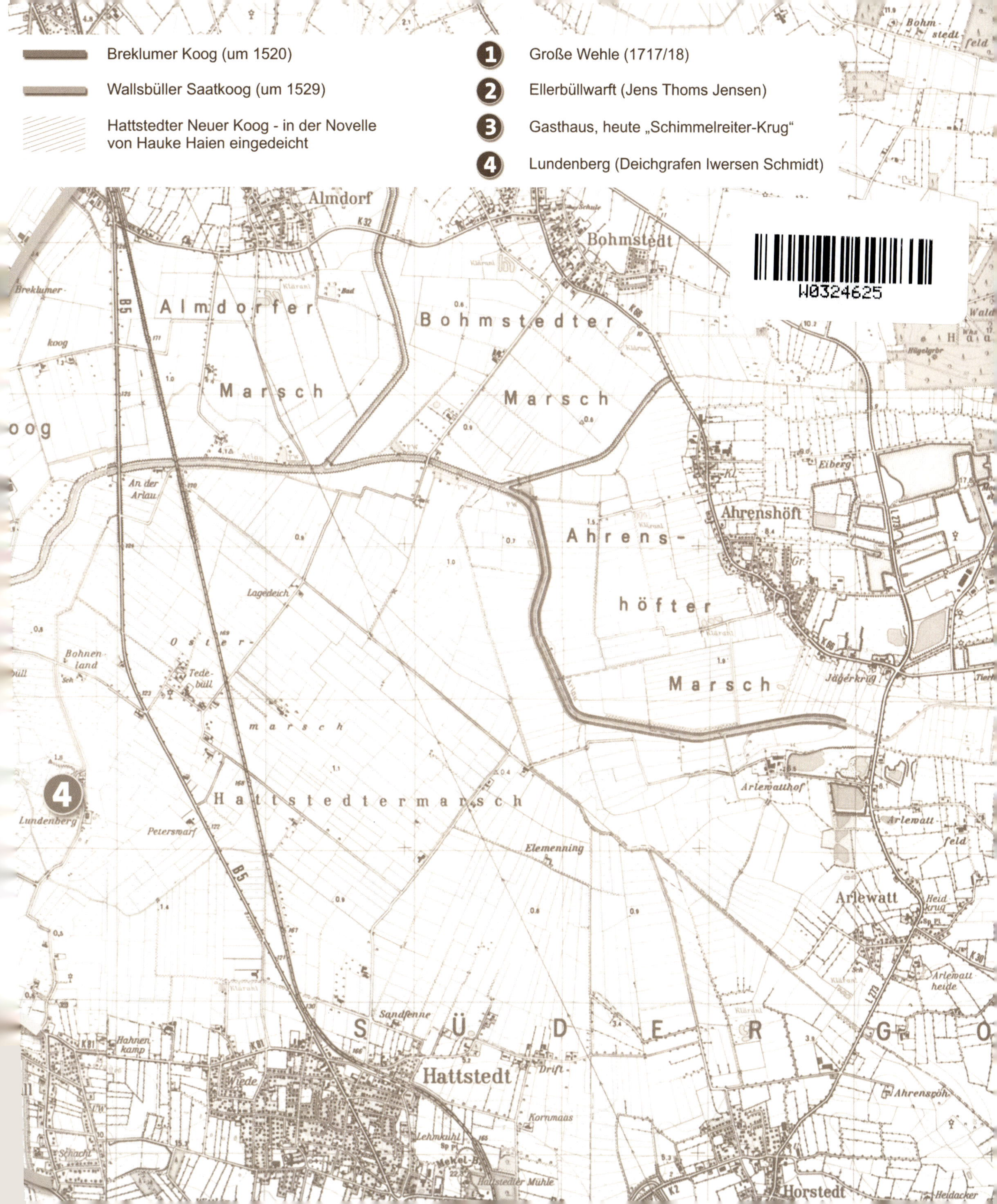

Breklumer Koog (um 1520)
Wallsbüller Saatkoog (um 1529)
Hattstedter Neuer Koog - in der Novelle von Hauke Haien eingedeicht
1 Große Wehle (1717/18)
2 Ellerbüllwarft (Jens Thoms Jensen)
3 Gasthaus, heute „Schimmelreiter-Krug“
4 Lundenberg (Deichgrafen Iwersen Schmidt)
Almdorf
Bohmstedt
Almdorfer Marsch
Bohmstedter Marsch
Ahrenshöfter Marsch
Ahrenshöft
Breklumer-koog
An der Arlau
Lagedeich
Bohnenland
Tedebüll
Ostermarsch
Hattstedtermarsch
Lundenberg
Elemenning
Jägerkrug
Eiberg
Arlewatthof
Arlewatt
Arlewattfeld
Heidkrug
Arlewattheide
Sandfenne
SÜDERGO
Hahnenkamp
Wiede
Hattstedt
Drift
Kornmaas
Lehmkuhl
Schacht
Hattstedter Mühle
Horstedt
Heidacker
B5
K32
K66
K81
L273

ERICH
SCHMIDT
VERLAG

Storm-Porträt aus der Mappe von Alex Eckener, 1939

Theodor Storm:

Der Schimmelreiter

Eine kommentierte Leseausgabe

Herausgegeben
und erläutert von
Gerd Eversberg

Mit den
Radierungen von
Alex Eckener

Erich Schmidt Verlag

Bibliografische Information der Deutschen Nationalbibliothek
Die Deutsche Nationalbibliothek verzeichnet diese Publikation in der Deutschen Nationalbibliografie; detaillierte bibliografische Daten sind im Internet über http://dnb.d-nb.de abrufbar.

Weitere Informationen zu diesem Titel finden Sie im Internet unter ESV.info/978 3 503 15572 9

Der Text folgt der ersten Buchausgabe: „Der Schimmelreiter./----/ Novelle/von/Theodor Storm./Berlin./Verlag von Gebrüder Paetel./ 1888" (mit der Widmung: „Meinem Sohn/Ernst Storm,/Rechtsanwalt und Notar/in Husum/zugeeignet"). Die „Druckfehler-Berichtigung" (S. 223) wurde eingearbeitet. Die erste Buchausgabe weist eine ungleiche Schreibweise von „anderen" auf; diese Uneinheitlichkeit wurde beibehalten. Einige andere wechselnden Schreibungen wurden vereinheitlicht und offensichtliche Druckfehler sowie Versehen Storms korrigiert.

Der Text wurde unter Beibehaltung des Lautstandes, der Groß- und Kleinschreibung, der Getrennt- und Zusammenschreibung sowie der Zeichensetzung den Regeln der reformierten Rechtschreibung angepasst. Die Reihenfolge von Komma und Anführungszeichen wurde heutiger Gepflogenheit angeglichen.

Über sämtliche Texteingriffe gibt die historisch-kritische Edition Auskunft, die – herausgegeben von Gerd Eversberg – unter dem Titel „Der Schimmelreiter. Novelle von Theodor Storm" 2014 im Erich Schmidt Verlag, Berlin erschien.

Gedrucktes Werk: ISBN 978 3 503 15572 9

Dieses Papier erfüllt die Frankfurter Forderungen der Deutschen Nationalbibliothek und der Gesellschaft für das Buch bezüglich der Alterungsbeständigkeit und entspricht sowohl den strengen Bestimmungen der US Norm Ansi/Niso Z 39.48-1992 als auch der ISO-Norm 9706.

Satz: Tozman Satz & Grafik, Berlin
Druck und Bindung: Hubert & Co., Göttingen

Titelblatt der Mappe von Alex Eckener, 1939

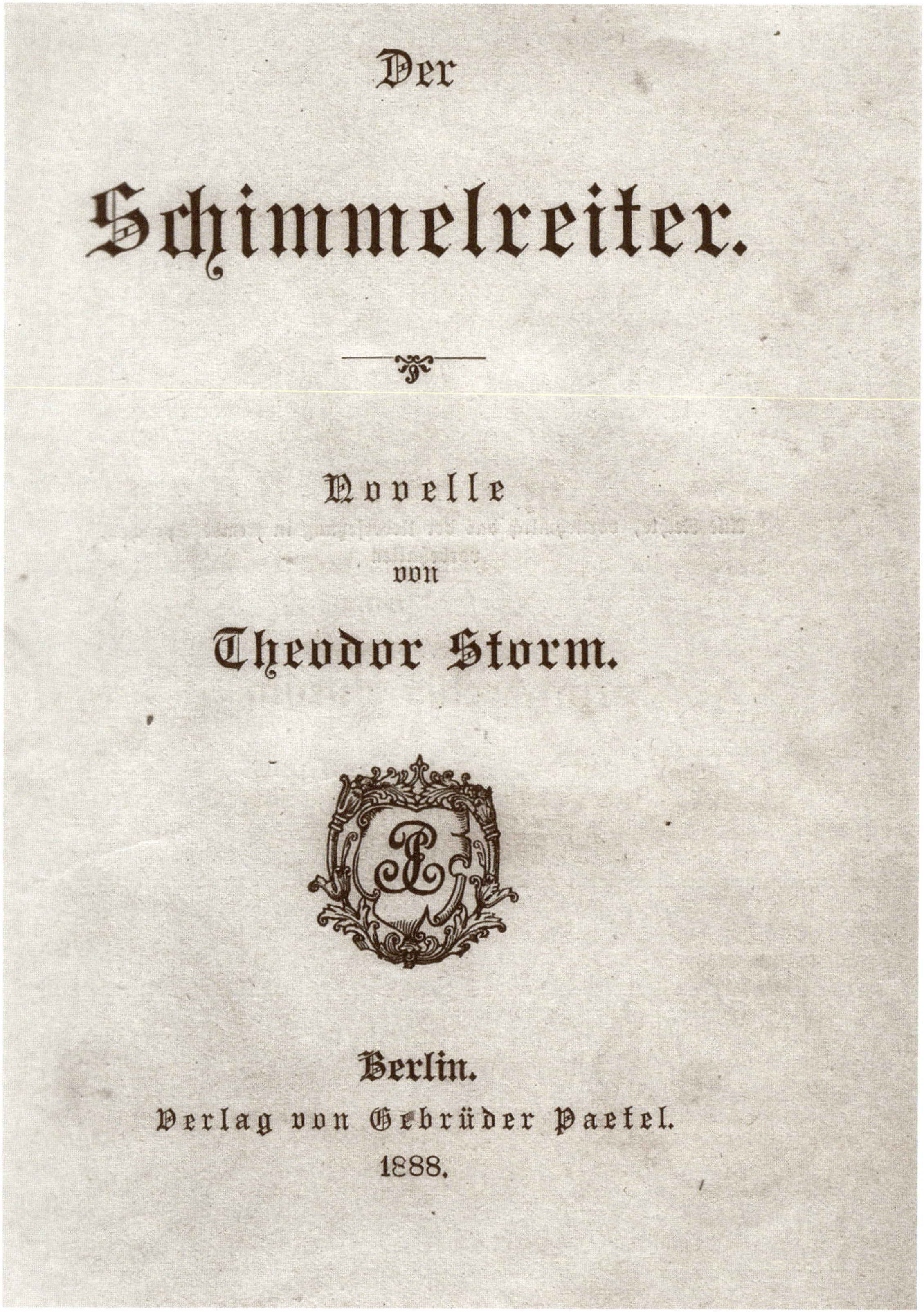

Der

Schimmelreiter.

Novelle

von

Theodor Storm.

Berlin.

Verlag von Gebrüder Paetel.

1888.

Titelblatt der ersten Buchausgabe

Vorwort

Der Deichgraf Hauke Haien verkörpert für viele den Widerstand der Menschen an der Westküste Schleswig-Holsteins gegen die ständigen Angriffe der Nordsee. Sein neues Deichprofil und sein Scheitern werden seit dem Erscheinen von Storms Novelle „Der Schimmelreiter" (1888) bis heute glorifiziert. Das Bild von Hauke Haien hat sich von seinem literarischen Vorbild längst gelöst und ist zur kollektiven Vorstellung einer Kulturgemeinschaft geworden, die in ihm eine regionale Sagengestalt erkennen will. Der Charakter, den man seit mehr als einhundert Jahren auf ihn projiziert, schillert zwischen dem Bild einer charismatischen Führergestalt und eines faustischen Übermenschen, zwischen genialem Schöpfertum und tragischem Scheitern.

Storms Erfolgsnovelle wird seit hundert Jahren im Deutschunterricht gelesen und findet unter Literaturinteressierten viele Freunde. Für pädagogische Zwecke ist es erforderlich, dass ein vor 125 Jahren erstmals veröffentlichter Text kommentiert wird, um heutigen Lesern unbekannte Namen und Begriffe, Bilder und Redewendungen zu erläutern. Anders ist es bei Lesern, die sich für Texte des poetischen Realismus des 19. Jahrhunderts interessieren. Sie möchten wissen, wo der Schimmelreiter entlang ritt, und nacherleben, wo und wie Storms bekannteste Gestalt gelebt und gewirkt hat. Kaum eine andere literarische Figur hat sich in den Köpfen der Leser so realistisch eingeprägt wie Storms „Schimmelreiter". Die Landschaft an der Küste Nordfrieslands ist ohne den Deichbaumeister Hauke Haien und ohne den Spuk des gespenstischen Reiters für viele nicht mehr vorstellbar.

Auf solche Interessen geht der Kommentar dieser Leseausgabe ein; die von Storm während der Niederschrift vorgestellten Regionen Nordfrieslands und die von ihm beschriebenen historischen Ereignisse werden Schritt für Schritt erläutert. Die Sturmfluten und der dramatische Kampf der Marschbauern für den Erhalt ihrer Köge vom späten 15. bis in die Mitte des 18. Jahrhunderts bilden den Zeithintergrund der Novelle. Storm inszenierte die Novellenhandlung in erfundenen Räumen, in denen er Personen auftreten lässt, deren Vorbilder aus der Geschichte Nordfrieslands stammen. Die Handlungsorte: den Hattstedter Neuen Koog, den Deichgrafenhof, das Geestdorf mit seinem Krug, der Kirche und dem Friedhof sowie das Gasthaus am Deich hat Storm bis ins Detail der Wirklichkeit nachgebildet, aber zugleich nach erzähllogischen Notwendigkeiten zu einem neuen Gesamtbild zusammengefügt.

Theodor Storm (geboren 1817 in Husum) war schon früh mit Fragen des Deichbaus und der Verwaltung von Kögen vertraut, da sein Vater „Deichbandcommittirter" war und die Südermarsch verwaltete, einen Koog südlich von Husum. Als Rechtsanwalt nahm er in Vertretung seines Vaters in den 1840er Jahren selber juristische Deichangelegenheiten wahr. Nachdem er sich zu Beginn des Jahres 1885 entschlossen hatte, aus einer Gespenstergeschichte vom Schimmelreiter eine Novelle zu formen, in der er die Geschichte des Deichbaus an der Westküste Schleswig-Holsteins darstellen wollte, vertiefte er sich in ein gründliches Quellenstudium und suchte bei Fachleuten Rat. Storm benutzte für sein Projekt mehr als 50 Quellentexte, darunter regionale Chroniken, Texte zum Deichrecht und zur Technik des Deichbaus, Landesbeschreibungen sowie volkskundliche und literarische Werke.

Der Autor hat seine Hauptfigur, den Bauernsohn und späteren Deichgrafen Hauke Haien, nach dem Vorbild einer Reihe von tatkräftigen Männern gestaltet, von deren Vorzügen er gelesen hat oder denen er persönlich begegnet ist. Mit der Niederschrift der Novelle begann er im Juli 1887. Storms schwere Magenkrankheit bestimmte ihn, gegen den drohenden Tod anzuschreiben; im Herbst begann er mit der Reinschrift und konnte die Novelle Ende Januar fertig stellen. Am 9. Februar 1888 schickte er das Manuskript an den Verlag. „Der Schimmelreiter" erschien im April und Mai 1888 in zwei Teilen in der literarischen Zeitschrift „Deutsche Rundschau". Bereits Mitte Mai las der Dichter die Korrekturen der Buchausgabe und fügte zum besseren Verständnis Worterklärungen „Für binnenländische Leser“ hinzu. Anfang Juni unterschrieb er den Verlagsvertrag für die Buchausgabe, die im Herbst 1888 ausgeliefert wurde. Theodor Storm starb im Alter von knapp 71 Jahren am 4. Juli 1888 in Hademarschen und erlebte das Erscheinen der ersten Buchausgabe nicht mehr.

Nach einer zunächst zögerlichen Aufnahme wurde das Buch zu einem Bestseller und erreichte in zwei Ausgaben bis zum Ende des deutschen Kaiserreichs je 30 Auflagen; insgesamt wurden ca. 60.000 Exemplare verkauft. Nach der Aufhebung des Autorenschutzes im Jahre 1917 erschienen immer mehr Einzelausgaben von Storms Erzählungen; der „Schimmelreiter“ wurde bald zur meistgelesenen Novelle Storms. In fast jeder Auswahlausgabe der Novellen ist dieser Text enthalten und bald wurde er auch beliebte Schullektüre. Der Text wurde in zahlreiche Sprachen übersetzt.

Die Literaturwissenschaft hat in den 1990er Jahren verstärkt auf die Erzählstruktur der Novelle geachtet und sieht die Bedeutung vor allem in der Mehrdeutigkeit des Textes, der dem Leser unterschiedliche Sichtweisen auf Hauke Haien und seine Welt ermöglicht. Storm gibt keine eindeutige Erklärung für das, was sein Held tut und erleidet, er lässt aber eine Vielzahl von Erzählern über Ereignisse sprechen, deren Authentizität an keiner Stelle verbürgt ist. Der Erzählvorgang selbst ist für die gesamte Novellistik Storms bedeutsam; Erzählen und Erinnern werden zu zentralen Mitteln seiner realistischen Darstellung. Dadurch erreicht der Autor eine Nähe zum mündlichen Erzählen.

In der kunstvoll geschachtelten Rahmenerzählung werden die Ereignisse um den Deichgrafen Hauke Haien von drei Erzählern mitgeteilt. In einem äußeren Rahmen berichtet der namenlose Erzähler von seiner Jugendzeit, in der er auf die Geschichte vom gespenstischen Reiter beim Durchblättern von Zeitschriften gestoßen sein will; der Erzähler beschreibt die Erinnerung an die Lektüre aber so, als ob es sich um eine mündliche Erzählung gehandelt habe. Er lässt nun diese Ereignisse von einem Reisenden erzählen, dem beim Ritt über den Deich bei einer Sturmflut ein Gespenst erscheint. In einem Gasthof entfaltet erst der dritte Erzähler, ein alter Schulmeister, die Geschichte von Hauke Haien als mündlichen Bericht.

Bei einer so vielgestaltigen Erzähltechnik vermischen sich die erfundenen Szenen und Ereignisse mit geografischen Orten und historischen Begebenheiten. Das Mittel, um den Leser schließlich über das aus verschiedenen Perspektiven erzählte Geschehen im Unklaren zu lassen, ist die Fiktion des mündlichen Erzählens. Sie eröffnet unterschiedliche, ja konträre Deutungsmöglichkeiten. Der Kommentar will auf solche Beziehungen aufmerksam machen und dem Leser helfen, die Frage nach der Ursache von Hauke Haiens Untergang zu beantworten.

An den fortlaufenden Kommentar schließen sich sechs Kapitel an, in denen detailliert über Entstehung und Nachwirkung der Novelle Auskunft gegeben wird. Grundlagen dieser Darstellung bilden die langjährigen Forschungsarbeiten des Verfassers.

Der Leseausgabe sind Illustrationen des aus Flensburg stammenden Malers und Grafikers Alex Eckener (1870–1944) beigegeben, die dieser um das Jahr 1938 für eine geplante illustrierte Ausgabe des „Schimmelreiters“ geschaffen hat. Auch über dieses Projekt informiert der Anhang.

Eine Liste der im Kommentar und im Anhang verwendeten Abkürzungen befindet sich vor dem Literaturverzeichnis auf S. 210. Dort werden auch die Abkürzungen aufgelöst, mit denen die Zitate aus Briefbänden und aus anderer Literatur notiert sind.

Die Abbildungen in diesem Buch stammen, soweit nicht anders angegeben, aus dem Storm-Archiv, Husum. Für die Erlaubnis, weitere Dokumente abzubilden, danken wir den genannten Personen und Institutionen.

Ein Dank für die freundliche Unterstützung gilt Frau Dr. Kornelia Küchmeister, die den Storm-Nachlass in der Schleswig-Holsteinischen Landesbibliothek, Kiel betreut, und der Bibliothekarin den Storm-Archivs, Husum, Frau Elke Jacobsen.

Inhaltsverzeichnis

Meinem Sohn

Ernst Storm,

Rechtsanwalt und Notar
in Husum

zugeeignet.

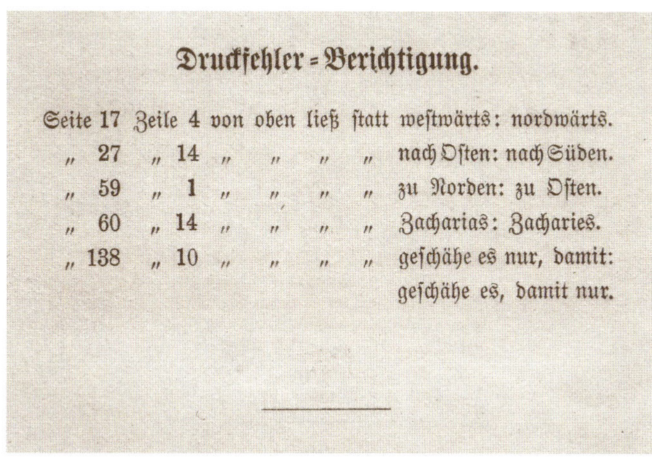
Druckfehler-Berichtigung.

Seite 17 Zeile 4 von oben lies statt westwärts: nordwärts.
„ 27 „ 14 „ „ „ „ nach Osten: nach Süden.
„ 59 „ 1 „ „ „ „ zu Norden: zu Osten.
„ 60 „ 14 „ „ „ „ Zacharias: Zacharies.
„ 138 „ 10 „ „ „ „ geschähe es nur, damit: geschähe es, damit nur.

Widmung der ersten Buchausgabe und Druckfehler-Verzeichnis

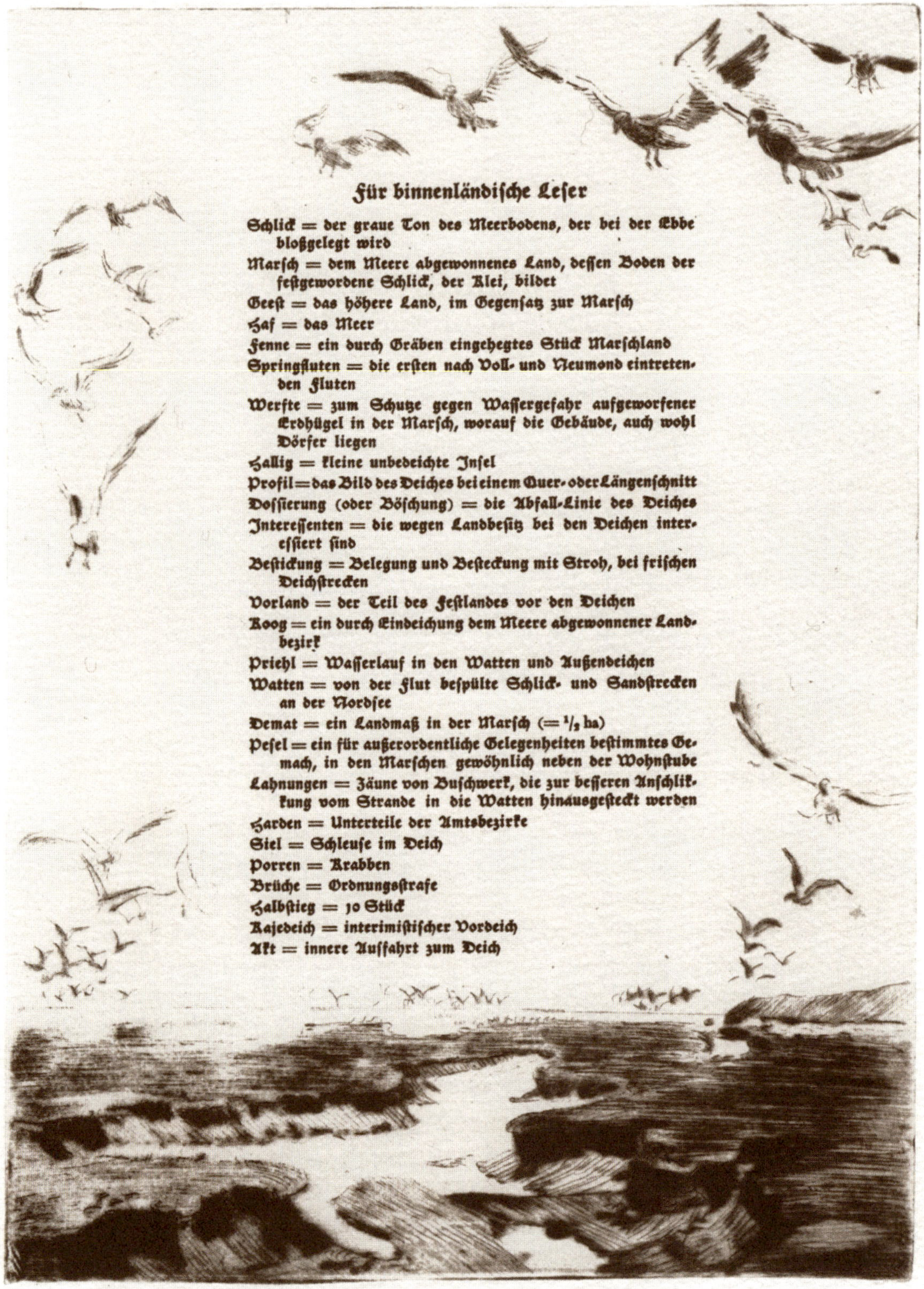

Radierung von Alex Eckener mit verändertem Text der Hinweise „Für binnenländische Leser"

Der Schimmelreiter
Novelle von Theodor Storm

Im Februar 1888 schickte Storm die Korrekturbogen des Erstdrucks in der „Deutschen Rundschau" an den Literaturwissenschaftler Erich Schmidt nach Berlin. Über dessen Reaktion berichtete er am 6. Mai seinem Verleger Elwin Paetel: „Erich Schmidt und der Züricher Prof. Baechthold sind ein wenig durch die ‚Deichlandsprache' im Lesen gehindert worden, meinen aber doch, daß die Sache dadurch so ‚echt' werde." (Br. Paetel; S. 257f.) *An Erich Schmidt schrieb er am 18. Mai: „In puncto der ‚Landesdeichsprache' werde ich für meine Binnenlandsfreunde am Schlusse der Buchausgabe einige Worterklärungen bringen; und so hoffentlich auch Freund Baechthold zufriedenstellen."* (Br. Schmidt, Bd. 2, S. 149.) *In der Buchausgabe wurden diese Erläuterungen schließlich dem Text vorangestellt.*

Für binnenländische Leser.

Schlick, der graue Ton des Meerbodens, der bei der Ebbe bloßgelegt wird.

Marsch, dem Meere abgewonnenes Land, dessen Boden der festgewordene Schlick, der Klei, bildet.

Geest, das höhere Land im Gegensatz zur Marsch.

Haf, das Meer.

Fenne, ein durch Gräben eingehegtes Stück Marschland.

Springfluten, die ersten nach Voll- und Neumond eintretenden Fluten.

Werfte, zum Schutze gegen Wassergefahr aufgeworfener Erdhügel in der Marsch, worauf die Gebäude, auch wohl Dörfer liegen.

Hallig, kleine unbedeichte Insel.

Profil, das Bild des Deiches bei einem Quer- oder Längenschnitt.

Dossierung (oder Böschung), die Abfall-Linie des Deiches.

Interessenten, die wegen Landbesitz bei den Deichen interessiert sind.

Bestickung, Belegung und Besteckung mit Stroh bei frischen Deichstrecken.

Vorland, der Teil des Festlandes vor den Deichen.

Koog, ein durch Eindeichung dem Meere abgewonnener Landbezirk.

Priel, Wasserlauf in den Watten und Außendeichen.

Watten, von der Flut bespülte Schlick- und Sandstrecken an der Nordsee.

Demat, ein Landmaß in der Marsch.

Pesel, ein für außerordentliche Gelegenheiten bestimmtes Gemach, in den Marschen gewöhnlich neben der Wohnstube.

Lahnungen, Zäune von Buschwerk, die zur besseren Anschlickung vom Strande in die Watten hinausgesteckt werden.

Storm verwendete für 14 seiner insgesamt 19 Erläuterungen das vierbändige „Holsteinische Idiotikon" von Johann Friedrich Schütze, ein regionales Mundart-Wörterbuch mit plattdeutschen Wortformen und Redensarten, das zwischen 1800 und 1806 in Hamburg erschienen war.

17/20

Was ich zu berichten beabsichtige, ist mir vor reichlich einem halben Jahrhundert im Hause meiner Urgroßmutter, der alten Frau Senator Feddersen, kund geworden, während ich, an ihrem Lehnstuhl sitzend, mich mit dem Lesen eines in blaue Pappe eingebundenen Zeitschriftenheftes beschäftigte; ich vermag mich nicht mehr zu entsinnen, ob von den „Leipziger" oder von „Pappes Hamburger Lesefrüchten". Noch fühl' ich es gleich einem Schauer, wie dabei die linde Hand der über Achtzigjährigen mitunter liebkosend über das Haupthaar ihres Urenkels hinglitt. Sie selbst und jene Zeit sind längst begraben; vergebens auch habe ich seitdem jenen Blättern nachgeforscht, und ich kann daher um so weniger weder die Wahrheit der Tatsachen verbürgen, als, wenn Jemand sie bestreiten wollte, dafür aufstehen; nur so viel kann ich versichern, dass ich sie seit jener Zeit, obgleich sie durch keinen äußeren Anlass in mir aufs Neue belebt wurden, niemals aus dem Gedächtnis verloren habe.

**
*

Storms Urgroßmutter Elsabe Feddersen lebte mit ihrem Mann, dem Brauer, Kaufmann und Senator Johann Christian Feddersen, in einem alten Bürgerhaus am Husumer Hafen, das Storm mehrfach als Handlungskulisse seiner Novellen verwendet hat.

Haus der Urgroßeltern Storms in Husum, Schiffbrücke/Ecke Twiete. Foto aus der zweiten Hälfte des 19. Jahrhunderts.

Pappes Hamburger Lesefrüchte: Im April 1838, erschien in der Zeitschrift „Danziger Dampfboot" ein „Reiseabenteuer" unter dem Titel: „Der gespenstige Reiter". In ihr wird von einem Kaufmann berichtet, dem auf dem Wege von Danzig nach Marienburg an der Güttlander Weichselfähre ein Reiter auf weißem Pferd erscheint. Die Männer, die hier bei Eisgang Wache halten, erzählen ihm von einem Deichgeschworenen, der sich mit seinem Pferd in den Bruch gestürzt habe, nachdem er die Schuld für den schlecht gewarteten Deich auf sich genommen hat. Ross und Reiter erscheinen bis heute als gespenstiges Warnzeichen vor einem drohenden Deichbruch.

Im selben Jahr druckte der Hamburger Zeitschriftenverleger J.J.C. Pappe die Gespenstergeschichte aus Preußen im Band 2 des Jahrgangs 1838 seiner „Lesefrüchte vom Felde der neuesten Literatur des In- und Auslandes" wieder ab. In dieser Fassung hat Storm die Erzählung gelesen.

Die Ereignisse, von denen der Ich-Erzähler berichtet, fanden in den 1820er Jahren statt. Im äußeren Rahmen erinnert er sich an seine Kindheit und an die Lektüre einer Erzählung, die 1838 im Druck erschien. Trotz der autobiographischen Hinweise handelt es sich um eine Fiktion und nicht um Storms Kindheitserinnerungen, denn in diesem Jahr war Storms Urgroßmutter bereits seit zehn Jahren tot.

Elsabe Feddersen, geb. Thomsen (1741–1829), Silhouette um 1788.

Der „damalige Erzähler" wird als Verfasser der Geschichte vorgestellt, die der Erzähler des äußeren Rahmens als Kind im Hause seiner Urgroßmutter gelesen hat. Bei dem Ich-Erzähler des inneren Rahmens handelt sich wohl um einen Kaufmann, der zum ersten Mal an der Westküste Nordfrieslands in Richtung Husum entlangreitet.

Ein Deich (nd. dîk: Damm) ist ein Bauwerk, das als künstlich aufgeschütteter Damm längs eines Flusses oder Meerufers liegt.

Das Wattenmeer der Nordsee ist eine im Wirkungsbereich der Gezeiten liegende Landschaft zwischen Dänemark im Norden und Holland im Südwesten.

Halligen sind kleine Inseln, die nicht durch Deiche vor Überflutung geschützt werden.

Es war im dritten Jahrzehnt unseres Jahrhunderts, an einem Oktober-Nachmittag – so begann der damalige Erzähler – als ich bei starkem Unwetter auf einem nordfriesischen Deich entlang ritt. Zur Linken hatte ich jetzt schon seit über einer Stunde die öde, bereits von allem Vieh geleerte Marsch, zur Rechten, und zwar in unbehaglichster Nähe, das Wattenmeer der Nordsee; zwar sollte man vom Deiche aus auf Halligen und Inseln sehen können; aber ich sah nichts als die gelbgrauen Wellen, die unaufhörlich wie mit Wutgebrüll an den Deich hinaufschlugen und mitunter mich und das Pferd mit schmutzigem Schaum bespritzten; dahinter wüste Dämmerung, die Himmel und Erde nicht unterscheiden ließ; denn auch der halbe Mond, der jetzt in der Höhe stand, war meist von treibendem Wolkendunkel überzogen. Es war eiskalt; meine verklommenen Hände konnten kaum den Zügel halten, und ich verdachte es nicht den Krähen und Möwen, die sich fortwährend krächzend und gackernd vom Sturm ins Land hinein treiben ließen. Die Nachtdämmerung hatte begonnen, und schon konnte ich nicht mehr mit Sicherheit die Hufen meines Pferdes erkennen; keine Menschenseele war mir begegnet, ich hörte nichts als das Geschrei der Vögel, wenn sie mich oder meine treue Stute fast mit den langen Flügeln streiften, und das Toben von Wind und Wasser. Ich leugne nicht, ich wünschte mich mitunter in sicheres Quartier.

Das Wetter dauerte jetzt in den dritten Tag, und ich hatte mich schon über Gebühr von einem mir besonders lieben Verwandten auf seinem Hofe halten lassen, den er in einer der nördlicheren Harden besaß. Heute aber ging es nicht länger; ich hatte Geschäfte in der

Stadt, die auch jetzt wohl noch ein paar Stunden weit nach Süden vor mir lag, und trotz aller Überredungskünste des Vetters und seiner lieben Frau, trotz der schönen selbstgezogenen Perinette- und Grand-Richard-Äpfel, die noch zu probieren waren, am Nachmittag war ich davongeritten. „Wart' nur, bis Du ans Meer kommst", hatte er noch aus seiner Haustür mir nachgerufen; „Du kehrst noch wieder um; Dein Zimmer wird Dir vorbehalten!"

Und wirklich, einen Augenblick, als eine schwarze Wolkenschicht es pechfinster um mich machte, und gleichzeitig die heulenden Böen mich samt meiner Stute vom Deich herabzudrängen suchten, fuhr es mir wohl durch den Kopf: „Sei kein Narr! Kehr' um und setz' Dich zu Deinen Freunden ins warme Nest." Dann aber fiel's mir ein, der Weg zurück war wohl länger als der nach meinem Reiseziel; und so trabte ich weiter, den Kragen meines Mantels um die Ohren ziehend.

Jetzt aber kam auf dem Deiche etwas gegen mich heran; ich hörte nichts; aber immer deutlicher, wenn der halbe Mond ein karges Licht herabließ, glaubte ich eine dunkle Gestalt zu erkennen, und bald, da sie näher kam, sah ich es, sie saß auf einem Pferde, einem hochbeinigen hageren Schimmel; ein dunkler Mantel flatterte um ihre Schultern, und im Vorbeifliegen sahen mich zwei brennende Augen aus einem bleichen Antlitz an.

Wer war das? Was wollte der? – Und jetzt fiel mir bei, ich hatte keinen Hufschlag, kein Keuchen des Pferdes vernommen; und Ross und Reiter waren doch hart an mir vorbeigefahren!

Harden (dänisch herred) hießen die Gerichts- und Verwaltungsbezirke im Herzogtum Schleswig.

Mit der Stadt, zu der der Reisende reitet, ist Husum gemeint, der Hauptort der Landschaft Nordfriesland.

Perinette- und Grand-Richard-Äpfel: Als „Renette" oder „Reinette" bezeichnet man eine Gruppe von Apfelsorten mit rauer Schale und feinem Geruch; Grand Richard war an der norddeutschen Küste der Name einer alten Apfelsorte, die heute „Gelber Richard" genannt wird.

keinen Hufschlag, kein Keuchen des Pferdes: Der Reisende hat die Erscheinung nur sehen, nicht aber hören können. Der Erzähler betont nachdrücklich, dass diese fremde Erscheinung dreimal wohl zu sehen, aber nicht zu hören ist. Schon im Erzählrahmen wird dem Leser ein Gespenst vorgeführt, ein Reiter, der auf einem Schimmel bei Sturm über den Deich galoppiert. Später wird deutlich, dass die abergläubischen Marschbewohner das Gespenst für einen Wiedergänger Hauke Haiens halten.

Die Erzählung vom gespenstigen Reiter hat sich tief in Storms Gedächtnis eingeprägt; noch Jahre nach der Lektüre glaubte er, es handele sich um eine nordfriesische Sage. Nach dem Erscheinen der Novelle waren viele Leser davon überzeugt, dass Storm zu seiner Erzählung von einem regionalen Sagenstoff angeregt worden sei. In verschiedene Sagensammlungen wurden sogar „Schimmelreiter-Sagen" aufgenommen, die angeblich bereits vor dem Erscheinen der Novelle in Nordfriesland erzählt wurden. In allen Fällen, in denen eine friesische Sage vom „Schimmelreiter" veröffentlicht wurde, handelt es sich nach meiner textkritischen Überprüfung um Nacherzählungen der literarischen Gespenstererscheinung, die Theodor Storm von der Weichsel an die Westküste Schleswig-Holsteins übertragen hat.

Bereits im Februar 1843 schrieb Storm an seinen Studienfreund Theodor Mommsen „Der Schimmelreiter, so sehr er auch als Deichsage seinem ganzen Charakter nach hier her paßt, gehört leider nicht unserm Vaterlande […]."

(Br. Mommsen, S. 49.)

Binnenseite des Deiches: die dem Land zugewandte Seite.

Eine Wehle bezeichnet einen Teich oder kleinen See, der nach einem Deichbruch auf der Binnenseite im Koog vom hineinstürzenden Meerwasser ausgespült wird. Das Vorbild für die Auskolkung in der Erzählung war die Große Wehle am ursprünglichen Auslauf des Flüsschens Arlau, das die Hattstedter Marsch entwässert. Sie entstand bei der Weihnachtsflut von 1717 und der Eisflut von 1718, als die alten Siele herausgerissen wurden und sich das Meer so tief hinter dem gebrochenen Deich eingrub, dass dieses Loch nicht wieder verfüllt werden konnte.

Das Wasser war, trotz des schützenden Deiches, auffallend unbewegt; dieser Satz Storms ist missverständlich und hat einige Herausgeber veranlasst, das Wort „unbewegt“ in „bewegt“ zu ändern. Ein solcher unberechtigter Texteingriff ist unnötig, wenn der Satz in folgendem Sinne gelesen wird: Die Wasseroberfläche der Wehle hätte auch unmittelbar nach dem Verschwinden des Reiters noch getrübt sein müssen, falls dieser sich in die Wehle gestürzt hätte.

Das friesische Bauernhaus vereint als Langhaus Wohn- und Wirtschaftsteil unter einem Dach und ist von der Mitte her zugänglich. Der Erzähler kommt von Norden auf dem alten Deich geritten, sieht linkerhand eine Wehle und weiter südlich unmittelbar vor dem Anschluss des neuen Kooges ein Wirtshaus. Das Vorbild für dieses Wirtshaus liegt am südlichen Ende des Hattstedter Neuen Kooges auf der Sterdebüller Düneninsel, wird in der Erzählfiktion aber an die Nordostecke des neuen Kooges verlegt.

Der Knecht spricht Plattdeutsch: „Das ist wohl so etwas (wie eine Versammlung). […] Deichgraf und Gevollmächtigte und welche von den anderen Interessenten! Es geht um die Wasserflut!“

Um 1830 hatte die niederdeutsche Sprache das bis in die zweite Hälfte des 18. Jahrhunderts in der Hattstedter Marsch gesprochene Friesische weitgehend ersetzt.

In Gedanken darüber ritt ich weiter; aber ich hatte nicht lange Zeit zum Denken; schon fuhr es von rückwärts wieder an mir vorbei; mir war, als streifte mich der fliegende Mantel, und die Erscheinung war, wie das erste Mal, lautlos an mir vorüber gestoben. Dann sah ich sie fern und ferner vor mir; dann war's, als säh' ich plötzlich ihren Schatten an der Binnenseite des Deiches hinuntergehen.

Etwas zögernd ritt ich hinterdrein. Als ich jene Stelle erreicht hatte, sah ich hart am Deich im Kooge unten das Wasser einer großen Wehle blinken – so nennen sie dort die Brüche, welche von den Sturmfluten in das Land gerissen werden, und die dann meist als kleine, aber tiefgründige Teiche stehen bleiben.

Das Wasser war, trotz des schützenden Deiches, auffallend unbewegt; der Reiter konnte es nicht getrübt haben; ich sah nichts weiter von ihm. Aber ein Anderes sah ich, das ich mit Freuden jetzt begrüßte: vor mir, von unten aus dem Kooge, schimmerten eine Menge zerstreuter Lichtscheine zu mir herauf; sie schienen aus jenen langgestreckten friesischen Häusern zu kommen, die vereinzelt auf mehr oder minder hohen Werften lagen; dicht vor mir aber auf halber Höhe des Binnendeiches lag ein großes Haus derselben Art; an der Südseite, rechts von der Haustür, sah ich alle Fenster erleuchtet; dahinter gewahrte ich Menschen und glaubte trotz des Sturmes sie zu hören. Mein Pferd war schon von selbst auf den Weg am Deich hinabgeschritten, der mich vor die Tür des Hauses führte. Ich sah wohl, dass es ein Wirtshaus war; denn vor den Fenstern gewahrte ich die sogenannten „Ricks“, das heißt auf zwei Ständern ruhende Balken mit großen eisernen Ringen, zum Anbinden des Viehes und der Pferde, die hier Halt machten.

Ich band das meine an einen derselben und überwies es dann dem Knechte, der mir beim Eintritt in den Flur entgegenkam. „Ist hier Ver-

sammlung?“ frug ich ihn, da mir jetzt deutlich ein Geräusch von Menschenstimmen und Gläserklirren aus der Stubentür entgegendrang.

„Is wull so wat“, entgegnete der Knecht auf Plattdeutsch – und ich erfuhr nachher, dass dieses neben dem Friesischen hier schon seit über hundert Jahren im Schwange gewesen sei – „Diekgraf un Gevollmächtigten un wecke von de annern Intressenten! Dat is um't hoge Wâter!“

Als ich eintrat, sah ich etwa ein Dutzend Männer an einem Tische sitzen, der unter den Fenstern entlang lief; eine Punschbowle stand darauf, und ein besonders stattlicher Mann schien die Herrschaft über sie zu führen.

Ich grüßte und bat, mich zu ihnen setzen zu dürfen, was bereitwillig gestattet wurde. „Sie halten hier die Wacht!“ sagte ich, mich zu jenem Manne wendend; „es ist bös Wetter draußen; die Deiche werden ihre Not haben!“

„Gewiss“, erwiderte er; „wir, hier an der Ostseite, aber glauben jetzt außer Gefahr zu sein; nur drüben an der anderen Seite ist's nicht sicher; die Deiche sind dort meist noch mehr nach altem Muster; unser Hauptdeich ist schon im vorigen Jahrhundert umgelegt. – Uns ist vorhin da draußen kalt geworden, und Ihnen“, setzte er hinzu, „wird es ebenso gegangen sein; aber wir müssen hier noch ein paar Stunden aushalten; wir haben sichere Leute draußen, die uns Bericht erstatten.“ Und ehe ich meine Bestellung bei dem Wirte machen konnte, war schon ein dampfendes Glas mir hingeschoben.

Ich erfuhr bald, dass mein freundlicher Nachbar der Deichgraf sei; wir waren ins Gespräch gekommen, und ich hatte begonnen, ihm meine seltsame Begegnung auf dem Deiche zu erzählen. Er wurde

Der Deichgraf war ein bedeutender Hofbesitzer und leitender Deichaufseher.

Gevollmächtigte nannte man die Vertreter der Interessenten, also der Landbesitzer in einem Koog, die zur Unterhaltung der Deiche verpflichtet sind, und Berater des Deichgrafen.

In einer Terrine wurde Punsch aus Wasser, Rum oder Arrak, Wein, Früchten und Zucker heiß angesetzt. Englische Seefahrer lernten das Getränk in Indien unter der hindustanischen Bezeichnung „pantsch“ (fünf) kennen und nannten es „Punch“. Sie brachten das Getränk im 17. Jahrhundert mit nach Europa. Das Wort Bowle wurde im 18. Jahrhundert dem englischen „bowl“ (Napf) entlehnt, das auf den altenglischen Ausdruck „bolla“ (Schale) zurückgeht.

Das Festland ist die Ostseite des Wattenmeeres zwischen der Hattstedter Marsch und der Insel Nordstrand. Aus dieser Perspektive bezeichnet „drüben an der anderen Seite“ die ebenfalls eingedeichten Marschen der Insel Nordstrand.

Dänische Generalkarte der Nordfriesischen Inseln und Halligen von 1858 (Ausschnitt)

Unter dem „Umlegen“ versteht man die Erneuerung des Deichs, zumeist verbunden mit einer Erhöhung der Deichkrone, wodurch auch ein flacheres Profil auf der Seeseite entstand.

aufmerksam, und ich bemerkte plötzlich, dass alles Gespräch umher verstummt war. „Der Schimmelreiter!" rief einer aus der Gesellschaft, und eine Bewegung des Erschreckens ging durch die Übrigen.

Der Deichgraf war aufgestanden. „Ihr braucht nicht zu erschrecken", sprach er über den Tisch hin; „das ist nicht bloß für uns; anno 17 hat es auch Denen drüben gegolten; mögen sie auf Alles vorgefasst sein!"

Mich wollte nachträglich ein Grauen überlaufen: „Verzeiht!" sprach ich, „was ist das mit dem Schimmelreiter?"

Abseits hinter dem Ofen, ein wenig gebückt, saß ein kleiner hagerer Mann in einem abgeschabten schwarzen Röcklein; die eine Schulter schien ein wenig ausgewachsen. Er hatte mit keinem Worte an der Unterhaltung der Anderen teilgenommen; aber seine bei dem spärlichen grauen Haupthaar noch immer mit dunklen Wimpern besäumten Augen zeigten deutlich, dass er nicht zum Schlaf hier sitze.

Gegen diesen streckte der Deichgraf seine Hand: „Unser Schulmeister", sagte er mit erhobener Stimme, „wird von uns hier Ihnen das am besten erzählen können; freilich nur in seiner Weise und nicht so richtig, wie zu Haus meine alte Wirtschafterin Antje Vollmers es beschaffen würde."

„Ihr scherzet, Deichgraf!" kam die etwas kränkliche Stimme des Schulmeisters hinter dem Ofen hervor, „dass Ihr mir Euern dummen Drachen wollt zur Seite stellen!"

„Ja, ja, Schulmeister!" erwiderte der Andere; „aber bei den Drachen sollen derlei Geschichten am besten in Verwahrung sein!"

Die Gespenstergeschichte, die Storm in den „Hamburger Lesefrüchten" gelesen hatte, geht auf eine Sage von der Weichsel zurück:

Der Deichgeschworne zu Güttland.

[...] Einst im Frühjahre kam, wie oft, die ungeheure Masse des Wassers und des Eises aus der 140 Meilen langen Weichsel und ihren zahlreichen mächtigen Nebenflüssen unerwartet mit furchtbarer Gewalt herab, und bedrohte an vielen Stellen zunächst die Ufer-Gegenden, und dann auch weit entfernte, mit Ueberschwemmung. [...] So ritt jener Deichgeschworne denn in der Zeit der Gefahr auf einem prächtigen Schimmel auf dem Damme längs der unaufhörlich steigenden Flut des Stromes hin und her, die Arbeiten überwachend und hie und da Befehle und Weisungen ertheilend.

Aber so zweckmäßig diese auch sein mochten, und so eifrig und gewissenhaft sie auch zur Ausführung gebracht wurden, im Kampfe gegen das wilde unaufhaltsame Element unterliegt immer wieder und oft genug auch die noch so stark angestrengte Menschenkraft. Durch eine kleine Oeffnung im Damme, wozu oft schon ein Otternloch Veranlassung gegeben hat, schuf sich die ungeheure Wassermasse einen Ausweg in die breite Niederung, um durch Ueberfluthung schreckliche Verwüstungen in den gesegneten Ländern anzurichten. Mit Entsetzen sah jener Deichgeschworne alle seine Bemühung und die von Tausenden vereitelt; er klagte sich, wiewohl mit Unrecht, des Mangels an Umsicht an, daß er auf jene Stelle nicht genügend Acht gegeben, daß durch seine Schuld das blühende Land verwüstet und solche Zerstörungen gemacht seien. Von Verzweiflung übermannt gab er seinem edlen Thiere die Sporen, und mit jähem Sprunge stürzten Roß und Reiter in die schäumenden brausenden Wogen hinab, die sich gleichgültig über ihnen schlossen. Das Volk, voll Bewunderung solcher That, kann den Deichgeschwornen immer noch nicht vergessen; es behauptet, er habe keine Ruhe gefunden und lasse sich namentlich bei gefährlichem Eisgange immer wieder sehen, indem er bei Nachtzeit mit seinem Schimmel in jener Gegend dort in schnellem Trabe oder Galopp den Damm auf- und niedersprenge.

(Danziger Sagenbuch. Hg. von F.A. Bandstätter. Danzig 1883, S. 104f.)

„Freilich!" sagte der kleine Herr; „wir sind hierin nicht ganz derselben Meinung;" und ein überlegenes Lächeln glitt über das feine Gesicht.

„Sie sehen wohl", raunte der Deichgraf mir ins Ohr; „er ist immer noch ein wenig hochmütig; er hat in seiner Jugend einmal Theologie studiert und ist nur einer verfehlten Brautschaft wegen hier in seiner Heimat als Schulmeister behangen geblieben."

Dieser war inzwischen aus seiner Ofenecke hervorgekommen und hatte sich neben mir an den langen Tisch gesetzt. „Erzählt, erzählt nur, Schulmeister", riefen ein paar der Jüngeren aus der Gesellschaft.

„Nun freilich", sagte der Alte, sich zu mir wendend, „will ich gern zu Willen sein; aber es ist viel Aberglaube dazwischen, und eine Kunst, es ohne diesen zu erzählen."

„Ich muss Euch bitten, den nicht auszulassen", erwiderte ich; „traut mir nur zu, dass ich schon selbst die Spreu vom Weizen sondern werde!"

Der Alte sah mich mit verständnisvollem Lächeln an: „Nun also!" sagte er. „In der Mitte des vorigen Jahrhunderts, oder vielmehr, um genauer zu bestimmen, vor und nach derselben, gab es hier einen Deichgrafen, der von Deich- und Sielsachen mehr verstand, als Bauern und Hofbesitzer sonst zu verstehen pflegen; aber es reichte doch wohl kaum; denn was die studierten Fachleute darüber niedergeschrieben, davon hatte er wenig gelesen; sein Wissen hatte er sich, wenn auch von Kindesbeinen an, nur selber ausgesonnen. Ihr hörtet wohl schon, Herr, die Friesen rechnen gut, und habet auch wohl schon über unseren Hans Mommsen von Fahretoft reden hören, der ein Bauer war und doch Bussolen und Seeuhren, Teleskopen und Orgeln machen konnte. Nun, ein Stück von solch' einem Manne war auch der Vater des nachherigen Deichgrafen gewesen; freilich wohl nur ein kleines. Er hatte ein paar Fennen, wo er Rapps und Bohnen baute, auch eine Kuh gras'te, ging unterweilen im Herbst und Frühjahr auch aufs Landmessen und saß im Winter, wenn der Nordwest von draußen kam und an seinen Läden rüttelte, zu ritzen und zu prickeln, in seiner Stube. Der Junge saß meist dabei und sah über seine Fibel oder Bibel weg dem Vater zu, wie er maß und berechnete, und grub sich mit der Hand in seinen blonden Haaren. Und eines Abends frug er den Alten, warum denn das, was er eben hingeschrieben hatte, gerade so sein müsse und nicht anders sein könne, und stellte dann eine eigene Meinung darüber auf. Aber der Vater, der darauf nicht zu antworten wusste, schüttelte den Kopf und sprach: „Das kann ich Dir nicht sagen; genug, es ist so, und Du selber irrst Dich. Willst Du mehr wissen, so suche morgen aus der Kiste, die auf unserem Boden steht, ein Buch; einer, der Euklid hieß, hat's geschrieben; das wird's Dir sagen!"

Im Gegensatz zu dem gebildeten Schulmeister, der vom Deichgrafen zu den „Aufklärern" gerechnet wird, repräsentiert dessen Wirtschafterin Antje Vollmers die ungebildete, abergläubische Marschbevölkerung.

Der Schulmeister wurde von Storm nach dem Muster eines Mannes gestaltet, der in der Erzählung „Sam Wiebe" (1854) des Journalisten Theodor Mügge auftritt. Gemeinsam mit Storm besuchte dieser 1846 den Amtshöftmann Jens Thoms Jensen auf Hof Ellerbüll. Mügge recherchierte für sein Buch „Streifzüge in Schleswig-Holstein und im Norden der Elbe" (Frankfurt/Main 1846) über die Deichverwaltung, über Sturmfluten und Landwirtschaft sowie über das Schulwesen in den Marschkögen.

Mit Hilfe der bebilderten Fibel wurde dort das Lesen gelernt; die Bibel lieferte den Lesestoff.

Storms Schulmeister ist wegen eines zerbrochenen Verlöbnisses an diesem Ort „behangen geblieben" (nd.: he is behungen blewen: den eigenen Absichten entgegen an einem Ort bleiben).

Zu den eingedeichten Kögen gehört immer eine Wasserlösung, um das Niederschlagswasser durch eine Schleuse ins Meer ablaufen zu lassen; durch Siele leitet man das Wasser von Entwässerungsgräben unter einem Deich hindurch.

Eine Bussole (von ital. bussola, „Büchschen") ist ein Instrument mit Magnetnadel, das als Winkelmessinstrument und Orientierungsmittel (Sonnenuhr) in der Vermessungskunst dient.

Seeuhren sind präzise Zeitmesser, mit deren Hilfe die geographische Länge auf See exakt bestimmt werden kann.

Seit der Mitte des 18. Jahrhunderts wurden in vielen europäischen Ländern eine Feldbereinigung und eine Aufteilung des Gemeindelandes durchgeführt (in Dänemark und Schleswig-Holstein seit 1766). Dafür benötigte man Landvermesser, die entsprechende mathematische Kenntnisse und die erforderlichen Gerätschaften haben mussten.

Ritzen oder Prickeln nennt man eine Zeichentechnik, bei der mit Hilfe einer Nadel in ein Medium graviert wird.

Der griechische Philosoph Euklid von Megara (um 450 bis um 380 v. Chr.) war ein Schüler des Sokrates. Nach dessen Tod gründete er die später so genannte Megarische Schule. In seinem Werk „Die Elemente" trug er das Wissen der griechischen Mathematik zusammen. Die „Elemente" waren bis ins 20. Jahrhundert hinein Grundlage des Geometrieunterrichts.

Storm notiert in seiner Entwurfshandschrift: „Der ‚Schimmelreiter' ist Sohn eines Mannes wie Hans Mommsen v. Fahretoft." Momsen (so!) (1735–1811) war Autodidakt, der als Mathematiker, Astronom und Landvermesser hervorgetreten ist und der nördlich von Husum Deichbauarbeiten geleitet hat. Von Momsen hat Storm ebenso Charakterzüge auf Hauke Haien übertragen wie von dem Deichgrafen Johann Iwersen Schmidt von Lundenberg (1798–1875) und von dem Amtshöftmann Jens Thoms Jensen von Ellerbüll (1798–1846), deren Bauerngehöfte in der Hattstedter Marsch lagen.

Im Nordfriesland des 17. und 18. Jahrhunderts wurden in Navigationsschulen holländische Lehrbücher verwendet, da Kapitäne und Steuerleute, die auf holländischen Schiffen fuhren, diese Sprache beherrschten.

Die Namen der alten Deichgrafenfamilie weisen noch das patronymische Prinzip auf. Tede Volkerts heißt nach seinem Vater, den man Volkert Tedsen nannte. Auch bei Hauke und seinem Vater plante Storm dieses Prinzip, wich dann aber davon ab. Noch in Storms Reinschrift finden wir an vier Stellen für den Vater den Namen Tede „Hauken". Storm verwarf aber diese Bezeichnung und blieb bei dem Familiennamen Haien.

Schimpf: hier im Sinne von Scherz, Spaß, Kurzweil.

Der Marschmann bewirtschaftet eine Bauernstelle in der Marsch.

Das in der Landwirtschaft aktive Sommerhalbjahr dauerte vom Osterfest bis zum Martinstag (11. November), dem Termin des Abschlusses der Ernte, der Kündigung von Mägden und Knechten und der Rechnungslegung für Pachtzahlungen.

– Der Junge war Tags darauf zu Boden gelaufen und hatte auch bald das Buch gefunden; denn viele Bücher gab es überhaupt nicht in dem Hause; aber der Vater lachte, als er es vor ihm auf den Tisch legte. Es war ein holländischer Euklid, und Holländisch, wenngleich es doch halb Deutsch war, verstanden alle Beide nicht. „Ja, ja, " sagte er, „das Buch ist noch von meinem Vater, der verstand es; ist denn kein deutscher da?"

Der Junge, der von wenig Worten war, sah den Vater ruhig an und sagte nur: „Darf ich's behalten? Ein deutscher ist nicht da."

Und als der Alte nickte, wies er noch ein zweites, halbzerrissenes Büchlein vor. „Auch das?" frug er wieder.

„Nimm sie alle Beide!" sagte Tede Haien; „sie werden Dir nicht viel nützen."

Aber das zweite Buch war eine kleine holländische Grammatik, und da der Winter noch lange nicht vorüber war, so hatte es, als endlich die Stachelbeeren in ihrem Garten wieder blühten, dem Jungen schon so weit geholfen, dass er den Euklid, welcher damals stark im Schwange war, fast überall verstand.

Es ist mir nicht unbekannt, Herr", unterbrach sich der Erzähler, „dass dieser Umstand auch von Hans Mommsen erzählt wird; aber vor dessen Geburt ist hier bei uns schon die Sache von Hauke Haien – so hieß der Knabe – berichtet worden. Ihr wisset auch wohl, es braucht nur einmal ein Größerer zu kommen, so wird ihm Alles aufgeladen, was in Ernst oder Schimpf seine Vorgänger einst mögen verübt haben.

Als der Alte sah, dass der Junge weder für Kühe noch Schafe Sinn hatte, und kaum gewahrte, wenn die Bohnen blühten, was doch die Freude von jedem Marschmann ist, und weiterhin bedachte, dass die kleine Stelle wohl mit einem Bauer und einem Jungen, aber nicht mit einem Halbgelehrten und einem Knecht bestehen könne, ingleichen, dass er auch selber nicht auf einen grünen Zweig gekommen sei, so schickte er seinen großen Jungen an den Deich, wo er mit andern Arbeitern von Ostern bis Martini Erde karren musste. „Das wird ihn vom Euklid kurieren", sprach er bei sich selber.

Und der Junge karrte; aber den Euklid hatte er allzeit in der Tasche, und wenn die Arbeiter ihr Frühstück oder Vesper aßen, saß er auf seinem umgestülpten Schubkarren mit dem Buche in der Hand. Und wenn im Herbst die Fluten höher stiegen und manch ein Mal die Arbeit eingestellt werden musste, dann ging er nicht mit den Andern nach Haus, sondern blieb, die Hände über die Knie gefaltet, an der abfallenden Seeseite des Deiches sitzen und sah stundenlang zu, wie die trüben Nordseewellen immer höher an die Grasnarbe des Deiches hinaufschlugen; erst wenn ihm die Füße überspült waren, und der Schaum ihm ins Gesicht spritzte, rückte er ein paar Fuß höher und blieb dann wieder sitzen. Er hörte weder das Klatschen des Wassers noch das Geschrei der Möwen und Strandvögel, die um oder über ihm flogen und ihn fast mit ihren Flügeln streiften, mit den schwarzen Augen in die seinen blitzend; er sah auch nicht, wie vor ihm über die weite, wilde Wasserwüste sich die Nacht ausbreitete; was er allein hier sah, war der brandende Saum des Wassers, der, als die Flut stand, mit hartem Schlage immer wieder dieselbe Stelle traf und vor seinen Augen die Grasnarbe des steilen Deiches auswusch.

Nach langem Hinstarren nickte er wohl langsam mit dem Kopfe oder zeichnete, ohne aufzusehen, mit der Hand eine weiche Linie in die Luft, als ob er dem Deiche damit einen sanfteren Abfall geben wollte. Wurde es so dunkel, dass alle Erdendinge vor seinen Augen verschwanden und nur die Flut ihm in die Ohren donnerte, dann stand er auf und trabte halbdurchnässt nach Hause.

Als er so eines Abends zu seinem Vater in die Stube trat, der an seinen Messgeräten putzte, fuhr dieser auf: „Was treibst Du draußen? Du hättest ja versaufen können; die Wasser beißen heute in den Deich."
Hauke sah ihn trotzig an.

– „Hörst Du mich nicht? Ich sag', Du hätt'st versaufen können."

„Ja", sagte Hauke; „ich bin doch nicht versoffen!"

„Nein", erwiderte nach einer Weile der Alte und sah ihm wie abwesend ins Gesicht, – „diesmal noch nicht."

„Aber", sagte Hauke wieder; „unsere Deiche sind nichts wert!"

– „Was für was, Junge?"

„Sein Vater stellte ihn 1762 bei der schweren Deicharbeit an. Er mußte von Ostern bis Martini den Deichkarren schieben; allein während der Fluthzeit und in den Ruhestunden, setzte er sich in einen Deichbruch, studirte in seinem Buche, und während der Arbeit hingen diese Vorstellungen immer in seiner Seele. Diese Arbeit veranlasste ihn auch über den Deichbau Reflexionen anzustellen, und alles aus euklidischen Gesichtspunkten anzusehen."

(Claus Harms: Der Landmann Hans Momsen. In: Schleswig-Holsteinischer Gnomon, S. 43–46.)

Chr. Albrecht Jensen: Hans Momsen, Fahretoft. Wikimedia Commons.

„Immer gewohnt, etwas anders zu treiben als der Küster wollte, verfiel er auf die Figuren des Euklides, dessen 15 Bücher von dem Holländer Claas Janß Vooght er auf dem Boden seines Vaters gefunden."

(Karl Essen: Fragmente aus dem Tagebuche eines Fremden, S. 31.)

Vesper: Zwischenmahlzeit vor dem Abendessen

Hölzerne Schubkarren zum Herbeifahren der Deicherde sind in Nordfriesland seit Anfang des 17. Jahrhunderts belegt.

Eine durch geschlossenen Pflanzenbestand gebildete Grasdecke schützt den Deich vor Erosion.

als die Flut stand: der Moment des Stillstandes des fließenden Wassers bei auflaufender Flut.

Was für was: Was bitte? Nach nd.: „Wat för wat?"

Christian Heinrich Heineken (1721–1725) erregte großes Aufsehen durch seine extreme geistige Frühreife und wurde als Lübecker Wunderkind bezeichnet. Seine Geschichte hat Theodor Storm nach einer älteren Quelle in dem von Karl Leonhard Biernatzki herausgegebenen „Volksbuch für das Jahr 1847 mit besonderer Rücksicht auf die Herzogthümer Schleswig, Holstein und Lauenburg" unter einer Reihe von „Vaterländischen Anekdoten, Sagen und Geschichten" veröffentlicht (S. 132–144).

Christian Heinrich Heineken; Holzstich in: Volksbuch 1847, S. 139.

Schrot: abgedrehtes oder abgeschnittenes Stück vom Kautabak.

Allerheiligentag: christliches Fest am 1. November.

Äquinoktialstürme treten zur Zeit der Tag- und Nachtgleiche (um den 21. März und den 23. September) auf. Hier Bezeichnung für Herbststürme.

Rohrdach: Dach aus Schilfrohr; der Name Rohrdach wird in Mecklenburg und Pommern verwendet, an der Nordseeküste spricht man von Reetdach.

Kleierde: die in der Marsch vorliegenden, aus Ton und Sand bestehenden stark bindigen Böden, die sich gut zum Deichbau eignen.

Unschlittkerzen wurden aus Rinder- oder Hammeltalg hergestellt.

„Die Deiche, sag' ich!"

– „Was sind die Deiche?"

„Sie taugen nichts, Vater!" erwiderte Hauke.

Der Alte lachte ihm ins Gesicht. „Was denn, Junge? Du bist wohl das Wunderkind aus Lübeck!"

Aber der Junge ließ sich nicht irren. „Die Wasserseite ist zu steil", sagte er; „wenn es einmal kommt, wie es mehr als einmal schon gekommen ist, so können wir hier auch hinterm Deich ersaufen!"

Der Alte holte seinen Kautabak aus der Tasche, drehte einen Schrot ab und schob ihn hinter die Zähne. „Und wieviel Karren hast Du heut' geschoben?" frug er ärgerlich; denn er sah wohl, dass auch die Deicharbeit bei dem Jungen die Denkarbeit nicht hatte vertreiben können.

„Weiß nicht, Vater, " sagte dieser; „so, was die Anderen machten; vielleicht ein halbes Dutzend mehr; aber – die Deiche müssen anders werden!"

„Nun", meinte der Alte und stieß ein Lachen aus; „Du kannst es ja vielleicht zum Deichgraf bringen; dann mach' sie anders!"

„Ja, Vater!" erwiderte der Junge.

Der Alte sah ihn an und schluckte ein paar Mal; dann ging er aus der Tür; er wusste nicht, was er dem Jungen antworten sollte.

**
*

Auch als zu Ende Oktobers die Deicharbeit vorbei war, blieb der Gang nordwärts nach dem Haf hinaus für Hauke Haien die beste Unterhaltung; den Allerheiligentag, um den herum die Äquinoktialstürme zu tosen pflegen, von dem wir sagen, dass Friesland ihn wohl beklagen mag, erwartete er, wie heut' die Kinder das Christfest. Stand eine Springflut bevor, so konnte man sicher sein, er lag trotz Sturm und Wetter weit draußen am Deiche mutterseelenallein; und wenn die Möwen gackerten, wenn die Wasser gegen den Deich tobten und beim Zurückrollen ganze Fetzen von der Grasdecke mit ins Meer hinabrissen, dann hätte man Hauke's zorniges Lachen hören können. „Ihr könnt nichts Rechtes", schrie er in den Lärm hinaus, „sowie die Menschen auch nichts können!" Und endlich, oft im Finstern, trabte er aus der weiten Öde den Deich entlang nach Hause, bis seine aufgeschossene Gestalt die niedrige Tür unter seines Vaters Rohrdach erreicht hatte und darunter durch in das kleine Zimmer schlüpfte.

Manchmal hatte er eine Faust voll Kleierde mitgebracht; dann setzte er sich neben den Alten, der ihn jetzt gewähren ließ, und knetete bei dem Schein der dünnen Unschlittkerze allerlei Deichmodelle, legte sie in ein flaches Gefäß mit Wasser und suchte darin die Ausspülung der Wellen nachzumachen, oder er nahm seine Schiefertafel und zeichnete darauf das Profil der Deiche nach der Seeseite, wie es nach seiner Meinung sein musste.

Mit denen zu verkehren, die mit ihm auf der Schulbank gesessen hatten, fiel ihm nicht ein; auch schien es, als ob ihnen an dem Träumer nichts gelegen sei. Als es wieder Winter geworden und der Frost hereingebrochen war, wanderte er noch weiter, wohin er früher nie gekommen, auf den Deich hinaus, bis die unabsehbare eisbedeckte Fläche der Watten vor ihm lag.

Im Februar bei dauerndem Frostwetter wurden angetriebene Leichen aufgefunden; draußen am offenen Haf auf den gefrorenen Watten hatten sie gelegen. Ein junges Weib, die dabei gewesen war, als man sie in das Dorf geholt hatte, stand redselig vor dem alten Haien: „Glaubt nicht, dass sie wie Menschen aussahen“, rief sie; „nein, wie die Seeteufel! So große Köpfe“, und sie hielt die ausgespreizten Hände von Weitem gegen einander, „gnidderschwarz und blank, wie frisch gebacken Brot! Und die Krabben hatten sie angeknabbert; die Kinder schrien laut, als sie sie sahen!“

Dem alten Haien war so was just nichts Neues: „Sie haben wohl seit November schon in See getrieben!“ sagte er gleichmütig.

Hauke stand schweigend daneben; aber sobald er konnte, schlich er sich auf den Deich hinaus; es war nicht zu sagen, wollte er noch nach weiteren Toten suchen, oder zog ihn nur das Grauen, das noch

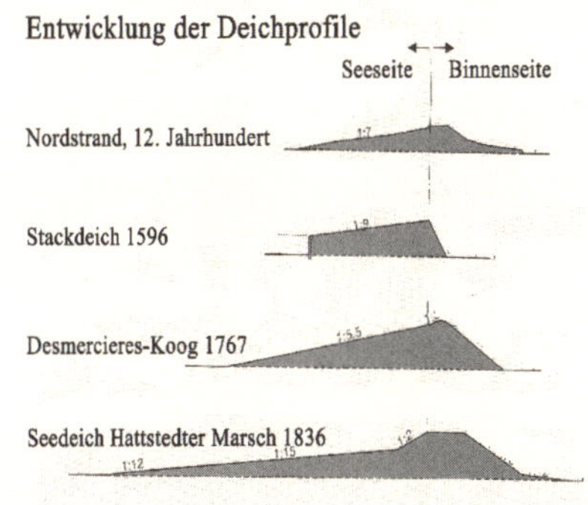

Nach einer Grafik des Nordfriisk Instituut, Bredstedt.

„Schier unausrottbar scheint die Behauptung zu sein, die frühen Deiche seien steil profiliert gewesen und hätten schon deshalb den mittelalterlichen und frühneuzeitlichen Sturmfluten nicht standhalten können. Hier sind es wiederum archäologische Untersuchungen an alten Deichen, die genau das Gegenteil beweisen. Frühe Deiche auf oder, genauer gesagt, unter der Hallig Hooge, auf Sylt, Pellworm und Nordstrand oder in der altbesiedelten Marsch der Wiedingharde sind allesamt flachgeböscht. Sie ähneln im Profil den neuzeitlichen Sommerdeichen und waren wie diese als Überlaufdeiche konstruiert, d. h. äußerst widerstandsfähig und mit wenig Aufwand zu erhalten. Was die Deiche des Mittelalters und der frühen Neuzeit angreifbar machte, war in erster Linie ihre zu geringe Kronenhöhe; offensichtlich haben selbst böse Erfahrungen mit nie zuvor erlebten Sturmfluthöhen nicht zu einer Anpassung der Deichhöhen geführt.“

(Hans Joachim Kühn: Sieben Thesen zur Frühgeschichte des Deichbaus in Nordfriesland. In: Steensen 1992, S. 10.)

Seeteufel (Lophius piscatorius), auch Anglerfisch genannt; Fisch aus der Ordnung der Armflosser.

gnidderschwarz: kohlrabenschwarz.

Krabben (Brachyura) bilden mit ca. 6800 Arten die größte Unterordnung der Zehnfußkrebse; die in der Nordsee lebenden Krabben sind essbar.

Wattströme oder Priele sind Wasserläufe im Watt und in der Marsch.

„Die Wattströme unter dem Eise schwellen an und verlaufen sich wieder. Sie heben und senken die Eisfläche wechselweise und machen, daß das Eis hier und da große Risse und Spalten bekommt, die, je nachdem der Frost gelinder oder stärker ist, als Wasserströme oder Eisgruben erscheinen. Diese Risse und Spalten sind von großer Bedeutung für die Fische des Wattenmeeres und für die Seevögel, die in diesen Gegenden überwintern. […] Der aus den Spalten des Watteneises aufsteigende Dampf oder Nebel verursacht oft sonderbare Erscheinungen. Alles ‚vertoont' (zeigt) sich ganz anders im Nebel als in klarer reiner Luft. ‚Er macht sich groß wie eine Krähe im Nebel', sagt eine Redensart, mit welcher man bezeichnen will, daß Mancher ganz anders erscheint, als er wirklich ist. Die auf dem Eise umherspazierenden Fischadler und Krähen sehen in diesem Nebel aus wie hin- und herwandelnde Menschenkinder, die bald nachdenklich still stehen, bald allerlei Sprünge und Bewegungen machen, […]."

(Christian Johannsen: Halligenbuch. Eine untergehende Inselwelt. Schleswig 1866, S. 55 f.)

„Hoiho!": Ausruf des Triumphes; Hauke macht sich selber Mut.

In der Sage „Der Sturmzauber" wird von einem Kapitän erzählt, dessen Schiffsjunge die Mannschaft vor dem Angriff von Seegespenstern rettet, die sich schließlich als Hexen entpuppen. Die Sage wurde 1847 in einer deutschen Übersetzung von Friedrich Bresemann veröffentlicht (Norwegischer Volksmärchen gesammelt von Peter Christen Asbjörnsen und Jörgen Moe). Storm kannte sie von seiner Mitarbeit an der Müllenhoffschen Sammlung, in der die Sage unter dem Titel „Hexen als Sturzwellen" nach C. P. Hansen enthalten ist, der sie aus einer eine älteren Ausgabe der Norske folkeeventyr (Norwegische Volksagen) auf Deutsch nacherzählt hat.

(Karl Müllenhoff (Hg.): Sagen, Märchen und Lieder der Herzogthümer Schleswig, Holstein und Lauenburg. Kiel 1845, S. 224.)

auf den jetzt verlassenen Stellen brüten musste. Er lief weiter und weiter, bis er einsam in der Öde stand, wo nur die Winde über den Deich wehten, wo nichts war als die klagenden Stimmen der großen Vögel, die rasch vorüberschossen; zu seiner Linken die leere weite Marsch, zur andern Seite der unabsehbare Strand mit seiner jetzt vom Eise schimmernden Fläche der Watten; es war, als liege die ganze Welt in weißem Tod.

Hauke blieb oben auf dem Deiche stehen, und seine scharfen Augen schweiften weit umher; aber von Toten war nichts mehr zu sehen; nur wo die unsichtbaren Wattströme sich darunter drängten, hob und senkte die Eisfläche sich in stromartigen Linien.

Er lief nach Hause; aber an einem der nächsten Abende war er wiederum da draußen. Auf jenen Stellen war jetzt das Eis gespalten; wie Rauchwolken stieg es aus den Rissen, und über das ganze Watt spann sich ein Netz von Dampf und Nebel, das sich seltsam mit der Dämmerung des Abends mischte. Hauke sah mit starren Augen darauf hin; denn in dem Nebel schritten dunkle Gestalten auf und ab, sie schienen ihm so groß wie Menschen. Würdevoll, aber mit seltsamen, erschreckenden Gebärden; mit langen Nasen und Hälsen sah er sie fern an den rauchenden Spalten auf und ab spazieren; plötzlich begannen sie wie Narren unheimlich auf und ab zu springen, die großen über die kleinen und die kleinen gegen die großen; dann breiteten sie sich aus und verloren alle Form.

„Was wollen die? Sind es die Geister der Ertrunkenen?" dachte Hauke. „Hoiho!" schrie er laut in die Nacht hinaus; aber die draußen kehrten sich nicht an seinen Schrei, sondern trieben ihr wunderliches Wesen fort.

Da kamen ihm die furchtbaren norwegischen Seegespenster in den Sinn, von denen ein alter Kapitän ihm einst erzählt hatte, die statt des Angesichts einen stumpfen Pull von Seegras auf dem Nacken tragen; aber er lief nicht fort, sondern bohrte die Hacken seiner Stiefel fest in den Klei des Deiches und sah starr dem possenhaften Unwesen zu, das in der einfallenden Dämmerung vor seinen Augen fortspielte. „Seid Ihr auch hier bei uns?" sprach er mit harter Stimme: „Ihr sollt mich nicht vertreiben!"

Erst als die Finsternis Alles bedeckte, schritt er steifen langsamen Schrittes heimwärts. Aber hinter ihm drein kam es wie Flügelrauschen und hallendes Geschrei. Er sah nicht um; aber er ging auch nicht schneller und kam erst spät nach Hause; doch niemals soll er seinem Vater oder einem Anderen davon erzählt haben. Erst viele Jahre später hat er sein blödes Mädchen, womit später der Herrgott ihn belastete, um dieselbe Tages- und Jahreszeit mit sich auf den Deich hinausgenommen, und dasselbe Wesen soll sich derzeit draußen auf den Watten gezeigt haben; aber er hat ihr gesagt, sie solle sich nicht fürchten, das seien nur die Fischreiher und die Krähen, die im Nebel so groß und fürchterlich erschienen; die holten sich die Fische aus den offenen Spalten.

Weiß Gott, Herr!" unterbrach sich der Schulmeister, „es gibt auf Erden allerlei Dinge, die ein ehrlich Christenherz verwirren können; aber der Hauke war weder ein Narr noch ein Dummkopf."

Da ich nichts erwiderte, wollte er fortfahren; aber unter den übrigen Gästen, die bisher lautlos zugehört hatten, nur mit dichterem Tabaksqualm das niedrige Zimmer füllend, entstand eine plötzliche Bewegung; erst Einzelne, dann fast Alle wandten sich dem Fenster zu. Draußen – man sah es durch die unverhangenen Fenster – trieb der Sturm die Wolken, und Licht und Dunkel jagten durcheinander; aber auch mir war es, als hätte ich den hageren Reiter auf seinem Schimmel vorbeisausen gesehen.

„Wart Er ein wenig, Schulmeister!" sagte der Deichgraf leise.

„Ihr braucht Euch nicht zu fürchten, Deichgraf!" erwiderte der kleine Erzähler, „ich habe ihn nicht geschmäht, und hab' auch dessen keine Ursach';" und er sah mit seinen kleinen, klugen Augen zu ihm auf.

„Ja, ja", meinte der Andere; „lass' Er sein Glas nur wieder füllen." Und nachdem das geschehen war, und die Zuhörer, meist mit etwas verdutzten Gesichtern, sich wieder zu ihm gewandt hatten, fuhr er in seiner Geschichte fort:

„So für sich, und am liebsten nur mit Wind und Wasser und mit den Bildern der Einsamkeit verkehrend, wuchs Hauke zu einem langen, hageren Burschen auf. Er war schon über ein Jahr lang eingesegnet, da wurde es auf einmal anders mit ihm, und das kam von dem alten

Pull: nd. Kopf.

Seegras: verschiedene grasähnliche, im Meer lebende Samenpflanzen.

dem possenhaften Unwesen: ein Gespenst, ein eigentlich nicht existierendes Wesen, das lächerlichen Unsinn treibt.

Hauke glaubt als junger Mann an die Existenz mit übernatürlichen Fähigkeiten ausgestatteter Wesen.

Er sah nicht um: Die Verwendung von ‚umsehen' ohne Reflexivpronomen kennzeichnet die altertümliche Sprache.

sein blödes Mädchen: blöde bedeutet hier: geistig behindert.

ich habe ihn nicht geschmäht: Das Gespenst erscheint den Männern, die der Erzählung des Schulmeisters von Hauke Haien zuhören. Sie fürchten die Magie des Wortes und glauben, der Schulmeister habe den Wiedergänger herbeierzählt, weil er etwas Negatives über ihn sagt.

Im späteren Gespräch zwischen Erzähler und Schulmeister wird ebenfalls über das Deichgespenst geredet, aber dort vertritt der Schulmeister die aufgeklärte Position, es handele sich allein um den Aberglauben der ungebildeten Marschbevölkerung.

Der Novellentext führt eine ganze Reihe von Merkmalen vor, die dem Leser nahelegen, in Hauke Haien einen Teufelsbündner zu sehen, so wie ihn die abergläubischen Bauern, Knechte und Mägde sehen wollten und so, wie ihn diese Bevölkerungsschicht bis zu diesem Moment in Erinnerung hat.

„Auch über die Gründe, warum der Spuk diesem Reiter auf dem Deich begegnet, schweigt sich der Text aus. Oberflächlich gesehen könnte man von Zufall sprechen. Wenn Hauke Haien als Spuk bei dem Unwetter unterwegs ist, dann ist zu erwarten, dass der Reiter, der sich zeitgleich auf dem Deich befindet, auch auf den Spuk stößt. Allerdings wird in den verschiedenen Gesprächen immer wieder festgestellt, dass es keinen Deichbruch gibt. Der Spuk, der mit seinem Gespür für bevorstehende Katastrophen die Schwächen an den Deichen aufzuspüren vermag, muss wissen, dass diesmal ‚hier an der Ostseite' keine Gefahr für die Köge zu befürchten ist, aber wohl ‚drüben an der anderen Seite ist's nicht sicher'. Dadurch bleibt auch die Frage offen, warum der Schimmelreiter an dem Abend gerade da

spuken soll, wo der Reiter entlang reitet, und nicht dort, wo vom Sturm Gefahr ausgeht.

Bei der vorliegenden Persönlichkeit des Reiters ist eine andere Erklärung plausibel. Sie antizipiert, was die Binnenerzählung an Gründen für das Versagen Hauke Haiens vermittelt: Der Spuk warnt – sich selbst reflektierend – demnach nicht nur vor der Gefahr, die materielle Deichbrüche verursacht, sondern auch vor dem Typus des entfremdeten Gründerzeitmenschen, der bereit ist, sich auf den Weg zu machen und dabei seine Existenz aufs Spiel zu setzen, um lediglich einen Geschäftstermin wahrzunehmen. Der Reiter hat mit seiner Entscheidung, trotzdem in die Stadt zu reiten, gegen dasselbe Lebensprinzip verstoßen, wie Hauke Haien selbst: Er hat der bürgerlichen Erfolgsideologie den Vorrang gegeben."

(Jean Lefebvre: Nichts als Gespenster? Die Funktionen des Deichreiters in den Rahmenhandlungen des „Schimmelreiters", S. 10.)

Angorakater: eine aus der Türkei stammende Langhaar-Katzenrasse.

Kate: einzeln stehendes einfaches Wohnhaus.

Unform: hier Missgestalt.

Kiebitz: (Vanellus vanellus) Vogel aus der Familie der Regenpfeifer.

Die Strandnelke (Armeria maritima), auch Gewöhnliche Grasnelke genannt, ist ein Bleiwurzgewächs.

Der Strandwermut (Artemisia maritima), auch Seewermut genannt, ist ein salzliebender Korbblütler.

Strandläufer (Calidris): eine Gattung innerhalb der Familie der Schnepfenvögel.

Schlicke: feinkörnige Sedimente, die sich in allen Gewässern bilden können; Schlicke mit hohen Sandanteilen heißen Schlicksande.

Sandlager sind reine Sandablagerungen im Wattenmeer.

weißen Angorakater, welchen der alten Trien' Jans einst ihr später verunglückter Sohn von seiner spanischen Seereise mitgebracht hatte. Trien' wohnte ein gut Stück hinaus auf dem Deiche in einer kleinen Kate, und wenn die Alte in ihrem Hause herumarbeitete, so pflegte diese Unform von einem Kater vor der Haustür zu sitzen und in den Sommertag und nach den vorüberfliegenden Kiebitzen hinauszublinzeln. Ging Hauke vorbei, so mauzte der Kater ihn an, und Hauke nickte ihm zu; die Beiden wussten, was sie mit einander hatten.

Nun aber war's einmal im Frühjahr, und Hauke lag nach seiner Gewohnheit oft draußen am Deich, schon weiter unten dem Wasser zu, zwischen Strandnelken und dem duftenden Seewermut, und ließ sich von der schon kräftigen Sonne bescheinen. Er hatte sich Tags zuvor droben auf der Geest die Taschen voll von Kieseln gesammelt, und als in der Ebbezeit die Watten bloßgelegt waren und die kleinen grauen Strandläufer schreiend darüber hinhuschten, holte er jählings einen Stein hervor und warf ihn nach den Vögeln. Er hatte das von Kindesbeinen an geübt, und meistens blieb einer auf dem Schlicke liegen; aber ebenso oft war er dort auch nicht zu holen; Hauke hatte schon daran gedacht, den Kater mitzunehmen und als apportierenden Jagdhund zu dressieren. Aber es gab auch hier und dort feste Stellen oder Sandlager; solchenfalls lief er hinaus und holte sich seine Beute selbst. Saß der Kater bei seiner Rückkehr noch vor der Haustür, dann schrie das Tier vor nicht zu bergender Raubgier so lange, bis Hauke ihm einen der erbeuteten Vögel zuwarf.

Als er heute, seine Jacke auf der Schulter, heimging, trug er nur einen ihm noch unbekannten, aber wie mit bunter Seide und Metall gefiederten Vogel mit nach Hause, und der Kater mauzte wie gewöhnlich, als er ihn kommen sah. Aber Hauke wollte seine Beute – es mag ein Eisvogel gewesen sein – diesmal nicht hergeben und kehrte sich nicht an die Gier des Tieres. „Umschicht!" rief er ihm zu, „heute mir, morgen Dir; das hier ist kein Katerfressen!" Aber der Kater kam vorsichtigen Schrittes herangeschlichen; Hauke stand und sah ihn an, der Vogel hing an seiner Hand, und der Kater blieb mit erhobener Tatze stehen. Doch der Bursche schien seinen Katzenfreund noch nicht so ganz zu kennen; denn während er ihm seinen Rücken zugewandt hatte und eben fürbass wollte, fühlte er mit einem Ruck die Jagdbeute sich entrissen, und zugleich schlug eine scharfe Kralle ihm ins Fleisch. Ein Grimm, wie gleichfalls eines Raubtiers, flog dem jungen Menschen ins Blut; er griff wie rasend um sich und hatte den Räuber schon am Genicke gepackt. Mit der Faust hielt er das mächtige Tier empor und würgte es, dass die Augen ihm aus den rauen Haaren vorquollen, nicht achtend, dass die starken Hintertatzen ihm den Arm zerfleischten. „Hoiho!" schrie er und packte ihn noch fester; „wollen sehen, wer's von uns Beiden am längsten aushält!"

Plötzlich fielen die Hinterbeine der großen Katze schlaff herunter, und Hauke ging ein paar Schritte zurück und warf sie gegen die Kate der Alten. Da sie sich nicht rührte, wandte er sich und setzte seinen Weg nach Hause fort.

Aber der Angorakater war das Kleinod seiner Herrin; er war ihr Geselle und das Einzige, was ihr Sohn, der Matrose, ihr nachgelassen hatte, nachdem er hier an der Küste seinen jähen Tod gefunden hatte, da er im Sturm seiner Mutter beim Porrenfangen hatte helfen wollen. Hauke mochte kaum hundert Schritte weiter getan haben, während er mit einem Tuch das Blut aus seinen Wunden auffing, als schon von der Kate her ihm ein Geheul und Zetern in die Ohren gellte. Da wandte er sich und sah davor das alte Weib am Boden liegen; das greise Haar flog ihr im Winde um das rote Kopftuch „Tot!" rief sie, „tot!" und erhob dräuend ihren mageren Arm gegen ihn: „Du sollst verflucht sein! Du hast ihn totgeschlagen, Du nichtsnutziger Strandläufer; Du warst nicht wert, ihm seinen Schwanz zu bürsten!" Sie warf sich über das Tier und wischte zärtlich mit ihrer Schürze ihm das Blut fort, das noch aus Nas' und Schnauze rann; dann hob sie aufs Neue an zu zetern.

„Bist Du bald fertig?" rief Hauke ihr zu, „dann lass Dir sagen: ich will Dir einen Kater schaffen, der mit Maus- und Rattenblut zufrieden ist!"

Der Eisvogel (Alcedo atthis) hat ein buntes Gefieder; die Oberseite wirkt je nach Lichteinfall kobaltblau bis türkisfarben.

Umschicht: in wechselnder Reihenfolge.

Porren, nd. für Krabben, Garnelen; früher wurden die Krabben mit Netzen bei Ebbe aus den Prielen gefischt und dienten als Armeleutespeise.

Krabbenfangen (Zeichnung von Julius Fürst, um 1896).

„Dieser sinnlose Mord an einem Tier scheint sich nicht in Haukes Charakterbild einzufügen, das des zukünftigen Deichgrafen, des Kämpfers gegen Aberglauben und Naturgewalten, des Retters geschundener Kreaturen. Oberflächlich betrachtet hat er auch für die wesentlichen Handlungsschritte keinerlei Bedeutung. Er scheint weder mit Haukes Liebe zu Elke noch mit seinem Aufstieg zum Deichgrafen noch mit der Sturmflut, in der Hauke mitsamt seiner Familie untergehen wird, noch mit seiner mythischen Fortexistenz als schimmelreitendes Nachtgespenst in irgendeiner Weise verknüpft zu sein. Auffällig an dieser Schilderung ist, dass der Vernunftmensch Hauke Haien mit genau den Attributen beschrieben wird, die eigentlich seinem Widersacher, dem Kater, eignen. Hier kämpfen zwei instinktgetriebene, raubtierhafte Wesen einen kompromisslosen Kampf von gleich zu gleich."

(Christian Neumann: Zwischen Paradies und ödem Ort: unbewusste Bedeutungsstrukturen in Theodor Storms novellistischem Spätwerk. Würzburg 2002, S. 101.)

fürbass: weiter fort.

Wirrsal: Durcheinander, Verwirrung, Chaos.

Der Katzenmord Haukes zeigt dessen gestörtes Verhältnis zur Natur und deutet auf seinen Untergang voraus. In einem alten Sprichwort heißt es: „wer einer katze schadet, oder sie umbringt, dem steht groß unglück bevor."

(Jacob Grimm: Deutsche Mythologie. Göttingen 1835, im Anhang unter „Aberglaube", S. LXX.)

In Storms Entwurfshandschrift (von ihm als „Concept" bezeichnet) sind einige Notizen erhalten, die eine ursprüngliche Konzeption Haukes wiedergeben:

„Der qu‹ästonierte› Schimmelreiter Knecht des früheren Deichgrafen, weigert sich einem Befehle desselben in Deicharbeiten nachzukommen (oder macht es anders oder gegentheilig). Wird fortgejagt, hatte aber recht. Dadurch Ehrgeiz geweckt, und durch den Haß gegen den früheren Herrn.

Der „Schimmelreiter" [...] sieht allerlei v‹om› Vater, kommt an den Deich, wendet seine Kenntnisse auf Deichbau, dadurch übergroßes Selbstgefühl, Dürftigkeit nach des Vaters Tode zu Dienst des derzeitigen Deichgrafen. Streit mit diesem, Entlassung, freit eine Erbtochter, wird Nachfolger des Deichgrafen.

Der Deichgraf, ein Mann, der früher in niedrigen Verhältnissen gelitten; das entwickelt seine Energie u‹nd› Härte. –"

(„Concept", S. 135.)

Storm hat die Handlung der Novelle während seiner Schreibprozesse entfaltet und die meisten Szenen bereits in der Entwurfshandschrift so ausgeführt, wie wir sie in der Druckfassung lesen können. Dabei weicht er von seiner ursprünglichen Konzeption an einigen wesentlichen Stellen ab.

Darauf ging er, scheinbar auf nichts mehr achtend, fürbass. Aber die tote Katze musste ihm doch im Kopfe Wirrsal machen; denn er ging, als er zu den Häusern gekommen war, dem seines Vaters und auch den übrigen vorbei und eine weite Strecke noch nach Süden auf dem Deich der Stadt zu.

Inmittelst wanderte auch Trien' Jans auf demselben in der gleichen Richtung; sie trug in einem alten blaukarierten Kissenüberzug eine Last in ihren Armen, die sie sorgsam, als wär's ein Kind, umklammerte; ihr greises Haar flatterte in dem leichten Frühlingswind. „Was schleppt Sie da, Trina?" frug ein Bauer, der ihr entgegenkam.

„Mehr, als Dein Haus und Hof", erwiderte die Alte; dann ging sie eifrig weiter. Als sie dem unten liegenden Hause des alten Haien nahe kam, ging sie den Akt, wie man bei uns die Trift- und Fußwege nennt, die schräg an der Seite des Deiches hinab- oder hinaufführen, zu den Häusern hinunter.

Der alte Tede Haien stand eben vor der Tür und sah ins Wetter: „Na, Trien'!" sagte er, als sie pustend vor ihm stand und ihren Krückstock in die Erde bohrte, „was bringt Sie Neues in Ihrem Sack?"

„Erst lass mich in die Stube, Tede Haien! dann soll Er's sehen!" und ihre Augen sahen ihn mit seltsamem Funkeln an!

„So komm' Sie!" sagte der Alte. Was gingen ihn die Augen des dummen Weibes an.

Und als Beide eingetreten waren, fuhr sie fort: „Bring' Er den alten Tabakskasten und das Schreibzeug von dem Tisch – – Was hat Er denn immer zu schreiben? – – So; und nun wisch' Er ihn sauber ab!"

Und der Alte, der fast neugierig wurde, tat Alles, was sie sagte; dann nahm sie den blauen Überzug bei beiden Zipfeln und schüttete daraus den großen Katerleichnam auf den Tisch. „Da hat Er ihn!" rief sie; „Sein Hauke hat ihn totgeschlagen." Hierauf aber begann sie ein bitterliches Weinen; sie streichelte das dicke Fell des toten Tieres, legte ihm die Tatzen zusammen, neigte ihre lange Nase über dessen Kopf und raunte ihm unverständliche Zärtlichkeiten in die Ohren.

Tede Haien sah dem zu. „So", sagte er; „Hauke hat ihn totgeschlagen?" Er wusste nicht, was er mit dem heulenden Weibe machen sollte.

Die Alte nickte ihn grimmig an: „Ja, ja; so Gott, das hat er getan!" und sie wischte sich mit ihrer von Gicht verkrümmten Hand das Wasser aus den Augen. „Kein Kind, kein Lebigs mehr!" klagte sie. „Und Er weiß es ja auch wohl, uns Alten, wenn's nach Allerheiligen kommt, frieren Abends im Bett die Beine, und statt zu schlafen, hören wir den Nordwest an unseren Fensterläden rappeln. Ich hör's nicht gern, Tede Haien, er kommt daher, wo mein Junge mir im Schlick versank."

Tede Haien nickte, und die Alte streichelte das Fell ihres toten Katers: „Der aber", begann sie wieder, „wenn ich Winters am Spinnrad saß, dann saß er bei mir und spann auch und sah mich an mit seinen grünen Augen! Und kroch ich, wenn's mir kalt wurde, in mein Bett –

Inmittelst bedeutet hier: inzwischen.

Akt: Als Ferdinand Tönnies die Novelle im Zeitschriftendruck gelesen hatte, wies er in einem nicht erhaltenen Brief an Storm auf einen vermeintlichen Druckfehler hin, da er das Wort für das niederdeutsch „Ack" hielt; Storm meint aber das vom Friesischen „aker" übernommene Wort für Deichauffahrt.

Im Brief vom 7. April 1888 (Br. Tönnies, S. 124) *teilte Storm seinem jungen Freund mit: „Es muß wohl „Akt" heißen. Es sind Viehtrift-Wege; servitus actus – die Servitut der Viehtrift." (Lat. sevitus: Dienstbarkeit, Nutzungsrecht; actus: Recht des Viehtriebes, Weiderecht, Trift.)*

Lebigs: (im oberdeutschen Sprachraum): etwas, das Leben hat; das Nd. kennt das Adj. lewig in der Bedeutung lebendig, munter.

den Nordwest: ein kalter Wind oder Sturm aus Richtung Nordwest, der Luftmassen aus polaren Gegenden nach Nordfriesland bläst.

„Durch das Bild des Katers, auf den Hauke trifft und den er schließlich umbringt, wird ein hochgradig kämpferisches, ja aggressives Männlichkeitsbild vermittelt, das – zumindest auf einer latenten Ebene – auch sexuell konnotiert ist. Hauke wie der Kater fangen und töten Tiere, sie zeigen eine gewisse Grausamkeit im Umgang mit der Natur, eine Grausamkeit, die gepaart ist mit dem Bedürfnis nach Sieg und Auszeichnung. Der Vogel, um den der ausschlaggebende Kampf geht, ist ein außergewöhnlicher Vogel ‚wie mit bunter Seide und Metall gefiedert'. Diese Beschreibung legt nahe, den Vogel als ein Prestigeobjekt anzusehen, sodaß der Kampf zwischen Hauke und dem Kater als Kampf nicht vor allem um Versorgung angesehen werden kann, sondern um Vorherrschaft und um Hierarchie, Bestrebungen, die Haukes Leben im folgenden deutlich bestimmen."

(Irmgard Röbling: „Von Menschentragik und wildem Naturgeheimnis". In: Stormlektüren. Würzburg 2000, S. 196.)

Krontaler von Christian dem Vierten: dänische Silbermünze, geprägt unter der Herrschaft des Königs Christian IV. (1588–1648).

Da das Herzogtum Schleswig bis 1864 ein Teil des dänischen Königsreichs war, verwendete man in Nordfriesland die dänische Währung.

Die Fläche des historischen Herzogtums Schleswig umfasste rund 9200 km² zwischen Nord- und Ostsee. Im Süden waren Eider und Levensau die Grenze zu Dithmarschen und Holstein; die Grenze zum nördlichen Jütland wurde durch den Fluss Kongeå (Königsau) gebildet, der in etwa von Kolding an der Ostsee aus nach Westen fließt und südlich von Esbjerg in die Nordsee mündet.

Racker: Abdecker galten als unehrenhafte Leute.

Bettbühr: das aufgezogene Linnen; Bettbezug.

„Hauke erfährt zuerst in der Katerszene und abschließend in der Untergangsszene, daß es Aspekte in der Natur gibt, der inneren wie der äußeren, die der Mensch mit seinem naturwissenschaftlich geschulten Blick nicht erkennen und mit seinem technisch-physikalischen Können nicht beherrschen kann, ja zu denen ihm der Zugang vielleicht gerade durch seine wissenschaftliche Haltung versperrt ist. Dieses Unbeherrschbare der Natur zu veranschaulichen dienen im ‚Schimmelreiter'-Text Meer- und Raubtiermetaphern und die verschiedenen Formen des Unheimlichen und Spukhaften."

(Irmgard Röbling: „Von Menschentragik und wildem Naturgeheimnis". In: Stormlektüren. Würzburg 2000, S. 197.)

es dauerte nicht lang, so sprang er zu mir und legte sich auf meine frierenden Beine, und wir schliefen so warm mitsammen, als hätte ich noch meinen jungen Schatz im Bett!" Die Alte, als suche sie bei dieser Erinnerung nach Zustimmung, sah den neben ihr am Tische stehenden Alten mit ihren funkelnden Augen an.

Tede Haien aber sagte bedächtig: „Ich weiß Ihr einen Rat, Trien' Jans", und er ging nach seiner Schatulle und nahm eine Silbermünze aus der Schublade – „Sie sagt, dass Hauke Ihr das Tier vom Leben gebracht hat, und ich weiß, Sie lügt nicht; aber hier ist ein Krontaler von Christian dem Vierten; damit kauf' Sie sich ein gegerbtes Lammfell für Ihre kalten Beine! Und wenn unsere Katze nächstens Junge wirft, so mag Sie sich das größte davon aussuchen; das zusammen tut wohl einen altersschwachen Angorakater! Und nun nehm' Sie das Vieh und bring' Sie es meinethalb an den Racker in der Stadt, und halt' Sie das Maul, dass es hier auf meinem ehrlichen Tisch gelegen hat!"

Während dieser Rede hatte das Weib schon nach dem Taler gegriffen und ihn in einer kleinen Tasche geborgen, die sie unter ihren Röcken trug; dann stopfte sie den Kater wieder in das Bettbühr, wischte mit ihrer Schürze die Blutflecken von dem Tisch und stakte zur Tür hinaus. „Vergiss Er mir nur den jungen Kater nicht!" rief sie noch zurück.

– – Eine Weile später, als der alte Haien in dem engen Stüblein auf- und abschritt, trat Hauke herein und warf seinen bunten Vogel auf den Tisch; als er aber auf der weiß gescheuerten Platte den noch kennbaren Blutfleck sah, frug er, wie beiläufig: „Was ist denn das?"

Der Vater blieb stehen: „Das ist Blut, was Du hast fließen machen!"

Dem Jungen schoss es doch heiß ins Gesicht: „Ist denn Trien' Jans mit ihrem Kater hier gewesen?"

Der Alte nickte: „Weshalb hast Du ihr den totgeschlagen?"

Hauke entblößte seinen blutigen Arm. „Deshalb", sagte er; „er hatte mir den Vogel fortgerissen!"

Der Alte sagte nichts hierauf; er begann eine Zeitlang wieder auf- und abzugehen; dann blieb er vor dem Jungen stehen und sah eine Weile wie abwesend auf ihn hin. „Das mit dem Kater hab' ich rein gemacht", sagte er dann; „aber, siehst Du, Hauke, die Kate ist hier zu klein; zwei Herren können darauf nicht sitzen – es ist nun Zeit, Du musst Dir einen Dienst besorgen!"

„Ja, Vater", entgegnete Hauke; „hab' dergleichen auch gedacht."

„Warum?" frug der Alte.

– „Ja, man wird grimmig in sich, wenn man's nicht an einem ordentlichen Stück Arbeit auslassen kann."

„So?“ sagte der Alte, „und darum hast Du den Angorer totgeschlagen? Das könnte leicht noch schlimmer werden?“

– „Er mag wohl recht haben, Vater; aber der Deichgraf hat seinen Kleinknecht fortgejagt; das könnt' ich schon verrichten!“

Der Alte begann wieder auf- und abzugehen und spritzte dabei die schwarze Tabaksjauche von sich: „Der Deichgraf ist ein Dummkopf; dumm wie 'ne Saatgans! Er ist nur Deichgraf, weil sein Vater und Großvater es gewesen sind, und wegen seiner neunundzwanzig Fennen. Wenn Martini herankommt und hernach die Deich- und Sielrechnungen abgetan werden müssen, dann füttert er den Schulmeister mit Gansbraten und Met und Weizenkringeln und sitzt dabei und nickt, wenn der mit seiner Feder die Zahlenreihen hinunter-

Kleinknecht: auf Bauernhöfen der untere Knecht.

Saatgans: eine zu den Feldgänsen (Anser) gehörige Echte Gans (Anserini).

Deich- und Sielrechnungen: Rechnungen über die Instandhaltungsarbeiten an Deichen und Sielen.

abgetan: erledigt.

Met: Honigwein.

Weizenkringeln: Gebäck aus Weizenmehl.

In der zweiten Hälfte des 18. Jahrhunderts erfolgte eine Neuordnung des Deich- und Wasserwesens in den Herzogtümern Schleswig und Holstein, nachdem der Kieler Professor Johann Nicolai Tetens (1736–1807) auf Veranlassung der Königlich Dänischen Regierung in den Jahren 1778, 1779 und 1780 die Marschländer der Nordsee von Jütland bis Flandern bereist hatte. Johann Nicolai Tetens: Reisen in die Marschländer an der Nordsee zur Beobachtung des Deichbaus in Briefen. Erster Band. Leipzig 1788.

Die Berichte von Tetens waren maßgebend für die Erlasse und Patente, die schließlich in das allgemeine Deichreglement vom 6. April 1803 einflossen:

Unter der Aufsicht des Oberdeichgrafen wurden Deichgrafen und Geschworene aus den Reihen der Marschbauern bestellt, während die Deichinspektoren unter Aufsicht und Direktion der Rentekammer in Kopenhagen standen. In die Zuständigkeit des amtierenden Deichgrafen fielen nun unter anderen Arbeiten vor allem „Alle Vertheidigungsmittel, welche an dem Körper des Deichs zur Erhaltung desselben angebracht werden, als die Umlegung der schon vorhandenen Steindeiche, die Anlegung von Buschbedeckungen, Vorsetzungen von Holz, oder Steine, Bollwerken usw. folglich auch die Unterhaltung aller dieser Werke und anderer Deichsbedeckungen, die Strohbestickung; ferner die bestickmäßige Erhöhung und Verstärkung des Deiches, wenn die Höhe und Stärke desselben nicht durch Versinken des Grundes, oder andere außerordentliche Vorfälle, sondern bloß durch die Länge der Zeit und durch das gewöhnliche Zusammensinken der Deichserde vermindert worden, sowie endlich die Zudämmung der Löcher und alle andere, durch größere oder geringere Beschädigungen verursachte Arbeiten, […].“

(Allgemeines Deich-Reglement für die sämmtlichen Marschcommünen, adlichen Marschgüter und octroyirten Koege in den Herzogthümern Schleswig und Holstein. In: Schleswig-Holsteinische Anzeigen vom 16.5.1803, § 9.)

Gott tröst'!: Redewendung; „Gott stehe bei!“

Tabaksknoten heißt ein Stück Kautabak.

nd. rank: schlank, dünn, schmächtig.

osten der Haustür: östlich.

Die Esche erfüllt in Storms Novelle die Funktion eines Dingsymbols; sie hat als Sinnbild eine leitmotivische Bedeutung. Der Großvater des alten Deichgrafen hat die Esche gepflanzt; sie wurde ihm und seinen Kindern zum Symbol für Familie, Fruchtbarkeit und Erfolg. Die Esche wird immer dann aufgesucht, wenn sich wichtige Veränderungen in der Biografie der Deichgrafenfamilie ankündigen. An bedeutsamen Ereignissen hat sie begleitend Anteil: der Eheschließung, dem Kauf des Schimmels, dem Auseinanderleben der Familie, dem Novembersturm und der Katastrophe, die zum Tod der Familie führt.

Im Gegensatz zu seinem Großvater erweist sich der Deichgraf Tede Volkerts als unfähig, sein Amt richtig zu verwalten, und bedarf der Unterstützung durch seine Tochter Elke und durch Hauke Haien. Erst beim dritten Versuch gelingt es, einen Baum zum Wachsen zu bringen, und er wächst zu einer „gewaltigen Esche“ heran.

Als Hauke seine Arbeit aufnimmt, ist sie den Winden und Stürmen gewachsen und es scheint, dass ihr die Naturgewalten nie etwas antun könnten. Dass sie inzwischen als größter „Baum des Dorfes“ „von Weitem sichtbar“ ist, unterstreicht, dass traditionsgemäß das Wohl des Dorfes von diesem Haus ausgeht.

läuft, und sagt: „Ja, ja, Schulmeister, Gott vergönn's ihm! Was kann er rechnen!“ Wenn aber einmal der Schulmeister nicht kann oder auch nicht will, dann muss er selber dran und sitzt und schreibt und streicht wieder aus, und der große dumme Kopf wird ihm rot und heiß, und die Augen quellen wie Glaskugeln, als wollte das bisschen Verstand da hinaus.“

Der Junge stand gerade auf vor dem Vater und wunderte sich, was der reden könne; so hatte er's noch nicht von ihm gehört. „Ja, Gott tröst'!“ sagte er, „dumm ist er wohl; aber seine Tochter Elke, die kann rechnen!“

Der Alte sah ihn scharf an. „Ahoi, Hauke“, rief er; „was weißt Du von Elke Volkerts?“

– „Nichts, Vater; der Schulmeister hat's mir nur erzählt.“

Der Alte antwortete nicht darauf; er schob nur bedächtig seinen Tabaksknoten aus einer Backe hinter die andere. „Und Du denkst, “ sagte er dann, „Du wirst dort auch mitrechnen können.“

„O ja, Vater, das möcht' schon gehen“, erwiderte der Sohn, und ein ernstes Zucken lief um seinen Mund.

Der Alte schüttelte den Kopf: „Nun, aber meinethalb; versuch' einmal Dein Glück!“

„Dank auch, Vater!“ sagte Hauke und stieg zu seiner Schlafstatt auf dem Boden; hier setzte er sich auf die Bettkante und sann, weshalb ihn denn sein Vater um Elke Volkerts angerufen habe. Er kannte sie freilich, das ranke achtzehnjährige Mädchen mit dem bräunlichen schmalen Antlitz und den dunklen Brauen, die über den trotzigen Augen und der schmalen Nase in einander liefen; doch hatte er noch kaum ein Wort mit ihr gesprochen; nun, wenn er zu dem alten Tede Volkerts ging, wollte er sie doch besser darauf ansehen, was es mit dem Mädchen auf sich habe. Und gleich jetzt wollte er gehen, damit kein Anderer ihm die Stelle abjage; es war ja kaum noch Abend.

Und so zog er seine Sonntagsjacke und seine besten Stiefeln an und machte sich guten Mutes auf den Weg.

– Das langgestreckte Haus des Deichgrafen war durch seine hohe Werfte, besonders durch den höchsten Baum des Dorfes, eine gewaltige Esche, schon von Weitem sichtbar; der Großvater des jetzigen, der erste Deichgraf des Geschlechtes, hatte in seiner Jugend eine solche osten der Haustür hier gesetzt; aber die beiden ersten Anpflanzungen waren vergangen, und so hatte er an seinem Hochzeitsmorgen diesen dritten Baum gepflanzt, der noch jetzt mit seiner immer mächtiger werdenden Blätterkrone in dem hier unablässigen Winde wie von alten Zeiten rauschte.

Als nach einer Weile der lang aufgeschossene Hauke die hohe Werfte hinaufstieg, welche an den Seiten mit Rüben und Kohl bepflanzt war, sah er droben die Tochter des Hauswirts neben der niedrigen Haustür stehen. Ihr einer etwas hagerer Arm hing schlaff herab, die andere Hand schien im Rücken nach dem Eisenring zu greifen, von denen je einer zu beiden Seiten der Tür in der Mauer war, damit, wer vor das Haus ritt, sein Pferd daran befestigen könne. Die Dirne schien von dort ihre Augen über den Deich hinaus nach dem Meer zu haben, wo an dem stillen Abend die Sonne eben in das Wasser hinabsank und zugleich das bräunliche Mädchen mit ihrem letzten Schein vergoldete.

Hauke stieg etwas langsamer an der Werfte hinan und dachte bei sich: „So ist sie nicht so dösig!" dann war er oben. „Guten Abend auch!" sagte er zu ihr tretend; „wonach guckst Du denn mit Deinen großen Augen, Jungfer Elke?"

„Nach dem", erwiderte sie, „was hier alle Abend vor sich geht; aber hier nicht alle Abend just zu sehen ist." Sie ließ den Ring aus der Hand fallen, dass er klingend gegen die Mauer schlug. „Was willst Du, Hauke Haien?" frug sie.

„Was Dir hoffentlich nicht zuwider ist", sagte er. „Dein Vater hat seinen Kleinknecht fortgejagt, da dachte ich bei Euch in Dienst."

Sie ließ ihre Blicke an ihm herunterlaufen: „Du bist noch so was schlanterig, Hauke!" sagte sie; „aber uns dienen zwei feste Augen besser als zwei feste Arme!" Sie sah ihn dabei fast düster an; aber Hauke hielt ihr tapfer Stand. „So komm", fuhr sie fort; „der Wirt ist in der Stube, lass uns hineingehen!"

**
*

„Auf die genannten Wurten (Warften) wird noch Alles mit hinaufgezogen, was die Feuchtigkeit der Wiesengründe nicht verträgt, namentlich der Gemüsegarten. Kohl und Rüben werden überall an den Abhängen der Hügel gebaut."

(Johann Georg Kohl: Die Marschen und Inseln der Herzogthümer Schleswig und Holstein. Bd. 1, Dresden 1846, S. 20 f.)

des Hauswirts: des Hausbesitzers, Hausherrn.

„Neben den Thüren findet man immer zwei eiserne Ringe eingeschlagen, um, wie man mir sagte, Reitpferde daran anzubinden; […]."

(Johann Georg Kohl: Die Marschen und Inseln der Herzogthümer Schleswig und Holstein Bd. 1, Dresden 1846, S. 21.)

Dirne: hier Mädchen (ohne abwertenden Beiklang).

dösig: nd.: dumm; hier: schläfrig.

„Guten Abend auch!": Storm übersetzt das Nd. „Goden Abend ok!"; es handelt sich um eine Begrüßungsformel „womit auf dem Lande Vorübergehende die melkenden Bauern und Bäuerinnen angehen".

(Johann Friedrich Schütze (Hg.): Holsteinisches Idiotikon, Bd. 1, Hamburg 1800, S. 13.)

Jungfer: hier Anrede für ein unverheiratetes Mädchen oder für eine junge Frau.

just: gerade

so was: nach nd. so wat: ziemlich.

schlanterig: nd. schlaksig, hager, kraftlos. Von Storm nach dem nd. slakk (schlaff, schlapp) in der „bedeutung des körperlich welken, weichen" (Deutsches Wörterbuch) gebildet.

Wirt: der Hausherr, der Bauer.

„in bäuerlichen verhältnissen als besitzer, verwalter oder pächter von ländlichem grund und boden […] allgemeiner für ‚landwirt, bauer'" (Deutsches Wörterbuch).

Harlingen, um 1765

mit glasurten Kacheln: Kacheln sind wärmespeichernde Verkleidungen für Öfen. Sie wurden von Töpfern hergestellt. Teilweise wurden diese Kacheln auch als Wandverkleidungen verwendet. Fliesen waren ursprünglich dünne Steinplatten, die als Wandverkleidung oder Bodenbelag genutzt wurden. Das mittelniederdeutsche "vlise" bedeutet Steinplatte.

Unter Glasur bemalte holländische Fliesen, die sogenannten Delfter Fliesen, wurden seit Mitte des 17. Jahrhunderts vor allem von Fabriken in Rotterdam, Utrecht, Haarlem, Harlingen und Makkum hergestellt. Die Fliesen von 1570 bis ca. 1630 sind mehrfarbig, während von 1620 an vornehmlich Blau und Mangan verwendet wurde. Es wurden vor allem Fluss- und Kanallandschaften dargestellt. Als zentrale Motive hat man Gehöfte, Häuser, Ziehbrunnen, Brücken, Taubenhäuser, Tiere, Bäume und Windmühlen gewählt. Beliebt waren auch Darstellungen von Schiffen, Berufen, Kinderspielen, Landschaften und biblischen Themen

Mit holländischen Fliesen, die vor allem in den norddeutschen Raum und nach Dänemark exportiert wurden, verkleideten wohlhabenden Bauern in Nordfriesland die Wände ihrer guten Stube. Die hier abgebildeten Fliesen stammen aus der Sammlung Gerd Kühnast, Husum.

holländische Schlaguhr: Uhr, die die Zeit durch Glockenschläge anzeigt.

schlagflüssig: zu Schlaganfall oder Herzinfarkt (hoher Blutdruck, Übergewicht, bläuliche Gesichtsfarbe) neigend.

Wollenpolster: mit Wolle gefülltes Kissen.

Am anderen Tage trat Tede Haien mit seinem Sohne in das geräumige Zimmer des Deichgrafen; die Wände waren mit glasurten Kacheln bekleidet, auf denen hier ein Schiff mit vollen Segeln oder ein Angler an einem Uferplatz, dort ein Rind, das kauend vor einem Bauernhause lag, den Beschauer vergnügen konnte; unterbrochen war diese dauerhafte Tapete durch ein mächtiges Wandbett mit jetzt zugeschobenen Türen und einen Wandschrank, der durch seine beiden Glastüren allerlei Porzellan- und Silbergeschirr erblicken ließ; neben der Tür zum anstoßenden Pesel war hinter einer Glasscheibe eine holländische Schlaguhr in die Wand gelassen.

Der starke, etwas schlagflüssige Hauswirt saß am Ende des blankgescheuerten Tisches im Lehnstuhl auf seinem bunten Wollenpolster. Er hatte seine Hände über dem Bauch gefaltet und starrte aus seinen runden Augen befriedigt auf das Gerippe einer fetten Ente; Gabel und Messer ruhten vor ihm auf dem Teller.

„Guten Tag, Deichgraf!" sagte Haien, und der Angeredete drehte langsam Kopf und Augen zu ihm hin. „Ihr seid es, Tede?" entgegnete er, und der Stimme war die verzehrte fette Ente anzuhören, „setzt Euch; es ist ein gut Stück' von Euch zu mir herüber!"

„Ich komme, Deichgraf", sagte Tede Haien, indem er sich auf die an der Wand entlang laufende Bank dem Anderen im Winkel gegenübersetzte. „Ihr habt Verdruss mit Euerem Kleinknecht gehabt und

seid mit meinem Jungen einig geworden, ihn an dessen Stelle zu setzen!"

Der Deichgraf nickte: „Ja, ja, Tede; aber – was meint Ihr mit Verdruss? Wir Marschleute haben, Gott tröst' uns, was dagegen einzunehmen!" und er nahm das vor ihm liegende Messer und klopfte wie liebkosend auf das Gerippe der armen Ente. „Das war mein Leibvogel", setzte er behaglich lachend hinzu; „sie fraß mir aus der Hand!"

„Ich dachte", sagte der alte Haien, das Letzte überhörend, „der Bengel hätte Euch Unheil im Stall gemacht."

„Unheil? Ja, Tede; freilich Unheil genug! Der dicke Mopsbraten hatte die Kälber nicht gebörmt; aber er lag voll getrunken auf dem Heuboden, und das Viehzeug schrie die ganze Nacht vor Durst, dass ich bis Mittag nachschlafen musste; dabei kann die Wirtschaft nicht bestehen!"

„Nein, Deichgraf; aber dafür ist keine Gefahr bei meinem Jungen."

Hauke stand, die Hände in den Seitentaschen, am Türpfosten, hatte den Kopf im Nacken und studierte an den Fensterrähmen ihm gegenüber.

Der Deichgraf hatte die Augen zu ihm gehoben und nickte hinüber: „Nein, nein, Tede;" und er nickte nun auch dem Alten zu; „Euer Hauke wird mir die Nachtruh' nicht verstören; der Schulmeister hat's mir schon vordem gesagt, der sitzt lieber vor der Rechentafel, als vor einem Glas mit Branntwein."

Hauke hörte nicht auf diesen Zuspruch, denn Elke war in die Stube getreten und nahm mit ihrer leichten Hand die Reste der Speisen von dem Tisch, ihn mit ihren dunkeln Augen flüchtig streifend. Da fielen seine Blicke auch auf sie. „Bei Gott und Jesus", sprach er bei sich selber, „sie sieht auch so nicht dösig aus!"

Das Mädchen war hinausgegangen: „Ihr wisset, Tede", begann der Deichgraf wieder, „unser Herrgott hat mir einen Sohn versagt!"

„Ja, Deichgraf; aber lasst Euch das nicht kränken", entgegnete der Andere, „denn im dritten Gliede soll der Familienverstand ja verschleißen; Euer Großvater, das wissen wir noch Alle, war Einer, der das Land geschützt hat!"

Der Deichgraf, nach einigem Besinnen, sah schier verdutzt aus: „Wie meint Ihr das, Tede Haien?" sagte er, und setzte sich in seinem Lehnstuhl auf; „ich bin ja doch im dritten Gliede!"

„Ja so! Nicht für ungut, Deichgraf; es geht nur so die Rede!" Und der hagere Tede Haien sah den alten Würdenträger mit etwas boshaften Augen an.

Utrecht, um 1780

Leibvogel: Lieblingsvogel.

Mopsbraten: Schimpfwort für einen trägen, unfreundlichen, groben und dummen Menschen.

börmen von nd. Born (Tränke) heißt „das Vieh zur Tränke führen".

(Johann Friedrich Schütze (Hg.): Holsteinisches Idiotikon, Bd. 1, Hamburg 1800, S. 135.)

Fensterrähmen: Plural nach der alten femininen Form „die Fensterrähme".

nicht verstören: nicht stören, hindern.

Rechentafel: als Hilfsmittel beim Rechnen dienende Tafel mit den tabellarisch oder grafisch dargestellten Zahlenwerten.

im dritten Gliede: in der dritten Generation. Die etwas boshafte Andeutung des alten Haien gegenüber dem alten Deichgrafen weist auf den Niedergang der Deichgrafenfamilie hin.

Makkum, um 1840

Der aber sprach unbekümmert: „Ihr müsst Euch von alten Weibern dergleichen Torheit nicht aufschwatzen lassen, Tede Haien; Ihr kennt nur meine Tochter nicht, die rechnet mich selber dreimal um und um! Ich wollt' nur sagen, Euer Hauke wird außer im Felde auch hier in meiner Stube mit Feder oder Rechenstift so Manches profitieren können, was ihm nicht schaden wird!"

„Ja, ja, Deichgraf, das wird er; da habt Ihr völlig recht!" sagte der alte Haien und begann dann noch einige Vergünstigungen bei dem Mietkontrakt sich auszubedingen, die Abends vorher von seinem Sohne nicht bedacht waren. So sollte dieser außer seinen leinenen Hemden im Herbst auch noch acht Paar wollene Strümpfe als Zugabe seines Lohnes genießen; so wollte er selbst ihn im Frühling acht Tage bei der eigenen Arbeit haben, und was dergleichen mehr war. Aber der Deichgraf war zu Allem willig; Hauke Haien schien ihm eben der rechte Kleinknecht.

– – „Nun, Gott tröst' Dich, Junge", sagte der Alte, da sie eben das Haus verlassen hatten, „wenn der Dir die Welt klar machen soll!"

Aber Hauke erwiderte ruhig: „Lass Er nur, Vater; es wird schon Alles werden."

**
*

Und Hauke hatte so Unrecht nicht gehabt; die Welt, oder was ihm die Welt bedeutete, wurde ihm klarer, je länger sein Aufenthalt in diesem Hause dauerte; vielleicht um so mehr, je weniger ihm eine überlegene Einsicht zu Hülfe kam, und je mehr er auf seine eigene Kraft angewiesen war, mit der er sich von jeher beholfen hatte. Einer freilich war im Hause, für den er nicht der Rechte zu sein schien; das war der Großknecht Ole Peters, ein tüchtiger Arbeiter und ein maulfertiger Geselle. Ihm war der träge, aber dumme und stämmige Kleinknecht von vorhin besser nach seinem Sinn gewesen, dem er ruhig die Tonne Hafer auf den Rücken hatte laden und den er nach Herzenslust hatte herumstoßen können. Dem noch stilleren, aber ihn geistig überragenden Hauke vermochte er in solcher Weise nicht beizukommen; er hatte eine gar zu eigne Art, ihn anzublicken. Trotzdem verstand er es, Arbeiten für ihn auszusuchen, die seinem noch nicht gefesteten Körper hätten gefährlich werden können, und Hauke, wenn der Großknecht sagte: „Da hättest Du den dicken Niß nur sehen sollen; dem ging es von der Hand!" fasste nach Kräften an und brachte es, wenn auch mit Mühsal, doch zu Ende. Ein Glück war es für ihn, dass Elke selbst oder durch ihren Vater das meistens abzustellen wusste. Man mag wohl fragen, was mitunter ganz fremde Menschen an einander bindet; vielleicht – sie waren beide geborene Rechner, und das Mädchen konnte ihren Kameraden in der groben Arbeit nicht verderben sehen.

Mietkontrakt: Arbeitsvertrag.

I. Allgemeine Bestimmungen.

§ 1. Das gegenseitige Verhältnis zwischen Herrschaft und Gesinde wird durch eine Uebereinkunft begründet, vermöge deren eine Person während einer zum Voraus bestimmten ununterbrochenen Zeit mit persönlicher Unterwürfigkeit gegen die Dienstherrschaft zur Verrichtung häuslicher und wirtschaftlicher Arbeiten und Dienste in ein Haus aufgenommen wird und dafür von der Herrschaft die Zusicherung einer Gegenleistung erhält.

§ 2. Die Art der zu leistenden Dienste, wie auch die Art und der Belauf der Gegenleistung, und die Dauer der Dienstzeit, hängen von der darüber getroffenen Vereinbarung ab, sofern solche den Gesetzen nicht zuwider läuft.

Die erste Gesindeordnung für Schleswig-Holstein trat am 25. Februar 1840 in Kraft. Sie regelt das Dienstverhältnis zwischen Gesinde und Herrschaft. Der Vertrag zwischen Dienstboten und Herrschaft wurde darin als Übereinkunft definiert, „vermöge deren eine Person während einer zum Voraus bestimmten ununterbrochenen Zeit mit persönlicher Unterwürfigkeit gegen die Dienstherrschaft zur Verrichtung häuslicher und wirthschaftlicher Arbeiten und Dienste in ein Hauswesen aufgenommen wird, und dafür von der Herrschaft die Zusicherung einer Gegenleistung erhält." (§ 1 der Gesindeordnung). Die Tätigkeiten, die Dienstzeit und Gegenleistungen waren nicht festgelegt, sondern frei aushandelbar.

(Nach: Die Schleswig-Holsteinische Gesindeordnung vom 25. Februar 1840. Kiel 1907.)

Hülfe: alte Form von Hilfe.

Großknecht: der ältere, dem Kleinknecht vorgesetzte Knecht.

Ole Peters: Ole ist ein skandinavischer Name, eine Kurzform für Namen wie zum Beispiel „Olaf" und „Ulrich". Er heißt in der Entwurfshandschrift zunächst, als Hauke beim Deichgrafen als Kleinknecht eingestellt wird, „Harke Volkerts" und später beim Eisboßeln „Harke Peters". Noch in der Reinschrift schreibt Storm mehrfach „Harke" und korrigiert zu „Ole".

maulfertiger Geselle: redebegabter Mensch.

Tonne: Volumeneinheit in Dänemark für trockene Waren wie Getreide; entspricht ca. 140 Litern.

nicht gefesteten: nicht gefestigt, noch nicht ausgewachsen.

Der Zwiespalt zwischen Groß- und Kleinknecht wurde auch im Winter nicht besser, als nach Martini die verschiedenen Deichrechnungen zur Revision eingelaufen waren.

Es war an einem Maiabend; aber es war Novemberwetter; von drinnen im Hause hörte man draußen hinterm Deich die Brandung donnern. „He, Hauke", sagte der Hausherr, „komm herein; nun magst Du weisen, ob Du rechnen kannst!"

„Uns' Weerth", entgegnete dieser; – denn so nennen hier die Leute ihre Herrschaft – „ich soll aber erst das Jungvieh füttern!"

„Elke!" rief der Deichgraf; „wo bist Du, Elke! – Geh' zu Ole, und sag' ihm, er sollte das Jungvieh füttern; Hauke soll rechnen!"

Und Elke eilte in den Stall und machte dem Großknecht die Bestellung, der eben damit beschäftigt war, das über Tag gebrauchte Pferdegeschirr wieder an seinen Platz zu hängen.

Ole Peters schlug mit einer Trense gegen den Ständer, neben dem er sich beschäftigte, als wolle er sie kurz und klein haben: „Hol' der Teufel den verfluchten Schreiberknecht!" – Sie hörte die Worte noch, bevor sie die Stalltür wieder geschlossen hatte.

„Nun?" frug der Alte, als sie in die Stube trat.

„Ole wollte es schon besorgen", sagte die Tochter, ein wenig sich die Lippen beißend, und setzte sich Hauke gegenüber auf einen grobgeschnitzten Holzstuhl, wie sie noch derzeit hier an Winterabenden im Hause selbst gemacht wurden. Sie hatte aus einem Schubkasten einen weißen Strumpf mit rotem Vogelmuster genommen, an dem sie nun weiterstrickte; die langbeinigen Kreaturen darauf mochten Reiher oder Störche bedeuten sollen. Hauke saß ihr gegenüber in seine Rechnerei vertieft, der Deichgraf selbst ruhte in seinem Lehn-

17/20

Uns' Weert: Anrede für den Wirt, den Hausherrn.

Der Landwirt Dr. Geerkens vom Eckhof im Sophie-Magdalenen-Koog schrieb 1914 in seinen Erinnerungen „Wie war es damals?":

„Fest hatte der Bauer – meistens ‚Uns Weert', wo man sich vornehm gab, schon ‚De Herr' genannt – die Zügel der Regierung in der Hand. Als männliche Dienstboten waren vorhanden der Oberknecht (Böwerknecht) – ein wie der Wirt auf strenge Einhaltung überkommener Formen bedachter Vorarbeiter im Alter von fünfundzwanzig bis dreißig Jahren und darüber, der selbst die ganze Stufenleiter des Gesindes durchlaufen hatte, und mehrere Unterknechte und Kleinknechte. Hinzu kamen am Peterstag (22. Februar) zwei bis drei Dienstjungen, der ‚Grootjung', der ‚Mitteljung' und der ‚Lüttjung', letzterer erst zwölf bis dreizehn Jahre alt und von der Sommerschule dispensiert. Nach Bedarf wurden dann noch einheimische Tagelöhner und auswärtige Erntearbeiter und im Winter die Drescher und Winterkleier beschäftigt. Im Hause waltete die Frau – kurz ‚Uns Frau' oder wo es feiner herging ‚De Madam' tituliert – nicht minder streng ihres Amtes. Ihr standen zwei Mägde zur Seite, ‚de Grootdeern' und ‚de lüttje Deern', und in größeren Häusern noch ein Hausmädchen, ‚de Binnerdeern'."

(Handschrift im Storm-Archiv, Husum. Gedruckt in Geerkens 1960, S. 127f.)

Trense: Bestandteil des Zaumzeugs für Pferde. Sie ist ein Gebissstück mit Ringen an jeder Seite zum Einschnallen der Zügel.

Ständer: Auf Boden, Stein, Sockelmauer oder Schwelle stehendes Holz in der Wandkonstruktion, das oben mit dem Rähm (Waagerechtes Kantholz auf den Ständern der Wände oder auf den Säulen des Dachstuhls aufgezapft) verbunden ist. Bei den Bauernhäusern in Norddeutschland mit einer Innengerüstkonstrukion bei großer Hausbreite sind unter einem Dach Wohnung, Stall und Speicher vereint.

stuhl und blinzelte schläfrig nach Hauke's Feder; auf dem Tisch brannten, wie immer im Deichgrafenhause, zwei Unschlittkerzen, und vor den beiden in Blei gefassten Fenstern waren von außen die Läden vorgeschlagen und von innen zugeschroben; mochte der Wind nun poltern, wie er wollte. Mitunter hob Hauke seinen Kopf von der Arbeit und blickte einen Augenblick nach den Vogelstrümpfen oder nach dem schmalen ruhigen Gesicht des Mädchens.

Da tat es aus dem Lehnstuhl plötzlich einen lauten Schnarcher, und ein Blick und ein Lächeln flog zwischen den beiden jungen Menschen hin und wieder; dann folgte allmählich ein ruhigeres Atmen; man konnte wohl ein wenig plaudern; Hauke wusste nur nicht, was. Als sie aber das Strickzeug in die Höhe zog, und die Vögel sich nun in ihrer ganzen Länge zeigten, flüsterte er über den Tisch hinüber: „Wo hast Du das gelernt, Elke?"
„Was gelernt?" frug das Mädchen zurück.

– „Das Vogelstricken?" sagte Hauke.

„Das? Von Trien' Jans draußen am Deich; sie kann allerlei; sie war vor Zeiten einmal bei meinem Großvater hier im Dienst."

„Da warst Du aber wohl noch nicht geboren?" sagte Hauke.

„Ich denk' wohl nicht; aber sie ist noch oft ins Haus gekommen."

„Hat denn die die Vögel gern?" frug Hauke; „ich meint', sie hielt es nur mit Katzen!"

Elke schüttelte den Kopf: „Sie zieht ja Enten und verkauft sie; aber im vorigen Frühjahr, als Du den Angorer totgeschlagen hattest, sind ihr hinten im Stall die Ratten dazwischen gekommen; nun will sie sich vorn am Hause einen andern bauen."

„So", sagte Hauke und zog einen leisen Pfiff durch die Zähne, „dazu hat sie von der Geest sich Lehm und Steine hergeschleppt! Aber dann kommt sie in den Binnenweg; – hat sie denn Konzession?"

„Weiß ich nicht", meinte Elke; aber er hatte das letzte Wort so laut gesprochen, dass der Deichgraf aus seinem Schlummer auffuhr. „Was Konzession?" frug er und sah fast wild von Einem zu der Andern. „Was soll die Konzession?"

Als aber Hauke ihm dann die Sache vorgetragen hatte, klopfte er ihm lachend auf die Schulter: „Ei was, der Binnenweg ist breit genug; Gott tröst' den Deichgrafen, sollt' er sich auch noch um die Entenställe kümmern!"

Hauke fiel es aufs Herz, dass er die Alte mit ihren jungen Enten den Ratten sollte preisgegeben haben, und er ließ sich mit dem Einwand abfinden. „Aber uns' Weerth", begann er wieder, „es tät' wohl Dem und Jenem ein kleiner Zwicker gut, und wollet Ihr ihn nicht selber

zugeschroben: zugeschraubt; die starke Form hat sich im Nd. erhalten.

Vogelstricken: Muster, die wie Vögel aussehen.

„Von den Strümpfen geht eine erotische Ausstrahlung aus, die an keiner anderen Stelle des Textes sonst zu spüren ist. Dieser erotischen Ausstrahlung, die sowohl mit der Situation, wie dem Objekt der Strümpfe als weiblichen Beinkleidern, wie dem Vogelmotiv zusammenhängt, kann sich Hauke, der mit Elke im Schatten des väterlichen Schlafes leise plaudert, nicht entziehen."

(Irmgard Röbling: „Von Menschentragik und wildem Naturgeheimnis". In: Stormlektüren. Würzburg 2000, S. 199.)

Trien' Jans: Kurzform von Katharina; sie heißt im der Entwurfshandschrift (von Storm „Concept" genannt) zunächst die „alte Magd Vollina"; Storm streicht diesen Namen und ersetzt ihn durch „Trien Jans". Die endgültige Schreibweise mit dem Apostroph erscheint erst in der Reinschrift.

Konzession: Die Verleihung eines Nutzungsrechts an einem Gemeingut durch die zuständige staatliche oder kommunale Behörde.

Zwicker: Ermahnung.

„Die vorhin erwähnte, als Ausfluß der Autonomie zu betrachtende Deichs- und Koogsordnung, welche man mit der „Willkühr" der Dörfer vergleichen kann, enthält allerlei wirthschaftliche und polizeiliche Bestimmungen, z. B. daß die Deichwege alljährlich bis zu einem gewissen Termine von den Pflichtigen geebnet und geeggt seyn sollen, daß auf den Deichen keine losen Hund herumlaufen, keine Gänse, Schweine, Schafe geweidet werden dürfen, daß Niemand in den längs den Deichen sich hinziehenden Gräben bei der Bootsfahrt der Segel sich bedienen darf, daß Jeder seine Aecken von Unkraut, namentlich von wildem Senf und Hederich rein zu halten habe, daß die Armen zum Aehrensammeln obrigkeitliche Erlaubniß einholen müssen u. dgl."

(Georg Hanssen: Ueber das Landgemeindewesen in den Herzothümern Schleswig und Holstein. In: Volksbuch. Kiel 1844, S. 156.)

greifen, so zwicket den Gevollmächtigen, der auf die Deichordnung passen soll!"

„Wie, was sagt der Junge?" und der Deichgraf setzte sich vollends auf, und Elke ließ ihren künstlichen Strumpf sinken und wandte das Ohr hinüber.

„Ja, uns' Weerth", fuhr Hauke fort, „Ihr habt doch schon die Frühlingsschau gehalten; aber trotzdem hat Peter Jansen auf seinem Stück das Unkraut auch noch heute nicht gebuscht; im Sommer werden die Stieglitzer da wieder lustig um die roten Distelblumen spielen! Und dicht daneben, ich weiß nicht, wem's gehört, ist an der Außenseite eine ganze Wiege in dem Deich; bei schön Wetter liegt es immer voll von kleinen Kindern, die sich darin wälzen; aber – Gott bewahr' uns vor Hochwasser!"

Die Augen des alten Deichgrafen waren immer größer geworden.

„Und dann" – sagte Hauke wieder.

„Was dann noch, Junge?" frug der Deichgraf; „bist Du noch nicht fertig?" und es klang, als sei der Rede seines Kleinknechts ihm schon zu viel geworden.

„Ja, dann, uns' Weerth", sprach Hauke weiter; „Ihr kennt die dicke Vollina, die Tochter vom Gevollmächtigten Harders, die immer ihres Vaters Pferde aus der Fenne holt, – wenn sie nur eben mit ihren runden Waden auf der alten gelben Stute sitzt, hü hopp? so geht's allemal schräg an der Dossierung den Deich hinan!"

Hauke bemerkte erst jetzt, dass Elke ihre klugen Augen auf ihn gerichtet hatte und leise ihren Kopf schüttelte.

Er schwieg; aber ein Faustschlag, den der Alte auf den Tisch tat, dröhnte ihm in die Ohren, „da soll das Wetter dreinschlagen!" rief er, und Hauke erschrak beinahe über die Bärenstimme, die plötzlich hier hervorbrach: „Zur Brüche! Notier' mir das dicke Mensch zur Brüche, Hauke! Die Dirne hat mir im letzten Sommer drei junge Enten weggefangen! Ja, ja, notier' nur", wiederholte er, als Hauke zögerte; „ich glaub' sogar, es waren vier!"

„Ei, Vater", sagte Elke, „war's nicht die Otter, die die Enten nahm?"

„Eine große Otter!" rief der Alte schnaufend; „werd' doch die dicke Vollina und eine Otter auseinander kennen! Nein, nein, vier Enten, Hauke – Aber was Du im Übrigen schwatzest, der Herr Oberdeichgraf und ich, nachdem wir zusammen in meinem Hause hier gefrühstückt hatten, sind im Frühjahr an Deinem Unkraut und an Deiner Wiege vorbeigefahren und haben's doch nicht sehen können. Ihr Beide aber", und er nickte ein paar Mal bedeutsam gegen Hauke und seine Tochter, „danket Gott, dass Ihr nicht Deichgraf seid! Zwei

Deichordnung oder Deichstatut regelt die Unterhaltungspflicht der Deiche, die Pflichten und Rechte der Deichgenossen, die Befugnisse der Deichbehörden, die Deichschauungen sowie das Oberaufsichtsrecht des Staats.

künstlich: hier künstlerisch.

Frühlingsschau: Die Deichschau zur Überprüfung der Anlagen findet im Frühling und im Herbst statt. Dabei werden die Standsicherheit und der ordnungsgemäße Zustand des Deiches und seiner zugehörigen Bauwerke und Anlagen überprüft.

gebuscht: das Unkraut am Deich muss gemäht werden.

Stieglitzer: (niederdeutsche Pluralform), Diestelfink (Carduelis carduelis).

Distelblume: (Carduus) ein zweijähriger Korbblüter.

Brüche: Geldbuße; die Behandlung der Versäumnisse bei der Deichpflege wird in der Novelle ausführlich beschrieben, so verfügt der Deichgraf gegen einen säumigen Landbesitzer eine Strafe; dazu findet sich ein Hinweis in dem „Justiz- und Polizey-Reglement für die Landschaft Pellworm" vom 4.7.1813".

Zu den Obliegenheiten des Landvogts von Bredstedt in seiner Eigenschaft als Deichgraf gehörte die Aufsicht über die Wege und Stege. „Vermöge der von dem Landvogt als Polizeybeamter zu führenden Aufsicht über Wege und Stege, hat er diejenigen, welche nach dem sogenannten Stock-Register zur Unterhaltung der Wege und Stege schuldig sind, zu rechter Zeit dazu anzuhalten. In dieser Absicht werden zweymal im Jahre die Wege und Stege von ihm in Augenschein genommen, und diejenigen, welche ihre Schuldigkeit nicht gethan, zur Brüche notirt."

(Heinrich Carl Esmarch (Hg.): Sammlung der Statute, Verordnungen und Verfügungen, welche den bürgerlichen Proceß des Herzogthums Schleswig betreffen. Schleswig 1848, S. 471ff.)

das dicke Mensch: in derber, bäuerlicher Rede bedeutet „das Mensch": die Frau, das Mädchen (mit verächtlichem Nebenton).

Bestickungsarbeiten: nd. besticken: an besonders gefährdeten Stellen des Deichs wird Stroh ausgebreitet, das man mit Krampen (fest gedrehten Strohseilen) überspannt; die Krampen werden mit einer hohlmeißelförmig auslaufenden Gloier-Nadel (Gloie: Dossierung oder Schräge Fläche eines Deiches) in den Boden gesteckt.

Schlendrian: was ein nachlässiger Mensch tut.

Offenbarung: Erkenntnisse und Meinungen.

Das Demat war ein in den Herzogtümern Schleswig und Holstein gebräuchliches Flächenmaß. Ein Demat entsprach im Amt Husum 0,48 ha.

Klei unter den Füßen: Der hat Klei an den Füßen. (Der besitzt fruchtbares Land. Der hat's!).

Schauung: Deichschau.

Halbstieg: eine halbe Stiege; alte Maßeinheit, 10 Stück.

um die Wege: (im Haus) unterwegs.

Godske von Krogh (1775–1852); Privatbesitz; Foto: Nordseemuseum, Husum.

Herr Amtmann und Oberdeichgraf: Der Oberdeichgraf führt die Aufsicht über das Deichwesen. Für die Hattstedter Marsch war der Amtmann von Husum Oberbeamter. Er führte lt. Verfügung vom 17.7.1801 die Oberaufsicht über die Ämter Husum und Bredstedt und war damit Vorgesetzter der beiden Landvögte. Außerdem war er Oberdeichgraf in beiden Ämtern. Während der Landvogt zu Bredstedt zugleich das Amt des Deichgrafen innehatte, war dieses Amt in den Marschbezirken des Amtes Husum auf zwei Beamte aufge-

Augen hat man nur, und mit hundert soll man sehen. – – Nimm nur die Rechnungen über die Bestickungsarbeiten, Hauke, und sieh sie nach; die Kerls rechnen oft zu liederlich!"

Dann lehnte er sich wieder in seinen Stuhl zurück, ruckte den schweren Körper ein paar Mal, und überließ sich bald dem sorgenlosen Schlummer.

**
*

Dergleichen wiederholte sich an manchem Abend. Hauke hatte scharfe Augen und unterließ es nicht, wenn sie beisammensaßen, das Eine oder Andre von schädlichem Tun oder Unterlassen in Deichsachen dem Alten vor die Augen zu rücken, und da dieser sie nicht immer schließen konnte, so kam unversehens ein lebhafterer Geschäftsgang in die Verwaltung, und die, welche früher im alten Schlendrian fortgesündigt hatten und jetzt unerwartet ihre frevlen oder faulen Finger geklopft fühlten, sahen sich unwillig und verwundert um, woher die Schläge denn gekommen seien. Und Ole, der Großknecht, säumte nicht, möglichst weit die Offenbarung zu verbreiten und dadurch gegen Hauke und seinen Vater, der doch die Mitschuld tragen musste, in diesen Kreisen einen Widerwillen zu erregen; die Andern aber, welche nicht getroffen waren, oder denen es um die Sache selbst zu tun war, lachten und hatten ihre Freude, dass der Junge den Alten doch einmal etwas in Trab gebracht habe. „Schad' nur", sagten sie, „dass der Bengel nicht den gehörigen Klei unter den Füßen hat; das gäbe später sonst einmal wieder einen Deichgrafen, wie vordem sie da gewesen sind; aber die paar Demat seines Alten, die täten's denn doch nicht!"

Als im nächsten Herbst der Herr Amtmann und Oberdeichgraf zur Schauung kam, sah er sich den alten Tede Volkerts von oben bis unten an, während dieser ihn zum Frühstück nötigte. „Wahrhaftig, Deichgraf", sagte er, „ich dacht's mir schon, Ihr seid in der Tat um ein Halbstieg Jahre jünger geworden; Ihr habt mir diesmal mit all' Euern Vorschlägen warm gemacht; wenn wir mit alledem nur heute fertig werden!"

„Wird schon, wird schon, gestrenger Herr Oberdeichgraf", erwiderte der Alte schmunzelnd; „der Gansbraten da wird schon die Kräfte stärken! Ja, Gott sei Dank, ich bin noch allezeit frisch und munter!" Er sah sich in der Stube um, ob auch nicht etwa Hauke um die Wege sei; dann setzte er in würdevoller Ruhe noch hinzu: „So hoffe ich zu Gott, noch meines Amtes ein paar Jahre in Segen warten zu können."

„Und darauf, lieber Deichgraf", erwiderte sein Vorgesetzter sich erhebend, „wollen wir dieses Glas zusammen trinken!"

Elke, die das Frühstück bestellt hatte, ging eben, während die Gläser an einander klangen, mit leisem Lachen aus der Stubentür. Dann holte sie eine Schüssel Abfall aus der Küche und ging durch den Stall, um es vor der Außentür dem Federvieh vorzuwerfen. Im Stall stand Hauke Haien und steckte den Kühen, die man der argen Witterung wegen schon jetzt hatte heraufnehmen müssen, mit der Furke Heu in ihre Raufen. Als er aber das Mädchen kommen sah, stieß er die Furke auf den Grund. „Nu, Elke!" sagte er.

Sie blieb stehen und nickte ihm zu: „Ja Hauke; aber eben hättest Du drinnen sein müssen!"

„Meinst Du? Warum denn, Elke?"

„Der Herr Oberdeichgraf hat den Wirt gelobt!"

– „Den Wirt? Was tut das mir?"

„Nein, ich mein', den Deichgrafen hat er gelobt!" Ein dunkles Rot flog über das Gesicht des jungen Menschen: „Ich weiß wohl", sagte er, „wohin Du damit segeln willst!"

„Werd' nur nicht rot, Hauke; Du warst es ja doch eigentlich, den der Oberdeichgraf lobte!"

Hauke sah sie mit halbem Lächeln an. „Auch Du doch, Elke!" sagte er.

Aber sie schüttelte den Kopf: „Nein, Hauke; als ich allein der Helfer war, da wurden wir nicht gelobt. Ich kann ja auch nur rechnen; Du

teilt. Theodor Storm, der das Amt des Husumer Landvogtes von 1866–1868 innehatte, war also nicht mit dem Deichwesen beauftragt.

Von 1826 bis 1852 residierte der aus Aastrup bei Hadersleben stammende Godske Hans Ernst von Krogh als Amtmann im Schloss vor Husum; die Familie war mit den Storms bekannt und die Kinder mit Theodor Storm befreundet. Über ihn schreibt Storm in seinen Jugenderinnerungen: „Von der damaligen Beamtenherrlichkeit unter der absoluten Souveränität unseres königlichen Herzogs, der für uns freilich nur ‚der König' war, wird ein Spätergeborener sich schwer einen Begriff machen können. Der regierenden Beamten waren drei; zunächst der Amtmann, während des größten Teils meiner Jugend ein Kammerherr v. Krogh, ein unstudierter Mann von gesundem Menschenverstande und gutem, wenn es sich sagen ließe, oft unbewußtem Humor. Wenn in den hohen bespornten Stiefeln die stattliche Gestalt dröhnend durch die langen Korridore seiner Amtswohnung, des alten herzoglichen Schlosses, schritt, so klang daraus das volle Bewußtsein eines Oberbeamten über das Amt Husum und Bredstedts und eines Oberstallers über die Landschaft Eiderstedt. Er war ein tüchtiger und von dieser Eigenschaft vollkommen überzeugter Mann, etwas schwerhörig, dabei mit einem überlegenen Lächeln und die Namen der ihm nicht nahe und nicht höher stehender Personen gern, als sei das seine Sache nicht, dergleichen zu behalten, mit irgendeiner Verdrehung handhabend; dabei im Amt, wie im Hause ein wohlwollender Mann. Auf Reisen und wenn er im L'Hombre verloren hatte zahlte sein Bedienter, der dann die Kasse führte. Er wurde früh verwitwet, hatte aber eine Reihe Kinder, mit denen zum Teil ich meine Jugend verlebte." Theodor Storm: Aus der Jugendzeit. LL 4, S. 430 f.

Federvieh: Hühner und Enten.

Furke: zweizinkige Heu- und Mistgabel.

Die Raufe ist ein Futtergestell.

Rotbunt: Das Rotbunte Niederungsrind ist eine rot-weiße Hausrind-Rasse Nord- und Mitteldeutschlands und wurde im 19. Jahrhundert vor allem in Schleswig-Holstein, im Rheinland und in Westfalen gehalten.

Kristallfläche: hier: Eisfläche.

Kirchdorf: ein kleiner Ort mit eigener Kirche, in der regelmäßig Gottesdienste stattfinden. Storm stellte sich das nordwestlich von Husum gelegene Geestdorf Hattstedt vor.

Storm orientierte sich an folgender Beschreibung: „Es gehört von Alters her zu den Revenüen der Prediger zu Keitum, daß sie im Kirchthurm so viel Tauben halten durften, wie ihnen beliebte, oder vielleicht richtiger gesagt, daß alle im Kirchthurm zu Keitum nistenden, aber auf den Kornfeldern des Dorfes hauptsächlich sich nährenden wilden Tauben den Predigern zu Keitum gehörten."

(C.P. Hansen: Das Schleswig'sche Wattenmeer und die friesischen Inseln. Glogau 1865, S. 219.)

Kret'ler: Schiedsrichter; von nd. kreteln: zanken, streiten.

Kirchspielskruges: Das Kirchspiel (Kirchensprengel, Parochie) bezeichnet den Bezirk, der alle Ortschaften umfasst, die in eine bestimmte Kirche eingepfarrt sind. Der Krug ist die Dorfgastwirtschaft. Nachmittags- und Abendtafel an langen Tischen im Kirchspielskrug mit anschließendem Tanz gehörten jahrzehntelang zu den Höhepunkten im dörflichen Jahresablauf.

Der Hattstedter Krug (Christiansen's Gasthof im Kirchenweg 30) war Vorbild für das Gasthaus des Geestdorfes. Postkarte um 1920.

aber siehst draußen Alles, was der Deichgraf doch wohl selber sehen sollte; Du hast mich ausgestochen!"

„Ich hab' das nicht gewollt, Dich am mindsten", sagte Hauke zaghaft, und er stieß den Kopf einer Kuh zur Seite: „Komm', Rotbunt, friss mir nicht die Furke auf, Du sollst ja Alles haben!"

„Denk' nur nicht, dass mir's leid tut, Hauke", sagte nach kurzem Sinnen das Mädchen; „das ist ja Mannessache!"

Da streckte Hauke ihr den Arm entgegen: „Elke, gib mir die Hand darauf!"

Ein tiefes Rot schoss unter die dunkeln Brauen des Mädchens. „Warum? Ich lüg' ja nicht!" rief sie.

Hauke wollte antworten; aber sie war schon zum Stall hinaus, und er stand mit seiner Furke in der Hand und hörte nur, wie draußen die Enten und Hühner um sie schnatterten und krähten.

**
*

Es war im Januar von Hauke's drittem Dienstjahre, als ein Winterfest gehalten werden sollte; „Eisboseln" nennen sie es hier. Ein ständiger Frost hatte beim Ruhen der Küstenwinde alle Gräben zwischen den Fennen mit einer festen ebenen Kristallfläche belegt, so dass die zerschnittenen Landstücke nun eine weite Bahn für das Werfen der kleinen mit Blei ausgegossenen Holzkugeln bildeten, womit das Ziel erreicht werden sollte. Tag aus, Tag ein wehte ein leichter Nordost: Alles war schon in Ordnung; die Geestleute in dem zu Osten über der Marsch belegenen Kirchdorf, die im vorigen Jahre gesiegt hatten, waren zum Wettkampf gefordert und hatten angenommen; von jeder Seite waren neun Werfer aufgestellt; auch der Obmann und die Kret'ler waren gewählt. Zu letzteren, die bei Streitfällen über einen zweifelhaften Wurf mit einander zu verhandeln hatten, wurden allezeit Leute genommen, die ihre Sache ins beste Licht zu rücken verstanden, am liebsten Burschen, die außer gesundem Menschenverstand auch noch ein lustig Mundwerk hatten. Dazu gehörte vor allen Ole Peters, der Großknecht des Deichgrafen. „Werft nur wie die Teufel", sagte er; „das Schwatzen tu ich schon umsonst!"

Es war gegen Abend vor dem Festtag; in der Nebenstube des Kirchspielskruges droben auf der Geest war eine Anzahl von den Werfern erschienen, um über die Aufnahme einiger zuletzt noch Angemeldeten zu beschließen. Hauke Haien war auch unter diesen; er hatte erst nicht wollen, obschon er seiner wurfgeübten Arme sich wohl bewusst war; aber er fürchtete durch Ole Peters, der einen Ehrenposten in dem Spiel bekleidete, zurückgewiesen zu werden; die Niederlage wollte er sich sparen.

Aber Elke hatte ihm noch in der elften Stunde den Sinn gewandt: „Er wird's nicht wagen, Hauke", hatte sie gesagt; „er ist ein Tagelöhnersohn; Dein Vater hat Kuh und Pferd und ist dazu der klügste Mann im Dorf!"

„Aber, wenn er's dennoch fertig bringt?"

Sie sah ihn halb lächelnd aus ihren dunkeln Augen an. „Dann", sagte sie, „soll er sich den Mund wischen, wenn er Abends mit seines Wirts Tochter zu tanzen denkt!" – Da hatte Hauke ihr mutig zugenickt.

Nun standen die jungen Leute, die noch in das Spiel hineinwollten, frierend und fußtrampelnd vor dem Kirchspielskrug und sahen nach der Spitze des aus Felsblöcken gebauten Kirchturms hinauf, neben dem das Krughaus lag. Des Pastors Tauben, die sich im Sommer auf den Feldern des Dorfes nährten, kamen eben von den Höfen und Scheuern der Bauern zurück, wo sie sich jetzt ihre Körner gesucht hatten und verschwanden unter den Schindeln des Turmes, hinter welchen sie ihre Nester hatten; im Westen über dem Haf stand ein glühendes Abendrot.

„Wird gut Wetter morgen!" sagte der eine der jungen Burschen und begann heftig auf und ab zu wandern; „aber kalt! kalt!" Ein zweiter, als er keine Taube mehr fliegen sah, ging in das Haus und stellte sich horchend neben die Tür der Stube, aus der jetzt ein lebhaftes Durcheinander-Reden herausscholl; auch des Deichgrafen Kleinknecht war neben ihn getreten. „Hör', Hauke", sagte er zu diesem; „nun schreien sie um Dich!" und deutlich hörte man von drinnen Ole Peters knarrende Stimme: „Kleinknechte und Jungens gehören nicht dazu!"

„Komm", flüsterte der Andere und suchte Hauke am Rockärmel an die Stubentür zu ziehen, „hier kannst Du lernen, wie hoch sie Dich taxieren!"

Aber Hauke riss sich los und ging wieder vor das Haus: „Sie haben uns nicht ausgesperrt, damit wir's hören sollen!" rief er zurück.

Vor dem Hause stand der Dritte der Angemeldeten. „Ich fürcht', mit mir hat's einen Haken", rief er ihm entgegen; „ich hab' kaum achtzehn Jahre; wenn sie nur den Taufschein nicht verlangen! Dich, Hauke, wird Dein Großknecht schon herauskreteln!"

„Ja heraus!" brummte Hauke und schleuderte mit dem Fuße einen Stein über den Weg; „nur nicht hinein!"

Der Lärm in der Stube wurde stärker; dann allmählich trat eine Stille ein; die draußen hörten wieder den leisen Nordost, der sich oben an der Kirchturmspitze brach. Der Horcher trat wieder zu ihnen. „Wen hatten sie da drinnen?" frug der Achtzehnjährige.

in der elften Stunde: (Redewendung) „kurz vor Schluss".

Tagelöhnersohn: Arbeiter ohne Landbesitz im Gegensatz zum Bauern, der Tiere auf eigenem Grund besitzt.

sich den Mund wischen: (Redewendung) „Einen Korb bekommen".

Spitze des aus Felsblöcken gebauten Kirchturms: Storm stellt sich die St.-Marien-Kirche des Geestdorfs Hattstedt vor, die um 1500 erbaut wurde.

„Bis an das Schindeldach des hohen Turmes war sie von Grund auf aus Granitquadern aufgebaut und beherrschte, auf dem höchsten Punkt des Dorfes sich erhebend, die weite Schau über Heide, Strand und Marschen."

(Storm in der Novelle „Aquis submersus" (LL 2, S. 378))

Turm der Hattstedter Kirche von Westen.

Scheuern: Scheunen.

Schindeln: Bretter zur Dacheindeckung.

Jungens: nd. Plural von Junge; Jugendliche zwischen 14 und 18 Jahren, die in Diensten stehen oder ein Handwerk lernen.

taxieren: bewerten, einschätzen.

herauskreteln: so reden, dass Hauke nicht in die Mannschaft aufgenommen wird.

Das Bosselwerfen in Nordfriesland im Winter.

„Isbosseln. Diese Volkslustbarkeit wird in Ditm‹arschen,› Eid‹erstedt,› u‹nd› a‹ndern› Marschgegenden folgendermaßen betrieben. Die größeren hölzernen bleigefüllten Kugeln heißen Handboosseln und sind 2–3 Pf‹und› schwer, werden von unten auf fortgeworfen, die kleineren Scheetboosseln 6–10 Loth [1 Loth entspricht ca. 15 Gramm], mit einem Schwung fortgeschnellt, wie die Marschbewohner gewöhnlich auch Steine werfen. Zu diesem Spiele fordert ein Kirchspiel, etwa 40–50 Mann, das andre, eine Dorfschaft oder Gemeine die andre auf. Es werden dann zuvor Aufseher des Spiels ernannt.

1) Ein Rahtmann oder Lehnsmann führt die Direktion.

2) Der Legger, der Vorausgehende welcher mit einem Stock die geworfene Kugel, wo sie liegt bezeichnet, auf welchen Stock alsdann der Werfer den Fuß setzt.

3) De Oprooper (Ausrufer) welcher die Namen der Personen, welche spielen aufruft.

4) Zwei Wegweiser, von jeder Kampfparthei einer.

Der Kampfpreis ist gewöhnlich 2 Tonnen Bier. Von der einen Gränze des einen Kirchspiels bis zu der des andern wird wechselweise die Kugel geworfen, […].“

(Johann Friedrich Schütze (Hg.): Holsteinisches Idiotikon, Teil 2, Hamburg 1801, S. 202 f.)

„Den da!“ sagte Jener und wies auf Hauke; „Ole Peters wollte ihn zum Jungen machen; aber Alle schrien dagegen. „Und sein Vater hat Vieh und Land“, sagte Jeß Hansen; „Ja, Land“, rief Ole Peters, „das man auf dreizehn Karren wegfahren kann!“ – Zuletzt kam Ole Hensen: „Still da!“ schrie er; „ich will's Euch lehren: sagt nur, wer ist der erste Mann im Dorf?“ Da schwiegen sie erst und schienen sich zu besinnen; dann sagte eine Stimme: „Das ist doch wohl der Deichgraf!“ Und alle Andern riefen: „Nun ja; unserthalb der Deichgraf!“ – „Und wer ist denn der Deichgraf?“ rief Ole Hensen wieder; „aber nun bedenkt Euch recht!“ – – Da begann Einer leis zu lachen, und dann wieder Einer, bis zuletzt nichts in der Stube war, als lauter Lachen. „Nun, so ruft ihn;“ sagte Ole Hensen; „Ihr wollt doch nicht den Deichgrafen von der Tür stoßen!“ Ich glaub', sie lachen noch; aber Ole Peters Stimme war nicht mehr zu hören!“ schloss der Bursche seinen Bericht.

Fast in demselben Augenblicke wurde drinnen im Hause die Stubentür aufgerissen, und: „Hauke! Hauke Haien!“ rief es laut und fröhlich in die kalte Nacht hinaus.

Da trabte Hauke in das Haus und hörte nicht mehr, wer denn der Deichgraf sei; was in seinem Kopfe brütete, hat indessen Niemand wohl erfahren.

– – Als er nach einer Weile sich dem Hause seiner Herrschaft nahte, sah er Elke drunten am Heck der Auffahrt stehen; das Mondlicht schimmerte über die unermessliche weiß bereifte Weidefläche. „Stehst Du hier, Elke?“ frug er.

Sie nickte nur: „Was ist geworden?“ sagte sie; „hat er's gewagt?“

– „Was sollt' er nicht!“

„Nun, und?“

– „Ja, Elke; ich darf es morgen doch versuchen!“

„Gute Nacht Hauke!“ Und sie lief flüchtig die Werfte hinan und verschwand im Hause.

Langsam folgte er ihr.

**
*

Auf der weiten Weidefläche, die sich zu Osten an der Landseite des Deiches entlang zog, sah man am Nachmittag darauf eine dunkle Menschenmasse bald unbeweglich stille stehen, bald, nachdem zweimal eine hölzerne Kugel aus derselben über den durch die Tagessonne jetzt von Reif befreiten Boden hingeflogen war, abwärts von den hinter ihr liegenden langen und niedrigen Häusern allmählich weiter rücken; die Parteien der Eisbosler in der Mitte, umgeben von Alt und Jung, was mit ihnen, sei es in jenen Häusern oder in denen droben auf der Geest Wohnung oder Verbleib hatte; die älteren Männer in langen Röcken, bedächtig aus kurzen Pfeifen rauchend, die Weiber in Tüchern und Jacken, auch wohl Kinder an den Händen ziehend oder auf den Armen tragend. Aus den gefrorenen Gräben, welche allmählich überschritten wurden, funkelte durch die scharfen Schilfspitzen der bleiche Schein der Nachmittagssonne, es fror mächtig; aber das Spiel ging unablässig vorwärts, und Aller Augen verfolgten immer wieder die fliegende Kugel; denn an ihr hing heute für das ganze Dorf die Ehre des Tages. Der Kret'ler der Parteien trug hier einen weißen, bei den Geestleuten einen schwarzen Stab mit eiserner Spitze; wo die Kugel ihren Lauf geendet hatte, wurde dieser, je nachdem, unter schweigender Anerkennung oder dem Hohngelächter der Gegenpartei in den gefrorenen Boden eingeschlagen, und wessen Kugel zuerst das Ziel erreichte, der hatte für seine Partei das Spiel gewonnen.

Gesprochen wurde von all den Menschen wenig; nur wenn ein Kapitalwurf geschah, hörte man wohl einen Ruf der jungen Männer oder Weiber; oder von den Alten einer nahm seine Pfeife aus dem Mund und klopfte damit unter ein paar guten Worten den Werfer auf die Schulter: „Das war ein Wurf, sagte Zacharies und warf sein Weib aus der Luke!“ oder: „So warf Dein Vater auch; Gott tröst' ihn in der Ewigkeit!“ oder was sie sonst für Gutes sagten.

Bei seinem ersten Wurfe war das Glück nicht mit Hauke gewesen: als er eben den Arm hinten ausschwang, um die Kugel fortzuschleudern, war eine Wolke von der Sonne fortgezogen, die sie vorhin bedeckt hatte, und diese traf mit ihrem vollen Strahl in seine Augen;

An der Landseite des Deiches: Es handelt sich in Storms Vorstellung um das Gebiet in der Hattstedter Marsch zwischen dem Deichgrafenhof auf der Warft Groß Ellerbüll und dem heutigen Staßenzug „Altendeich“.

unserthalb: von uns aus.

in langen Röcken: „unter dem rock des mannes verstehen wir das mit ärmeln versehene und gewöhnlich eng anliegende kleidungsstück, welches den oberkörper bedeckt;“ (Deutsches Wörterbuch).

Weiber: wertneutrale Bezeichnung für Frauen.

Kapitalwurf: besonders weiter Wurf.

Das war ein Wurf: beim Boßeln gebräuchliche Redewendung. Unter den von Storm in den 1840er Jahren gesammelten Sprichwörtern und Redensarten finden sich auch „‚Dat wer noch en Wurf', se Sacharias un schmeet sin Fru ut de Luuk.“ „‚Das war noch ein Wurf', sagte Zacharias und warf seine Frau aus der Luke.“

(Theodor Storm: Anekdoten, Märchen, Sagen, Sprichwörter und Reime aus Schleswig-Holstein. Heide 2005, S. 133.)

Zacharies: Die Schreibweise wechselt in den verschiedenen Textzeugen zwischen „Zacharias“ und „Zacharies“; Storm hat sich erst in der letzten Korrektur der Buchausgaben für „Zacharies“ entschieden.

Luke: Holzladen zum Verschließen von Türen und Fenstern.

Bummeis: nach nd. „Bummies“, dünnes Eis, unter dem das Wasser abgelaufen ist.

Marschjugend: die jungen Männer, aus denen sich die Mannschaft der Marschbewohner zusammensetzt.

geflickt werden: hier: (verbal) angegriffen werden.

das Maul am rechten Fleck (haben): gut reden können. Über den „Volkscharakter“ der Menschen in Nordfriesland schrieb Christian Levsen, seit 1800 Landvogt in Bredstedt, im Jahre 1821: „Ein gewisser Stolz, mit Dreistigkeit gepaart, die wohl zuweilen in Dummdreistigkeit ausartet, ist ihnen eigen, so wie ein damit verbundener Hang, sich auf eine oder die andere Art hervorzutun, wobei zuweilen Streit- und Zanksucht auffallend hervorstechen.“

(Nachrichten über das Amt Bredstedt. Altona 1821, S. 46 ff.)

Gallimathias: verworrenes Geschwätz; wird aus der französischen Studentensprache hergeleitet und anekdotisch mit einem Rechtsstreit über einen Hahn (gallus) in Verbindung gebracht, der einem gewissen Matthias gestohlen worden war; der lateinisch radebrechende Advokat versprach sich des Öfteren und sagte statt gallus Matthiae (der Hahn des Matthias) galli Matthias (der Matthias des Hahns); daher steht es eigentlich für Wortverdrehung.

(Nach: Damen Conversations Lexikon. Hg. von C. Herloßsohn. Leipzig 1834, Bd. 1.)

Rätselbrauen: dunkle, über der Nase zusammengewachsene Brauen. Dieses Phänomen ist auch als Rätzel oder Monobraue bekannt.

„rätsel, räzel, von einem menschen mit zusammengewachsenen augenbrauen: seiner ganzen physiognomie gab es einen eigenen ausdruck, dasz er ein räzel war, d. h. dasz seine augenbrauen über der nase zusammenstieszen.“ (Deutsches Wörterbuch)

Bescheid des Obmanns: Entscheidung des Schiedsrichters.

der Wurf wurde zu kurz, die Kugel fiel auf einen Graben und blieb im Bummeis stecken.

„Gilt nicht! Gilt nicht! Hauke, noch einmal“, riefen seine Partner.

Aber der Kret'ler der Geestleute sprang dagegen auf: „Muss wohl gelten; geworfen ist geworfen!“

„Ole! Ole Peters!“ schrie die Marschjugend. „Wo ist Ole? Wo, zum Teufel, steckt er?“

Aber er war schon da: „Schreit nur nicht so! Soll Hauke wo geflickt werden? Ich dacht's mir schon.“

– „Ei was! Hauke muss noch einmal werfen; nun zeig', dass Du das Maul am rechten Fleck hast!“

„Das hab' ich schon!“ rief Ole und trat dem Geest-Kret'ler gegenüber und redete einen Haufen Gallimathias auf einander. Aber die Spitzen und Schärfen, die sonst aus seinen Worten blitzten, waren diesmal nicht dabei. Ihm zur Seite stand das Mädchen mit den Rätselbrauen und sah scharf aus zornigen Augen auf ihn hin; aber reden durfte sie nicht; denn die Frauen hatten keine Stimme in dem Spiel.

„Du leierst Unsinn“, rief der andere Kret'ler, „weil Dir der Sinn nicht dienen kann! Sonne, Mond und Sterne sind für uns Alle gleich und allezeit am Himmel; der Wurf war ungeschickt, und alle ungeschickten Würfe gelten!“

So redeten sie noch eine Weile gegen einander; aber das Ende war, dass nach Bescheid des Obmanns Hauke seinen Wurf nicht wiederholen durfte.

„Vorwärts!" riefen die Geestleute, und ihr Kret'ler zog den schwarzen Stab aus dem Boden, und der Werfer trat auf seinen Nummer-Ruf dort an und schleuderte die Kugel vorwärts. Als der Großknecht des Deichgrafen dem Wurfe zusehen wollte, hatte er an Elke Volkerts vorbei müssen: „Wem zu Liebe ließest Du heut' Deinen Verstand zu Hause?" raunte sie ihm zu.

Da sah er sie fast grimmig an, und aller Spaß war aus seinem breiten Gesichte verschwunden. „Dir zu Lieb!" sagte er, „Denn Du hast Deinen auch vergessen!"

„Geh' nur; ich kenne Dich, Ole Peters!" erwiderte das Mädchen sich hoch aufrichtend; er aber kehrte den Kopf ab und tat, als habe er das nicht gehört.

Und das Spiel und der schwarze und der weiße Stab gingen weiter. Als Hauke wieder am Wurf war, flog seine Kugel schon so weit, dass das Ziel, die große weiß gekalkte Tonne, klar in Sicht kam. Er war jetzt ein fester junger Kerl, und Mathematik und Wurfkunst hatte er täglich während seiner Knabenzeit getrieben. „Oho, Hauke!" rief es aus dem Haufen; „das war ja, als habe der Erzengel Michael selbst geworfen!" Eine alte Frau mit Kuchen und Branntwein drängte sich durch den Haufen zu ihm; sie schenkte ein Glas voll und bot es ihm: „Komm", sagte sie, „wir wollen uns vertragen: das heut' ist besser, als da Du mir die Katze totschlugst!" Als er sie ansah, erkannte er, dass es Trien' Jans war. „Ich dank' Dir, Alte", sagte er; „aber ich trink' das nicht." Er griff in seine Tasche und drückte ihr ein frischgeprägtes Markstück in die Hand: „Nimm das und trink' selber das Glas aus, Trien'; so haben wir uns vertragen!"

„Hast recht, Hauke!" erwiderte die Alte, indem sie seiner Anweisung folgte; „hast recht; das ist auch besser für ein altes Weib, wie ich!"

„Wie geht's mit Deinen Enten?" rief er ihr noch nach, als sie sich schon mit ihrem Korbe fortmachte; aber sie schüttelte nur den Kopf, ohne sich umzuwenden, und patschte mit ihren alten Händen in die Luft. „Nichts, nichts, Hauke; da sind zu viele Ratten in Euren Gräben; Gott tröst' mich; man muss sich anders nähren!" Und somit drängte sie sich in den Menschenhaufen und bot wieder ihren Schnaps und ihre Honigkuchen an.

Die Sonne war endlich schon hinter den Deich hinabgesunken; statt ihrer glimmte ein rotvioletter Schimmer empor; mitunter flogen schwarze Krähen vorüber und waren auf Augenblicke wie vergoldet, es wurde Abend. Auf den Fennen aber rückte der dunkle Menschentrupp noch immer weiter von den schwarzen schon fern liegenden Häusern nach der Tonne zu; ein besonders tüchtiger Wurf musste sie jetzt erreichen können. Die Marschleute waren an der Reihe; Hauke sollte werfen.

Nummer-Ruf: Die Mitglieder einer Mannschaft werden nummeriert und vom Ausrufer der Reihe nach aufgerufen.

der schwarze und der weiße Stab gingen weiter: Mit den Stäben markieren die Obleute die erreichten Weiten der Mannschaften. Die Stäbe dienen danach zur Markierung der jeweiligen neuen Abwurfstelle.

Erzengel Michael: Im Christentum gilt der Erzengel Michael als Bezwinger des Teufels und als Anführer der himmlischen Heerscharen, die im Osten vor dem Thron Gottes stehen. Er wird als kräftiger Schwertkämpfer dargestellt.

Emil Jakobs (1802–1866): Erzengel Michael (1865). Storm-Museum, Husum.

ein frisch geprägtes Markstück: Vom 15. Jahrhundert bis Ende 1874 war die Mark Währungseinheit Dänemarks. Sie war in 16 Schilling zu 12 Pfennig unterteilt; drei Mark galten als ein Taler.

Storm notiert in seiner Entwurfshandschrift eine „Mahnung an den Werfenden":

„Das ist ein großer Vogel; ich hab schon kleinere getroffen." Ein Schwung, die Kugel flog und klatschte in die Tonne.

(„Concept", S. 141.)

Die kreidige Tonne: ein mit Kalk geweißtes hölzernes Fass bildete in einigen Gegenden Nordfrieslands das Ziel des Boßelkampfes.

ein Halbstieg Fuß: die Stiege ist ein Mengenmaß und bezeichnet 20 Stück; hier ist die Länge von 10 Fuß gemeint, also ca. 3 Meter.

Friesengesicht: Friesen heißen die Mitglieder eine Bevölkerungsgruppe, die an der Nordseeküste in den Niederlanden und in Deutschland lebt. Im Bundesland Schleswig-Holstein leben 50.000 Nordfriesen auf sechs Inseln und zehn Halligen, sowie auf einem Küstenstreifen zwischen der Eider im Süden und der Wiedau an der heutigen deutsch-dänischen Grenze.

Friesland-Trachten, um 1890. Mädchen aus dem Biölkaspel. Bauer aus dem Biölkaspel. Bäuerin aus Ostenfeld in Nordfriesland (ältere Tracht).

(Münchner Bilderbogen. Zur Geschichte der Kostüme. Einzelblattdrucke. Hrsg. und verlegt von Braun & Schneider in München, o.J.)

Im 19. Jahrhundert versuchte die populärwissenschaftliche Physiognomik, aus dem unveränderlichen physiologischen Äußeren des Gesichts auf die seelischen Eigenschaften eines Menschen – insbesondere dessen Charakterzüge und Temperament – zu schließen.

Die kreidige Tonne zeichnete sich weiß in dem breiten Abendschatten, der jetzt von dem Deiche über die Fläche fiel. „Die werdet Ihr uns diesmal wohl noch lassen!" rief einer von den Geestleuten; denn es ging scharf her; sie waren um mindestens ein Halbstieg Fuß im Vorteil.

Die hagere Gestalt des Genannten trat eben aus der Menge; die grauen Augen sahen aus dem langen Friesengesicht vorwärts nach der Tonne; in der herabhängenden Hand lag die Kugel.

„Der Vogel ist Dir wohl zu groß", hörte er in diesem Augenblicke Ole Peters Knarrstimme dicht vor seinen Ohren: „Sollen wir ihn um einen grauen Topf vertauschen?"

Hauke wandte sich und blickte ihn mit festen Augen an: „Ich werfe für die Marsch!" sagte er. „Wohin gehörst denn Du?"

„Ich denke, auch dahin; Du wirfst doch wohl für Elke Volkerts!"

„Beiseit!" schrie Hauke und stellte sich wieder in Positur. Aber Ole drängte mit dem Kopf noch näher auf ihn zu. Da plötzlich, bevor noch Hauke selber etwas dagegen unternehmen konnte, packte den Zudringlichen eine Hand und riss ihn rückwärts, dass der Bursche gegen seine lachenden Kameraden taumelte. Es war keine große Hand gewesen, die das getan hatte; denn als Hauke flüchtig den Kopf wandte, sah er neben sich Elke Volkerts ihren Ärmel zurecht zupfen, und die dunkeln Brauen standen ihr wie zornig in dem heißen Antlitz.

Da flog es wie eine Stahlkraft in Hauke's Arm; er neigte sich ein wenig, er wiegte die Kugel ein paarmal in der Hand; dann holte er aus, und eine Todesstille war auf beiden Seiten; alle Augen folgten der fliegenden Kugel, man hörte ihr Sausen, wie sie die Luft durchschnitt; plötzlich, schon weit vom Wurfplatz, verdeckten sie die Flügel einer Silbermöwe, die ihren Schrei ausstoßend vom Deich herüberkam; zugleich aber hörte man es in der Ferne an die Tonne klatschen. „Hurra für Hauke!" riefen die Marschleute und lärmend ging es durch die Menge: „Hauke! Hauke Haien hat das Spiel gewonnen!"

Der aber, da ihn Alle dicht umdrängten, hatte seitwärts nur nach einer Hand gegriffen; auch da sie wieder riefen: „Was stehst Du, Hauke? Die Kugel liegt ja in der Tonne!" nickte er nur und ging nicht von der Stelle; erst als er fühlte, dass sich die kleine Hand fest an die seine schloss, sagte er: „Ihr mögt schon recht haben; ich glaube auch, ich hab' gewonnen!"

Dann strömte der ganze Trupp zurück, und Elke und Hauke wurden getrennt und von der Menge auf den Weg zum Kruge fortgerissen, der an des Deichgrafen Werfte nach der Geest hinaufbog. Hier aber entschlüpften Beide dem Gedränge, und während Elke auf ihre Kammer ging, stand Hauke hinten vor der Stalltür auf der Werfte und sah, wie der dunkle Menschentrupp allmählich nach dort hinaufwanderte, wo im Kirchspielskrug ein Raum für die Tanzenden bereit stand. Das Dunkel breitete sich allmählich über die weite Gegend; es wurde immer stiller um ihn her, nur hinter ihm im Stalle regte sich das Vieh; oben von der Geest her glaubte er schon das Pfeifen der Klarinetten aus dem Kruge zu vernehmen. Da hörte er um die Ecke des Hauses das Rauschen eines Kleides, und kleine feste Schritte gingen den Fußsteig hinab, der durch die Fennen nach der

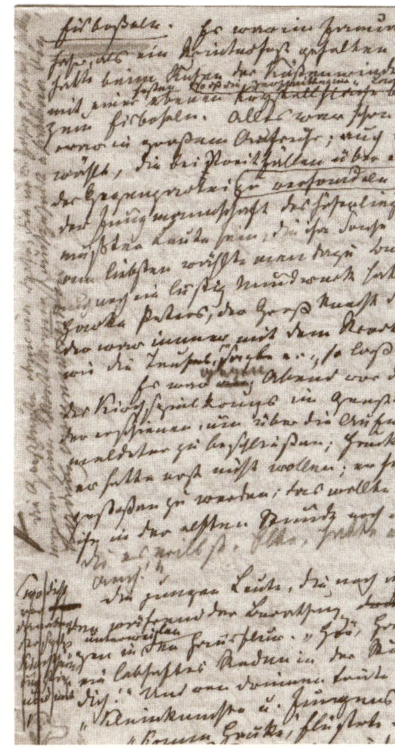

Eisboßeln in Storms Entwurfshandschrift „Concept", S. 99 (Ausschnitt).

Die Beschreibung des Boßelwettkampfes gehört zu den ersten Szenen, die Storm bei der Niederschrift seiner Novelle in dialogischer Form ausgeführt hat.

„Die übereis'ten Schilfspitzen, die allenthalben aus den gefrorenen Gräben, welche allmählich überschritten wurden, hervorsahen, funkelten schon im schrägen Strahl der bleichen Winter-Mittagssonne. Es fror mächtig; aber das Spiel ging unablässig seinen Gang; gesprochen wurde dabei nicht viel."

„nur wenn ein Capitalwurf geschah, hörte man wohl einen Ruf der jungen Männer oder Weiber; oder der Alten Einer nahm seine Pfeife aus dem Munde u<nd> klopfte dem Helden mit ein paar guten Worten auf die Schulter: „So warf dein Vater auch; Gott tröst' ihn in der Ewigkeit." oder mit ernstem Kopfnicken: „Das war ein Wurf," sagte Zacharies, und warf seine Trine aus der Luke!" oder was sie dabei red'ten."

(„Concept", S. 142)

Gildesaal: Raum, in dem die Zusammenschlüsse der Handwerker tagen (Gilden).

schnappten ab: plötzlich einhalten, aufhören.

Zweitritt: alter Tanz nach dem Zweivierteltakt, bei dem sich die Paare gegenüberstehen und an den Schultern fassen.

Tanzszene aus dem „Schimmelreiter"-Film von 1933/34.

Der erste Schimmelreiter-Film entstand 1933 nach dem Drehbuch von Curt Oertel und Hans Deppe und gilt als einer der frühsten, ideologisch dem Nationalsozialismus verpflichteten deutschen Spielfilme. Die weltanschauliche Deutung der Novelle spiegelt zugleich die in der Wilhelminischen Ära ebenso wie in der Weimarer Republik dominierende Sichtweise der Novelle wider: Hauke Haien wird als Helden- und Führergestalt gezeigt, der sich gegenüber einer ignoranten Masse durchsetzen muss; der Held verkörpert völkische Wertprinzipien wie Ehre und Treue, Mut und Härte, Leistungswille, Schöpferkraft, Kämpfertum und Opferbereitschaft.

Fast einhundert Bilder aus dem Film wurden in hervorragender Qualität in einer Buchausgabe der Novelle veröffentlicht.

(Theodor Storm: Der Schimmelreiter. Mit 96 ganzseitigen Lichtbildern [Kupfertiefdruck] aus dem gleichnamigen Film und nach Landschaftsaufnahmen. Hannover: 1934.)

Altenteil: das bei einer Hofübergabe ausgehandelte Recht des ausscheidenden Landwirts auf lebenslange Leistungen wie Wohnung und Versorgung.

Geest hinaufführte. Nun sah er auch im Dämmer die Gestalt dahinschreiten und sah, dass es Elke war; sie ging auch zum Tanze nach dem Krug. Das Blut schoss ihm in den Hals hinauf; sollte er ihr nicht nachlaufen und mit ihr gehen? Aber Hauke war kein Held den Frauen gegenüber; mit dieser Frage sich beschäftigend blieb er stehen, bis sie im Dunkel seinem Blick entschwunden war.

Dann, als die Gefahr sie einzuholen vorüber war, ging auch er denselben Weg, bis er droben den Krug bei der Kirche erreicht hatte, und das Schwatzen und Schreien der vor dem Hause und auf dem Flur sich Drängenden und das Schrillen der Geigen und Klarinetten betäubend ihn umrauschte. Unbeachtet drückte er sich in den „Gildesaal"; er war nicht groß und so voll, dass man kaum einen Schritt weit vor sich hinsehen konnte. Schweigend stellte er sich an den Türpfosten und blickte in das unruhige Gewimmel; die Menschen kamen ihm wie Narren vor; er hatte auch nicht zu sorgen, dass Jemand noch an den Kampf des Nachmittages dachte, und wer vor einer Stunde erst das Spiel gewonnen hatte; jeder sah nur auf seine Dirne und drehte sich mit ihr im Kreis herum. Seine Augen suchten nur die Eine, und endlich – dort! Sie tanzte mit ihrem Vetter, dem jungen Deichgevollmächtigten; aber schon sah er sie nicht mehr; nur andere Dirnen aus Marsch und Geest, die ihn nicht kümmerten. Dann schnappten Violinen und Klarinetten plötzlich ab, und der Tanz war zu Ende; aber gleich begann auch schon ein anderer. Hauke flog es durch den Kopf, ob denn Elke ihm auch Wort halten, ob sie nicht mit Ole Peters ihm vorbeitanzen werde. Fast hätte er einen Schrei bei dem Gedanken ausgestoßen; dann – – ja, was wollte er dann? Aber sie schien bei diesem Tanze gar nicht mitzuhalten, und endlich ging auch der zu Ende, und ein anderer, ein Zweitritt, der eben erst hier in die Mode gekommen war, folgte. Wie rasend setzte die Musik ein, die jungen Kerle stürzten zu den Dirnen, die Lichter an den Wänden flirrten. Hauke reckte sich fast den Hals aus, um die Tanzenden zu erkennen; und dort, im dritten Paare, das war Ole Peters; aber wer war die Tänzerin? Ein breiter Marschbursche stand vor ihr und deckte ihr Gesicht! Doch der Tanz ras'te weiter, und Ole mit seiner Partnerin drehte sich heraus; „Vollina! Vollina Harders!" rief Hauke fast laut und seufzte dann gleich wieder erleichtert auf. Aber wo blieb Elke? Hatte sie keinen Tänzer, oder hatte sie alle ausgeschlagen, weil sie nicht mit Ole hatte tanzen wollen? – Und die Musik setzte wieder ab, und ein neuer Tanz begann; aber wieder sah er Elke nicht! Doch dort kam Ole, noch immer die dicke Vollina in den Armen! „Nun, nun", sagte Hauke; „da wird Jeß Harders mit seinen fünfundzwanzig Demat auch wohl bald aufs Altenteil müssen! – Aber wo ist Elke?"

Er verließ seinen Türpfosten und drängte sich weiter in den Saal hinein; da stand er plötzlich vor ihr, die mit einer älteren Freundin in einer Ecke saß. „Hauke!" rief sie, mit ihrem schmalen Antlitz zu ihm aufblickend; „bist Du hier? Ich sah Dich doch nicht tanzen!"

„Ich tanzte auch nicht", erwiderte er.

– „Weshalb nicht, Hauke?" und sich halb erhebend, setzte sie hinzu: „Willst Du mit mir tanzen? Ich hab' es Ole Peters nicht gegönnt; der kommt nicht wieder!"

Aber Hauke machte keine Anstalt: „Ich danke, Elke", sagte er; „ich verstehe das nicht gut genug; sie könnten über Dich lachen; und dann . . ." er stockte plötzlich und sah sie nur aus seinen grauen Augen herzlich an, als ob er's ihnen überlassen müsse, das Übrige zu sagen.

„Was meinst Du, Hauke?" frug sie leise.

– „Ich mein', Elke, es kann ja doch der Tag nicht schöner für mich ausgeh'n, als er's schon getan hat."

„Ja", sagte sie, „Du hast das Spiel gewonnen."

„Elke!" mahnte er kaum hörbar.

Da schlug ihr eine heiße Lohe in das Angesicht: „Geh!" sagte sie; „was willst Du?" und schlug die Augen nieder.

Als aber die Freundin jetzt von einem Burschen zum Tanze fortgezogen wurde, sagte Hauke lauter: „Ich dachte, Elke, ich hätt' was Besseres gewonnen!"

Noch ein paar Augenblicke suchten ihre Augen auf dem Boden; dann hob sie sie langsam, und ein Blick, mit der stillen Kraft ihres Wesens, traf in die seinen, der ihn wie Sommerluft durchströmte. „Tu', wie Dir ums Herz ist, Hauke!" sprach sie; „wir sollten uns wohl kennen!"

Elke tanzte an diesem Abend nicht mehr, und als Beide dann nach Hause gingen, hatten sie sich Hand in Hand gefasst; aus der Himmelshöhe funkelten die Sterne über der schweigenden Marsch; ein leichter Ostwind wehte und brachte strenge Kälte; die Beiden aber gingen, ohne viel Tücher und Umhang, dahin, als sei es plötzlich Frühling worden.

**
*

Hauke hatte sich auf ein Ding besonnen, dessen passende Verwendung zwar in ungewisser Zukunft lag, mit dem er sich aber eine stille Feier zu bereiten gedachte. Deshalb ging er am nächsten Sonntag in die Stadt zum alten Goldschmied Andersen und bestellte einen starken Goldring. „Streckt den Finger her, damit wir messen!" sagte der Alte und fasste ihm nach dem Goldfinger. „Nun", meinte er, „der ist nicht gar so dick, wie sie bei Euch Leuten sonst zu sein pflegen!" Aber Hauke sagte: „Messet lieber am kleinen Finger!" und hielt ihm den entgegen.

Lohe: Glut, Flamme; hier: Röte.

Die Liebesgeschichte zwischen Hauke und Elke entwickelte Storm erst während des Schreibprozesses. In der Entwurfshandschrift sind Notizen enthalten, die Storms ursprünglichen Plan dokumentieren:

Der „Schimmelreiter" ist Sohn eines Mannes wie Hans Mommsen v<on> Fahretoft. (Gnomon S. 43) sieht allerlei v<om> Vater, kommt an den Deich, wendet seine Kenntnisse auf Deichbau, dadurch übergroßes Selbstgefühl, Dürftigkeit nach des Vaters Tode zu Dienst des derzeitigen Deichgrafen. Streit mit diesem, Entlassung, freit eine Erbtochter, wird Nachfolger des Deichgrafen.

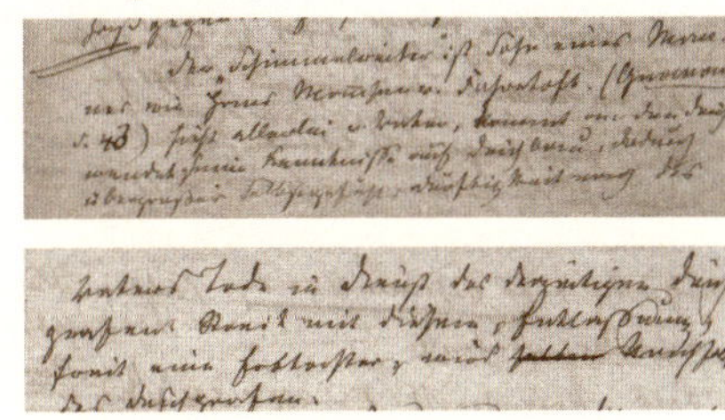

(Storms Entwurfshandschrift „Concept", S. 135 f.)

Theodor Storm fand im niederdeutschen Werk seines Freundes Klaus Groth eine Literarisierung des autodidaktischen Landvermessers Hans Momsen aus Fahretoft, der von Groth ebenso als modernes Genie gefeiert wird wie Hauke Haien von Storm. Auch Groth gibt als Quelle Claus Harms' Gnomon an; er erzählt von der Eindeichung des neuen Kooges bei Breklum (im Norden der Hattstedter Marsch), bei dem auf Deichschrägen und Sodenbestickung geachtet wurde.

In einer Rezension schrieb Storm:

Die Sammlung beginnt mit „De Heisterkrog", einer umfangreichen poetischen Erzählung in ungereimten Jamben. – In der Schilderung des Bredstedter „Michelimarkts", womit die Dichtung sich eröffnet, werden wir vielleicht kaum ganz über die Wirklichkeit hinausgehoben; aber schon zu Ende dieses Gesanges beginnt der Dichter, uns in seiner Welt heimisch zu machen. Mit sicherer Hand, in lebendigen, charakteristischen Zügen läßt er vor unsern Augen die Eindeichung des wüsten Vorlandes geschehen, und bald auch erhebt sich aus dem üppigen Marschgrase des „Nien Koogs" der große Bauerhof, der im Erdbuche

„Süderwisch" im Volke aber nach den Vögeln, die dort in den hohen Eschen ihre Nester haben, „de Heisterkrog" genannt wird. – Hiermit ist der Schauplatz der Dichtung gegeben. Deutlich sehen wir den Gründer dieses Hofes, den klugen Holländer Rip van Haarlem, wie er vor seinen Eschen steht und dem Treiben der Elstern zusieht – „mein Hexters", wie er sie in seiner Muttersprache nennt.

(Theodor Storm: Klaus Groth, Quickborn 2. Teil. In: Itzehoer Nachrichten vom 17.12.1870.)

mit blankem Silber: mit Silbermünzen.

Eingesessener: Einwohner des Dorfes, der Grundeigentum besitzt.

rückwärts: hier: auf dem Rückweg.

Bei der Konzeption der Stadt, in die Hauke und seine Knechte mehrmals reiten und in der auch eine seiner Mägde Produkte der Landwirtschaft verkauft, hat Storm seine Heimatstadt Husum vor Augen gehabt. Er beschreibt zunächst das Husum der ersten Hälfte des 19. Jahrhunderts und erwähnt neben dem Hafen auch die Apotheke am Markt; die Szene, in der die Magd Ann' Grethe dort Butter verkauft, zeichnet allerdings ein Bild Husums mit der gotischen Marienkirche, wie es im 17. und 18. Jahrhunderts aussah.

Husum von der Südermarsch aus gesehen. Die Fuhrwerke erreichen die Stadt über den Damm. Kolorierter Kupferstich. In: Erik Pontoppidan: Den Danske Atlas eller Konge-Riget Dannemark. København 1736–1781.

Der Goldschmied sah ihn etwas verdutzt an; aber was kümmerten ihn die Einfälle der jungen Bauernburschen: „Da werden wir schon so einen unter den Mädchenringen haben!" sagte er, und Hauke schoss das Blut durch beide Wangen. Aber der kleine Goldring passte auf seinen kleinen Finger, und er nahm ihn hastig und bezahlte ihn mit blankem Silber; dann steckte er ihn unter lautem Herzklopfen, und als ob er einen feierlichen Akt begehe, in die Westentasche. Dort trug er ihn seitdem an jedem Tage mit Unruhe und doch mit Stolz, als sei die Westentasche nur dazu da, um einen Ring darin zu tragen.

Er trug ihn so über Jahr und Tag, ja der Ring musste sogar aus dieser noch in eine neue Westentasche wandern; die Gelegenheit zu seiner Befreiung hatte sich noch immer nicht ergeben wollen. Wohl war's ihm durch den Kopf geflogen, nur graden Wegs vor seinen Wirt hinzutreten; sein Vater war ja doch auch ein Eingesessener! Aber wenn er ruhiger wurde, dann wusste er wohl, der alte Deichgraf würde seinen Kleinknecht ausgelacht haben. Und so lebten er und des Deichgrafen Tochter neben einander hin; auch sie in mädchenhaftem Schweigen, und Beide doch, als ob sie allzeit Hand in Hand gingen.

Ein Jahr nach jenem Winterfesttag hatte Ole Peters seinen Dienst gekündigt und mit Vollina Harders Hochzeit gemacht; Hauke hatte recht gehabt: der Alte war auf Altenteil gegangen, und statt der dicken Tochter ritt nun der muntere Schwiegersohn die gelbe Stute in die Fenne und, wie es hieß, rückwärts allzeit gegen den Deich hinan. Hauke war Großknecht geworden, und ein Jüngerer an seine Stelle getreten; wohl hatte der Deichgraf ihn erst nicht wollen aufrücken lassen. „Kleinknecht ist besser!" hatte er gebrummt; „ich brauch' ihn hier bei meinen Büchern!" Aber Elke hatte ihm vorgehalten: „dann geht auch Hauke, Vater!" Da war dem Alten bange geworden, und Hauke war zum Großknecht aufgerückt, hatte aber trotz dessen nach wie vor auch an der Deichgrafschaft mitgeholfen.

Nach einem andern Jahr aber begann er gegen Elke davon zu reden, sein Vater werde kümmerlich, und die paar Tage, die der Wirt ihn im Sommer in dessen Wirtschaft lasse, täten's nun nicht mehr; der Alte quäle sich, er dürfe das nicht länger anseh'n. – Es war ein Sommerabend; die beiden standen im Dämmerschein unter der großen Esche vor der Haustür. Das Mädchen sah eine Weile stumm in die Zweige des Baumes hinauf; dann entgegnete sie: „Ich hab's nicht sagen wollen, Hauke; ich dachte, Du würdest selber wohl das Rechte treffen."

„Ich muss dann fort aus Eurem Hause", sagte er, „und kann nicht wiederkommen."

Sie schwiegen eine Weile und sahen in das Abendrot, das drüben hinterm Deiche in das Meer versank. „Du musst es wissen", sagte sie; „ich war heut' Morgen noch bei Deinem Vater und fand ihn in seinem Lehnstuhl eingeschlafen; die Reißfeder in der Hand, das Reißbrett mit einer halben Zeichnung lag vor ihm auf dem Tisch; – und da er erwacht war und mühsam ein Viertelstündchen mit mir geplaudert hatte, und ich nun gehen wollte, da hielt er mich so angstvoll an der Hand zurück, als fürchte er, es sei zum letzten Mal; aber ..."

„Was aber, Elke?" frug Hauke, da sie fortzufahren zögerte.

Ein paar Tränen rannen über die Wangen des Mädchens. „Ich dachte nur an meinen Vater", sagte sie; „glaub' mir, es wird ihm schwer ankommen, Dich zu missen." Und als ob sie zu dem Worte sich ermannen müsse, fügte sie hinzu: „Mir ist es oft, als ob auch er auf seine Totenkammer rüste."

Hauke antwortete nicht; ihm war es plötzlich, als rühre sich der Ring in seiner Tasche; aber noch bevor er seinen Unmut über diese unwillkürliche Lebensregung unterdrückt hatte, fuhr Elke fort: „Nein, zürn' nicht, Hauke! Ich trau', Du wirst auch so uns nicht verlassen!"

Da ergriff er eifrig ihre Hand, und sie entzog sie ihm nicht. Noch eine Weile standen die jungen Menschen in dem sinkenden Dunkel bei einander, bis ihre Hände auseinanderglitten, und jedes seine Wege ging. – Ein Windstoß fuhr empor und rauschte durch die Eschenblätter und machte die Läden klappern, die an der Vorderseite des Hauses waren; allmählich aber kam die Nacht, und Stille lag über der ungeheueren Ebene.

**
*

Durch Elke's Zutun war Hauke von dem alten Deichgrafen seines Dienstes entlassen worden, obgleich er ihm rechtzeitig nicht gekündigt hatte, und zwei neue Knechte waren jetzt im Hause. – Noch ein paar Monate weiter, dann starb Tede Haien; aber bevor er starb, rief er den Sohn an seine Lagerstatt: „Setz' Dich zu mir, mein Kind", sagte der Alte mit matter Stimme, „dicht zu mir! Du brauchst Dich nicht zu fürchten; wer bei mir ist, das ist nur der dunkle Engel des Herrn, der mich zu rufen kommt."

Und der erschütterte Sohn setzte sich dicht an das dunkle Wandbett: „Sprecht Vater, was Ihr noch zu sagen habt!"

„Ja, mein Sohn, noch Etwas", sagte der Alte und streckte seine Hände über das Deckbett. „Als Du, noch ein halber Junge, zu dem Deichgrafen in Dienst gingst, da lag's in Deinem Kopf, das selbst einmal zu werden. Das hatte mich angesteckt, und ich dachte auch allmählich, Du seiest der rechte Mann dazu. Aber Dein Erbe war für solch ein Amt zu klein – ich habe während Deiner Dienstzeit knapp gelebt – ich dacht' es zu vermehren."

Reißfeder: spitze Zeichenfeder.

auf seine Totenkammer rüste: sich auf das Sterben vorbereiten.

Wandbett: in eine Wandnische eingelassenes Bett mit Vorhängen oder Läden.

Storm wählte als Handlungsort die Marsch vor dem Geestdorf Hattstedt, ca. 8 km nördlich von Husum, die auf den Dünenhügeln von Sterdebüll, Herstrum und Lundenberg sowie auf den hohen Uferrändern des Flüsschens Arlau mit seinen Erhebungen von Tedebüll und Ellerbüll bereits in nachchristlicher Zeit besiedelt wurde. Diese dauerhaften Wohnplätze mussten nicht bedeicht werden.

Karte vom Schleswigschen Wattenmeer und Nordfriesland. Aus Reymann's topographischer Specialkarte von Mitteleuropa. In: Hansen 1865, Ausschnitt.

Die Sturmflut von 1362 riss mit dem sagenhaften Rungholt einen natürlichen Schutzwall weg, so dass die Bucht des Flüsschens Arlau den nun höher auflaufenden Fluten schutzlos preisgegeben war. Nach einer Verlegung des Arlau-Unterlaufs, die wegen der hohen Anschwemmung nach der großen Sturmflut erforderlich geworden war, wurden erste Teildeiche errichtet, um neue Marschablagerungen für eine landwirtschaftliche Nutzung erstmals zu sichern.

Schatulle: Kommode mit einem schrägen Aufsatz, den man aufklappen kann.

Mietgelde: Ertrag der Verpachtung.

einguckst: vorbeischaust.

Die ersten Maßnahmen in der Hattstedter Marsch zwischen Arlau und der Schobüller Geest bestanden aus Teilbedeichungen frühestens am Anfang des 15. Jahrhunderts. Um die Mitte des Jahrhunderts war beiderseits der Arlau ein nutzbares Vorland aus junger Marsch entstanden, das nur dann ökonomischen Nutzen versprach, wenn die Arlau zwecks Verkürzung der Deichlinie abgedämmt würde. Der östliche Teil des Wallsbüller Kooges war schon um 1400 eingedeicht.

Zunächst wurden Ländereien, die in den sturmflutarmen Jahreszeiten bereits landwirtschaftlich nutzbar waren, durch Deichmaßnahmen dauerhaft gesichert. Dazu waren auch Wasserbaumaßnahmen erforderlich, um die Entwässerung des ca. 250 Quadratkilometer großen Einzugsbereichs der Arlau zu ermöglichen.

Die erste größere Bedeichung betraf den Alten Koog, der 1489 fertig war. Damit konnte der südliche Teil der Arlaumündung für eine dauerhafte Besiedlung gewonnen werden; die Deichlinie beginnt am Geestrand bei Wallsbüll, führt dann nach Süden über die Arlau und biegt schließlich rechtwinklig nach Südosten ab, um über Sterdebüll nach Wobbenbüll zu führen, wo der vorspringende Geestrücken nördlich von Schobüll erreicht wird.

Hauke fasste heftig seines Vaters Hände, und der Alte suchte sich aufzurichten, dass er ihn sehen könne. „Ja, ja, mein Sohn", sagte er, „dort in der obersten Schublade der Schatulle liegt das Dokument. Du weißt, die alte Antje Wohlers hat eine Fenne von fünf und einem halben Demat; aber sie konnte mit dem Mietgelde allein in ihrem krüppelhaften Alter nicht mehr durchfinden; da habe ich allzeit um Martini eine bestimmte Summe, und auch mehr, wenn ich es hatte, dem armen Mensch gegeben; und dafür hat sie die Fenne mir übertragen; es ist Alles gerichtlich fertig. – – Nun liegt auch sie am Tode; die Krankheit unserer Marschen, der Krebs, hat sie befallen; Du wirst nicht mehr zu zahlen brauchen!"

Eine Weile schloss er die Augen; dann sagte er noch: „Es ist nicht viel; doch hast Du mehr dann, als Du bei mir gewohnt warst. Mög' es Dir zu Deinem Erdenleben dienen!"

Unter den Dankesworten des Sohnes schlief der Alte ein. Er hatte nichts mehr zu besorgen; und schon nach einigen Tagen hatte der dunkle Engel des Herrn ihm seine Augen für immer zugedrückt, und Hauke trat sein väterliches Erbe an.

– – Am Tage nach dem Begräbnis kam Elke in dessen Haus. „Dank, dass Du einguckst, Elke!" rief Hauke ihr als Gruß entgegen.

Aber sie erwiderte: „Ich guck' nicht ein; ich will bei Dir ein wenig Ordnung schaffen, damit Du ordentlich in Deinem Hause wohnen kannst! Dein Vater hat vor seinen Zahlen und Rissen nicht viel um sich gesehen, und auch der Tod schafft Wirrsal; ich will's Dir wieder ein wenig lebig machen!"

Er sah aus seinen grauen Augen voll Vertrauen auf sie hin: „So schaff' nur Ordnung!" sagte er; „ich hab's auch lieber."

Und dann begann sie aufzuräumen: das Reißbrett, das noch da lag, wurde abgestäubt und auf den Boden getragen; Reißfedern und Bleistift und Kreide sorgfältig in einer Schatullen-Schublade weggeschlossen; dann wurde die junge Dienstmagd zur Hülfe hereingerufen, und mit ihr das Geräte der ganzen Stube in eine andere und bessere Stellung gebracht, so dass es anschien, als sei dieselbe nun heller und größer geworden. Lächelnd sagte Elke: „das können nur wir Frauen!" und Hauke, trotz seiner Trauer um den Vater, hatte mit glücklichen Augen zugesehen; auch wohl selber, wo es nötig war, geholfen.

Und als gegen die Dämmerung – es war zu Anfang des Septembers – Alles war, wie sie es für ihn wollte, fasste sie seine Hand und nickte ihm mit ihren dunkeln Augen zu: „Nun komm und iss bei uns zu Abend; denn meinem Vater hab' ich's versprechen müssen, Dich mitzubringen; wenn Du dann heimgehst, kannst Du ruhig in Dein Haus treten!"

Der Alte Deich schützte etwas 3300 Demat des Alten Kooges, also ein Gebiet von ca. 1700 ha.

Caspar Danckwerth/Johannes Mejer: Newe Landesbeschreibung der Zwey Hertzogthümer Schleswich und Holstein. […] Schleswig 1652 (Ausschnitt).

Der Deichvorsprung des Hattstedter Alten Kooges hatte die Verlandung des Vorlandes so günstig beeinflusst, dass schon zwei Jahrzehnte nach seiner Fertigstellung Pläne für einen neuen Koog angefertigt wurden. Dieser Neue Hattstedter Koog konnte um 1500 vollendet werden.

1529 wurde vor dem Wallsbüller Koog der Wallsbüller Saatkoog angelegt, um die ersten Siele der Arlau am Durchfluss durch den Alten Deich zu entlasten.

Storm lässt seinen Helden Hauke Haien in einem Koog wohnen, der hinter dem Alten Deich liegt. Das Haus des Deichgrafen kann man auf der Gest-Insel Ellerbüll verorten; sein neuer Koog wird nach dem Vorbild des bereits zu Beginn des 16. Jahrhunderts vorhandenen Neuen Hattstedter Kooges geplant und erbaut.

Wenn man Storms „Schimmelreiter"-Landschaft mit den realen Verhältnissen in der Hattstedter Marsch vergleicht, muss man berücksichtigen, dass der Dichter sich sowohl an den topographischen Verhältnissen als auch an der historischen Entwicklung der Landschaft sowie an der Geschichte des Deichbaus orientiert hat. Diese Erfahrungen und Erkenntnisse setzt er zu einer erfundenen Landschaft neu zusammen.

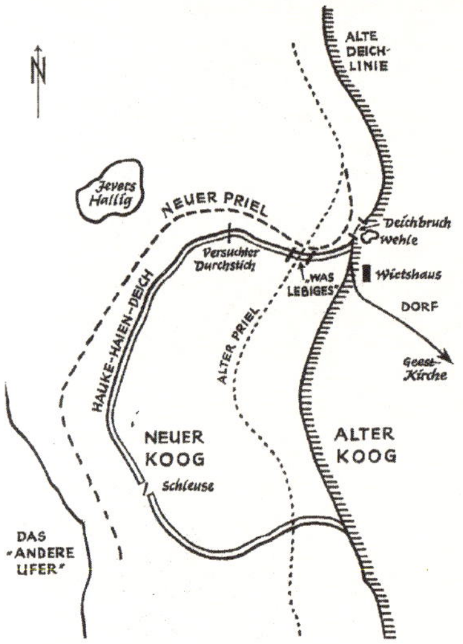

Rekonstruktion des Handlungsraums der Novelle nach Karl Ernst Laage.

verspillen: Nebenform von verspilden und verspilten: unnütz vertun, vergeuden (Deutsches Wörterbuch).

Selbstverstand: „‚Selbstverstand' wäre doch wohl zu vertheidigen; das Wort ist besser als ‚selbstverständlich', weil es weniger abstract ist." (Storm an Ferdinand Tönnies, Brief vom 7.4.1888, S. 124.)

ein paar Monde: ein paar Monate.

Südwester: breitrandiger Hut aus geölter Leinwand.

Bruch: die durch den Deichbruch entstandene Wehle.

Das Gasthaus, in dem der Rahmenerzähler absteigt, wurde von dem Husumer Journalisten Felix Schmeißer Anfang der 1950er Jahre identifiziert. Es handelt sich um den heute „Schimmelreiter-Krug" genannten Hof bei Sterdebüll, einen Neubau aus dem späten 19. Jahrhundert. Um 1880 hat hier Johann Georg Albertsen eine kleine Landwirtschaft und einen Gasthof betrieben. Dieses Haus nahm Storm zum Vorbild für seine Schilderung des Gasthauses, in dem der Schulmeister die Geschichte von Hauke Haien erzählt. Das im Süden gelegene Haus verlegte er an die Nordostecke des Neuen Kooges, dort wo in der Novelle der neue auf den alten Deich stößt.

Als sie dann in die geräumige Wohnstube des Deichgrafen traten, wo bei verschlossenen Läden schon die beiden Lichter auf dem Tische brannten, wollte dieser aus seinem Lehnstuhl in die Höhe, aber mit seinem schweren Körper zurücksinkend, rief er nur seinem früheren Knecht entgegen: „Recht, recht, Hauke, dass Du Deine alten Freunde aufsuchst! Komm nur näher, immer näher!" Und als Hauke an seinen Stuhl getreten war, fasste er dessen Hand mit seinen beiden runden Händen: „Nun, nun, mein Junge", sagte er, „sei nur ruhig jetzt; denn sterben müssen wir Alle, und Dein Vater war keiner von den Schlechtsten! – Aber Elke, nun sorg,' dass Du den Braten auf den Tisch kriegst; wir müssen uns stärken! Es gibt viel Arbeit für uns, Hauke! Die Herbstschau ist in Anmarsch; Deich- und Sielrechnungen haushoch; der neuliche Deichschaden am Westerkoog – ich weiß nicht, wo mir der Kopf steht; aber Deiner, Gott Lob, ist um ein gut Stück jünger; Du bist ein braver Junge, Hauke!"

Und nach dieser langen Rede, womit der Alte sein ganzes Herz dargelegt hatte, ließ er sich in seinen Stuhl zurückfallen und blinzelte sehnsüchtig nach der Tür, durch welche Elke eben mit der Bratenschüssel hereintrat. Hauke stand lächelnd neben ihm. „Nun setz' Dich", sagte der Deichgraf, „damit wir nicht unnötig Zeit verspillen; kalt schmeckt das nicht!"

Und Hauke setzte sich; es schien ihm Selbstverstand, die Arbeit von Elke's Vater mitzutun. Und als die Herbstschau dann gekommen war, und ein paar Monde mehr ins Jahr gingen, da hatte er freilich auch den besten Teil daran getan."

**
*

Der Erzähler hielt inne und blickte um sich. Ein Möwenschrei war gegen das Fenster geschlagen, und draußen vom Hausflur aus wurde ein Trampeln hörbar, als ob einer den Klei von seinen schweren Stiefeln abtrete.

Deichgraf und Gevollmächtigte wandten die Köpfe gegen die Stubentür. „Was ist?" rief der Erstere.

Ein starker Mann, den Südwester auf dem Kopf, war eingetreten. „Herr", sagte er, „wir Beide haben es gesehen, Hans Nickels und ich: der Schimmelreiter hat sich in den Bruch gestürzt!"

„Wo saht Ihr das?" frug der Deichgraf.

– „Es ist ja nur die eine Wehle; in Jansens Fenne, wo der Hauke-Haienkoog beginnt."

„Saht Ihr's nur einmal?"

– „Nur einmal; es war auch nur wie Schatten; aber es braucht drum nicht das erste Mal gewesen zu sein."

Der Deichgraf war aufgestanden. „Sie wollen entschuldigen", sagte er, sich zu mir wendend, „wir müssen draußen nachsehn, wo das Unheil hin will!" Dann ging er mit dem Boten zur Tür hinaus; aber auch die übrige Gesellschaft brach auf und folgte ihm.

Ich blieb mit dem Schullehrer allein in dem großen öden Zimmer; durch die unverhangenen Fenster, welche nun nicht mehr durch die Rücken der davor sitzenden Gäste verdeckt wurden, sah man frei hinaus, und wie der Sturm die dunklen Wolken über den Himmel jagte. Der Alte saß noch auf seinem Platze, ein überlegenes, fast mitleidiges Lächeln auf seinen Lippen. „Es ist hier zu leer geworden", sagte er; „darf ich Sie zu mir auf mein Zimmer laden? Ich wohne hier im Hause; und glauben Sie mir, ich kenne die Wetter hier am Deich; für uns ist nichts zu fürchten."

Ich nahm das dankend an; denn auch mich wollte hier zu frösteln anfangen, und wir stiegen unter Mitnahme eines Lichtes die Stiegen zu einer Giebelstube hinauf, die zwar gleichfalls gegen Westen hinauslag, deren Fenster aber jetzt mit dunklen Wollteppichen verhangen waren. In einem Bücherregal sah ich eine kleine Bibliothek, daneben die Porträte zweier alter Professoren; vor einem Tische stand ein großer Ohrenlehnstuhl. „Machen Sie sich's bequem!" sagte mein freundlicher Wirt und warf einige Torf in den noch glimmenden kleinen Ofen, der oben von einem Blechkessel gekrönt war. „Nur noch ein Weilchen! Er wird bald sausen; dann brau' ich uns ein Gläschen Grog; das hält Sie munter!"

„Dessen bedarf es nicht", sagte ich; „ich werd' nicht schläfrig, wenn ich Ihren Hauke auf seinem Lebensweg begleite!"

– „Meinen Sie?" und er nickte mit seinen klugen Augen zu mir herüber, nachdem ich behaglich in seinem Lehnstuhl untergebracht war. „Nun, wo blieben wir denn? – – Ja, ja; ich weiß schon! Also:

Wollteppichen: Wolldecken.

Porträte: Plural von Porträt, Bildnis.

Die Bücher und die Bildnisse zeigen, dass der Schulmeister einen Gelehrten der Aufklärungszeit repräsentiert. Die ganze Nacht hindurch unterhalten sich der Reisende und der Schulmeister über Hauke Haien und seinen revolutionären Deich. Im Durcheinander unterschiedlicher Berichte versucht der Erzähler, die historisch belegbaren Ereignisse des Deichbaus unter der Leitung Hauke Haiens von den Erfindungen abergläubischer Menschen zu trennen, die der alte Lehrer für irrational, unvernünftig oder unwissenschaftlich, nutzlos, manchmal auch unmenschlich hält und deswegen als wertlos oder nicht gleichwertig betrachtet.

In Gesprächen, die sich um die Erzählungen des Schulmeisters ranken, wollen die beiden Männer die Frage klären, welches der unterschiedlichen Bilder, die von Hauke Haien überliefert sind, den wirklichen Ereignissen am nächsten kommt. Dabei hält der Schulmeister nicht hinterm Berg und denunziert mit seinen Kommentaren die Gegner des Deichgrafen als selbstgerechte Spökenkieker und religiöse Eiferer.

Ohrenlehnstuhl: Ohrensessel.

Grog: Rum mit Zucker und heißem Wasser.

Im Vergleich von Storms erfundenen Landschaftsschilderungen mit den wirklichen Verhältnissen in der Hattstedter Marsch werden markante Unterschiede erkennbar. An der Nordostecke des Hattstedter Neuen Kooges befindet sich die Große Wehle; Storm spiegelt in seiner Fiktion die Landschaft in der Mitte der Hattstedtermarsch. Dadurch erscheint das Gasthaus an einer Stelle, an der in der Realität kein Gebäude steht.

Die beiden Deichgrafenhöfe in der Marsch, die Storm gut kannte und als Anregungen nutzte, werden in der Erzählung zu einem Hof auf einer Werft zusammengelegt. Der Leser kann sich den Hof, auf dem Elke und Hauke Haien wohnen und arbeiten, beim Lesen der Novelle sowohl auf Lundenberg als auch auf der Höhe der Dünen-Insel Groß-Ellerbüll vorstellen.

jüngsthin: vor kurzem.

Die beiden Erzähler – der Reisende und der Schulmeister – reflektieren in ihren Dialogen mehrfach den Wahrheitsanspruch dessen, was der Schulmeister von Hauke Haien und seinem Leben in Erfahrung gebracht hat. Im Erzählvorgang entsteht ein vielschichtiges Bild der Deichgrafen, der einerseits als vernünftiger Neuerer und vorausdeutendes Genie, andererseits aber auch als unheimlicher Teufelsbündner erscheint, wie er von den abergläubischen Mägden und Knechten gesehen wird.

Beide Sichtweisen werden in der Erzählung kunstvoll miteinander verflochten, und der zuhörende Reisende erklärt dem Leser nicht, ob und wie es ihm gelungen ist, die „Spreu vom Weizen" zu trennen.

Jeder dieser Erzählansätze wird wieder relativiert, obwohl Storm seine Protagonisten im Prozess des Erzählens sich des Erzählten mehrfach vergewissern lässt. Das Mittel, um den Leser schließlich im Unklaren zu lassen, ist die Fiktion des mündlichen Erzählens. Sie eröffnet unterschiedliche, ja konträre Deutungsmöglichkeiten.

Der Seedeich vor der Hattstedter Marsch nach Süden; links der sogenannte Schimmelreiter-Krug auf Sterdebüll, der Storms Vorbild für das Wirtshaus in der Novelle war.

Rohheit und Brutalität blieben bis zur Mitte des 18. Jahrhunderts einer jener unangenehmen Charakterzüge, über die sich noch die aufgeklärte und empfindsame Großvätergeneration Storms und seiner Freunde wunderte und empörte.

Hauke hatte sein väterliches Erbe angetreten, und da die alte Antje Wohlers auch ihrem Leiden erlegen war, so hatte deren Fenne es vermehrt. Aber seit dem Tode, oder, richtiger, seit den letzten Worten seines Vaters war in ihm Etwas aufgewachsen, dessen Keim er schon seit seiner Knabenzeit in sich getragen hatte; er wiederholte es sich mehr als zu oft, er sei der rechte Mann, wenn's einen neuen Deichgrafen geben müsse. Das war es; sein Vater, der es verstehen musste, der ja der klügste Mann im Dorf gewesen war, hatte ihm dieses Wort wie eine letzte Gabe seinem Erbe beigelegt; die Wohler'sche Fenne, die er ihm auch verdankte, sollte den ersten Trittstein zu dieser Höhe bilden! Denn, freilich, auch mit dieser – ein Deichgraf musste noch einen andern Grundbesitz aufweisen können! – – Aber sein Vater hatte sich einsame Jahre knapp beholfen, und mit dem, was er sich entzogen hatte, war er des neuen Besitzes Herr geworden; das konnte er auch, er konnte noch mehr; denn seines Vaters Kraft war schon verbraucht gewesen, er aber konnte noch jahrelang die schwerste Arbeit tun! – – Freilich, wenn er es dadurch nach dieser Seite hin erzwang, durch die Schärfen und Spitzen, die er der Verwaltung seines alten Dienstherrn zugesetzt hatte, war ihm eben keine Freundschaft im Dorf zu Wege gebracht worden, und Ole Peters, sein alter Widersacher, hatte jüngsthin eine Erbschaft getan und begann ein wohlhabender Mann zu werden! Eine Reihe von Gesichtern ging vor seinem innern Blick vorüber, und sie sahen ihn alle mit bösen Augen an; da fasste ihn ein Groll gegen diese Menschen, er streckte die Arme aus, als griffe er nach ihnen; denn sie wollten ihn vom Amte drängen, zu dem von allen nur er berufen war. – Und die Gedanken ließen ihn nicht; sie waren immer wieder da, und so wuchsen in seinem jungen Herzen neben der Ehrenhaftigkeit und Liebe auch die Ehrsucht und der Hass. Aber diese Beiden verschloss er tief in seinem Innern; selbst Elke ahnte nichts davon.

– Als das neue Jahr gekommen war, gab es eine Hochzeit; die Braut war eine Verwandte von den Haiens, und Hauke und Elke waren Beide dort geladene Gäste; ja, bei dem Hochzeitessen traf es sich durch das Ausbleiben eines näheren Verwandten, dass sie ihre Plätze nebeneinander fanden. Nur ein Lächeln, das über Beider Antlitz glitt, verriet ihre Freude darüber. Aber Elke saß heute teilnahmlos in dem Geräusche des Plauderns und Gläserklirrens.

„Fehlt Dir etwas?" frug Hauke.

„O, eigentlich nichts; es sind mir nur zu viele Menschen hier."

„Aber Du siehst so traurig aus!"

Sie schüttelte den Kopf; dann sprachen sie wieder nicht.

Da stieg es über ihr Schweigen wie Eifersucht in ihm auf, und heimlich unter dem überhängenden Tischtuch ergriff er ihre Hand; aber sie zuckte nicht, sie schloss sich wie vertrauensvoll um seine. Hatte ein Gefühl der Verlassenheit sie befallen, da ihre Augen täglich auf der hinfälligen Gestalt des Vaters haften mussten? – Hauke dachte nicht daran, sich so zu fragen; aber ihm stand der Atem still, als er jetzt seinen Goldring aus der Tasche zog. „Lässt Du ihn sitzen?" frug er zitternd, während er den Ring auf den Goldfinger der schmalen Hand schob.

Gegenüber am Tische saß die Frau Pastorin; sie legte plötzlich ihre Gabel hin und wandte sich zu ihrem Nachbar: „Mein Gott, das Mädchen!" rief sie; „sie wird ja totenblass!"

Aber das Blut kehrte schon zurück in Elke's Antlitz. „Kannst Du warten, Hauke?" frug sie leise.

Der kluge Friese besann sich doch noch ein paar Augenblicke. „Auf was?" sagte er dann.

– „Du weißt das wohl; ich brauch' Dir's nicht zu sagen."

„Du hast recht", sagte er; „ja, Elke, ich kann warten – wenn's nur ein menschlich Abseh'n hat!"

„O Gott, ich fürcht', ein nahes! Sprich nicht so, Hauke; Du sprichst von meines Vaters Tod!" Sie legte die andere Hand auf ihre Brust: „Bis dahin", sagte sie, „trag' ich den Goldring hier; Du sollst nicht fürchten, dass Du bei meiner Lebzeit ihn zurückbekommst!"

Da lächelten sie Beide, und ihre Hände pressten sich in einander, dass bei anderer Gelegenheit das Mädchen wohl laut aufgeschrien hätte.

Die Frau Pastorin hatte indessen unablässig nach Elke's Augen hingesehen, die jetzt unter dem Spitzenstrich des goldbrokatenen Käppchens wie in dunklem Feuer brannten. Bei dem zunehmenden

Die Novelle enthält eine ganze Reihe von Symbolen, die auf spätere Ereignisse verweisen. So auch in dieser Szene, in der Hauke während der Hochzeitsfeierlichkeiten eines anderen Paares Elke heimlich einen Ring auf den Finger streift, womit er die eigene Vermählung mit ihr in naher Zukunft andeutet.

Auch im weiteren Verlauf der Handlung werden immer wieder Objekte beschrieben und Ereignisse geschildert, die eine symbolische Bedeutung tragen; auch Tiere und Pflanzen wie der Schimmel und die Esche machen Sinnzusammenhänge begreifbar, die sich dem Leser auch ohne eine systematische Werkanalyse während der Lektüre erschließen.

Abseh'n: Ziel, Ende.

Spitzenstrich: Zur Tracht einer unverheirateten Bäuerin gehörte eine Kappe aus gemustertem Seidenstoff mit eingewebten Goldfäden, die mit Klöppelspitzen verziert war.

Carl Ludwig Jessen: Frauenkopf mit friesischer Haube, 1870; Öl auf Leinwand, Städtisches Museum Flensburg.

Traupfennigs: Gebühr für die Trauung.

große Leiche: große Beerdigung.

Grabstein des Deichgrafen Iwersen Schmidt auf dem Hattstedter Friedhof; Storm war bei seiner Beerdigung anwesend.

Dat is de Dod: nd.:

Das ist der Tod, der alles frisst,

nimmt Kunst und Wissenschaft dir mit;

Der kluge Mann ist nun vergangen,

Gott schenke ihm selige Auferstehung.

Alex Eckener hat als Vorbild für seine Darstellung die Kirche von Schobüll südwestlich von Hattstedt gewählt.

Getöse am Tische aber hatte sie nichts verstanden; auch an ihren Nachbar wandte sie sich nicht wieder; denn keimende Ehen – und um eine solche schien es ihr sich denn doch hier zu handeln – schon um des daneben keimenden Traupfennigs für ihren Mann, den Pastor, pflegte sie nicht zu stören.

**
*

Elke's Vorahnung war in Erfüllung gegangen; eines Morgens nach Ostern hatte man den Deichgrafen Tede Volkerts tot in seinem Bett gefunden; man sah's an seinem Antlitz, ein ruhiges Ende war darauf geschrieben. Er hatte auch mehrfach in den letzten Monden Lebensüberdruss geäußert; sein Leibgericht, der Ofenbraten, selbst seine Enten hatten ihm nicht mehr schmecken wollen.

Und nun gab es eine große Leiche im Dorf. Droben auf der Geest auf dem Begräbnisplatz um die Kirche war zu Westen eine mit Schmiedegitter umhegte Grabstätte; ein breiter blauer Grabstein stand jetzt aufgehoben gegen eine Traueresche, auf welchem das Bild des Todes mit stark gezahnten Kiefern ausgehauen war; darunter in großen Buchstaben:

Dat is de Dot, de Allens fritt,

Nimmt Kunst un Wetenschop di mit;

De kloke Mann is nu vergån,

Gott gäw em selik Uperstån.

Es war die Begräbnisstätte des früheren Deichgrafen Volkert Tedsen; nun war eine frische Grube gegraben, wo hinein dessen Sohn, der jetzt verstorbene Deichgraf Tede Volkerts begraben werden sollte. Und schon kam unten aus der Marsch der Leichenzug heran, eine Menge Wagen aus allen Kirchspielsdörfern; auf dem vordersten stand der schwere Sarg, die beiden blanken Rappen des deichgräflichen Stalles zogen ihn schon den sandigen Anberg zur Geest hinauf; Schweife und Mähnen der Pferde wehten in dem scharfen Frühjahrswind. Der Gottesacker um die Kirche war bis an die Wälle mit Menschen angefüllt; selbst auf dem gemauerten Tore huckten Buben mit kleinen Kindern in den Armen; sie wollten alle das Begraben anseh'n.

Im Hause drunten in der Marsch hatte Elke in Pesel und Wohngelass das Leichenmahl gerüstet; alter Wein wurde bei den Gedecken hingestellt; an den Platz des Oberdeichgrafen – denn auch er war heut' nicht ausgeblieben – und an den des Pastors je eine Flasche Langkork. Als Alles besorgt war, ging sie durch den Stall vor die Hoftür; sie traf Niemanden auf ihrem Wege; die Knechte waren mit zwei Gespannen in der Leichenfuhr. Hier blieb sie stehen und sah, während ihre Trauerkleider im Frühlingswinde flatterten, wie drüben an dem Dorfe jetzt die letzten Wagen zur Kirche hinauffuhren. Nach einer Weile entstand dort ein Gewühl, dem eine Totenstille zu folgen schien. Elke faltete die Hände; sie senkten wohl den Sarg jetzt in die Grube: „Und zur Erde wieder sollst Du werden!" Unwillkürlich, leise, als hätte sie von dort es hören können, sprach sie die Worte nach; dann füllten ihre Augen sich mit Tränen, ihre über der Brust gefalteten Hände sanken in den Schoß; „Vater unser, der Du bist im Himmel!" betete sie voll Inbrunst. Und als das Gebet des Herrn zu Ende war, stand sie noch lange unbeweglich, sie, die jetzige Herrin dieses großen Marschhofes; und Gedanken des Todes und des Lebens begannen sich in ihr zu streiten. Ein fernes Rollen weckte sie. Als sie die Augen öffnete, sah sie schon wieder einen Wagen um den anderen in rascher Fahrt von der Marsch herab und gegen ihren Hof heran kommen. Sie richtete sich auf, blickte noch einmal scharf hinaus und ging dann, wie sie gekommen war, durch den Stall in die feierlich hergestellten Wohnräume zurück. Auch hier war Niemand; nur durch die Mauer hörte sie das Rumoren der Mägde in der Küche. Die Festtafel stand so still und einsam; der Spiegel zwischen den Fenstern war mit weißen Tüchern zugesteckt und ebenso die Messingknöpfe an dem Beilegerofen; es blinkte nichts mehr in der Stube. Elke sah die Türen vor dem Wandbett, in dem ihr Vater seinen letzten Schlaf getan hatte, offen stehen und ging hinzu und schob sie fest zusammen; wie gedankenlos las sie den Sinnspruch, der zwischen Rosen und Nelken mit goldenen Buchstaben darauf geschrieben stand:

„Hest du din Dågwark richtig dån,

Da kommt de Slåp von sülvst heran."

Volkert Tedsen: Tede Volkerts heißt nach seinem Vater, den man Volkert Tedsen nannte. Volkerts bedeutet Sohn des Volkert und Tedsen Sohn des Tede.

Anberg: Anhöhe.

Gottesacker: Friedhof.

Der Zugang zur Hattstedter Kirche und zum Friedhof führt von Westen durch ein aus Ziegelsteinen gemauertes Tor.

Leichenmahl: Das Beerdigungsessen findet im großen Pesel, einem geräumigen Zimmer des Bauernhauses, und in einem kleineren Wohnzimmer statt.

Flasche Langkork: bessere Weine werden mit langem Korken verschlossen.

Leichenfuhr: Leichenzug, Bestattungszug.

Hier blieb sie stehen und sah […] zur Kirche hinauffuhren.: Die Perspektive, die Elke hier einnimmt, entspricht in der Hattstedter Marsch dem Standpunkt, den man hat, wenn man aus der südlichen Eingangstür des Deichgrafenhofs der Familien Iwersen Schmidt auf der Düneninsel Lundenberg heraustritt und zur Hattstedter Kirche hinaufblickt.

„Und zur Erde wieder sollst Du werden!": Beerdigungsformel nach 1. Mose 13,19.

Gebet des Herrn: Bezeichnung des „Vaterunser" in der lutherischen Tradition.

Spiegel und glänzende Gegenstände wie blankpolierte Messingknöpfe verhängte man früher, weil man im Totenzimmer nicht in Spiegel schauen wollte. Die Menschen hatten Angst, sich so selber als zukünftigen Toten zu sehen. Auch glaubten manche, ein Toter, der im Spiegel erscheint, bliebe im Hause zurück.

Als Beilegeröfen oder nd. Bilegger werden seit dem 16. Jahrhundert die Öfen in Bauernhäusern Norddeutschlands bezeichnet. Der Bilegger wurde an der Wand zwischen Wohnstube und Küche aufgestellt und diente als Zimmerofen, der von der Küche aus befeuert werden konnte.

„Hest du din Dågwark […] heran.": Nd.: Hast du dein Tagewerk ordentlich getan,/dann kommt der Schlaf von selber.

Ringreiten: Ein Pferdesport, bei dem der Reiter mit einer kurzen Lanze, dem sogenannten Stecher, einen kleinen Ring im Galopp aufspießen muss. Anfänglich haben alle 24 im Spiel befindlichen Ringe einen Durchmesser von 22 mm, der sich im Verlaufe des Wettkampfs bis auf 6 mm verkleinert. Der Reiter, der die meisten Ringe aufspießen kann, wird zum König ausgerufen. Ringreiten ist hauptsächlich in Norddeutschland und im südlichen Dänemark verbreitet.

Ringreiter des Schubyer Reiterverein e. V.

versehen: übersehen, vergessen.

Tonpfeifen: Seit Beginn des 18. Jahrhunderts wurden langstielige Pfeifen aus weißem Ton aus Holland nach Nordfriesland eingeführt.

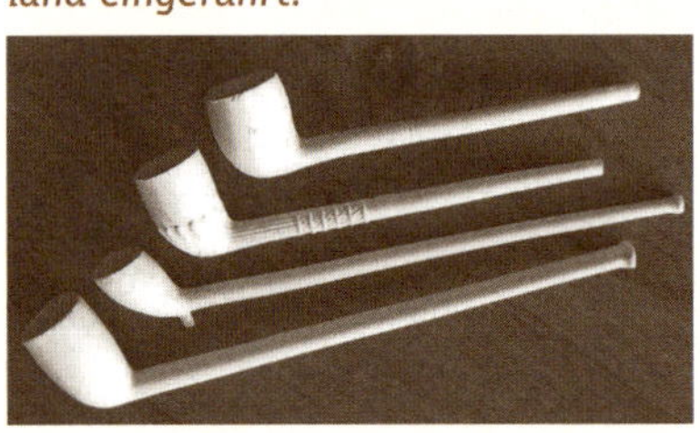

an dem Pulte: Tisch mit schräger Fläche, der hauptsächlich zum Lesen und Schreiben dient.

Das war noch von dem Großvater! – Einen Blick warf sie auf den Wandschrank; er war fast leer; aber durch die Glastüren sah sie noch den geschliffenen Pokal darin, der ihrem Vater, wie er gern erzählt hatte, einst bei einem Ringreiten in seiner Jugend als Preis zu Teil geworden war. Sie nahm ihn heraus und setzte ihn bei dem Gedeck des Oberdeichgrafen. Dann ging sie ans Fenster; denn schon hörte sie die Wagen an der Werfte heraufrollen; einer um den andern hielt vor dem Hause, und munterer, als sie gekommen waren, sprangen jetzt die Gäste von ihren Sitzen auf den Boden. Hände reibend und plaudernd drängte sich Alles in die Stube; nicht lange, so setzte man sich an die festliche Tafel, auf der die wohlbereiteten Speisen dampften, im Pesel der Oberdeichgraf mit dem Pastor; und Lärm und lautes Schwatzen lief den Tisch entlang, als ob hier nimmer der Tod seine furchtbare Stille ausgebreitet hätte. Stumm, das Auge auf ihre Gäste, ging Elke mit den Mägden an den Tischen herum, dass an dem Leichenmahle nichts versehen werde. Auch Hauke Haien saß im Wohnzimmer neben Ole Peters und anderen kleineren Besitzern.

Nachdem das Mahl beendet war, wurden die weißen Tonpfeifen aus der Ecke geholt und angebrannt, und Elke war wiederum geschäftig, die gefüllten Kaffeetassen den Gästen anzubieten; denn auch der wurde heute nicht gespart. Im Wohnzimmer an dem Pulte des eben Begrabenen stand der Oberdeichgraf im Gespräche mit dem Pastor und dem weißhaarigen Deichgevollmächtigten Jewe Manners. „Alles gut, Ihr Herren", sagte der Erste, „den alten Deichgrafen haben wir mit Ehren beigesetzt; aber woher nehmen wir den neuen? Ich denke, Manners, Ihr werdet Euch dieser Würde unterziehen müssen!"

Der alte Manners hob lächelnd das schwarze Sammetkäppchen von seinen weißen Haaren: „Herr Oberdeichgraf", sagte er, „das Spiel würde zu kurz werden; als der verstorbene Tede Volkerts Deichgraf, da wurde ich Gevollmächtigter und bin es nun schon vierzig Jahre!"

„Das ist kein Mangel, Manners; so kennt Ihr die Geschäfte um so besser und werdet nicht Not mit ihnen haben!"

Aber der Alte schüttelte den Kopf: „Nein, nein, Euer Gnaden, lasset mich, wo ich bin, so laufe ich wohl noch ein paar Jahre mit!"

Der Pastor stand ihm bei: „Weshalb", sagte er, „nicht den ins Amt nehmen, der es tatsächlich in den letzten Jahren doch geführt hat?"

Der Oberdeichgraf sah ihn an: „Ich verstehe nicht, Herr Pastor!"

Aber der Pastor wies mit dem Finger in den Pesel, wo Hauke in langsam ernster Weise zwei älteren Leuten Etwas zu erklären schien. „Dort steht er", sagte er, „die lange Friesengestalt mit den klugen grauen Augen neben der hageren Nase und den zwei Schädelwölbungen darüber! Er war des Alten Knecht und sitzt jetzt auf seiner eigenen kleinen Stelle; er ist zwar etwas jung!"

„Er scheint ein Dreißiger", sagte der Oberdeichgraf, den ihm so Vorgestellten musternd.

„Er ist kaum vierundzwanzig", bemerkte der Gevollmächtigte Manners; „aber der Pastor hat recht: was in den letzten Jahren Gutes für Deiche und Siele und dergleichen vom Deichgrafenamt in Vorschlag kam, das war von ihm; mit dem Alten war's doch zuletzt nichts mehr."

„So, so?" machte der Oberdeichgraf; „und Ihr meinet, er wäre nun auch der Mann, um in das Amt seines alten Herrn einzurücken?"

Sammetkäppchen: Kopfbedeckung aus Samt. Eine ähnliche Szene hat Storm in seiner frühen Novelle „Marthe und ihre Uhr" beschrieben:

„Marthe durfte sich ungestört der Erinnerung aller Weihnachtabende ihres Lebens überlassen: ihr Vater saß wieder in dem braungeschnizten Lehnstuhl; er trug das feine Sammetkäppchen und den schwarzen Sonntagsrock; auch blickten seine ernsten Augen heute so freundlich; denn es war Weihnachtabend, Weihnachtabend vor – ach vor sehr, sehr vielen Jahren!"

(Theodor Storm: Sommergeschichten und Lieder. Berlin 1851, S. 136.)

Auch bei der Skizzierung des Pastors, der als Vertreter der Honoratioren an dem Essen nach der Beerdigung des alten Deichgrafen teilnimmt, konnte Storm auf Jugenderinnerungen zurückgreifen. Der Vater seines Schulfreundes Peter Ohlhues, mit dem er bis Herbst 1835 die Husumer Gelehrtenschule und anschließend das Lübecker Katharineum besuchte, war von 1812 bis 1830 Compastor in Hattstedt. Während Peter zweimal wöchentlich einen Freitisch in Storms Elternhaus hatte, war Theodor häufig an Wochenenden Gast im Hattstedter Compastorat. Die Erinnerungen daran hat Storm auch für seine Novelle „Aquis submersus" verwendet und dabei dem Vater seines Freundes ein literarisches Denkmal gesetzt:

„Bei den Pastorsleuten, deren einziges Kind mein Freund war, hatten wir allezeit, wie wir hier zu sagen pflegen, fünf Quartier auf der Elle, ganz abgesehen von der wunderbaren Naturalverpflegung. Nur die Silberpappel, der einzig hohe und also auch einzig verlockende Baum des Dorfes, welche ihre Zweige ein gut Stück oberhalb des bemoosten Strohdaches rauschen ließ, war gleich dem Apfelbaum des Paradieses uns verboten und wurde daher nur heimlich von uns erklettert; sonst war, so viel ich mich entsinne, Alles erlaubt und wurde je nach unserer Altersstufe bestens von uns ausgenutzt. […]

Die lieben Pastorsleute, die Lehnstühle mit den roten Plüschkissen, das alte tiefe Sofa, auf dem Tisch beim Abendbrot der traulich sausende Teekessel, – es war Alles helle, freundliche Gegenwart."

(Theodor Storm: „Aquis submersus". In: LL 2, S. 279 ff.)

„Der Mann wäre er schon", entgegnete Jewe Manners; „aber ihm fehlt das, was man hier „Klei unter den Füßen" nennt; sein Vater hatte so um fünfzehn, er mag gut zwanzig Demat haben; aber damit ist bis jetzt hier Niemand Deichgraf geworden."

Der Pastor tat schon den Mund auf, als wolle er Etwas einwenden, da trat Elke Volkerts, die eine Weile schon im Zimmer gewesen, plötzlich zu ihnen: „Wollen Euer Gnaden mir ein Wort erlauben?" sprach sie zu dem Oberbeamten; „es ist nur, damit aus einem Irrtum nicht ein Unrecht werde!"

„So sprecht, Jungfer Elke!" entgegnete dieser; „Weisheit von hübschen Mädchenlippen hört sich allzeit gut!"

– „Es ist nicht Weisheit, Euer Gnaden; ich will nur die Wahrheit sagen."
„Auch die muss man ja hören können, Jungfer Elke!"

Das Mädchen ließ ihre dunkeln Augen noch einmal zur Seite gehen, als ob sie wegen überflüssiger Ohren sich versichern wolle: „Euer Gnaden", begann sie dann, und ihre Brust hob sich in stärkerer Bewegung, „mein Pate, Jewe Manners, sagte Ihnen, dass Hauke Haien nur etwa zwanzig Demat im Besitz habe; das ist im Augenblick auch richtig; aber sobald es sein muss, wird Hauke noch um so viel mehr sein eigen nennen, als dieser, meines Vaters, jetzt mein Hof an Dematzahl beträgt; für einen Deichgrafen wird das zusammen denn wohl reichen."

Das jütische Recht (Jütisches Low, Jyske Lov, Jütsche Low) ist eine Gesetzesordnung von 1241, die unter dem Dänenkönig Waldemar II. in Kraft trat.

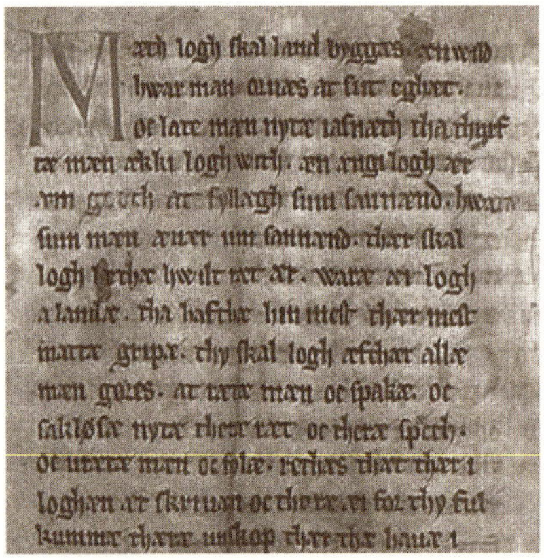

Aus dem Codex Holmiensis 37, der ältesten erhaltenen Handschrift; Det Kongelige Bibliotek, Kopenhagen.

ehelichen Güterrechten: Im Herzogtum Schleswig hatte noch bis zur Einführung des Bürgerlichen Gesetzbuches (1900) der privatrechtliche Teil des alten „Jütischen Rechts" Geltung. Danach verliert eine Frau ihren väterlichen Erbteil, wenn sie sich selbst verheiratet. Allerdings galt das „Jütische Recht" nicht im gesamten Herzogtum Schleswig; selbständige Rechtsgebiete waren das Gebiet des Eiderstedter und des Nordstrander Landrechts sowie die Städte Husum und Friedrichstadt. Storm war mit diesen komplizierten Rechtsverhältnissen nicht nur seit seinem Jura-Studium in Kiel vertraut, er musste sich damit auch während seiner Zeit als Rechtsanwalt in Husum (1844 bis 1852) auseinandersetzen und später noch einmal, als er von 1864 bis zur preußischen Justizreform von 1866 als Landvogt in Husum wirkte und unter anderem auch für den Bereich der Hattstedter Marsch zuständig war. Über das komplizierte Eherecht „Insonderheit in Ansehung des Güterrechte" konnte sich Storm auch bei Carl Esmarch „Praktische Darstellung des Strafverfahrens im Herzogthum Schleswig" (1840) in § 20 ff. informieren.

capitelfest: bibelfest; hier: in der Sache sicher sein.

Der alte Manners reckte den weißen Kopf gegen sie, als müsse er erst sehen, wer denn eigentlich da rede: „Was ist das?" sagte er; „Kind, was sprichst Du da?"

Aber Elke zog an einem schwarzen Bändchen einen blinkenden Goldring aus ihrem Mieder: „Ich bin verlobt, Pate Manners", sagte sie; „hier ist der Ring, und Hauke Haien ist mein Bräutigam."

– „Und wann – ich darf's wohl fragen, da ich Dich aus der Taufe hob, Elke Volkerts – wann ist denn das passiert?"

– „Das war schon vor geraumer Zeit; doch war ich mündig, Pate Manners", sagte sie; „mein Vater war schon hinfällig worden, und da ich ihn kannte, so wollt' ich ihn nicht mehr damit beunruhigen; itzt, da er bei Gott ist, wird er einsehen, dass sein Kind bei diesem Manne wohl geborgen ist. Ich hätte es auch das Trauerjahr hindurch schon ausgeschwiegen; jetzt aber, um Hauke's und um des Kooges willen, hab' ich reden müssen." Und zum Oberdeichgrafen gewandt, setzte sie hinzu: „Euer Gnaden wollen mir das verzeihen!"

Die drei Männer sahen sich an; der Pastor lachte, der alte Gevollmächtigte ließ es bei einem „Hmm, hmm!" bewenden, während der Oberdeichgraf wie vor einer wichtigen Entscheidung sich die Stirn rieb. „Ja, liebe Jungfer", sagte er endlich, „aber wie steht es denn hier im Kooge mit den ehelichen Güterrechten? Ich muss gestehen, ich bin augenblicklich nicht recht kapitelfest in diesem Wirrsal!"

„Das brauchen Euer Gnaden auch nicht", entgegnete des Deichgrafen Tochter, „ich werde vor der Hochzeit meinem Bräutigam die Güter übertragen. Ich habe auch meinen kleinen Stolz", setzte sie lächelnd hinzu; „ich will den reichsten Mann im Dorfe heiraten!"

„Nun, Manners", meinte der Pastor, „ich denke, Sie werden auch als Pate nichts dagegen haben, wenn ich den jungen Deichgrafen mit des alten Tochter zusammengebe!"

Der Alte schüttelte leis den Kopf: „Unser Herr Gott gebe seinen Segen!" sagte er andächtig.

Der Oberdeichgraf aber reichte dem Mädchen seine Hand: „Wahr und weise habt Ihr gesprochen, Elke Volkerts; ich danke Euch für so kräftige Erläuterungen und hoffe auch in Zukunft, und bei freundlicheren Gelegenheiten als heute, der Gast Eueres Hauses zu sein; aber – dass ein Deichgraf von solch junger Jungfer gemacht wurde, das ist das Wunderbare an der Sache!"

„Euer Gnaden", erwiderte Elke und sah den gütigen Oberbeamten noch einmal mit ihren ernsten Augen an, „einem rechten Manne wird auch die Frau wohl helfen dürfen!" Dann ging sie in den anstoßenden Pesel und legte schweigend ihre Hand in Hauke Haien's.

**
*

„Der Hofbesitzer in der Marsch ist an leichteren Gewinn gewöhnt, und wenn nicht der große Gott im Himmel, so sagte mir Einer, zuweilen auch sehr nasse Jahre und Mißwachs schickte, würden sie gar zu übermüthig werden. [...] Viele verständige tüchtige Leute wohnen hier, und man findet bei ihnen oft mehr Kenntniß als man erwartet."

(Theodor Mügge: Streifzüge in Schleswig-Holstein und im Norden der Elbe. Erster Theil. Frankfurt am Main 1846. S. 312 und 321.)

„Das 18. Jahrhundert brachte Nordfriesland eine Zeit relativen Wohlstands, sowohl der seefahrenden Bevölkerung auf den Inseln, als auch der bäuerlichen auf dem Festland. Seinen noch heute – und sei es in Museen – sichtbaren Niederschlag hat dieser Wohlstand in einer Wohnkultur gefunden, in der neben das im Lande oder gar im Hof selber gefertigte Mobiliar zunehmend Importartikel treten, die entweder direkt aus Hamburg, Amsterdam, London oder Kopenhagen mitgebracht oder über den Handel von dort bezogen werden."

(Reimer Kay Holander: Der Schimmelreiter – Dichtung und Wirklichkeit, Bredstedt 2003, S. 64 f.)

Mit „Wirrsal" (Gewirr) bezeichnet der Oberdeichgraf die komplizierten Rechtsverhältnisse im Herzogtum Schleswig.

„Bei der großen Verschiedenheit der bei uns geltenden Bestimmungen über die güterrechtlichen Verhältnisse der Ehegatten, bleibt nichts anders übrig, als die einzelnen Statute nach einander vorzunehmen und sie in der Ordnung folgen zu lassen, welche am meisten geeignet ist, den innern Zusammenhang der Grundsätze in das rechte Licht zu stellen. [...] Alles was die Frau bei Eingehung der Ehe an beweglichen und unbeweglichen Gütern besitzt oder späterhin erwirbt, kommt nach den Grundsätzen des Sachsenspiegels unter die eheliche Vormundschaft des Mannes, und insofern es dadurch mit dem Vermögen des Mannes unter einer Verwaltung steht, wird das gesammte Vermögen beider Ehegatten als ein gemeinschaftliches bezeichnet."

(Nicolai Falck: Handbuch des Schleswig-Holsteinischen Privatrechts. Altona, 4. Bd., S. 414.)

Umschlag der ersten Buchausgabe, Berlin 1888

Es war um mehrere Jahre später: in dem kleinen Hause Tede Haien's wohnte jetzt ein rüstiger Arbeiter mit Frau und Kind; der junge Deichgraf Hauke Haien saß mit seinem Weibe Elke Volkerts auf deren väterlicher Hofstelle. Im Sommer rauschte die gewaltige Esche nach wie vor am Hause; aber auf der Bank, die jetzt darunter stand, sah man Abends meist nur die junge Frau, einsam mit einer häuslichen Arbeit in den Händen; noch immer fehlte ein Kind in dieser Ehe; der Mann aber hatte Anderes zu tun, als Feierabend vor der Tür zu halten; denn trotz seiner früheren Mithülfe lagen aus des Alten Amtsführung eine Menge unerledigter Dinge, an die auch er derzeit zu rühren nicht für gut gefunden hatte; jetzt aber musste allmählich Alles aus dem Wege; er fegte mit einem scharfen Besen. Dazu kam die Bewirtschaftung der durch seinen eigenen Landbesitz vergrößerten Stelle, bei der er gleichwohl den Kleinknecht noch zu sparen suchte; so sahen sich die beiden Eheleute, außer am Sonntag, wo Kirchgang gehalten wurde, meist nur bei dem von Hauke eilig besorgten Mittagessen und beim Auf- und Niedergang des Tages; es war ein Leben fortgesetzter Arbeit, doch gleichwohl ein zufriedenes.

Dann kam ein störendes Wort in Umlauf. – Als von den jüngeren Besitzern der Marsch- und Geestgemeinde eines Sonntags nach der Kirche ein etwas unruhiger Trupp im Kruge droben am Trunke festgeblieben war, redeten sie beim vierten oder fünften Glase zwar nicht über König und Regierung – so hoch wurde damals noch nicht gegriffen – wohl aber über Kommunal- und Oberbeamte, vor Allem über Gemeindeabgaben und -Lasten, und je länger sie redeten, desto weniger fand davon Gnade vor ihren Augen, insonders nicht die neuen Deichlasten; alle Sielen und Schleusen, die sonst immer gehalten hätten, seien jetzt reparaturbedürftig; am Deiche fänden sich immer neue Stellen, die Hunderte von Karren Erde nötig hätten, der Teufel möchte die Geschichte holen!

„Das kommt von Eurem klugen Deichgrafen", rief einer von den Geestleuten, „der immer grübeln geht und seine Finger dann in Alles steckt!"

Ende September 1887 hatte Storm die erste Hälfte der Novelle im „Concept" – so nannte er diese Entwurfshandschrift – fertiggestellt, in der von der Jugend Hauke Haiens berichtet und von seinem Aufstieg zum Deichgrafen erzählt wird. Er beginnt nun bereits mit der Herstellung einer Reinschrift, obwohl ihm einige Details, über die er im zweiten Teil berichten will, noch gar nicht klar zu sein scheinen. Seinem Freund Heyse in München teilte er am 20. Oktober mit: „Mein vielgenannter ‚Schimmelreiter' ist bis S. 92 der Reinschrift gediehen [...]. Aus einem Jungen ist Hauke Haien nun auf diesen 92 S. zum Deichgrafen geworden; nun bedarf es der Kunst, ihn aus einem Deichgrafen zu einem Nachtgespenst zu machen. Ich fürchte, das Thema hatte mir 10 Jahre früher kommen müssen."

(Br. Heyse, Bd. 3, S. 161.)

Der Erstdruck erschien 1888 in der Zeitschrift „Deutsche Rundschau" und musste wegen der Länge der Novelle auf das April- und das Maiheft aufgeteilt werden. Die dadurch entstehende Zäsur hielt Storm auch in der ersten Buchausgabe bei, in der der zweite Teil auf einer neuen Seite (S. 99) beginnt.

er fegte mit einem scharfen Besen: Er griff hart durch.

insonders: besonders.

Deichlasten: die Verpflichtung, für den Erhalt und die Errichtung der Deiche aufzukommen.

hinterspinnig: spitzfindig.

sich 'nen weißen Fuß machen: sich bei jemandem beliebt machen.

aufhucken: auf dem Rücken tragen, aufdrängen lassen.

abzukratzen: fortzunehmen.

eingefreit: eingeheiratet.

Harro Feddersen (geboren vor 1640 in der Hattstedter Marsch, gestorben 1692) war von 1662 bis zu seinem Tode Bürgermeister von Husum. Im Jahre 1685 verfasste er ein Gutachten, in dem er die gescheiterten Bedeichungen der Bredstedter Bucht von 1619–1625 beurteilte und Vorschläge für einen neuen Versuch vortrug.

„Es ist ja von den vergrabenen Schätzen eine alte Sage, dass sie alle 7 Jahre einmal, oder wie es sonst heißt, zu gewisser Zeit, sich herfür tun, und sich sehen lassen. Was hier von <wahr> sei, davon stelle <ich> jetzt keine Frage auf, es kann aber mit gutem Grunde gemeldet werden, dass zwischen Ockholm und Hatstedter Koog ein befindlicher Schatz sich herfür tun, und zwar nicht alle 7 Jahre einmal, sondern alle 24 Stunden zweimal, so dass er sich öfter beinahe all ganz sehen lässt."

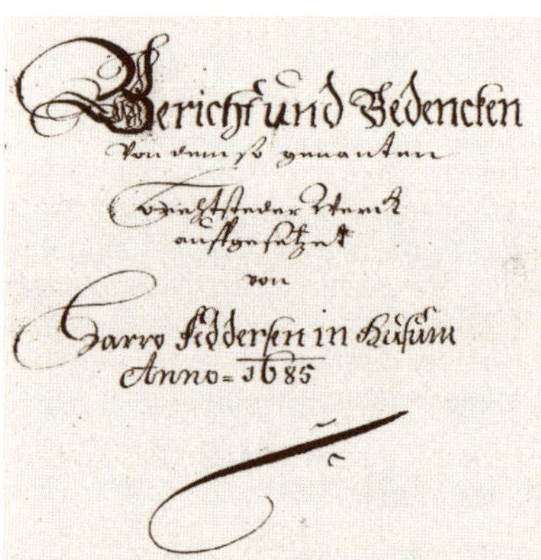

(Bericht und Bedenken von dem so genannten Bredstedter Werk aufgesetzt von Harro Feddersen in Husum Anno 1685. Landesarchiv Schleswig.)

„Ja, Marten", sagte Ole Peters, der dem Sprecher gegenüber saß; „recht hast Du, er ist hinterspinnig und sucht beim Oberdeichgraf sich 'nen weißen Fuß zu machen; aber wir haben ihn nun einmal!"

„Warum habt Ihr ihn Euch aufhucken lassen?" sagte der Andre; „nun müsst Ihr's bar bezahlen."

Ole Peters lachte. „Ja, Marten Fedders, das ist nun so bei uns, und davon ist nichts abzukratzen: der alte wurde Deichgraf von seines Vaters, der neue von seines Weibes wegen." Das Gelächter, das jetzt um den Tisch lief, zeigte, welchen Beifall das geprägte Wort gefunden hatte.

Aber es war an öffentlicher Wirtstafel gesprochen worden, es blieb nicht da, es lief bald um im Geest- wie unten in dem Marschdorf; so kam es auch an Hauke. Und wieder ging vor seinem inneren Auge die Reihe übelwollender Gesichter vorüber, und noch höhnischer, als es gewesen war, hörte er das Gelächter an dem Wirtshaustische. „Hunde!" schrie er, und seine Augen sahen grimm zur Seite, als wolle er sie peitschen lassen.

Da legte Elke ihre Hand auf seinen Arm: „Lass sie! die wären Alle gern, was Du bist!"

– „Das ist es eben!" entgegnete er grollend.

„Und", fuhr sie fort, „hat denn Ole Peters sich nicht selber eingefreit?"

„Das hat er, Elke; aber was er mit Vollina freite, das reichte nicht zum Deichgrafen!"

– „Sag' lieber: e r reichte nicht dazu!" und Elke drehte ihren Mann, so dass er sich im Spiegel sehen musste; denn sie standen zwischen den Fenstern in ihrem Zimmer. „Da steht der Deichgraf!" sagte sie; „nun sieh ihn an; nur wer ein Amt regieren kann, der hat es!"

„Du hast nicht unrecht", entgegnete er sinnend, „und doch . . . . . Nun, Elke; ich muss zur Osterschleuse; die Türen schließen wieder nicht!"

Sie drückte ihm die Hand: „Komm, sieh mich erst einmal an! Was hast Du, Deine Augen sehen so ins Weite?"

„Nichts, Elke; Du hast ja recht." –

Er ging; aber nicht lange war er gegangen, so war die Schleusenreparatur vergessen. Ein anderer Gedanke, den er, halb nur ausgedacht und seit Jahren mit sich umhergetragen hatte, der aber vor den drängenden Amtsgeschäften ganz zurückgetreten war, bemächtigte sich seiner jetzt aufs Neue und mächtiger als je zuvor, als seien plötzlich die Flügel ihm gewachsen.

Kaum dass er es selber wusste, befand er sich oben auf dem Hafdeich, schon eine weite Strecke südwärts nach der Stadt zu; das Dorf, das nach dieser Seite hinauslag, war ihm zur Linken längst verschwunden; noch immer schritt er weiter, seine Augen unablässig nach der Seeseite auf das breite Vorland gerichtet; wäre Jemand neben ihm gegangen, er hätte es sehen müssen, welch' eindringliche Geistesarbeit hinter diesen Augen vorging. Endlich blieb er stehen: das Vorland schwand hier zu einem schmalen Streifen an dem Deich zusammen. „Es muss gehen!" sprach er bei sich selbst. „Sieben Jahr' im Amt; sie sollen nicht mehr sagen, dass ich nur Deichgraf bin von meines Weibes wegen!"

Noch immer stand er, und seine Blicke schweiften scharf und bedächtig nach allen Seiten über das grüne Vorland; dann ging er zurück, bis wo auch hier ein schmaler Streifen grünen Weidelands die vor ihm liegende breite Landfläche ablöste. Hart an dem Deiche aber schoss ein starker Meeresstrom durch diese, der fast das ganze Vorland von dem Festlande trennte und zu einer Hallig machte; eine rohe Holzbrücke führte nach dort hinüber, damit man mit Vieh und Heu- oder Getreidewagen hinüber und wieder zurück gelangen könne. Jetzt war es Ebbzeit, und die goldene Septembersonne glitzerte auf dem etwa hundert Schritte breiten Schlickstreifen und auf dem tiefen Priel in seiner Mitte, durch den auch jetzt das Meer noch seine Wasser trieb. „Das lässt sich dämmen!" sprach Hauke bei sich selber, nachdem er diesem Spiele eine Zeit lang zugesehen; dann

Hafdeich: der Seedeich im Gegensatz zum Binnendeich, der die zweite Deichlinie bildet.

Vorland: vor dem Deich angeschwemmtes Land.

Priel: Storm meint hier den starken Wasserlauf mit einer Breite von ca. 14 m und einer Tiefe von bis zu 4 m im Watt nördlich der Deichlinie des Neuen Hattstedter Kooges, der auch „Königstief" oder „Hattstedter Deep" genannt wurde. Erst 1765/1767 konnte man ihn beim Bau des Desmerciereskoog überdeichen.

Storm stand bei seinen Besuchen in der Hattstedter Marsch an der gleichen Stelle, die Harro Feddersen in seinem Gutachten aus dem Jahr 1685 beschrieb, als dieser einen Deich vom Neuen Hattsteder Koog über die Harmelfshallig nach dem Ockholmer Koog vorschlug.

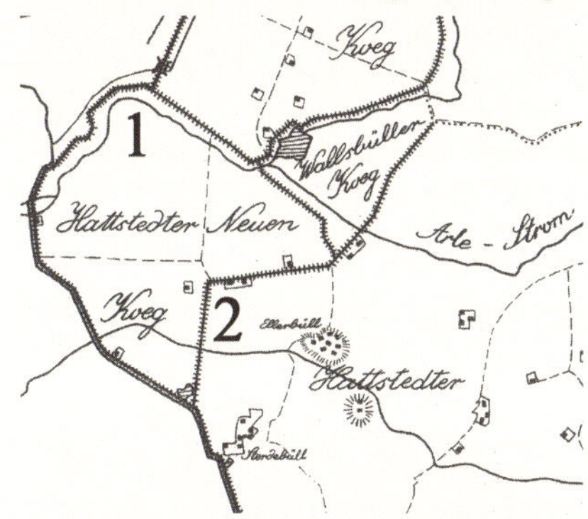

Karte von H. C. Petersen (1823); in: Fischer 1955, Tafel 57 (Ausschnitt).

Mehr als 40 Jahre später – im Herbst 1887 – zog Storm das Manuskript des Husumer Bürgermeisters bei der ersten Niederschrift dieses Abschnitts zu Rate, um den Handlungsraum seiner Novelle möglichst realistisch zu gestalten. Position auf der Karte: 1.

„Das läßt sich dämmen!": Als Hauke Haien vom Deichgrafenhof nach Nordwesten gegangen ist und „nach der Seeseite auf das breite Vorland" blickt, (der neue Seedeich ist in der Novellenfiktion ja noch nicht errichtet) stellt er sich die Eindeichung eines neuen Kooges vor. Position auf der Karte: 2.

überkommen: ererbt.

Sielen: „Ein Siel ist eine gehörig verkleidete Oeffnung in den Deichen, wodurch das Wasser abgeführt wird. Die Rückkehr des Wassers bei hohen Wassersteigen außer dem Deiche, wird durch Klappen, Schollen und Schleussen vermehrt. Daher Klapp-, Scholl- und Schleussen-Siele."

(Carl Schrader: Systematische Übersicht des Deichrechts. Kiel 1805, S. 7.)

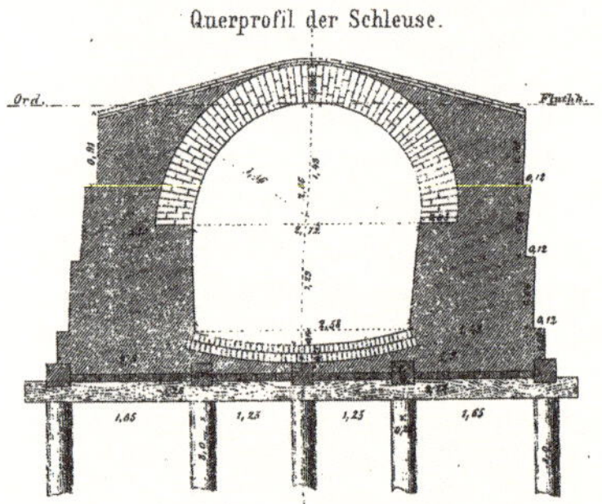

Profilzeichnung der Schleuse für den von Christian Eckermann eingedeichten Koog. In: Zeitschrift für Bauwesen 28.1875, S. 41.

Der Priel sei nicht zu stopfen: Storm notiert die Erzählung Elkes von der Deichopfer-Sage auf einem Blatt und skizziert auf der Rückseite die Stelle, an der Hauke den neuen Deich durch den Priel bauen wird: „Die Brücke (Damm) über den Priehl"

(„Concept", S. 150.)

blickte er auf, und von dem Deiche, auf dem er stand, über den Priel hinweg, zog er in Gedanken eine Linie längs dem Rande des abgetrennten Landes, nach Süden herum und ostwärts wiederum zurück über die dortige Fortsetzung des Prieles und an den Deich heran. Die Linie aber, welche er unsichtbar gezogen hatte, war ein neuer Deich, neu auch in der Konstruktion seines Profiles, welches bis jetzt nur noch in seinem Kopf vorhanden war.

„Das gäbe einen Koog von circa tausend Demat", sprach er lächelnd zu sich selber; „nicht groß just; aber . . ."

Eine andere Kalkulation überkam ihn: das Vorland gehörte hier der Gemeinde, ihren einzelnen Mitgliedern eine Zahl von Anteilen, je nach der Größe ihres Besitzes im Gemeindebezirk oder nach sonst zu Recht bestehender Erwerbung; er begann zusammenzuzählen, wie viel Anteile er von seinem, wie viele er von Elke's Vater überkommen, und was an solchen er während seiner Ehe schon selbst gekauft hatte, teils in dem dunklen Gefühle eines künftigen Vorteils, teils bei Vermehrung seiner Schafzucht. Es war schon eine ansehnliche Menge; denn auch von Ole Peters hatte er dessen sämtliche Teile angekauft, da es diesem zum Verdruss geschlagen war, als bei einer teilweisen Überströmung ihm sein bester Schafbock ertrunken war. Aber das war ein seltsamer Unfall gewesen; denn, soweit Hauke's Gedächtnis reichte, waren selbst bei hohen Fluten dort nur die Ränder überströmt worden. Welch' treffliches Weide- und Kornland musste es geben und von welchem Werte, wenn das Alles von seinem neuen Deich umgeben war! Wie ein Rausch stieg es ihm ins Gehirn; aber er presste die Nägel in seine Handflächen und zwang seine Augen, klar und nüchtern zu sehen, was dort vor ihm lag: eine große deichlose Fläche, wer wusst' es, welchen Stürmen und Fluten schon in den nächsten Jahren preisgegeben, an deren äußerstem Rande jetzt ein Trupp von schmutzigen Schafen langsam grasend entlang wanderte; dazu für ihn ein Haufen Arbeit, Kampf und Ärger! Trotz alledem, als er vom Deich hinab und den Fußsteig über die Fennen auf seine Werfte zuging, ihm war's, als brächte er einen großen Schatz mit sich nach Hause.

Auf dem Flur trat Elke ihm entgegen: „Wie war es mit der Schleuse?" frug sie.

Er sah mit geheimnisvollem Lächeln auf sie nieder: „Wir werden bald eine andere Schleuse brauchen", sagte er; „und Sielen und einen neuen Deich!"

„Ich versteh' Dich nicht", entgegnete Elke, während sie in das Zimmer gingen; „was willst Du, Hauke?"

„Ich will", sagte er langsam und hielt dann einen Augenblick inne, „ich will, dass das große Vorland, das unserer Hofstatt gegenüber beginnt und dann nach Westen ausgeht, zu einem festen Kooge eingedeicht werde: die hohen Fluten haben fast ein Menschenalter uns in Ruh' gelassen; wenn aber eine von den schlimmen wiederkommt und den Anwachs stört, so kann mit einem Mal die ganze Herrlichkeit zu Ende sein; nur der alte Schlendrian hat das bis heut' so lassen können!"

Sie sah ihn voll Erstaunen an: „So schiltst Du Dich ja selber!" sagte sie.

– „Das tu' ich, Elke; aber es war bisher auch so viel Anderes zu beschaffen!"

„Ja, Hauke; gewiss, Du hast genug getan!"

Er hatte sich in den Lehnstuhl des alten Deichgrafen gesetzt, und seine Hände griffen fest um beide Lehnen.

„Hast Du denn guten Mut dazu?" frug ihn sein Weib.

– „Das hab' ich, Elke!" sprach er hastig.

„Sei nicht zu rasch, Hauke; das ist ein Werk auf Tod und Leben; und fast Alle werden Dir entgegen sein, man wird Dir Deine Müh' und Sorg' nicht danken!"

Er nickte: „Ich weiß!" sagte er.

„Und wenn es nun nicht gelänge!" rief sie wieder; „von Kindesbeinen an hab' ich gehört, der Priel sei nicht zu stopfen, und darum dürfe nicht daran gerührt werden."

„Das war ein Vorwand für die Faulen!" sagte Hauke; „weshalb denn sollte man den Priel nicht stopfen können?"

– „Das hört' ich nicht; vielleicht, weil er gerade durchgeht; die Spülung ist zu stark." – Eine Erinnerung überkam sie, und ein fast schelmisches Lächeln brach aus ihren ernsten Augen: „Als ich Kind war", sprach sie, „hörte ich einmal die Knechte darüber reden; sie meinten, wenn ein Damm dort halten solle, müsse was Lebigs da hinein geworfen und mit verdämmt werden; bei einem Deichbau auf der andern Seite, vor wohl hundert Jahren, sei ein Zigeunerkind verdämmet worden, das sie um schweres Geld der Mutter abgehandelt hätten; jetzt aber würde wohl Keine ihr Kind verkaufen!"

Hauke schüttelte den Kopf: „Da ist es gut, dass wir keins haben; sie würden es sonst noch schier von uns verlangen!"

„Sie sollten's nicht bekommen!" sagte Elke und schlug wie in Angst die Arme über ihren Leib.

Und Hauke lächelte; doch sie frug noch einmal: „Und die ungeheuren Kosten? Hast Du das bedacht?"

Anwachs: angeschwemmtes, also durch Sedimentablagerungen entstandenes Land.

ein Zigeunerkind verdämmet worden: verdämmen bedeutet hier in den Deich hineinfügen; Storm verwendete für diese Szene eine Sage aus der Sammlung „Sagen, Märchen und Lieder", an der er Anfang der 1840er Jahre selber mitgearbeitet hatte:

Das vergrabene Kind

Bei Heiligensteden war am Stördeich ein großes Loch, das man auf keine Weise ausfüllen konnte, soviel Erde und Steine man auch hineinwarf. Weil aber der ganze Deich sonst weggerissen und viel Land überschwemmt wäre, muste das Loch doch auf jeden Fall ausgefüllt werden. Da fragte man in der Noth eine alte kluge Frau: die sagte, es gäbe keinen andern Rath als ein lebendiges Kind da zu vergraben, es müste aber freiwillig hinein gehn. Da war da nun eine Zigeunermutter, der man tausend Thaler für ihr Kind bot und die es dafür austhat. Nun legte man ein Weißbrot auf das eine Ende eines Brettes und schob dieses so über das Loch, daß es bis in die Mitte reichte. Da nun das Kind hungrig darauf entlang lief und nach dem Brote griff, schlug das Brett über und das Kind sank unter. Doch tauchte es noch ein paar Mal wieder auf und rief beim ersten Mal: „Ist nichts so weich als Mutters Schooß?" und beim zweiten Male: „Ist nichts so süß als Mutters Lieb?" und zuletzt: „Ist nichts so fest als Mutters Treu?" Da aber waren die Leute herbeigeeilt und schütteten viel Erde auf, daß das Loch bald voll ward und die Gefahr für immer abgewandt ist. Doch sieht man bis auf den heutigen Tag noch eine Vertiefung, die immer mit Seegras bewachsen ist.

(Karl Müllenhoff (Hg.): Sagen, Märchen und Lieder der Herzogthümer Schleswig, Holstein und Lauenburg. Kiel 1845, S. 242.)

Man erzählte auch in Schwienhusen, einem Ortsteil der Gemeinde Delve im Norden Dithmarschens, dass an der Eider ein Deichbruch durch ein Kindesopfer geschlossen worden sei.

(Am Urquell. Monatschrift für Volkskunde, 2. Jg. 1881, S. 25.)

– „Das hab' ich, Elke; was wir dort herausbringen, wird sie bei Weitem überholen, auch die Erhaltungskosten des alten Deiches gehen für ein gut' Stück in dem neuen unter; wir arbeiten ja selbst und haben über achtzig Gespanne in der Gemeinde, und an jungen Fäusten ist hier auch kein Mangel. Du sollst mich wenigstens nicht umsonst zum Deichgrafen gemacht haben, Elke; ich will ihnen zeigen, dass ich einer bin!"

Sie hatte sich vor ihm niedergehuckt und ihn sorgvoll angeblickt; nun erhob sie sich mit einem Seufzer: „Ich muss weiter zu meinem Tagewerk", sagte sie, und ihre Hand strich langsam über seine Wange; „tu' Du das Deine, Hauke!"

„Amen, Elke!" sprach er mit ernstem Lächeln; „Arbeit ist für uns Beide da!"

– – Und es war Arbeit genug für Beide, die schwerste Last aber fiel jetzt auf des Mannes Schulter. An Sonntagnachmittagen, oft auch nach Feierabend, saß Hauke mit einem tüchtigen Feldmesser zusammen, vertieft in Rechenaufgaben, Zeichnungen und Rissen; war er allein, dann ging es ebenso und endete oft weit nach Mitternacht. Dann schlich er in die gemeinsame Schlafkammer – denn die dumpfen Wandbetten im Wohngemach wurden in Hauke's Wirtschaft nicht mehr gebraucht – und sein Weib, damit er endlich nur zur Ruhe komme, lag wie schlafend mit geschlossenen Augen, obgleich sie mit klopfendem Herzen nur auf ihn gewartet hatte; dann küsste er mitunter ihre Stirn und sprach ein leises Liebeswort dabei, und legte sich selbst zum Schlafe, der ihm oft nur beim ersten Hahnenkraht zu willen war. Im Wintersturm lief er auf den Deich hinaus, mit Bleistift und Papier in der Hand, und stand und zeichnete und notierte, während ein Windstoß ihm die Mütze vom Kopf riss, und das lange, fahle Haar ihm um sein heißes Antlitz flog; bald fuhr er, solange nur das Eis ihm nicht den Weg versperrte, mit einem Knecht zu Boot ins Wattenmeer hinaus und maß dort mit Lot und Stange die Tiefen der Ströme, über die er noch nicht sicher war. Elke zitterte oft genug für ihn; aber war er wieder da, so hätte er das nur aus ihrem festen Händedruck oder dem leuchtenden Blitz aus ihren sonst so stillen Augen merken können. „Geduld, Elke", sagte er, da ihm einmal war, als ob sein Weib ihn nicht lassen könne; „ich muss erst selbst im Reinen sein, bevor ich meinen Antrag stelle!" Da nickte sie und ließ ihn gehen. Der Ritte in die Stadt zum Oberdeichgrafen wurden auch nicht wenige, und allem diesen und den Mühen in Haus- und Landwirtschaft folgten immer wieder die Arbeiten in die Nacht hinein. Sein Verkehr mit anderen Menschen außer in Arbeit und Geschäft verschwand fast ganz; selbst der mit seinem Weibe wurde immer weniger. „Es sind schlimme Zeiten, und sie werden noch lange dauern", sprach Elke bei sich selber, und ging an ihre Arbeit.

Gespanne: In der Landwirtschaft bilden ein oder mehrere Zugtiere ein Gespann.

Rissen: Ein Riss (Zeichnung) wird mit der Reißfeder gezeichnet. Um eine hohe Zeichnungsgenauigkeit zu erreichen, waren besonders dünne Linien erforderlich.

Hahnenkraht: Hahnenschrei.

Lot und Stange: Werkzeuge des Landmessers.

Storms Freund Christian Eckermann war in zweifacher Hinsicht ein geeigneter Berater in Sachen Deichbau; zunächst war er als Wasserbauingenieur selber bei einer Eindeichung in leitender Funktion tätig und konnte die mit einer solchen Baumaßnahme verbundenen technischen und organisatorischen Probleme aus eigener Erfahrung schildern. Darüber hinaus verfasste er in den Jahren der Freundschaft mit Storm die ersten wissenschaftlichen Aufsätze über die Geschichte der Eindeichungen an der Westküste Schleswig-Holsteins.

Christian Eckermann (1833–1904). Foto von W. Fechner, Berlin. Schleswig-Holsteinische Landesbibliothek, Kiel.

Eckermann absolvierte eine praktische Ausbildung zum Landmesser. Von 1858 bis 1860 studierte er am Polytechnikum in München und arbeitete anschließend als Ingenieur im Deich- und Wasserbauwesen wieder in Norderdithmarschen. 1871 erhielt er den Titel Bauinspektor, 1872 wurde ihm der Bau des Kaiser

Endlich, Sonne und Frühlingswinde hatten schon überall das Eis gebrochen, war auch die letzte Vorarbeit getan; die Eingabe an den Oberdeichgrafen zur Befürwortung an höherem Orte, enthaltend den Vorschlag einer Bedeichung des erwähnten Vorlandes, zur Förderung des öffentlichen Besten, insonders des Kooges, wie nicht weniger der Herrschaftlichen Kasse, da höchstderselben in kurzen Jahren die Abgaben von ca. 1000 Demat daraus erwachsen würden, – war sauber abgeschrieben und nebst anliegenden Rissen und Zeichnungen aller Lokalitäten, jetzt und künftig, der Schleusen und Siele und was noch sonst dazu gehörte, in ein festes Konvolut gepackt und mit dem deichgräflichen Amtssiegel versehen worden.

„Da ist es, Elke", sagte der junge Deichgraf, „nun gib ihm Deinen Segen!"

Elke legte ihre Hand in seine: „Wir wollen fest zusammenhalten", sagte sie.

– „Das wollen wir."

**
*

Dann wurde die Eingabe durch einen reitenden Boten in die Stadt gesandt.

„Sie wollen bemerken, lieber Herr", unterbrach der Schulmeister seine Erzählung, mich freundlich mit seinen feinen Augen fixierend, „dass ich das bisher Berichtete während meiner fast vierzigjährigen Wirksamkeit in diesem Kooge aus den Überlieferungen verständiger Leute, oder aus Erzählungen der Enkel und Urenkel solcher zusammengefunden habe; was ich, damit Sie dieses mit dem endlichen Verlauf in Einklang zu bringen vermögen, Ihnen jetzt vorzutragen habe, das war derzeit und ist auch jetzt noch das Geschwätz des

Wilhelm-Kooges in Süderdithmarschen übertragen. Seit 1876 war er als Wegebauinspektor für die Kreise Norderdithmarschen, Eiderstedt, Husum, Tondern und die Landschaft Stapelholm zuständig. Nach Dieter Lohmeier: Christian Eckermann. In: Biographisches Lexikon, Bd. 9 (1991).

Herrschaftlichen Kasse: Kasse der Finanzverwaltung. Storm notiert in seiner Entwurfshandschrift die Stichworte „30j. Abgaben-Freiheit", „Benutz<u>ng des Außendeichs" und „Oktroy" („Concept", S. 126).

Oktroyierte Köge in Nordfriesland wurden seit dem 17. Jahrhundert nicht vom hierfür zuständigen Landesherrn, sondern von finanzkräftigen Investoren bedeicht.

„Man pflegt einen solchen Vertrag zwischen der Regierung und den Mitgliedern einer solchen Gesellschaft eine ‚Octroy' zu nennen, und die Köge selbst wurden daher ‚octroyirte', d. h. priviligirte ‚Köge' genannt."
(Johann Georg Kohl: Die Marschen und Inseln der Herzogthümer Schleswig und Holstein. Dresden 1846, S. 35.)

Über das Sachrecht in den „octroirten Koegen" informierte sich Storm in § 50 von Heinrich Carl Esmarchs „Praktische Darstellung des Strafverfahrens im Herzogthum Schleswig" (Schleswig 1840).

Convolut: Bündel von Schriftstücken.

Eingabe: Antrag.

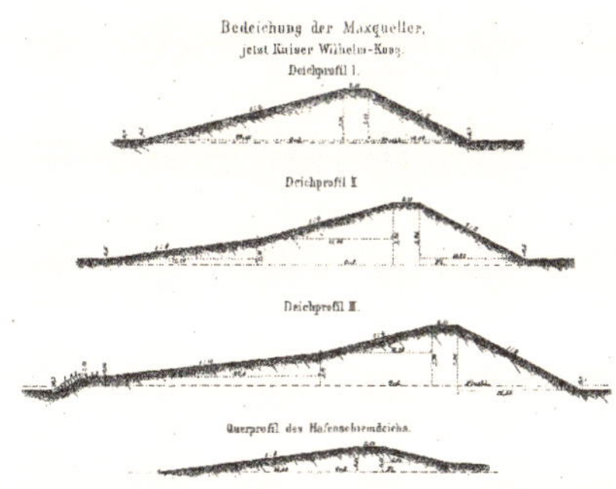

Profilzeichnungen für den von Christian Eckermann eingedeichten Koog.
(In: Zeitschrift für Bauwesen 28.1875, S. 41.)

Julius Grelstorff: Groß-Ellerbüll. Aquarell und Tempera auf Papier. Husum 1891.

Hofstelle des Deichgrafen: Die Beschreibung des Weges, den Hauke zum Außendeich nimmt, entspricht in der Hattstedter Marsch dem Weg, den man von Groß Ellerbüll einschlagen muss, wo das Bauernhaus der Familie von Jens Thoms Thomsen stand, um den Alten Deich zu erreichen, der bis zum Bau des Neuen Hattstedter Kooges die Marsch vor Hattstedt im Westen begrenzt hat.

etwas weiter von dem gegenüberliegenden Marschufer entfernt: gemeint ist das Ufer der Insel Nordstrand, wie sie die Karte von Johannes Mejer aus dem Jahre 1652 zeigt; sie gibt den Zustand vor der Burchardiflut wieder, bei der in der Nacht vom 11. auf den 12. Oktober 1634 große Teile der Insel im Meer versanken.

Ducatus Holsatiæ nova tabula (Herzogtümer Schleswig oder Südjütland) gestochen von den Gebrüdern Matthias und Nicolaus Peters, Husum (Ausschnitt). In: Der Atlas Blaeu, Amsterdam, 1662 bis 1665.

An einer Skizze, die Eckermanns Tochter Gertrud auf Bitten von Storm nach einer Karte von Mejer gezeichnet hatte, orientierte sich der Dichter bei der Skizzierung der Marschlandschaft.

ganzen Marschdorfes, so bald nur um Allerheiligen die Spinnräder an zu schnurren fangen.

Von der Hofstelle des Deichgrafen, etwa fünf bis sechshundert Schritte weiter nordwärts, sah man derzeit, wenn man auf dem Deiche stand, ein paar tausend Schritte ins Wattenmeer hinaus und etwas weiter von dem gegenüberliegenden Marschufer entfernt eine kleine Hallig, die sie „Jeverssand" auch „Jevershallig" nannten. Von den derzeitigen Großvätern war sie noch zur Schafweide benutzt worden, denn Gras war damals noch darauf gewachsen; aber auch das hatte aufgehört, weil die niedrige Hallig ein paar Mal, und just im Hochsommer, unter Seewasser gekommen und der Graswuchs dadurch verkümmert und auch zur Schafweide unnutzbar geworden war. So kam es denn, dass außer von Möwen und den andern Vögeln, die am Strande fliegen, und etwa einmal von einem Fischadler dort kein Besuch mehr stattfand; und an mondhellen Abenden sah man vom Deiche aus nur die Nebeldünste leichter oder schwerer darüber hinziehen. Ein paar weißgebleichte Knochengerüste ertrunkener Schafe und das Gerippe eines Pferdes, von dem freilich Niemand begriff, wie es dort hingekommen sei, wollte man, wenn der Mond von Osten auf die Hallig schien, dort auch erkennen können.

Es war zu Ende März, als an dieser Stelle nach Feierabend der Tagelöhner aus dem Tede Haienschen Hause, und Iven Johns, der Knecht des jungen Deichgrafen, neben einander standen und unbeweglich nach der im trüben Mondduft kaum erkennbaren Hallig hinüberstarrten; etwas Auffälliges schien sie dort so festzuhalten. Der Tagelöhner steckte die Hände in die Tasche und schüttelte sich: „Komm Iven", sagte er, „das ist nichts Gutes; lass uns nach Haus gehen!"

Der Andere lachte, wenn auch ein Grauen bei ihm hindurchklang: „Ei was! Es ist eine lebige Kreatur, eine große! Wer, zum Teufel, hat sie nach dem Schlickstück hinaufgejagt! Sieh' nur, nun reckt's den

Hals zu uns hinüber! Nein, es senkt den Kopf; es frisst! Ich dächt', es wär' dort nichts zu fressen! Was es nur sein mag?"

„Was geht das uns an!" entgegnete der Andere. „Gute Nacht, Iven, wenn Du nicht mit willst; ich gehe nach Haus!"

– „Ja, ja; Du hast ein Weib, Du kommst ins warme Bett! Bei mir ist auch in meiner Kammer lauter Märzenluft!"

„Gut' Nacht denn!" rief der Tagelöhner zurück, während er auf dem Deich nach Hause trabte. Der Knecht sah sich ein paar Mal nach dem Fortlaufenden um; aber die Begier, Unheimliches zu schauen, hielt ihn noch fest. Da kam eine untersetzte, dunkle Gestalt auf dem Deich vom Dorf her gegen ihn heran; es war der Dienstjunge des Deichgrafen. „Was willst Du, Carsten?" rief ihm der Knecht entgegen.

„Ich? – nichts", sagte der Junge; „aber unser Wirt will Dich sprechen, Iven Johns!"

Der Knecht hatte die Augen schon wieder nach der Hallig: „Gleich; ich komme gleich!" sagte er.

– „Wonach guckst Du denn so?" frug der Junge.

Der Knecht hob den Arm und wies stumm nach der Hallig. „Oha!" flüsterte der Junge; „da geht ein Pferd – ein Schimmel – das muss der Teufel reiten – wie kommt ein Pferd nach Jevershallig?"

– „Weiß nicht, Carsten; wenn's nur ein richtiges Pferd ist!"

„Ja, ja, Iven; sieh nur, es frisst ganz wie ein Pferd! Aber wer hat's dahin gebracht; wir haben im Dorf so große Böte gar nicht! Vielleicht auch ist es nur ein Schaf; Peter Ohm sagt, im Mondschein wird aus zehn Torfringeln ein ganzes Dorf. Nein, sieh! Nun springt es – es muss doch ein Pferd sein!"

Beide standen eine Weile schweigend, die Augen nur nach Dem gerichtet, was sie drüben undeutlich vor sich gehen sahen. Der Mond stand hoch am Himmel und beschien das weite Wattenmeer, das eben in der steigenden Flut seine Wasser über die glitzernden Schlickflächen zu spülen begann; nur das leise Geräusch des Wassers, keine Tierstimme war in der ungeheuren Weite hier zu hören; auch in der Marsch, hinter dem Deiche, war es leer; Kühe und Rinder waren alle noch in den Ställen. Nichts regte sich; nur was sie für ein Pferd, einen Schimmel hielten, schien dort auf Jevershallig noch beweglich. „Es wird heller", unterbrach der Knecht die Stille; „ich sehe deutlich die weißen Schafgerippe schimmern!"

„Ich auch", sagte der Junge, und reckte den Hals; dann aber, als komme es ihm plötzlich, zupfte er den Knecht am Ärmel: „Iven", raunte er, „das Pferdsgerippe, das sonst dabei lag, wo ist es? Ich kann's nicht sehen!"

„Jeverssand" auch „Jevershallig": Vom Deichgrafenhof auf der Warft Ellerbüll erreicht man den Alten Deich und blickt – bevor der neue Deich von Hauke Haien gebaut wird – auf das Vorland. Dort sehen die Knechte die im Nordwesten vorgelagerte Harmelfshallig (auch Melfshallig oder Jacobshallig).

Die Karte zeigt den Alten Deich (um 1460) und westlich davon den um 1500 fertiggestellten Neuen Hattstedter Koog, den Storm in seiner Novellenfiktion von Hauke Haien erst errichten lässt.

Seit der ersten Hälfte des 17. Jahrhunderts bemühte man sich, den tiefen Priel zwischen dem Neuen Hattstedter Koog und der Harmelfshallig abzudämmen und ihn von dort aus weiter nach Norden zu führen, wo er Anschluss an den vorhandenen Deich des Ockholmer Kooges erhalten sollte. An dieser Stelle war der Hattstedter Deich „mit Bolwerck versehen" [das ist ein Stackdeich], weil hier das Vorland fehlte.

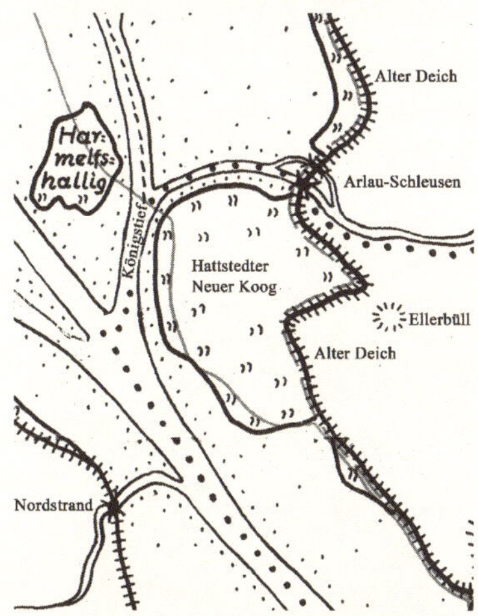

(Otto Fischer: Landgewinnung und Landerhaltung in Schleswig-Holstein. Berlin 1955, Band 2: Nordfriesland, S. 207.)

Fischadler: (Pandion haliaetus), Vogelart aus der Ordnung der Accipitriformes.

Mondduft: der Dunst, durch den der Mond bei trübem Wetter scheint.

lebige Kreatur: lebendiges Wesen.

Böte: alter Plural von Boot.

Torfringel: kreisförmig zum Trocknen ausgelegte Torfsoden.

Diese Schilderung in der Novelle beschreibt das Vorland, das dem Hattstedter Neuen Koog im Nordwesten vorgelagert ist. Man blickt über das Königstief (auch Hattstedter Deep) auf die Harmelfshallig (auch Melfshallig oder Jacobshallig).

Genau diese Perspektive nimmt Harro Feddersen in seinem Bericht aus dem Jahr 1685 ein, in dem er den Bau eines Deiches vom Hattsteder Neuen Koog über die Harmelfshallig nach dem Ockholmer Koog vorschlägt, einen Deich von etwa 1,5 Meilen Länge (ca. 11 km). Dieses Projekt wurde aber nicht verwirklicht; nur die Schleusen bei der Arlaumündung an der nordöstlichen Ecke des Hattstedter Neuen Kooges wurden verlegt. Stattdessen wurde der nördlich der Arlau liegende Marschbereich zwischen Bordelumer und Hattstedter Koog erst im 18. Jahrhundert durch den Sophie-Magdalenen-Koog (1741) und den Desmerciereskoog (1765–67) gesichert.

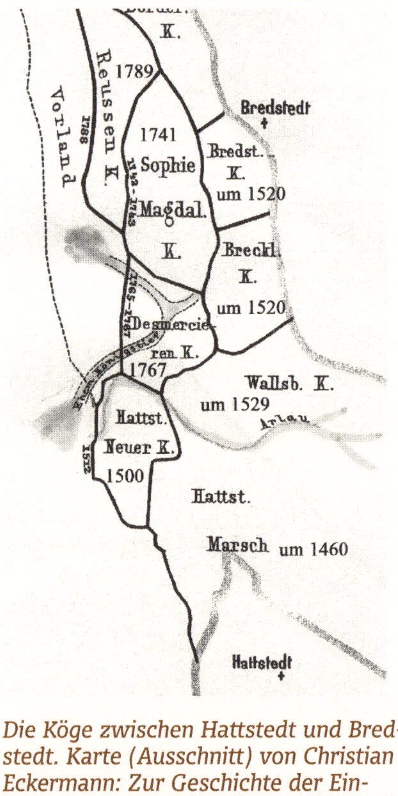

Die Köge zwischen Hattstedt und Bredstedt. Karte (Ausschnitt) von Christian Eckermann: Zur Geschichte der Eindeichungen in Norderdithmarschen. Kiel 1882. Die Entstehungsjahre der Köge wurden hinzugefügt.

„Ich seh' es auch nicht! Seltsam!" sagte der Knecht.

– „Nicht so seltsam, Iven! Mitunter, ich weiß nicht, in welchen Nächten, sollen die Knochen sich erheben und tun, als ob sie lebig wären!"

„So?" machte der Knecht; „das ist ja Altweiberglaube!"

„Kann sein, Iven", meinte der Junge.

„Aber, ich mein', Du sollst mich holen; komm, wir müssen nach Haus! Es bleibt hier immer doch dasselbe."

Der Junge war nicht fortzubringen, bis der Knecht ihn mit Gewalt herumgedreht und auf den Weg gebracht hatte. „Hör', Carsten", sagte dieser, als die gespensterhafte Hallig ihnen schon ein gut Stück im Rücken lag, „Du giltst ja für einen Allerweltsbengel; ich glaub', Du möchtest das am liebsten selber untersuchen!"

„Ja", entgegnete Carsten, nachträglich noch ein wenig schaudernd, „ja, das möcht' ich, Iven!"

– „Ist das Dein Ernst? – dann", sagte der Knecht, nachdem der Junge ihm nachdrücklich darauf die Hand geboten hatte, „lösen wir morgen Abend unser Boot; Du fährst nach Jeverssand; ich bleib' so lange auf dem Deiche stehen."

„Ja", erwiderte der Junge, „das geht! Ich nehme meine Peitsche mit!"

„Tu das!"

Schweigend kamen sie an das Haus ihrer Herrschaft, zu dem sie langsam die hohe Werfte hinanstiegen.

**
*

Um dieselbe Zeit des folgenden Abends saß der Knecht auf dem großen Steine vor der Stalltür, als der Junge mit seiner Peitsche knallend zu ihm kam. „Das pfeift ja wunderlich!" sagte Jener.

„Freilich, nimm Dich in Acht", entgegnete der Junge; „ich hab' auch Nägel in die Schnur geflochten."

„So komm!" sagte der Andere.

Der Mond stand, wie gestern, am Osthimmel und schien klar aus seiner Höhe. Bald waren Beide wieder draußen auf dem Deich und sahen hinüber nach Jevershallig, die wie ein Nebelfleck im Wasser stand. „Da geht es wieder", sagte der Knecht; „nach Mittag war ich hier, da war's nicht da; aber ich sah deutlich das weiße Pferdsgerippe liegen!"

Der Junge reckte den Hals: „das ist jetzt nicht da, Iven", flüsterte er.

„Nun, Carsten, wie ist's?" sagte der Knecht. „Juckt's Dich noch, hinüberzufahren?"

Carsten besann sich einen Augenblick; dann klatschte er mit seiner Peitsche in die Luft: „Mach' nur das Boot los, Iven!"

Drüben aber war es, als hebe, was dorten ging, den Hals, und recke gegen das Festland hin den Kopf. Sie sahen es nicht mehr; sie gingen schon den Deich hinab, und bis zur Stelle, wo das Boot gelegen war. „Nun, steig nur ein!" sagte der Knecht, nachdem er es losgebunden hatte. „Ich bleib', bis Du zurück bist! Zu Osten musst Du anlegen; da hat man immer landen können!" Und der Junge nickte schweigend und fuhr mit seiner Peitsche in die Mondnacht hinaus; der Knecht wanderte unterm Deich zurück und bestieg ihn wieder an der Stelle, wo sie vorhin gestanden hatten. Bald sah er, wie drüben bei einer schroffen, dunkelen Stelle, an die ein breiter Priel hinanführte, das Boot sich beilegte, und eine untersetzte Gestalt daraus ans Land sprang. – War's nicht, als klatschte der Junge mit seiner Peitsche? Aber es konnte auch das Geräusch der steigenden Flut sein. Mehrere hundert Schritte nordwärts sah er, was sie für einen Schimmel angesehen hatten; und jetzt! – ja, die Gestalt des Jungen kam gerade darauf zugegangen. Nun hob es den Kopf, als ob es stutze; und der Junge – es war deutlich jetzt zu hören – klatschte mit der Peitsche. Aber – was fiel ihm ein? er kehrte um, er ging den Weg zurück, den er gekommen war. Das drüben schien unablässig fortzuweiden, kein Wiehern war von dort zu hören gewesen; wie weiße Wasserstreifen schien es mitunter über die Erscheinung hinzuziehen. Der Knecht sah wie gebannt hinüber.

Da hörte er das Anlegen des Bootes am diesseitigen Ufer, und bald sah er aus der Dämmerung den Jungen gegen sich am Deich heraufsteigen. „Nun, Carsten", frug er, „was war es?"

Die Jevershallig in der Novelle, auf der ein Pferdegerippe liegt, wurde von Storm nach der „Harmelfshallig" gestaltet, die heute die Südecke des Cecilienkooges bildet. „Auch der gefährlich blinkende Priel, der den Deichbruch hervorrief, verlief hier. Es war der Rest des Königstiefs, der frontal auf den alten Deich stieß, aber eine Ablenkung zum neuen Koog hatte."

(August Wilhelm Geerkens: Jean Henri Graf Desmercieres. Flensburg 1960, S. 13.)

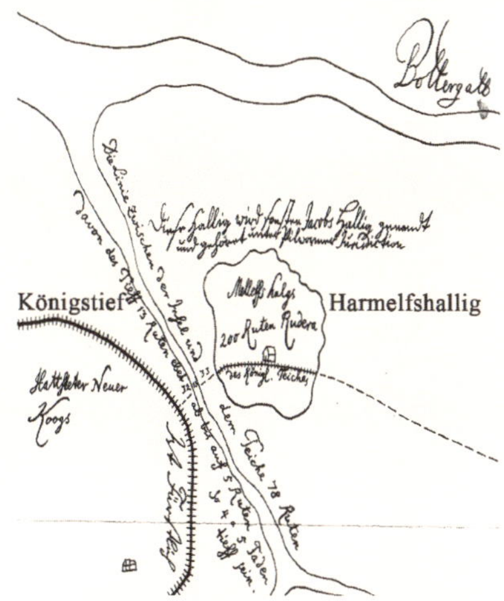

Handzeichnung mit Hallig und Priel aus dem Jahre 1664 (Ausschnitt). In: Otto Fischer: Landgewinnung und Landerhaltung in Schleswig-Holstein. Berlin 1955, Tafel 49. Die Karte ist nicht eingenordet; oben sieht man nach Westen.

Betrachtet man alte Karten der Hattstedter Marsch, so wird deutlich, dass Storm sich beim Schreiben die Situation vorstellt, die nach dem Bau des Hattstedter Neuen Kooges vor dem Seedeich an der nordwestlichen Ecke herrschte. Von hier aus sahen die Initiatoren der weiteren Eindeichung der Arlaubucht, die das „Bredstedter Werk" planten, auf den breiten Anwuchs des Wattenmeeres hinaus. Der 1664 geplante Deich von der „Melleffs halge" bis zur Südwestecke des Ockholmer Kooges konnte erst im 18. Jahrhundert realisiert werden. Damit blieb die Harmelfshallig, auf der eine Karte des 17. Jahrhunderts sogar Gehöfte zeigt, weiterhin unbedeicht. Diese Hallig wählte Storm als Vorbild für die „Jevershallig" in der Novelle, die zur Zeit Hauke Haiens nur noch als Weideland genutzt wurde.

Der Leser kann noch heute die Schauplätze der Novelle in der Hattstedter Marsch mit den Vorstellungen vergleichen, die er aus seiner Lektüre gewonnen hat.

Dabei muss er jedoch bedenken, dass der Autor seinen Helden Hauke Haien in der Mitte des 18. Jahrhunderts einen modernen Deich an der Stelle errichten lässt, an der der Neue Hattstedter Koog bereits seit dem Jahre 1500 existiert. Wenn Hauke oder seine Knechte auf das unbedeichte Vorland blicken, so stehen sie auf der Seeseite des Alten Deiches.

Der moderne Betrachter aber muss sich – genauso wie Theodor Storm im 19. Jahrhundert – auf den Seedeich des Neuen Hattsteder Kooges stellen, um von der Nordwestecke aus die Perspektive des Husumer Bürgermeisters Harro Feddersen einzunehmen, aus der dieser seine Version von einem neuen Deich entworfen hat. Diese Vision überträgt Storm auf Hauke Haien.

Storm beschreibt in seiner Novelle eine Kulturlandschaft, die er aus Elementen zusammengesetzt hat, die von der Mitte des 15. bis in die Mitte des 18. Jahrhunderts in den Marschgebieten nordwestlich von Hattstedt entstanden sind.

Kiewiet: Kiebitz (Vanellus vanellus), mittelgroßer, schwarzweißer Watvogel aus der Verwandtschaft der Regenpfeifer mit aufrichtbarem Federschopf am Hinterkopf.

Der Novellentext führt eine ganze Reihe von Merkmalen vor, die dem Leser nahelegen, in Hauke Haien einen Teufelsbündner zu sehen, so, wie ihn die abergläubischen Bauern, Knechte und Mägde gesehen haben und so, wie ihn diese Bevölkerungsschicht bis heute in Erinnerung hat.

Den Knechten Carsten und Iven erscheint ein Pferdegespenst auf der Jevershallig. Als der Deichgraf einen unter mysteriösen Umständen gekauften Schimmel auf seinen Hof mitbringt, sind die Knochen plötzlich verschwunden. Die abergläubischen Männer bringen diese Erscheinung mit dem „Teufelspferd“ in Verbindung, das als Reiter nur seinen Herrn duldet.

Der Junge schüttelte den Kopf. „Nichts war es!“ sagte er. „Noch kurz vom Boot aus hatte ich es gesehen; dann aber, als ich auf der Hallig war – weiß der Henker, wo sich das Tier verkrochen hatte; der Mond schien doch hell genug; aber als ich an die Stelle kam, war nichts da als die bleichen Knochen von einem halben Dutzend Schafen, und etwas weiter lag auch das Pferdsgerippe mit seinem weißen, langen Schädel, und ließ den Mond in seine leeren Augenhöhlen scheinen!“

„Hmm!“ meinte der Knecht; „hast auch recht zugesehen?“

„Ja, Iven, ich stand dabei; ein gottvergessener Kiewiet, der hinter dem Gerippe sich zur Nachtruh' hingeduckt hatte, flog schreiend auf, dass ich erschrak und ein paar Mal mit der Peitsche hintennach klatschte.“

„Und das war Alles?“

„Ja, Iven; ich weiß nicht mehr.“

„Es ist auch genug“, sagte der Knecht, zog den Jungen am Arm zu sich heran und wies hinüber nach der Hallig. „Dort, siehst Du etwas, Carsten?“

– „Wahrhaftig, da geht's ja wieder!“

„Wieder?“ sagte der Knecht; „ich hab' die ganze Zeit hinübergeschaut; aber es ist gar nicht fortgewesen; Du gingst ja gerade auf das Unwesen los!“

Der Junge starrte ihn an; ein Entsetzen lag plötzlich auf seinem sonst so kecken Angesicht, das auch dem Knechte nicht entging. „Komm!“ sagte dieser, „wir wollen nach Haus: von hier aus geht's wie lebig, und drüben liegen nur die Knochen – das ist mehr, als Du und ich begreifen können. Schweig aber still davon, man darf dergleichen nicht verreden!“

So wandten sie sich, und der Junge trabte neben ihm; sie sprachen nicht, und die Marsch lag in lautlosem Schweigen an ihrer Seite.

– – Nachdem aber der Mond zurückgegangen, und die Nächte dunkel geworden waren, geschah ein Anderes.

Hauke Haien war zur Zeit des Pferdemarktes in die Stadt geritten, ohne jedoch mit diesem dort zu tun zu haben. Gleichwohl, da er gegen Abend heimkam, brachte er ein zweites Pferd mit sich nach Hause; aber es war rauhaarig und mager, dass man jede Rippe zählen konnte, und die Augen lagen ihm matt und eingefallen in den Schädelhöhlen. Elke war vor die Haustür getreten, um ihren Eheliebsten zu empfangen: „Hilf Himmel!“ rief sie, „was soll uns der alte Schimmel?“ Denn da Hauke mit ihm vor das Haus geritten kam und unter der Esche hielt, hatte sie gesehen, dass die arme Kreatur auch lahme.

Der junge Deichgraf aber sprang lachend von seinem braunen Wallach: „Lass nur, Elke; es kostet auch nicht viel!"

Die kluge Frau erwiderte: „Du weißt doch, das Wohlfeilste ist auch meist das Teuerste."

– „Aber nicht immer, Elke; das Tier ist höchstens vier Jahr' alt; sieh es Dir nur genauer an! Es ist verhungert und misshandelt; da soll ihm unser Hafer gut tun; ich werd' es selbst versorgen, damit sie mir's nicht überfüttern."

Das Tier stand indessen mit gesenktem Kopf; die Mähnen hingen lang am Hals herunter. Frau Elke, während ihr Mann nach den Knechten rief, ging betrachtend um dasselbe herum; aber sie schüttelte den Kopf: „So eins ist noch nie in unserem Stall gewesen!"

Als jetzt der Dienstjunge um die Hausecke kam, blieb er plötzlich mit erschrocknen Augen stehen. „Nun, Carsten", rief der Deichgraf, „was fährt Dir in die Knochen? Gefällt Dir mein Schimmel nicht?"

„Ja – o ja, uns' Weerth, warum denn nicht!"

„So bring' die Tiere in den Stall; gib ihnen kein Futter; ich komme gleich selber hin!"

Der Junge fasste mit Vorsicht den Halfter des Schimmels und griff dann hastig, wie zum Schutze, nach dem Zügel des ihm ebenfalls vertrauten Wallachs. Hauke aber ging mit seinem Weibe in das Zimmer; ein Warmbier hatte sie für ihn bereit, und Brot und Butter waren auch zur Stelle.

Er war bald gesättigt; dann stand er auf und ging mit seiner Frau im Zimmer auf und ab. „Lass Dir erzählen, Elke", sagte er, während der Abendschein auf den Kacheln an den Wänden spielte, „wie ich zu dem Tier gekommen bin: ich war wohl eine Stunde beim Ober-

Im Gespräch zwischen Erzähler und Schulmeister wird ebenfalls über das Deichgespenst geredet, aber hier vertritt der Schulmeister die aufgeklärte Position, es handele sich allein um den Aberglauben der ungebildeten Marschbevölkerung: „Das glaube, wer mag!"

Unheimliche Pferde werden in der nordischen Mythologie mit der Unterwelt in Verbindung gebracht: „Hel ist der Tod selber und reitet bei Pestzeiten auf einem dreibeinigen Pferde umher und erwürgt die Menschen. […] In Tondern trabt noch jede Nacht um Mitternacht ein altes dreibeiniges, graues (oder weißes) blindes Pferd klappernd durch die Straßen. Vor welchem Hause es stehen bleibt und wo es hineinkukt, muß jemand sterben."

(Müllenhoff (Hg.): Sagen, Märchen und Lieder, S. 244.)

Storm hat einen Teil der Sage für Müllenhoffs Sammlung beigesteuert; an seine Braut Constanze berichtet er im Mai 1844 über seine Erlebnisse in Tondern: „Heut Abend gings auf Spuckgeschichten los; das alte Nest hier ist ganz voll von allen Teufeleien; ein dreibeiniges Pferd, was sie Hel nennen geht nachts umher und sieht in die Häuser, wo es eine Leiche giebt; vielleicht stehts in Verbindung mit dem Namen der nordischen Todesgöttin, die mein ich Hele heißt; wenn ein Vornehmer sterben wird läuten die Glocken der Kirche und des Hospitals zusammen, und wenn ein Storch auf der Thurmspitze sitzt, stirbt ganz bestimmt ein Rathsherr.

(Br. Braut, Bd. 1, S. 78.)

„[Unter den Göttinnen erscheint] die altn. Hel, gen. Heljar: goth. Halja, gen. Haljôs, ahd. Hellia, Hella, gen. Hellia, Hella, ags. Hell, gen. Helle […] von halja, hellia, hell, unterwelt und ort der strafe […] sie tödtet und verfolgt nicht, sie nimmt die seelen der abgeschiednen in empfang und hält sie unerbittlich fest."

(Jacob Grimm: Deutsche Mythologie. Göttingen 1835, S. 195.)

Wallach: ein männliches, kastriertes Pferd.

Warmbier: Biersuppe mit Eiern und Sahne.

Damm: Storm plante zunächst, die Novelle in der südlich von Husum gelegenen Marsch spielen zu lassen; dorthin musste man von Husum aus auf dem „Damm“ reiten oder fahren. Dieser Damm wurde bereits 1484 angelegt, überquert die Au und verbindet Husum mit dem heutigen Stadtteil Rödemis. Bis 1910 bildete er den einzigen Zugang von Süden in die Stadt.

Mit den Verhältnissen in dem südöstlich der Stadt Husum gelegenen Koog war Storm eng vertraut, da sein Vater Casimir Koogsschreiber und Syndikus für die Südermarsch war und dort die Funktionen eines Kommunalverwaltungsbeamten ausübte. Der Koogsschreiber war einem Koogsinspektor zugeordnet, der eine einem Kirchspielvogt vergleichbare Beamtenstellung in einem oktroyierten (also mit Steuerprivilegien versehenen) Koog mit eigener Gerichtsbarkeit innehatte.

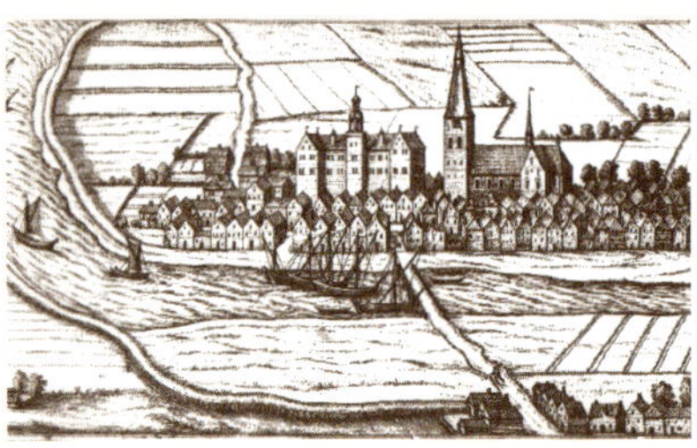

Husum von Süden. Kupferstich aus der „Civitas orbis terrarum“ (Ausschnitt). Köln um 1598.

1409 wird der Ortsname Husum erstmals erwähnt. Er leitet sich aus dem Präfix ‚Hus‘ (Häuser bzw. Siedlung) und dem Suffix ‚um‘ aus dem nordischen „an der Au“ ab. Im Jahr 1421 erhielt Husum die Gerechtigkeit als Flecken. Damals wuchs der Ort auf 3000 Einwohner an und entwickelte sich zu einem wichtigen Hafen- und Marktplatz in Nordfriesland. Die Verleihung des Stadtrechts erfolgte im Jahre 1603.

Vagabund: Landstreicher, Herumtreiber.

Kesselflicker: wenig angesehener Handwerker, der zum Kochen bestimmte Kessel repariert und entstandene Löcher flickt.

Landsmann: hier Bezeichnung für einen Ausländer, der gut Deutsch spricht (Deutsches Wörterbuch).

Kracke: altes, abgetriebenes Pferd.

deichgrafen gewesen; er hatte gute Kunde für mich – es wird wohl dies und jenes anders werden, als in meinen Rissen; aber die Hauptsache, mein Profil ist akzeptiert, und schon in den nächsten Tagen kann der Befehl zum neuen Deichbau da sein!“

Elke seufzte unwillkürlich: „Also doch?“ sagte sie sorgenvoll.

„Ja, Frau“, entgegnete Hauke; „hart wird’s hergehen; aber dazu, denk’ ich, hat der Herrgott uns zusammengebracht! Unsere Wirtschaft ist jetzt so gut in Ordnung, ein groß’ Teil kannst Du schon auf Deine Schultern nehmen; denk’ nur um zehn Jahr’ weiter – dann stehen wir vor einem anderen Besitz.“

Sie hatte bei seinen ersten Worten die Hand ihres Mannes versichernd in die ihrigen gepresst; seine letzten Worte konnten sie nicht erfreuen. „Für wen soll der Besitz?“ sagte sie. „Du müsstest denn ein ander Weib nehmen; ich bring’ Dir keine Kinder.“

Tränen schossen ihr in die Augen; aber er zog sie fest in seine Arme: „Das überlassen wir dem Herrgott“, sagte er; „jetzt aber, und auch dann noch sind wir jung genug, um uns der Früchte unserer Arbeit selbst zu freuen.“

Sie sah ihn lange, während er sie hielt, aus ihren dunklen Augen an. „Verzeih, Hauke“, sprach sie; „ich bin mitunter ein verzagt’ Weib!“

Er neigte sich zu ihrem Antlitz und küsste sie: „Du bist mein Weib und ich Dein Mann, Elke! Und anders wird es nun nicht mehr.“

Da legte sie die Arme fest um seinen Nacken: „Du hast recht, Hauke, und was kommt, kommt für uns Beide.“ Dann löste sie sich errötend von ihm. „Du wolltest von dem Schimmel mir erzählen“, sagte sie leise.

„Das wollt’ ich, Elke. Ich sagte Dir schon, mir war Kopf und Herz voll Freude über die gute Nachricht, die der Oberdeichgraf mir gegeben hatte; so ritt ich eben wieder aus der Stadt hinaus, da, auf dem Damm, hinter dem Hafen, begegnet mir ein ruppiger Kerl; ich wusst’ nicht, war’s ein Vagabund, ein Kesselflicker oder was denn sonst. Der Kerl zog den Schimmel am Halfter hinter sich; das Tier aber hob den Kopf und sah mich aus blöden Augen an; mir war’s, als ob es mich um Etwas bitten wolle; ich war ja auch in diesem Augenblicke reich genug. „He, Landsmann!“ rief ich, „wo wollt Ihr mit der Kracke hin?“

Der Kerl blieb stehen und der Schimmel auch. „Verkaufen!“ sagte Jener und nickte mir listig zu.

„Nur nicht an mich!“ rief ich lustig.

„Ich denke doch!“ sagte er; „das ist ein wacker Pferd und unter hundert Talern nicht bezahlt.“

Ich lachte ihm ins Gesicht.

„Nun", sagte er, „lacht nicht so hart; Ihr sollt's mir ja nicht zahlen! Aber ich kann's nicht brauchen, bei mir verkommt's; es würd' bei Euch bald ander Ansehen haben!"

Da sprang ich von meinem Wallach und sah dem Schimmel ins Maul, und sah wohl, es war noch ein junges Tier. „Was soll's denn kosten?" rief ich, da auch das Pferd mich wiederum wie bittend ansah.

„Herr, nehmt's für dreißig Taler!" sagte der Kerl, „und den Halfter geb' ich Euch darein!"

„Und da, Frau, hab' ich dem Burschen in die dargebotne braune Hand, die fast wie eine Klaue aussah, eingeschlagen. So haben wir den Schimmel, und ich denk' auch, wohlfeil genug! Wunderlich nur war es, als ich mit den Pferden wegritt, hört' ich bald hinter mir ein Lachen, und als ich den Kopf wandte, sah ich den Slowaken; der stand noch sperrbeinig, die Arme auf dem Rücken, und lachte wie ein Teufel hinter mir darein."

„Pfui", rief Elke; „wenn der Schimmel nur nichts von seinem alten Herrn Dir zubringt! Mög' er Dir gedeihen, Hauke!"

„Er selber soll es wenigstens, soweit ich's leisten kann!" Und der Deichgraf ging in den Stall, wie er vorhin dem Jungen es gesagt hatte.

– – Aber nicht allein an jenem Abend fütterte er den Schimmel; er tat es fortan immer selbst und ließ kein Auge von dem Tiere; er wollte zeigen, dass er einen Priesterhandel gemacht habe; jedenfalls sollte nichts versehen werden. – Und schon nach wenig Wochen hob sich die Haltung des Tieres; allmählich verschwanden die

die fast wie eine Klaue aussah: Die Klaue ist ein Attribut des Teufels; Storm lässt den Deichgrafen als Teufelsbündner erscheinen.

In einem Teufelspakt schließt ein Mensch ein Handelsbündnis mit dem Teufel. Er verspricht ihm seine Seele und erhält als Gegenleistung Reichtum, Macht und magische Kräfte. Die Dauer der Bindung wird in Sagen und Legenden unterschiedlich angegeben; der böse Geist dient dem Menschen auf Erden, nach dem Tode muss der Mensch im Jenseits für den Teufel arbeiten.

Der bekannteste Teufelsbündner der deutschen Literatur ist der Wunderheiler, Alchemist, Magier, Astrologe und Wahrsager Dr. Johann Faust. In Goethes Dichtung wird er zu einem Kolonisator, der zu Beginn des 5. Akts (Faust II) die Vision einer Hafenstadt und eingedeichter Ländereien entfaltet. Goethe orientierte sich dabei an Plänen der Trockenlegung von Seemarschen an der niederländischen und norddeutschen Küste sowie an den Baumaßnahmen zur Wiederherstellung gebrochener Deiche nach der Sturmflut von 1825.

Diese Motivverwandtschaft mit Storms „Schimmelreiter"-Novelle hat im 20. Jahrhundert Literaturwissenschaftler zu Interpretationen angeregt. Jost Hermand sah in Hauke Haien den Prototypen des „gründerzeitlichen Übermenschen", dessen Scheitern in seiner Selbstüberschätzung gründet. Der Teufelspakt ist ein traditioneller Bildkomplex, den Storm zur Veranschaulichung seiner Ideen verwendet. Der Autor übt in seiner Novelle Kritik an den Auswüchsen der gesellschaftlichen Veränderung in den späten 1880er Jahren im deutschen Kaiserreich.

(Jost Hermand: Hauke Haien. Kritik oder Ideal des gründerzeitlichen Übermenschen. In: Wirkendes Wort 15. Jg. 1965, S. 40–50.)

den Slowaken: eigentlich Bewohner der Slowakei, dann aber abwertend für Händler aus dem Südosten Europas, Zigeuner und Landstreicher.

Priesterhandel: Ein Pastor konnte die Erträge seiner Landwirtschaft aufgrund der niedrigeren Selbstkosten billiger verkaufen als ein Bauer; hier: billiger Kauf.

versehen: versäumen.

blau geapfeltes Fell: zeichnet sich durch feines, seidiges Deckhaar aus.

Araber: Pferdezüchter, nach denen eine Rasse edler Tiere benannt wurde.

Geschirrkammer: zur Aufbewahrung des Zubehörs für Reit- und Zugpferde.

Julius Grelstorff: Lundenberg. Aquarell und Tempera auf Papier. Husum 1879.

Neben dem Hof des Amtshöftmannes Jens Thoms Jensen auf Ellerbüll diente Storm ein zweiter Deichgrafenhof als Vorbild für seine Schilderungen in der Novelle. Dieses heute noch bestehende Anwesen auf Lundenberg, einer ursprünglich bewaldeten Höhe im Zentrum der Hattstedter Marsch, wurde von der Deichgrafenfamilie Iwersen Schmidt bewirtschaftet. Es handelte sich im 19. Jahrhundert um die wohlhabendste Familie in der Hattstedter Marsch.

Vom Stammvater Hans Iwert Schmidt, der 1812 Deichgraf wurde, erzählt man, er sei im Jahre 1814 bei einem Unfall ums Leben gekommen. „Der Sturmwind wehte ihm den Reitmantel über den Kopf, sein Pferd scheute, er stürzte in den Graben und ertrank." Chronik Hattstedtermarsch, S. 97

Storm soll nach Aussagen von Nachkommen mit der Familie des Deichgrafen bekannt gewesen und in den Jahren nach 1864 deren Anwesen besucht haben.

Johann Iwersen Schmidt hatte von 1837 bis 1875 das Deichgrafenamt inne und soll es energisch verwaltet haben. Storm hat wahrscheinlich an dem Begräbnis des Deichgrafen teilgenommen, denn die Beschreibung der Beerdigungsszene in der Novelle erinnert an die ursprüngliche Grabstelle der Familie Iwersen Schmidt auf dem Hattstedter Friedhof.

rauen Haare; ein blankes, blau geapfeltes Fell kam zum Vorschein, und da er es eines Tages auf der Hofstatt umherführte, schritt es schlank auf seinen festen Beinen. Hauke dachte des abenteuerlichen Verkäufers: „Der Kerl war ein Narr oder ein Schuft, der es gestohlen hatte!" murmelte er bei sich selber. – Bald auch, wenn das Pferd im Stall nur seine Schritte hörte, warf es den Kopf herum und wieherte ihm entgegen; nun sah er auch, es hatte, was die Araber verlangen, ein fleischlos Angesicht; d'raus blitzten ein paar feurige braune Augen. Dann führte er es aus dem Stall und legte ihm einen leichten Sattel auf; aber kaum saß er droben, so fuhr dem Tier ein Wiehern wie ein Lustschrei aus der Kehle; es flog mit ihm davon, die Werfte hinab auf den Weg und dann dem Deiche zu; doch der Reiter saß fest, und als sie oben waren, ging es ruhiger, leicht, wie tanzend, und warf den Kopf dem Meere zu. Er klopfte und streichelte ihm den blanken Hals; aber es bedurfte dieser Liebkosung schon nicht mehr; das Pferd schien völlig eins mit seinem Reiter, und, nachdem er eine Strecke nordwärts den Deich hinausgeritten war, wandte er es leicht und gelangte wieder an die Hofstatt.

Die Knechte standen unten an der Auffahrt und warteten der Rückkunft ihres Wirtes. „So, John", rief dieser, indem er von seinem Pferde sprang, „nun reite Du es in die Fenne zu den andern; es trägt Dich wie in einer Wiege!"

Der Schimmel schüttelte den Kopf und wieherte laut in die sonnige Marschlandschaft hinaus, während ihm der Knecht den Sattel abschnallte, und der Junge damit zur Geschirrkammer lief; dann legte er den Kopf auf seines Herrn Schulter und duldete behaglich dessen Liebkosung. Als aber der Knecht sich jetzt auf seinen

Rücken schwingen wollte, sprang er mit einem jähen Satz zur Seite und stand dann wieder unbeweglich, die schönen Augen auf seinen Herrn gerichtet. „Hoho, Iven", rief dieser, „hat er Dir Leid's getan?" und suchte seinem Knecht vom Boden aufzuhelfen.

Der rieb sich eifrig an der Hüfte: „Nein, Herr, es geht noch; aber den Schimmel reit' der Teufel!"

„Und ich!" setzte Hauke lachend hinzu. „So bring ihn am Zügel in die Fenne!"

Und als der Knecht etwas beschämt gehorchte, ließ sich der Schimmel ruhig von ihm führen.

– – Einige Abende später standen Knecht und Junge mit einander vor der Stalltür; hinterm Deiche war das Abendrot erloschen, innerhalb desselben war schon der Koog von tiefer Dämmerung überwallt; nur selten kam aus der Ferne das Gebrüll eines aufgestörten Rindes oder der Schrei einer Lerche, deren Leben unter dem Überfall eines Wiesels oder einer Wasserratte endete. Der Knecht lehnte gegen den Türpfosten und rauchte aus einer kurzen Pfeife, deren Rauch er schon nicht mehr sehen konnte; gesprochen hatten er und der Junge noch nicht zusammen. Dem Letzteren aber drückte etwas auf der Seele, er wusste nur nicht, wie er dem schweigsamen Knechte ankommen sollte. „Du, Iven!" sagte er endlich, „weißt Du, das Pferdsgeripp' auf Jeverssand!"

„Was ist damit?" frug der Knecht.

„Ja, Iven, was ist damit? Es ist gar nicht mehr da; weder Tages noch bei Mondschein; wohl zwanzigmal bin ich auf den Deich hinausgelaufen!"

„Die alten Knochen sind wohl zusammengepoltert!" sagte Iven und rauchte ruhig weiter.

„Aber ich war auch bei Mondschein draußen; es geht auch drüben nichts auf Jeverssand!"

„Ja", sagte der Knecht, „sind die Knochen auseinander gefallen, so wird's wohl nicht mehr aufstehen können!"

„Mach' keinen Spaß, Iven! Ich weiß jetzt; ich kann Dir sagen, wo es ist!"

Der Knecht drehte sich jäh zu ihm: „Nun, wo ist es denn?"

„Wo?" wiederholte der Junge nachdrücklich. „Es steht in uns'rem Stall; da steht's seit es nicht mehr auf der Hallig ist. Es ist auch nicht umsonst, dass der Wirt es allzeit selber füttert; ich weiß Bescheid, Iven!"

Der Knecht paffte eine Weile heftig in die Nacht hinaus. „Du bist nicht klug, Carsten", sagte er dann; „unser Schimmel? Wenn je ein

Eine Sage in der Müllenhoffschen Sammlung unter der Überschrift „Das Teufelspferd" berichte von einem solchen Tier:

„Der Küster in Siebeneichen in Lauenburg erzählt jedermann, der es hören will, daß in der Franzosenzeit einst der Pächter in Lanken ihm ein Pferd zuschickte, auf dem er zum Hochzeitsschmause reiten sollte. Er machte sich auf den Weg. Bald kam er an einen Ort, wo der böse Geist sein Wesen hatte; das Pferd bäumte und warf ihn ab. Nachdem er es lange gejagt und mit Gras gelockt hatte, gelang es ihm endlich sich wieder in den Sattel zu schwingen. Nun aber begann das Tier seinen Lauf hoch über Wiesen und Büsche, über Wälder, Häuser und Höhen hin und brachte ihn im Nu vor die Thür des Hochzeitshauses."

(Karl Müllenhoff: Sagen, Märchen und Lieder der Herzogthümer Schleswig, Holstein und Lauenburg, Kiel 1845, S. 234 f.)

„Auf den Gedanken, daß eine zurückströmende Flutwelle die zuvor angeschwemmten Knochenreste wieder ins offene Meer hinausgespült haben könnte, kommt niemand. Im An- und Abschwemmen ‚angetriebener Leichen' hatte der Erzähler aber schon zu Beginn einen Vorgang gesehen, der ‚ein ehrlich Christenherz' verwirren müsse. Die Annahme des jüngeren Knechts, der ‚Teufel' sei in Haukes Schimmel gefahren, ist deshalb zunächst einmal nichts anderes als der hilflose Versuch, einen für ihn unerklärlichen Naturvorgang aufzuhellen: […]. Im Schimmel hat Hauke Haien eine Angst, die aus Unwissenheit entsteht, auf das schärfste provoziert.

Hinzu kommt die Art und Weise, in der er mit dem Stück Natur, vor dem der Knecht sich fürchtet, umgeht; es wird von Hauke Haien nicht nur (wie das Meer) ‚entfesselt'. Der Techniker diszipliniert hier nicht, sondern er befreit und fördert die Eigendynamik der Natur. Der Schimmel wird zum Sinnbild einer erlösten Natur, und Haukes Umgang mit ihm steht als ein weiteres Beispiel für ein sozial entlastetes Naturverhältnis."

(Harro Segeberg: Literarische Technik-Bilder. Tübingen 1987, S. 95 f.)

Allerweltsjunge: „allerweltskerl bezeichnet einen frischen knaben, der allerwärts zu finden ist" (Deutsches Wörterbuch).

„En Allerweltskeerl nennt man einen Hauptspaßmacher".

(Johann Friedrich Schütze (Hg.): Holsteinisches Idiotikon, Teil 1, Hamburg 1800, S. 31.)

Altem-Weiberglauben: Aberglaube alter Frauen (Deutsches Wörterbuch).

schließlichen Bescheid: endgültige Genehmigung.

Frühlingsarbeit: vor allem das Reinigen und Instandsetzen der Entwässerungsgräben, das von der Deichordnung vorgeschrieben war.

So rasch wird der Stecken nicht vom Zaun gebrochen!: Redewendung; hier: So schnell wird mit der Arbeit nicht begonnen!

Lawrenz sein Kind: „‚Lawrenz' muß einmal ein langer Kerl des Namens gewesen seyn, der es in Holstein zum Gebrauch machte, einen Aufgeschossenen langen Levrenz zu nennen. He is so lang as Levrenz sin Kind."

(Johann Friedrich Schütze (Hg.): Holsteinisches Idiotikon, Teil 2, Hamburg 1801, S. 29.)

Das „Allgemeine Deich-Reglement für die sämmtlichen Marschcommünen, adlichen Marschgüter und octroirten Koege in den Herzogthümern Schleswig und Holstein" schreibt folgende Arbeiten vor:

„a. Alle Verteidigungsmittel, welche an den Körper des Deiches zur Erhaltung desselben angebracht werden, als die Umlegung der schon vorhandenen Steindeiche, die Anlegung von Buschbedeckungen, Vorsetzungen von Holz oder Steine, Bollwerken usw. folglich auch

b. aller dieser Werke und anderer Deichsbedeckungen, die Strohbestickung, ferner die bestickmasige Erhöhung und Verstärkung des Deiches, wenn die Höhe und Stärke desselben nicht durch Versinken des Grundes oder andere auserordentliche Vorfalle, sondern blos durch die Lange der Zeit und durch das gewöhnliche Zusammensinken der Deicherde vermindert worden, sowie endlich…"

„…c. die Zudämmung der Löcher und aller andern durch grösere oder

Pferd ein lebig's war, so ist es der! Wie kann so ein Allerweltsjunge wie Du in solch' Altem-Weiberglauben sitzen!"

– – Aber der Junge war nicht zu bekehren: wenn der Teufel in dem Schimmel steckte, warum sollte er dann nicht lebendig sein? Im Gegenteil, um desto schlimmer! – Er fuhr jedesmal erschreckt zusammen, wenn er gegen Abend den Stall betrat, in dem auch Sommers das Tier mitunter eingestellt wurde, und es dann den feurigen Kopf so jäh nach ihm herumwarf. „Hol's der Teufel!" brummte er dann; „wir bleiben auch nicht lange mehr zusammen."

So tat er sich denn heimlich nach einem neuen Dienste um, kündigte und trat um Allerheiligen als Knecht bei Ole Peters ein. Hier fand er andächtige Zuhörer für seine Geschichte von dem Teufelspferd des Deichgrafen; die dicke Frau Vollina und deren geistesstumpfer Vater, der frühere Deichgevollmächtigte Jeß Harders, hörten in behaglichem Gruseln zu und erzählten sie später Allen, die gegen den Deichgrafen einen Groll im Herzen oder die an derart Dingen ihr Gefallen hatten.

**
*

Inzwischen war schon Ende März durch die Oberdeichgrafschaft der Befehl zur neuen Eindeichung eingetroffen. Hauke berief zunächst die Deichgevollmächtigten zusammen, und im Kruge oben bei der Kirche waren eines Tages alle erschienen und hörten zu, wie er ihnen die Hauptpunkte aus den bisher erwachsenen Schriftstücken vorlas: aus seinem Antrage, aus dem Bericht des Oberdeichgrafen, zuletzt den schließlichen Bescheid, worin vor Allem auch die Annahme des von ihm vorgeschlagenen Profiles enthalten war, und der neue Deich nicht steil wie früher, sondern allmählich verlaufend nach der Seeseite abfallen sollte; aber mit heiteren oder auch nur zufriedenen Gesichtern hörten sie nicht.

„Ja, ja", sagte ein alter Gevollmächtigter, „da haben wir nun die Bescherung, und Proteste werden nicht helfen, da der Oberdeichgraf unserem Deichgrafen den Daumen hält!"

„Hast wohl recht, Dethlev Wiens", setzte ein zweiter hinzu; „die Frühlingsarbeit steht vor der Tür, und nun soll auch ein millionenlanger Deich gemacht werden – da muss ja Alles liegen bleiben."

„Das könnt Ihr dies Jahr noch zu Ende bringen", sagte Hauke; „so rasch wird der Stecken nicht vom Zaun gebrochen!"

Das wollten Wenige zugeben. „Aber Dein Profil!" sprach ein Dritter, was Neues auf die Bahn bringend; „der Deich wird ja auch an der Außenseite nach dem Wasser so breit, wie Lawrenz sein Kind nicht lang war! Wo soll das Material herkommen? Wann soll die Arbeit fertig werden?"

„Wenn nicht in diesem, so im nächsten Jahre; das wird am meisten von uns selber abhängen!" sagte Hauke.

Ein ärgerliches Lachen ging durch die Gesellschaft. „Aber wozu die unnütze Arbeit; der Deich soll ja nicht höher werden als der alte", rief eine neue Stimme; „und ich mein', der steht schon über dreißig Jahre!"

„Da sagt Ihr recht", sprach Hauke, „vor dreißig Jahren ist der alte Deich gebrochen; dann rückwärts vor fünfunddreißig, und wiederum vor fünfundvierzig Jahren; seitdem aber, obgleich er noch immer steil und unvernünftig dasteht, haben die höchsten Fluten uns verschont. Der neue Deich aber soll trotz solcher hundert und aber hundert Jahre stehen; denn er wird nicht durchbrochen werden, weil der milde Abfall nach der Seeseite den Wellen keinen Angriffspunkt entgegenstellt, und so werdet Ihr für Euch und Euere Kinder ein sicheres Land gewinnen, und das ist es, weshalb die Herrschaft und der Oberdeichgraf mir den Daumen halten; das ist es auch, was Ihr zu Eurem eigenen Vorteil einsehen solltet!"

Als die Versammelten hierauf nicht sogleich zu antworten bereit waren, erhob sich ein alter weißhaariger Mann mühsam von seinem Stuhle; es war Frau Elke's Pate, Jewe Manners, der auf Hauke's Bitten noch immer in seinem Gevollmächtigten-Amt verblieben war. „Deichgraf Hauke Haien", sprach er, „Du machst uns viel Unruhe und Kosten, und ich wollte, Du hättest damit gewartet, bis mich der Herrgott hätt' zur Ruhe gehen lassen; aber – recht hast Du, das kann nur die Unvernunft bestreiten. Wir haben Gott mit jedem Tag zu danken, dass er uns trotz unserer Trägheit das kostbare Stück Vorland gegen Sturm und Wasserdrang erhalten hat; jetzt aber ist es wohl die elfte Stunde, in der wir selbst die Hand anlegen müssen, es auch nach all' unserem Wissen und Können selber uns zu wahren und auf Gottes Langmut weiter nicht zu trotzen. Ich, meine Freunde, bin ein Greis; ich habe Deiche bauen und brechen sehen; aber den Deich, den Hauke Haien nach ihm von Gott verliehener Einsicht projektiert und bei der Herrschaft für Euch durchgesetzt hat, den wird Niemand von Euch Lebenden brechen sehen; und wolltet Ihr ihm selbst nicht danken, Euere Enkel werden ihm den Ehrenkranz doch einstens nicht versagen können!"

Jewe Manners setzte sich wieder; er nahm sein blaues Schnupftuch aus der Tasche und wischte sich ein paar Tropfen von der Stirn. Der Greis war noch immer als ein Mann von Tüchtigkeit und unantastbarer Rechtschaffenheit bekannt, und da die Versammlung eben nicht geneigt war, ihm zuzustimmen, so schwieg sie weiter. Aber Hauke Haien nahm das Wort; doch sahen Alle, dass er bleich geworden. „Ich danke Euch, Jewe Manners", sprach er, „dass Ihr noch hier seid, und dass Ihr das Wort gesprochen habt; Ihr andern

geringere Beschädigungen verursachte Arbeiten, welche nicht zu den in § 7 genannten Fallen gehören."

(Schleswig-Holsteinische Anzeigen. 20stes Stück. Montag den 16ten Mai 1803, § 9.)

über dreißig Jahre: Bestimmt man den Zeitpunkt des Deichbaus in der Novelle um das Jahr 1750, so sind die Sturmfluten von 1720/21, 1717/18 und 1703 gemeint.

Die Sturmflut vom 24. Dezember auf den 25. Dezember 1717 wird als Weihnachtsflut bezeichnet. Betroffen war die Nordseeküste von den Niederlanden bis nach Dänemark; es kam zu zahlreichen Deichbrüchen und verheerenden Überschwemmungen. Zwischen Tondern im nördlichen Herzogtum Schleswig bis zum ostfriesischen Emden ertranken etwa 9.000 Menschen, in den Niederlanden starben 2.500 Personen.

Eine erneute Sturmflut erfolgte in der Nacht vom 25. auf den 26. Februar 1718 (Eisflut).

Kupferstich (Ausschnitt) aus Philomon Adelsheim: Neuer und Verbesserter Kriegs- Mord- und Tod- Jammer- und Noth-Calender, Nürnberg 1719.

Drei Jahre nach der Weihnachtsflut von 1717 zerstörte die noch höhere Neujahrsflut vom 31. Dezember 1720 bis 1. Januar 1721 zahlreiche der zuvor notdürftig reparierten Deiche. Nach zeitgenössischen Berichten war der Sturm nicht so heftig wie bei den vorigen Fluten, der hohe Wasserstand hielt aber länger an.

Herren Gevollmächtigten, wollet den neuen Deichbau, der freilich mir zur Last fällt, zum mindesten ansehen als ein Ding, das nun nicht mehr zu ändern steht, und lasset uns demgemäß beschließen, was nun not ist!“

„Sprechet!“ sagte einer der Gevollmächtigten. Und Hauke breitete die Karte des neuen Deiches auf dem Tische aus: „Es hat vorhin Einer gefragt“, begann er, „woher die viele Erde nehmen? – Ihr seht, soweit das Vorland in die Watten hinausgeht, ist außerhalb der Deichlinie ein Streifen Landes freigelassen; daher und von dem Vorlande, das nach Nord und Süd von dem neuen Kooge an dem Deiche hinläuft, können wir die Erde nehmen; haben wir an den Wasserseiten nur eine tüchtige Lage Klei, nach innen oder in der Mitte kann auch Sand genommen werden! – Nun aber ist zunächst ein Feldmesser zu berufen, der die Linie des neuen Deiches auf dem Vorland absteckt! Der mir bei Ausarbeitung des Planes behülflich gewesen, wird wohl am besten dazu passen. Ferner werden wir zur Heranholung des Klei's oder sonstigen Materiales die Anfertigung einspänniger Sturzkarren mit Gabeldeichsel bei einigen Stellmachern verdingen müssen; wir werden für die Durchdämmung des Prieles und nach den Binnenseiten, wo wir etwa mit Sand fürlieb nehmen müssen, ich kann jetzt nicht sagen, wie viel hundert Fuder Stroh zur Bestickung des Deiches gebrauchen, vielleicht mehr, als in der Marsch hier wird entbehrlich sein! – Lasset uns denn beraten, wie zunächst dies Alles zu beschaffen und einzurichten ist; auch die neue Schleuse hier an der Westseite gegen das Wasser zu ist später einem tüchtigen Zimmermann zur Herstellung zu übergeben.“

Heranholung des Klei's: „es ist ein nd. wort, an der Niederelbe, in Ditmarschen, in ganz Friesland heiszt die fette erde der marschen so“ (Deutsches Wörterbuch).

Sturzkarren: Baumaterial für den Deich wurde mit zweirädrigen Karren von Pferden herangezogen und dann in die Baugrube hinabgestürzt. Den Auftrag zu ihrer Herstellung hat man an Stellmacher (Wagenbauer) im Dorf vergeben (verdingt). Storm fand folgenden Hinweis bei Matthias Boetius: Geschichte der Ueberschwemmungen; der Übersetzer Kruse weist auf den ersten Einsatz von Schiebkarren beim Deichbau hin (S. 123 f.; Anm.): „Schiebkarren beim Deichbau zu gebrauchen, war damals in unsern Gegenden was Neues. Ein Holländer Rollenwagen zeigte den Eiderstedtern zuerst 1612 den Gebrauch derselben.“ Gemeint ist Johann Clausen Rollwagen (1563 oder 1564 bis 1623 oder 1624).

(Hans Joachim Kühn / Albert Panten: Der frühe Deichbau in Nordfriesland. Bredstedt, 2. Aufl. 1995, S. 49.)

verdingen: durch Vertrag binden, festsetzen; hier: in Auftrag geben.

fürlieb nehmen: sich zufrieden geben.

Fuder Stroh zur Bestickung: Menge, die auf einem kleinen Wagen transportiert werden kann. Storm notiert im seiner Entwurfshandschrift „[…] allmählich wurden einzelne Strecken des Deiches fertig und die Grassoden, womit man sie belegt hatte, wurden zum Schutz gegen die nagenden Wellen mit fester Strohbestickung überzogen.“ („Concept“, S. 114;) und zitiert aus Johann Georg Kohls Buch „Die Marschen und Inseln der Herzogthümer Schleswig und Holstein“ (S. 25 f.): „Dieses Strohbestikken findet nur bei den vom salzigen Seewasser bespülten Deichen, nicht bei den Flußdeichen statt. Denn das Wasser läßt, so weit es bei den gewöhnlichen alltäglichen Fluthen hinaufsteigt, kein Gras am Deiche aufkommen, und gerade diese Grasnarbe ist zur Schützung des Deichs

Die Versammelten hatten sich um den Tisch gestellt, betrachteten mit halbem Aug' die Karte und begannen allgemach zu sprechen; doch war's, als geschähe es, damit nur überhaupt etwas gesprochen werde. Als es sich um Zuziehung des Feldmessers handelte, meinte einer der Jüngeren: „Ihr habt es ausgesonnen, Deichgraf; Ihr müsset selbst am besten wissen, wer dazu taugen mag."

Aber Hauke entgegnete: „Da Ihr Geschworene seid, so müsset Ihr aus eigener, nicht aus meiner Meinung sprechen, Jacob Meyen; und wenn Ihr's dann besser sagt, so werd' ich meinen Vorschlag fallen lassen!"
„Nun ja, es wird schon recht sein", sagte Jacob Meyen.

Aber einem der Älteren war es doch nicht völlig recht: er hatte einen Bruderssohn; so einer im Feldmessen sollte hier in der Marsch noch nicht gewesen sein; der sollte noch über des Deichgrafen Vater, den seligen Tede Haien, gehen!

So wurde denn über die beiden Feldmesser verhandelt und endlich beschlossen, ihnen gemeinschaftlich das Werk zu übertragen. Ähnlich ging es bei den Sturzkarren, bei der Strohlieferung und allem Anderen, und Hauke kam spät und fast erschöpft auf seinem Wallach, den er noch derzeit ritt, zu Hause an. Aber als er in dem alten Lehnstuhl saß, der noch von seinem gewichtigen, aber leichter lebenden Vorgänger stammte, war auch sein Weib ihm schon zur Seite: „Du siehst so müd' aus, Hauke", sprach sie und strich mit ihrer schmalen Hand das Haar ihm von der Stirn.

„Ein wenig wohl!" erwiderte er.

– „Und geht es denn?"

„Es geht schon", sagte er mit bitterem Lächeln; „aber ich selber muss die Räder schieben und froh sein, wenn sie nicht zurückgehalten werden!"

– „Aber doch nicht von Allen?"

„Nein, Elke; Dein Pate, Jewe Manners, ist ein guter Mann; ich wollt', er wär' um dreißig Jahre jünger."

**
*

Als nach einigen Wochen die Deichlinie abgesteckt und der größte Teil der Sturzkarren geliefert war, waren sämtliche Anteilbesitzer des einzudeichenden Kooges, ingleichen die Besitzer der hinter dem alten Deich belegenen Ländereien durch den Deichgrafen im Kirchspielskrug versammelt worden; es galt, ihnen einen Plan über die Verteilung der Arbeit und Kosten vorzulegen und ihre etwaigen Einwendungen zu vernehmen; denn auch die Letzteren hatten, sofern der neue Deich und die neuen Siele die Unterhaltungskosten der

ein mächtiger Panzer. Die bloße, leicht aufzuweichende Erde wird von den Wellen und den noch gefährlicheren Eisschollen bald angenagt und zerstört. Um dieß Annagen nun zu verhindern, tritt an die Stelle des Grases der Strohbestick, und ist so weit nöthig, als das Meer die Grasnarbe am Deiche zerstört hat."

Bruderssohn: Neffe.

Das Bild, das Theodor Storm in seiner Novelle zeichnet, prägt bis heute die Vorstellungen seiner Leser von der Entwicklung des Deichbaus an der schleswig-holsteinischen Westküste; der Protagonist Hauke Haien steht für die Veränderung des Deichprofils, das einen allmählich nach der Seeseite hin abfallenden Querschnitt erhält. Damit übernahm Storm den Kenntnisstand von der Entwicklung des Deichbaus, wie er im 19. Jahrhundert von Wissenschaftlern und Publizisten mehrfach dargestellt worden war.

Der junge Hauke Haien beobachtet zwar das Meer und die Wellen, er nimmt auch Kleierde mit nach Hause und erprobt, wie sich das Wasser bei unterschiedlichen Winkeln seines Deichmodells verhält. Aber er ist kein gelehrter Mann; seine Kenntnisse hat er sich autodidaktisch beigebracht, und sie beschränken sich auf elementare Mathematik und ein wenig euklidische Geometrie. Das reicht zwar aus, um ein paar Fennen zu vermessen, Schleusen zu berechnen und Profile zu optimieren; sein Verhältnis zur Natur und damit zu den Kräften, die das Meer bestimmen und gegen die Deiche gebaut werden, entspricht aber dem Milieu, aus dem er stammt.

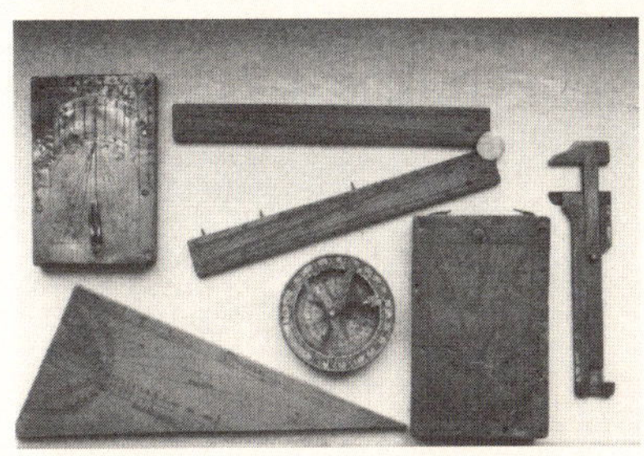

Werkzeug von Hans Momsen (Nordseemuseum, Husum).

uneingedenk: ohne zu berücksichtigen.

entbürdet: von Lasten freigestellt.

unbilligen: unbillig bedeutet teuer.

um ein Billiges feil bieten: für einen geringen Preis zum Kauf anbieten.

Storm konnte zu Beginn seines Quellenstudiums auf vielfältige Erfahrungen zurückgreifen, die er selber im Zusammenhang mit Deich- und Koogsangelegenheiten gesammelt hatte; die umfangreiche Lektüre historischer Quellen vermittelte ihm detaillierte Kenntnisse von Persönlichkeiten, von Johann Claussen Rollwagen, dem General-Deichgraf der schleswig-holsteinischen Herzöge, der sich von Tönning aus um das Deichwesen in Eiderstedt, Nordstrand und Nordfriesland Verdienste erworben hat, sowie von dem aus Oldenswort stammenden Deichmeister Jan Clausen Coott (1550–1630), der unter Leitung Rollwagens in Eiderstedt und auf Nordstrand Deiche gebaut hat. Außerdem war Storm mit der Person von Jean Henri Desmercières (1687–1778) vertraut, der als Geheimer Conferenzrath des dänischen Königs mehrere Köge nordwestlich von Bredstedt und auf Nordstrand eindeichte.

Peder Als: Jean Henri Desmercières (1687–1778). Det Nationalhistoriske Museum på Frederiksborg Slot.

Über die Geschichte des Deichbaus informierte er sich in den Schriften des Kieler Professors Johann Nicolai Tetens,

älteren Werke verminderte, ihren Teil zu schaffen und zu tragen. Dieser Plan war für Hauke ein schwer Stück Arbeit gewesen, und wenn ihm durch Vermittelung des Oberdeichgrafen neben einem Deichboten nicht auch noch ein Deichschreiber wäre zugeordnet worden, er würde es sobald nicht fertig gebracht haben, obwohl auch jetzt wieder an jedem neuen Tage in die Nacht hinein gearbeitet war. Wenn er dann todmüde sein Lager suchte, so hatte nicht wie vordem sein Weib in nur verstelltem Schlafe seiner gewartet; auch sie hatte so vollgemessen ihre tägliche Arbeit, dass sie Nachts wie am Grunde eines tiefen Brunnens in unstörbarem Schlafe lag.

Als Hauke jetzt seinen Plan verlesen und die Papiere, die freilich schon drei Tage hier im Kruge zur Einsicht ausgelegen hatten, wieder auf den Tisch breitete, waren zwar ernste Männer zugegen, die mit Ehrerbietung diesen gewissenhaften Fleiß betrachteten und sich nach ruhiger Überlegung den billigen Ansätzen ihres Deichgrafen unterwarfen; Andere aber, deren Anteile an dem neuen Lande von ihnen selbst oder ihren Vätern oder sonstigen Vorbesitzern waren veräußert worden, beschwerten sich, dass sie zu den Kosten des neuen Kooges hinzugezogen seien, dessen Land sie nichts mehr angehe, uneingedenk, dass durch die neuen Arbeiten auch ihre alten Ländereien nach und nach entbürdet würden; und wieder Andere, die mit Anteilen in dem neuen Koog gesegnet waren, schrien, man möge ihnen doch dieselben abnehmen, sie sollten um ein Geringes feil sein; denn wegen der unbilligen Leistungen, die ihnen dafür aufgebürdet würden, könnten sie nicht damit bestehen. Ole Peters aber, der mit grimmigem Gesicht am Türpfosten lehnte, rief dazwischen:

„Besinnt Euch erst, und dann vertrauet unserem Deichgrafen! der versteht zu rechnen; er hatte schon die meisten Anteile, da wusste er auch mir die meinen abzuhandeln, und als er sie hatte, beschloss er, diesen neuen Koog zu deichen!"

Es war nach diesen Worten einen Augenblick totenstill in der Versammlung. Der Deichgraf stand an dem Tisch, auf dem er zuvor seine Papiere gebreitet hatte: er hob seinen Kopf und sah nach Ole Peters hinüber: „Du weißt wohl, Ole Peters", sprach er, „dass Du mich verleumdest; Du tust es dennoch, weil Du überdies auch weißt, dass doch ein gut Teil des Schmutzes, womit Du mich bewirfst, an mir wird hängen bleiben! Die Wahrheit ist, dass Du Deine Anteile los sein wolltest, und dass ich ihrer derzeit für meine Schafzucht bedurfte; und willst Du Weiteres wissen, das ungewaschene Wort, das Dir im Krug vom Mund gefahren, ich sei nur Deichgraf meines Weibes wegen, das hat mich aufgerüttelt, und ich hab' Euch zeigen wollen, dass ich wohl um meiner selbst willen Deichgraf sein könne; und somit, Ole Peters, hab' ich getan, was schon der Deichgraf vor mir hätte tun sollen. Trägst Du mir aber Groll, dass derzeit Deine Anteile die meinen geworden sind – Du hörst es ja, es sind genug, die jetzt die ihrigen um ein Billiges feil bieten, nur weil die Arbeit ihnen jetzt zu viel ist!"

Von einem kleinen Teil der versammelten Männer ging ein Beifallsmurmeln aus, und der alte Jewe Manners, der dazwischen stand, rief laut: „Bravo, Hauke Haien! Unser Herrgott wird Dir Dein Werk gelingen lassen!"

der in seinem Buch „Reisen in die Marschländer an der Nordsee" im Jahre 1788 erstmals einen modernen naturwissenschaftlichen Ansatz bei der Bewertung von Deichen verwendet. Tetens beschreibt Eis und Wasserströme nach Qualität und Quantität und unterstellt der Natur ein Desinteresse an uns Menschen, das uns berechtigt, ihre Gesetze nicht nur zu erforschen, sondern das uns auch befugt, diesen Kräften Wirkungen entgegenzusetzen, diese zu bändigen und daraus unseren Nutzen zu ziehen.

Johann Nicolaus Tetens (1736 – 1807): Kupferstich. Det Kongelige Bibliotek, Kopenhagen.

Der Aufklärer Tetens beschreibt die Deiche an der nordfriesischen Küste folgendermaßen: „Die hiesigen Deiche […] sind durchgehends nach der alten friesischen Art gebaut; niedrig, an vielen Stellen schmal, steil, mit einfachen und schwachen Bollwerken versehen, […]."

(Johann Nicolai Tetens: Reisen in die Marschländer an der Nordsee. Erster Band. Leipzig 1788, Neunzehnter Brief, S. 114.)

Aus dieser Beschreibung und aus dem Hinweis von Tetens, dass die gerade neu errichteten Deiche im Desmercierеskoog eine Ausnahme darstellen, – „die mit viel Einsicht gemacht und werth sind, als Muster aufgestellt zu werden" – folgerte Storm, dass nur ein flaches Profil eine vernünftige Lösung darstelle. Eine ähnliche Ansicht vertritt Johann Georg Kohl, der beschreibt, wie sich die modernen Deichprofile gegenüber den steileren älteren verändert haben.

Diese Vorstellungen überträgt Storm auf seinen zukünftigen Deichgrafen. Das von Hauke Haien ausgedachte und im Modell an der Küste ausprobierte Deichprofil repräsentiert demnach eine fundamentale Neuerung, durch die ältere Deichkonstruktionen mit steilen Böschungen abgelöst wurden. Diese Vorstellung beruht allerdings auf irrigen Annahmen einiger Chronisten des 16. Jahrhunderts. Danach hat der Deichbau mit sogenannten Stackdeichen begonnen, das sind Holzwälle, die zur Seeseite als senkrechte Palisaden den Wasserfluten trotzen sollten und die immer wieder von Flutwellen zerrissen wurden.

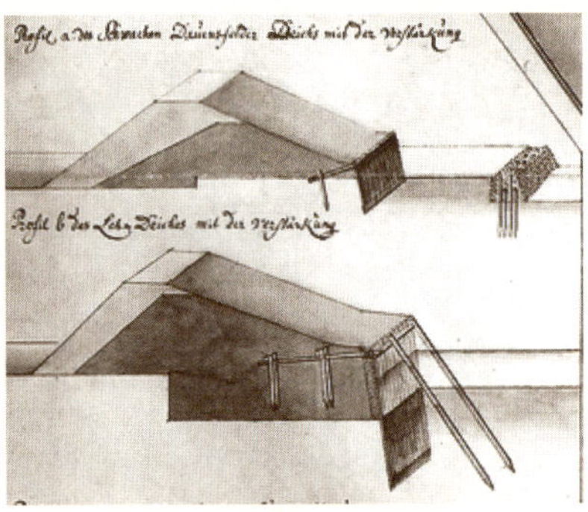

Eine Zeichnung eines Stackdeiches aus dem Jahr 1743. Grafik: Staatsarchiv Oldenburg.

Gemeinsam war diesen Persönlichkeiten, dass sie die Techniken des Deichbaus verbesserten und die Organisation der Deich- und Entwässerungsarbeiten revolutionierten. Dies wurde von Wissenschaftlern der Spätaufklärung im Zusammenhang mit geplanten Verbesserungen des Deichwesens in vielen Vorträgen und Abhandlungen hervorgehoben und noch in Landesbeschreibungen des 19. Jahrhunderts gewürdigt, von denen einige zu Storms unmittelbaren Quellen zählen.

Aber man kam doch nicht zu Ende, obgleich Ole Peters schwieg, und die Leute erst zum Abendbrote auseinandergingen; erst in einer zweiten Versammlung wurde Alles geordnet; aber auch nur, nachdem Hauke statt der ihm zukommenden drei Gespanne für den nächsten Monat deren vier auf sich genommen hatte.

Endlich, als schon die Pfingstglocken durch das Land läuteten, hatte die Arbeit begonnen: unablässig fuhren die Sturzkarren von dem Vorlande an die Deichlinie, um den geholten Klei dort abzustürzen, und gleicherweise war dieselbe Anzahl schon wieder auf der Rückfahrt, um auf dem Vorland neuen aufzuladen; an der Deichlinie selber standen Männer mit Schaufeln und Spaten, um das Abgeworfene an seinen Platz zu bringen und zu ebnen; ungeheuere Fuder Stroh wurden angefahren und abgeladen; nicht nur zur Bedeckung des leichteren Materials, wie Sand und lose Erde, dessen man an den Binnenseiten sich bediente, wurde das Stroh benutzt; allmählich wurden einzelne Strecken des Deiches fertig, und die Grassoden, womit man sie belegt hatte, wurden stellenweis zum Schutz gegen die nagenden Wellen mit fester Strohbestickung überzogen; bestellte Aufseher gingen hin und her und, wenn es stürmte, standen sie mit aufgerissenen Mäulern und schrien ihre Befehle durch Wind und Wetter; dazwischen ritt der Deichgraf auf seinem Schimmel, den er jetzt ausschließlich in Gebrauch hatte, und das Tier flog mit dem Reiter hin und wieder, wenn er rasch und trocken seine Anordnungen machte, wenn er die Arbeiter lobte oder, wie es wohl geschah, einen Faulen oder Ungeschickten ohn' Erbarmen aus der Arbeit wies. „Das hilft nicht!" rief er dann; „um Deine Faulheit darf uns nicht der Deich verderben!" Schon von Weitem, wenn er unten aus dem Koog heraufkam, hörten sie das Schnauben seines

Rosses, und alle Hände fassten fester in die Arbeit: „Frisch zu! Der Schimmelreiter kommt!"

War es um die Frühstückszeit, wo die Arbeiter mit ihrem Morgenbrot haufenweis beisammen auf der Erde lagen, dann ritt Hauke an den verlassenen Werken entlang, und seine Augen waren scharf, wo liederliche Hände den Spaten geführt hatten. Wenn er aber zu den Leuten ritt und ihnen auseinandersetzte, wie die Arbeit müsse beschafft werden, sahen sie wohl zu ihm auf und kauten geduldig an ihrem Brote weiter; aber eine Zustimmung oder auch nur eine Äußerung hörte er nicht von ihnen. Einmal zu solcher Tageszeit, es war schon spät, da er an einer Deichstelle die Arbeit in besonderer Ordnung gefunden hatte, ritt er zu dem nächsten Haufen der Frühstückenden, sprang von seinem Schimmel und frug heiter, wer dort so sauberes Tagewerk verrichtet hätte; aber sie sahen ihn nur scheu und düster an, und nur langsam und wie widerwillig wurden ein paar Namen genannt. Der Mensch, dem er sein Pferd gegeben hatte, das ruhig wie ein Lamm stand, hielt es mit beiden Händen und blickte wie angstvoll nach den schönen Augen des Tieres, die es, wie gewöhnlich, auf seinen Herrn gerichtet hielt.

„Nun, Marten!" rief Hauke; „was stehst Du, als ob Dir der Donner in die Beine gefahren sei?"

– „Herr, Euer Pferd, es ist so ruhig, als ob es Böses vorhabe!"

Hauke lachte und nahm das Pferd selbst am Zügel, das sogleich liebkosend den Kopf an seiner Schulter rieb. Von den Arbeitern sahen einige scheu zu Ross und Reiter hinüber, andere, als ob das Alles

Moderne archäologische Untersuchungen haben gezeigt, dass die Dammkronen allmählich erhöht wurden, während die flachen Außenböschungen nach wie vor dafür sorgten, dass die Wellen ihre Energie verloren. Lediglich auf der Binnenseite wurde die Böschung steiler. Die verheerenden Auswirkungen der frühneuzeitlichen Sturmfluten hatten ihre Ursache in den veränderten Wasserständen und zunehmenden Windgeschwindigkeiten, nicht aber in der Unvernunft der Deichbaumaßnahmen und schon gar nicht in Stackdeichen, die bis ins 18. Jahrhundert nur in Notfällen errichtet wurden, wenn nicht genügend Vorland den Deichfuß vor der Gewalt der anbrandenden Wellen schützte.

Storm hat mit seiner Novelle also einen Mythos geschaffen, der bis heute nachwirkt und eine falsche Vorstellung der älteren Deichschutzmaßnahmen vermittelt. Es führte kein gerader Weg vom senkrechten Pallisadenzaun des Stackdeichs über steile Dossierungen hin zum sanften Abfall der Seeseite moderner Deiche. Das Neue an den Deichen des 18. Jahrhunderts war ihre Höhe und damit die Verbreiterung des Deichfußes, wodurch den Wellen automatisch ein längerer Weg vorgeschrieben wurde, bei dem sie ihre Energie verbrauchen sollten. Es sind die vielen technischen Details, die bessere Organisation und die größere Sorgfalt beim Deichbau, die es den Menschen im ausgehenden 18. und frühen 19. Jahrhundert ermöglichten, sich vor den immer höher auflaufenden Fluten besser zu schützen, und diese technische Innovation hat sich bis weit ins 20. Jahrhundert fortentwickelt.

Christian Eckermann war als Wasserbauingenieur selber bei einer Eindeichung in leitender Funktion tätig und konnte die mit einer solchen Baumaßnahme verbundenen technischen und organisatorischen Probleme aus eigener Erfahrung schildern. Storm war aber nicht nur auf den mündlichen Bericht seines Freundes angewiesen, sondern er konnte die Einzelheiten eines solchen technischen Projekts in einem Aufsatz „Die Bedeichung der Maxqueller, des jetzigen Kaiser Wilhelm-Kooges" nachlesen, den Eckermann bereits im Jahre 1875 in der Zeitschrift für Bauwesen veröffentlicht hatte, und in dem er die technischen Einzelheiten und organisatorischen Probleme bei der Errichtung des Kaiser-Wilhelm-Kooges in den Jahren 1872/73 schilderte und durch Zeichnun-

gen veranschaulichte. Mit Hilfe eines neuen Außendeichs hat man damals eine umfangreiche Anschlickung vor der Küste Dithmarschens für die Landwirtschaft gewonnen, die aus zwei Inseln Schwemmlandes von ca. 100 Hektar Fläche bestand und im Volksmund „Maxqueller" genannt wurde.

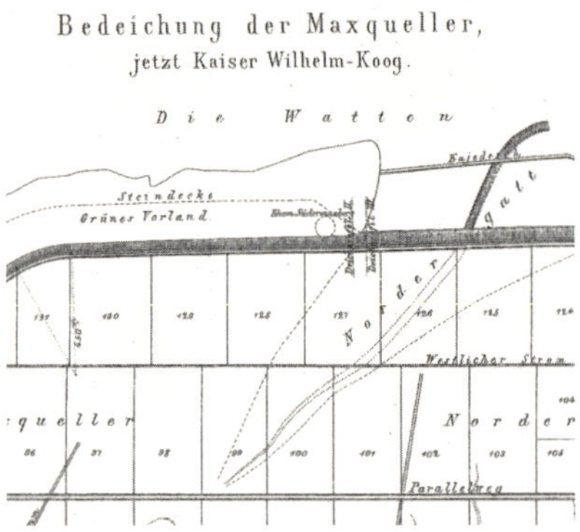

Die Eckermanns Aufsatz beigefügte Karte zeigt neben der endgültigen Deichlinie auch die Lage der Schleusenanlagen; Lage und Geometrie des neuen Kaiser Wilhelm-Kooges ähneln denen des „Neuen Kooges" bei Hattstedt. An ihr hat sich Storm bei einer seiner Skizzen im „Concept" orientiert. Rechts ist die alte Deichlinie markiert, hinter der die Gehöfte liegen; nach links schwingt der neue Koog weit ins Wattenmeer hinaus. Rechts oben ist die Wehle angedeutet und darunter die gefährdete Stelle als „Nordost Ecke" bezeichnet.

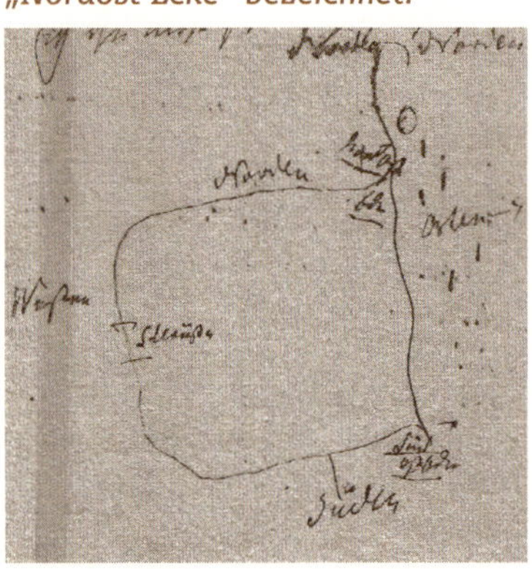

(„Concept", S. 126)

sie nicht kümmere, aßen schweigend ihre Frühkost, dann und wann den Möwen einen Brocken hinaufwerfend, die sich den Futterplatz gemerkt hatten und mit ihren schlanken Flügeln sich fast auf ihre Köpfe senkten. Der Deichgraf blickte eine Weile wie gedankenlos auf die bettelnden Vögel und wie sie die zugeworfenen Bissen mit ihren Schnäbeln haschten; dann sprang er in den Sattel und ritt, ohne sich nach den Leuten umzusehen, davon; einige Worte, die jetzt unter ihnen laut wurden, klangen ihm fast wie Hohn. „Was ist das?" sprach er bei sich selber. „Hatte denn Elke recht, dass sie Alle gegen mich sind? Auch diese Knechte und kleinen Leute, von denen Vielen durch meinen neuen Deich doch eine Wohlhabenheit ins Haus wächst?"

Er gab seinem Pferde die Sporen, dass es wie toll in den Koog hinabflog. Von dem unheimlichen Glanze freilich, mit dem sein früherer Dienstjunge den Schimmelreiter bekleidet hatte, wusste er selber nichts; aber die Leute hätten ihn jetzt nur sehen sollen, wie aus seinem hageren Gesicht die Augen starrten, wie sein Mantel flog, und wie der Schimmel sprühte!

– – So war der Sommer und der Herbst vergangen; noch bis gegen Ende November war gearbeitet worden; dann geboten Frost und Schnee dem Werke Halt; man war nicht fertig geworden und beschloss, den Koog offen liegen zu lassen. Acht Fuß ragte der Deich aus der Fläche hervor; nur wo westwärts gegen das Wasser hin die Schleuse gelegt werden sollte, hatte man eine Lücke gelassen; auch

Neben detaillierten Informationen über die technischen und logistischen Bedingungen dieser Arbeiten fand Storm hier sowohl ausführliche Angaben zu den Neuerungen der Deichprofile als auch über die schwierigen Arbeitsprozesse bei der Eindeichung von angeschwemmter Marsch sowie bei der Durchdämmung von Prielen, die nur durch die Errichtung von Kajedeichen erfolgreich abgeschlossen werden konnten. Diese Not- oder Schutzdeiche sichern den im Bau befindlichen Koog bis zur Fertigstellung der neuen Deichlinie vor Überflutungen.

In der erzählerischen Ausgestaltung änderte Storm Details und ergänzte seine Schilderung der Deichbautechniken durch epische Elemente wie die Niederkunft und Erkrankung Elkes und schildert, wie Hauke die Opferung eines Hundes durch energisches Eingreifen verhindert.

In der Entwurfshandschrift „Concept“ haben sich einige Blätter erhalten, auf denen Storm zu Beginn der Arbeiten am „Schimmelreiter“ Stichwörter zur Handlung und kurze Zitate aus der von ihm zu Rate gezogenen Literatur notiert hat.

Storm versieht das Wort „Klei-Spohren“ mit einem Fragezeichen („Concept“, S. 147) und verwendet es nicht in seinem Novellentext. Bei den Kleisporen handelt es sich um Fußeisen mit vier Zacken, die mit einem Band unter dem Schuh befestigt werden.

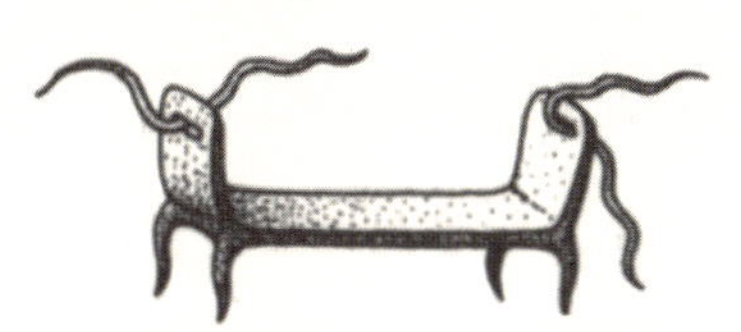

(Abbildung bei Hans Joachim Kühn/ Albert Panten: Der frühe Deichbau in Nordfriesland. Bredstedt, 2. Aufl. 1995, S. 48.)

ein Kind geboren worden: Storm notiert in seiner Entwurfshandschrift („Concept", S. 139) folgendes, später verändertes Motiv: „Er hat 2 Töchter, die eine, welche die rothen Strümpfe mit Vogelfiguren strickt, ein Kind halb blödsinnig; er liebt sie, weil sie ihm nicht wiederspricht: „Vater, nicht wahr; du aber kannst das? Kannst Du nicht Alles Vater?"

hutzelig: faltig, runzelig, welk.

Wehmutter: Hebamme.

Kindbettfieber: eine Infektionskrankheit, die nach einer Entbindung während des Wochenbettes auftreten kann; bis in die Mitte des 19. Jahrhundert eine der Hauptursachen für die hohe Wöchnerinnensterblichkeit. Storm gelang die erschütternde Beschreibung von Elkes Zustand, weil er den Tod seiner ersten Frau Constanze miterlebt hatte, die 1865 an dieser Krankheit verstorben war.

Irrsal: wirres Zeug.

Bei Hauke löst die Frage, warum Elke sterben soll, Zweifel an Gott aus. Die Antwort der protestantischen Theologen des 16. bis 18. Jahrhunderts lautet: Gott ist gerecht: Er schickt das Böse als Strafe. So erscheinen den Menschen an der Nordseeküste Sturmfluten als Strafen Gottes. Die Gottesfürchtigen treffen sie wie Züchtigungen, die Gott zu ihrem Besten vornimmt, damit sie nicht hochmütig werden, sondern ein gottesfürchtiges und gerechtes Leben führen. Die Gottlosen aber trifft die Strafe des gerechten Gottes ihrer Sünden wegen.

„Wenn der Teufel auch nicht der Urheber der Flutkatastrophe war, so hielt man ihn doch für einen Mitverursacher. Das göttliche Strafgericht wurde nach Ansieht der Theologen notwendig, weil die Sünden der Menschen übenhandnahmen. Der Ursprung dieser Sünden aber, so argumentierten sie, ist der Teufel; er ist ‚der Vater der Sünden'. So wurden die vom Teufel bewirkten Sünden zwar als der Grund für die göttliche Strafe angesehen; die Strafe als solche konnte aber nur von Gott selbst ausgeführt werden."

(Manfred Jakubowski-Tiessen: Sturmflut 1717. München 1992, S. 94.)

oben vor dem alten Deiche war der Priel noch unberührt. So konnte die Flut, wie in den letzten dreißig Jahren, in den Koog hineindringen, ohne dort oder an dem neuen Deiche großen Schaden anzurichten. Und so überließ man dem großen Gott das Werk der Menschenhände und stellte es in seinen Schutz, bis die Frühlingssonne die Vollendung würde möglich machen.

– – Inzwischen hatte im Hause des Deichgrafen sich ein frohes Ereignis vorbereitet: im neunten Ehejahre war noch ein Kind geboren worden. Es war rot und hutzelig und wog seine sieben Pfund, wie es für neugeborene Kinder sich gebührt, wenn sie, wie dies, dem weiblichen Geschlechte angehören; nur sein Geschrei war wunderlich verhohlen und hatte der Wehmutter nicht gefallen wollen. Das Schlimmste war, am dritten Tage lag Elke im hellen Kindbettfieber, redete Irrsal und kannte weder ihren Mann noch ihre alte Helferin. Die unbändige Freude, die Hauke beim Anblick seines Kindes ergriffen hatte, war zu Trübsal geworden; der Arzt aus der Stadt war geholt, er saß am Bett und fühlte den Puls und verschrieb und sah ratlos um sich her. Hauke schüttelte den Kopf: „Der hilft nicht; nur Gott kann helfen!" Er hatte sich sein eigen Christentum zurecht gerechnet; aber es war Etwas, das sein Gebet zurückhielt. Als der alte Doktor davongefahren war, stand er am Fenster, in den winterlichen Tag hinausstarrend, und während die Kranke aus ihren Phantasien aufschrie, schränkte er die Hände zusammen; er wusste selber nicht, war es aus Andacht oder war es nur, um in der ungeheueren Angst sich selbst nicht zu verlieren.

„Wasser! Das Wasser!" wimmerte die Kranke. „Halt' mich!" schrie sie; „halt' mich, Hauke!" Dann sank die Stimme; es klang, als ob sie weine: „In See, ins Haf hinaus? O, lieber Gott, ich seh' ihn nimmer wieder!"

Da wandte er sich und schob die Wärterin von ihrem Bette; er fiel auf seine Knie, umfasste sein Weib und riss sie an sich: „Elke! Elke, so kenn' mich doch, ich bin ja bei Dir!"

Aber sie öffnete nur die fieberglühenden Augen weit und sah wie rettungslos verloren um sich.

Er legte sie zurück auf ihre Kissen; dann krampfte er die Hände in einander: „Herr, mein Gott", schrie er; „nimm sie mir nicht! Du weißt, ich kann sie nicht entbehren!" Dann war's, als ob er sich besinne, und leiser setzte er hinzu: „Ich weiß ja wohl, Du kannst nicht allezeit, wie Du willst, auch Du nicht; Du bist allweise; Du musst nach Deiner Weisheit tun – o, Herr, sprich nur durch einen Hauch zu mir!"

Es war, als ob plötzlich eine Stille eingetreten sei; er hörte nur ein leises Atmen; als er sich zum Bette kehrte, lag sein Weib in ruhigem Schlaf; nur die Wärterin sah mit entsetzten Augen auf ihn. Er hörte die Tür gehen. „Wer war das?" frug er.

„Herr, die Magd Ann' Grethe ging hinaus; sie hatte den Warmkorb hereingebracht."

– „Was sieht Sie mich denn so verfahren an, Frau Levke?"

„Ich? Ich hab' mich ob Eurem Gebet erschrocken; damit betet Ihr Keinen vom Tode los!"

Hauke sah sie mit seinen durchdringenden Augen an: „Besucht Sie denn auch, wie unsere Ann' Grethe, die Konventikel bei dem holländischen Flickschneider Jantje?"

„Ja, Herr; wir haben beide den lebendigen Glauben!"

Hauke antwortete ihr nicht. Das damals stark im Schwange gehende separatistische Konventikel-Wesen hatte auch unter den Friesen seine Blüten getrieben; heruntergekommene Handwerker oder wegen Trunkes abgesetzte Schulmeister spielten darin die Hauptrolle, und Dirnen, junge und alte Weiber, Faulenzer und einsame Menschen liefen eifrig in die heimlichen Versammlungen, in denen jeder den Priester spielen konnte. Aus des Deichgrafen Hause brachten Ann' Grethe und der in sie verliebte Dienstjunge ihre freien Abende dort zu. Freilich hatte Elke ihre Bedenken darüber gegen Hauke nicht zurückgehalten; aber er hatte gemeint, in Glaubenssachen solle man Keinem drein reden: das schade Niemandem, und besser dort doch als im Schnapskrug!

So war es dabei geblieben, und so hatte er auch jetzt geschwiegen. Aber freilich über ihn schwieg man nicht; seine Gebetsworte liefen um von Haus zu Haus: er hatte Gottes Allmacht bestritten; was war ein Gott denn ohne Allmacht? Er war ein Gottesleugner; die Sache mit dem Teufelspferde mochte auch am Ende richtig sein!

Warmkorb: gewölbt geflochtener Korb, in den man ein Kohlenbecken setzt, um darüber etwas warm zu halten.

verfahren: erschrocken.

die Konventikel: private religiöse Zusammenkunft in einem Wohnhaus außerhalb eines Gotteshauses. Diese Formen der Konventikel wurden oft von Handwerkern oder anderen inspirierten Männern mittlerer und unterer Schichten geleitet und verbreiteten sich im späten 17. und frühen 18. Jahrhundert rasch in ganz Deutschland und darüber hinaus in Skandinavien.

In seiner Entwurfshandschrift („Concept", S. 136) notierte Storm: „Die Sectirer Er wird der Irreligiosität bezüchtigt, das Wasser sei dort immer aufgetreten, er handle gegen den Herrgotts Willen. Er kommt in unheimlichen Verdacht."

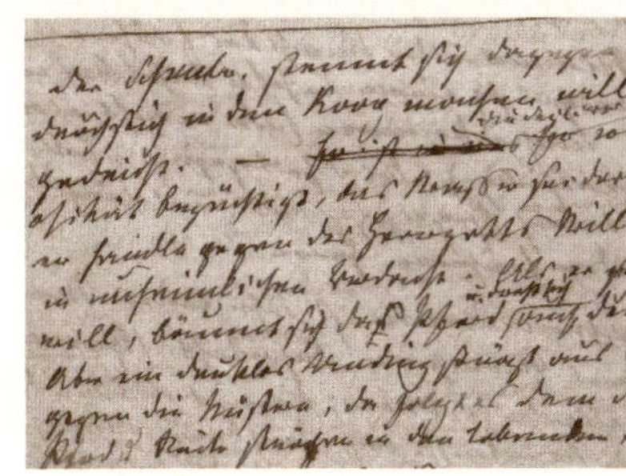

Entwurfshandschrift „Concept", S. 136 (Ausschnitt).

Gottes Allmacht: Nach der Lehre des Augustinus (354–430), einem der vier Kirchenlehrer der Spätantike, können Eigenschaften, die man Gott zuschreibt, nie von seinem Wesen getrennt werden; sie stellen nichts Gott zufällig Zukommendes dar. Also wird dort, wo Gottes Allmacht bestritten wird, die Existenz Gottes selbst bestritten und der Zweifler erscheint gläubigen Christen als Gottesleugner.

Der Allmachtsbegriff wurde im 18. Jahrhundert vor allem im Zusammenhang mit dem Theodizee-Problem diskutiert. Wie kann einer Gottheit in Anbetracht der Leiden auf der Welt Allmacht, Allgüte, Allwissenheit zugesprochen werden?

Mit dem Hinweis auf das separatistische Konventikelwesen und einen gewissen „holländischen Flickschneider Jantje" zeichnet Storm ein authentisches Bild der Zerfallserscheinungen des Pietismus im 18. Jahrhundert. Er vermischt diesen Hinweis auf die Erweckungs- und Separationsbewegung in Nordfriesland mit Andeutungen des Aberglaubens im 17. Jahrhundert. Storm notiert in seiner Entwurfshandschrift „Sectirerwesen 1739 u 40" und zitiert aus C. P. Hansens Buch „Das Schleswig'sche Wattenmeer und die friesischen Inseln (Glogau 1865, S. 216): „In der Folge droheten der weiblichen Bevölkerung der Insel [Sylt] Gefahren anderer Art. Das Sectirerwesen religiöser Schwärmerei, der Barsenianer, der Herrnhuter und anderer entstand, und Abgesandte derselben wußten früh die einsamen Inseln mit den leicht bethörten Weibern in der Nordsee zu finden, um die Friesinnen in ihre Netze zu schwatzen. Um 1739 trieb ein gewisser Candidat Barsenius in Bargum und Bordelum in der friesischen Marsch als Irrlehrer sein Unwesen, sowie ein gewisser Privatlehrer Baer, ein grobsinnlicher Phantast, ähnliches in Bredstedt. […] Anders ging es aber in den kleinern Gemeinden Morsum, Westerland und Rantum, als im Jahre 1740 der Pietist Martin Ludolph Krohn zum Prediger in Morsum gewählt worden […]."

„Zusammenfassend läßt sich über den radikalen Pietismus in Schleswig-Holstein zu Beginn des 18. Jahrhunderts sagen, daß er von sehr unterschiedlichen Personen mit sehr unterschiedlichen Überzeugungen geprägt wurde. Neben den religiösen Individualisten, die hauptsächlich literarisch wirkten und auf Gemeinschaftsbildungen keinen großen Wert legten, standen ausgesprochene Erweckungsprediger, deren Hauptanliegen die Sammlung der ‚wahren Christen' außerhalb der Kirche war. Außerdem gab es die ‚Stillen im Lande', die sich von der Kirche losgesagt hatten und in ihrem häuslichen Kreis ein frommes, zurückgezogenes Leben führten."

(Manfred Jakubowski-Tiessen: Der frühe Pietismus in Schleswig-Holstein. Göttingen 1983, S. 155.)

Hauke erfuhr nichts davon; er hatte in diesen Tagen nur Ohren und Augen für sein Weib; selbst das Kind war für ihn nicht mehr auf der Welt.

Der alte Arzt kam wieder, kam jeden Tag, mitunter zweimal, blieb dann eine ganze Nacht, schrieb wieder ein Rezept, und der Knecht Iven Johns ritt damit im Flug zur Apotheke. Dann aber wurde sein Gesicht freundlicher, er nickte dem Deichgrafen vertraulich zu: „Es geht! Es geht! Mit Gottes Hülfe!" und eines Tags – hatte nun seine Kunst die Krankheit besiegt, oder hatte auf Hauke's Gebet der liebe Gott doch noch einen Ausweg finden können – als der Doktor mit der Kranken allein war, sprach er zu ihr, und seine alten Augen lachten: „Frau, jetzt kann ich's getrost Euch sagen: heut' hat der Doktor seinen Festtag; es stand schlimm um Euch; aber nun gehöret Ihr wieder zu uns, zu den Lebendigen!"

Da brach es wie ein Strahlenmeer aus ihren dunklen Augen: „Hauke! Hauke, wo bist Du?" rief sie, und als er auf den hellen Ruf ins Zimmer und an ihr Bett stürzte, schlug sie die Arme um seinen Nacken: „Hauke, mein Mann, gerettet! Ich bleibe bei Dir!"

Da zog der alte Doktor sein seiden Schnupftuch aus der Tasche, fuhr sich damit über Stirn und Wangen und ging kopfnickend aus dem Zimmer.

– – Am dritten Abend nach diesem Tage sprach ein frommer Redner – es war ein vom Deichgrafen aus der Arbeit gejagter Pantoffelmacher – im Konventikel bei dem holländischen Schneider, da er seinen Zuhörern die Eigenschaften Gottes auseinandersetzte: „Wer aber Gottes Allmacht widerstreitet, wer da sagt: ich weiß, Du kannst nicht, was Du willst – wir kennen den Unglückseligen ja Alle; er lastet gleich einem Stein auf der Gemeinde – der ist von Gott gefallen und suchet den Feind Gottes, den Freund der Sünde zu seinem Tröster; denn nach irgend einem Stabe muss die Hand des Menschen greifen. Ihr aber, hütet Euch vor dem, der also betet; sein Gebet ist Fluch!"

– – Auch das lief um von Haus zu Haus. Was läuft nicht um in einer kleinen Gemeinde? Und auch zu Hauke's Ohren kam es. Er sprach kein Wort darüber, nicht einmal zu seinem Weibe; nur mitunter konnte er sie heftig umfassen und an sich ziehen: „Bleib mir treu, Elke! Bleib mir treu!" – Dann sahen ihre Augen voll Staunen zu ihm auf: „Dir treu? Wem sollte ich denn anders treu sein?" – Nach einer kurzen Weile aber hatte sie sein Wort verstanden: „Ja, Hauke, wir sind uns treu; nicht nur, weil wir uns brauchen." Und dann ging Jedes seinen Arbeitsweg.

Das wäre so weit gut gewesen; aber es war doch trotz aller lebendigen Arbeit eine Einsamkeit um ihn, und in seinem Herzen nistete sich ein Trotz und abgeschlossenes Wesen gegen andere Menschen ein; nur gegen sein Weib blieb er allezeit der Gleiche, und an der Wiege seines Kindes lag er Abends und Morgens auf den Knien, als sei dort die Stätte seines ewigen Heils. Gegen Gesinde und Arbeiter aber wurde er strenger; die Ungeschickten und Fahrlässigen, die er früher durch ruhigen Tadel zurecht gewiesen hatte, wurden jetzt durch hartes Anfahren aufgeschreckt, und Elke ging mitunter leise bessern.

**
*

Feind Gottes: Die separatistischen Sektierer verstanden sich als Rechtgläubige und propagierten gegen die Theologie der Altgläubigen das bevorstehende Jüngste Gericht; ihre religiöse Agitation richtete sich gegen den „Feind Gottes" nach der prophezeiten Entlarvung des Antichristen im Neuen Testament.

Storm legt dem holländischen Schneider bei seiner Predigt im Konventikel Verse aus dem Neuen Testament in den Mund und lässt ihn Worte aus dem 2. Brief des Apostels Paulus an die Thessalonicher paraphrasieren.

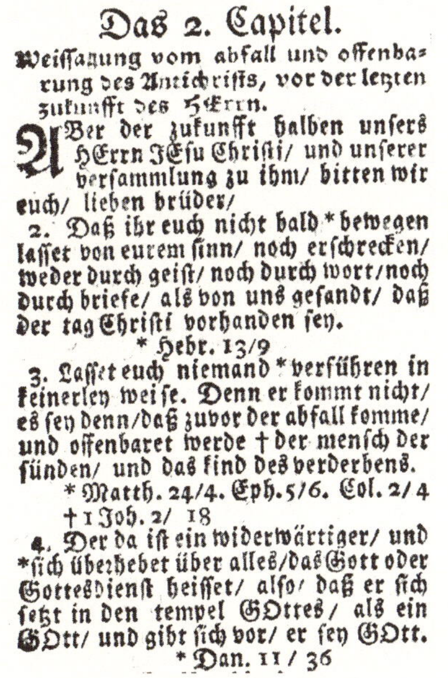

Das 2. Capitel.

Weissagung vom abfall und offenbarung des Antichrists, vor der letzten zukunfft des HErrn.

ABer der zukunfft halben unsers HErrn JEsu Christi/ und unserer versammlung zu ihm/ bitten wir euch/ lieben brüder/

2. Daß ihr euch nicht bald * bewegen lasset von eurem sinn/ noch erschrecken/ weder durch geist/ noch durch wort/ noch durch briefe/ als von uns gesandt/ daß der tag Christi vorhanden sey.

* Hebr. 13/9

3. Lasset euch niemand * verführen in keinerley weise. Denn er kommt nicht/ es sey denn/ daß zuvor der abfall komme/ und offenbaret werde † der mensch der sünden/ und das kind des verderbens.

* Matth. 24/4. Eph. 5/6. Col. 2/4
† 1 Joh. 2/ 18

4. Der da ist ein widerwärtiger/ und * sich überhebet über alles/ das Gott oder Gottesdienst heisset/ also/ daß er sich setzt in den tempel GOttes/ als ein GOtt/ und gibt sich vor/ er sey GOtt.

* Dan. 11/ 36

2. Thessalonicher 2 in der Übersetzung von Martin Luther (1545), hier im Wortlaut aus einer Bibel, gedruckt in Büdingen 1746.

Das Neue Testament Unsers HErrn JESU Christi, Nach der Teutschen Ubersetzung D. Martin Luthers, Mit kurtzem Inhalt eines jeden Capitels, Nützlichen Anmerckungen

Kajedeich: niedriger Erddeich, der vorübergehend benutzt wird, um in seinem Schutz den eigentlichen Deich auszuführen. Die Kajedeiche werden roh aufgeworfen, mit Stroh bestickt und reichen etwa 1 m über die gewöhnliche Flut. Das dadurch geschützte Watt wird ausgeschachtet und der gewonnene Kleiboden zur Herstellung des Hauptdeiches verwendet.

zutunlichen Schläge: zutunlich hier: zutraulich.

Widerhalten: Widerstand leisten.

Die Schilderung des Deichbaus in der „Schimmelreiter"-Novelle folgt in wesentlichen Zügen der Darstellung Eckermanns, der die Arbeiten beschreibt, die unter seiner Leitung vom 2. April 1872 bis zum Himmelfahrtstag 1873 stattfanden. Storm übernahm die Grundstruktur dieser Beschreibung Eckermanns, der sein eigenes Deichprojekt im Winter 1872/73 unterbrechen musste, weil die Witterungsbedingungen eine Vollendung des Hauptdeichs nicht zuließen. Genauso muss auch Hauke Haien in der Novelle den Frühling abwarten, um die Arbeiten am Deich wieder aufnehmen und vollenden zu können.

In Eckermanns Aufsatz „Zur Geschichte der Eindeichungen in Norderdithmarschen", der seit 1882 im Druck vorlag, konnte Storm einen Überblick gewinnen über den Deichbau an der Nordseeküste von den Elbmarschen bis nach Husum. Darüber hinaus fand Storm hier ausführliche Angaben über die Folgen eines Deichbruchs und – wie auch bereits in Eckermanns erstem Aufsatz – die Eindeichungsmaßnahmen durch Anlegen eines Kajedeichs, die Verwendung von Sturzkarren und die Bestickung der Deiche mit Stroh und Grassoden.

Während der Niederschrift der Novelle arbeitete Eckermann an einem weiteren Aufsatz (Eckermann 1891), in dem er die Bedeichungen zwischen Husum und Tondern beschreibt. Diese Forschungsarbeit erschien erst nach Storms Tod im Druck; beide haben sich aber mehrfach ausführlich über die dort angesprochenen Details unterhalten.

Als der Frühling nahte, begannen wieder die Deicharbeiten; mit einem Kajedeich wurde zum Schutz der jetzt aufzubauenden neuen Schleuse die Lücke in der westlichen Deichlinie geschlossen, halbmondförmig nach innen und ebenso nach außen; und gleich der Schleuse wuchs allmählich auch der Haupt-Deich zu seiner immer rascher herzustellenden Höhe empor. Leichter wurde dem leitenden Deichgrafen seine Arbeit nicht; denn an Stelle des im Winter verstorbenen Jewe Manners war Ole Peters als Deichgevollmächtigter eingetreten. Hauke hatte nicht versuchen wollen, es zu hindern; aber anstatt der ermutigenden Worte und der dazu gehörigen zutunlichen Schläge auf seine linke Schulter, die er so oft von dem alten Paten seines Weibes einkassiert hatte, kamen ihm jetzt von dem Nachfolger ein heimliches Widerhalten und unnötige Einwände und waren mit

unnötigen Gründen zu bekämpfen; denn Ole gehörte zwar zu den Wichtigen, aber in Deichsachen nicht zu den Klugen; auch war von früher her der „Schreiberknecht" ihm immer noch im Wege.

Der glänzendste Himmel breitete sich wieder über Meer und Marsch, und der Koog wurde wieder bunt von starken Rindern, deren Gebrüll von Zeit zu Zeit die weite Stille unterbrach; unablässig sangen in hoher Himmelsluft die Lerchen; aber man hörte es erst, wenn einmal auf eines Atemzuges Länge der Gesang verstummt war. Kein Unwetter störte die Arbeit, und die Schleuse stand schon mit ihrem ungestrichenen Balkengefüge, ohne dass auch nur in einer Nacht sie eines Schutzes von dem Interims-Deich bedurft hätte; der Herrgott schien seine Gunst dem neuen Werke zuzuwenden. Auch Frau Elke's Augen lachten ihrem Manne zu, wenn er auf seinem Schimmel draußen von dem Deich nach Hause kam: „Bist doch ein braves Tier geworden!" sagte sie dann und klopfte den blanken Hals des Pferdes. Hauke aber, wenn sie das Kind am Halse hatte, sprang herab und ließ das winzige Dinglein auf seinen Armen tanzen; wenn dann der Schimmel seine braunen Augen auf das Kind gerichtet hielt, dann sprach er wohl: „Komm her; sollst auch die Ehre haben!" und er setzte die kleine Wienke – denn so war sie getauft worden – auf seinen Sattel und führte den Schimmel auf der Werfte im Kreise herum. Auch der alte Eschenbaum hatte mitunter die Ehre; er setzte das Kind auf einen schwanken Ast und ließ es schaukeln. Die Mutter stand mit lachenden Augen in der Haustür; das Kind aber lachte nicht, seine Augen, zwischen denen ein feines Näschen stand, schauten ein wenig stumpf ins Weite, und die kleinen Hände griffen nicht nach dem Stöckchen, das der Vater ihr hinhielt. Hauke achtete nicht darauf, er wusste auch nichts von so kleinen Kindern; nur Elke, wenn sie das helläugige Mädchen auf dem Arm ihrer Arbeitsfrau erblickte, die mit ihr zugleich das Wochenbett bestanden hatte, sagte mitunter schmerzlich: „Das Meine ist noch nicht so weit wie Deines, Stina!" und die Frau, ihren dicken Jungen, den sie an der Hand hatte, mit derber Liebe schüttelnd, rief dann wohl: „Ja, Frau, die Kinder sind verschieden; der da, der stahl mir schon die Äpfel aus der Kammer, bevor er übers zweite Jahr hinaus war!" Und Elke strich dem dicken Buben sein Kraushaar aus den Augen und drückte dann heimlich ihr stilles Kind ans Herz.

– – Als es in den Oktober hineinging, stand an der Westseite die neue Schleuse schon fest in dem von beiden Seiten schließenden Hauptdeich, der bis auf die Lücken bei dem Priele nun mit seinem sanften Profile ringsum nach den Wasserseiten abfiel und um fünfzehn Fuß die ordinäre Flut überragte. Von seiner Nordwestecke sah man an Jevershallig vorbei ungehindert in das Wattenmeer hinaus; aber freilich auch die Winde fassten hier schärfer; die Haare flogen, und wer hier ausschauen wollte, der musste die Mütze fest auf dem Kopf haben.

ungestrichenen: Dielen, die an beiden Seiten noch eine Splintkante (äußere Holzschicht des Baumes) haben.

Interims-Deich: Notdeich, Kajedeich

ordinäre Fluth: gewöhnliche Flut.

Außer den Aufsätzen seines Freundes Christian Eckermann über den Deichbau und die Landgewinnung an der Westküste Schleswig-Holsteins zog Storm auch weitere Quellen zu Rate. Die ausführlichen Literaturstudien und die Gespräche mit Eckermann haben Storm in die Lage versetzt, die Technik des Deichbaus genau zu beschreiben, so, wie sie sich seit der zweiten Hälfte des 18. bis zur Mitte des 19. Jahrhunderts entwickelt hatte. Insofern kann man in den entsprechenden Abschnitten der Novelle ein recht wirklichkeitsgetreues Bild der Neubaumaßnahmen lesen, wie sie zu Storms Zeiten geplant, organisiert und durchgeführt wurden. Und Storm konnte in einem Brief vom 16. Dezember 1887 an seinen Verleger Elwin Paetel nicht ohne Stolz mitteilen: „ich werde nächstens auch einen Koog eindeichen können."

Elwin Paetel (1847–1907). Foto von Hermann Bock, Berlin.

Ein trocken Sommerwetter: Storm orientierte sich bei der Niederschrift dieses dramatischen Abschnitts der Novelle an der Beschreibung, die Christian Eckermann von der Eindeichung der Maxqueller gegeben hat, die er selber leitete und von der er seinem Freund bei mehreren „Konferenzen" im holsteinischen Heide anschaulich erzählen konnte.

„Der Verlauf des Winters 1872/3 war für den neuen Deich ein sehr günstiger, da die höchste Fluth nur bis zu 1,31 m über ordinaire Fluth auflief. Abgesehen von den Durchbrüchen in den Kajedeichen, welche insofern von geringer Bedeutung waren, als die schwierigsten Kajedeiche im Frühlinge 1873 wegen der fortgeschrittenen, beziehungsweise beendigten Arbeit nicht wieder hergestellt zu werden brauchten, und einigen geringfügigen Beschädigungen am Hauptdeiche, war als Hauptresultat der elementaren Ereignisse des Winters der, allerdings vorherzusehende, Uebelstand zu bezeichnen, daß das Kraut- und Süderloch in der Deichlinie eine Vertiefung bis zu ca. 6m unter ordinairer Fluth erfahren hatten, während beim Anfange der Bedeichung die Tiefe ca. 2,8m unter ordinairer Fluth betrug. Rechtzeitig, nämlich am 17. März 1873, wurden die Arbeiten wieder aufgenommen, und zwar zunächst an den Strömen und Wegen des neuen Koogs, allmälig jedoch auch an den unfertigen Stationen des Hauptdeichs. Vom Wetter ausnehmend begünstigt, schritten dieselben so rasch fort, daß am 21. Mai Nachmittags das Süderloch, und in der darauf folgenden Nacht zum Himmelfahrtstage das Krautloch durchdämmt werden konnten, womit der Deich geschlossen und der Fluth der Eintritt in den neuen Koog verwehrt war."

(Christian Eckermann: Die Bedeichung der Maxqueller, des jetzigen Kaiser Wilhelm-Koogs. In: Zeitschrift für Bauwesen 25 (1875), Sp. 234.)

Zu Ende November, wo Sturm und Regen eingefallen waren, blieb nur noch hart am alten Deich die Schlucht zu schließen, auf deren Grunde an der Nordseite das Meerwasser durch den Priel in den neuen Koog hineinschoss. Zu beiden Seiten standen die Wände des Deiches; der Abgrund zwischen ihnen musste jetzt verschwinden. Ein trocken Sommerwetter hätte die Arbeit wohl erleichtert; aber auch so musste sie getan werden; denn ein aufbrechender Sturm konnte das ganze Werk gefährden. Und Hauke setzte alles daran, um jetzt den Schluss herbeizuführen. Der Regen strömte, der Wind pfiff; aber seine hagere Gestalt auf dem feurigen Schimmel tauchte bald hier, bald dort aus den schwarzen Menschenmassen empor, die oben wie unten an der Nordseite des Deiches neben der Schlucht beschäftigt waren. Jetzt sah man ihn unten bei den Sturzkarren, die schon weither die Kleierde aus dem Vorlande holen mussten, und von denen eben ein gedrängter Haufen bei dem Priele anlangte und seine Last dort abzuwerfen suchte. Durch das Geklatsch des Regens und das Brausen des Windes klangen von Zeit zu Zeit die scharfen Befehlsworte des Deichgrafen, der heute hier allein gebieten wollte; er rief die Karren nach den Nummern vor und wies die Drängenden zurück; ein „Halt!" scholl von seinem Munde; dann ruhte unten die Arbeit; „Stroh! ein Fuder Stroh hinab!" rief er denen droben zu, und von einem der oben haltenden Fuder stürzte es auf den nassen Klei hinunter. Unten sprangen Männer dazwischen und zerrten es auseinander und schrien nach oben, sie nur nicht zu begraben. Und wieder kamen neue Karren, und Hauke war schon wieder oben und sah von seinem Schimmel in die Schlucht hinab, und wie sie dort schaufelten und stürzten; dann warf er seine Augen nach dem Haf hinaus. Es wehte scharf, und er sah, wie mehr und mehr der Wassersaum am Deich hinaufklimmte, und wie die Wellen sich noch höher hoben; er sah auch, wie die Leute trieften und kaum atmen konnten in der schweren Arbeit vor dem Winde, der ihnen die Luft am Munde abschnitt und vor dem kalten Regen, der sie überströmte. „Ausgehalten, Leute! Ausgehalten!" schrie er zu ihnen hinab. „Nur einen Fuß noch höher; dann ist's genug für diese Flut!" Und durch alles Getöse des Wetters hörte man das Geräusch der Arbeiter: das Klatschen der hineingestürzten Kleimassen, das Rasseln der Karren und das Rauschen des von oben hinabgelassenen Strohes ging unaufhaltsam vorwärts; dazwischen war mitunter das Winseln eines kleinen gelben Hundes laut geworden, der frierend und wie verloren zwischen Menschen und Fuhrwerken herumgestoßen wurde; plötzlich aber scholl ein jammervoller Schrei des kleinen Tieres von unten aus der Schlucht herauf. Hauke blickte hinab; er hatte es von oben hinunterschleudern sehen; eine jähe Zornröte stieg ihm ins Gesicht. „Halt! Haltet ein!" schrie er zu den Karren hinunter; denn der nasse Klei wurde unaufhaltsam aufgeschüttet.

„Warum?" rief eine raue Stimme von unten herauf; „doch um die elende Hunde-Kreatur nicht?"

„Halt! sag' ich", schrie Hauke wieder; „bringt mir den Hund! Bei unserem Werke soll kein Frevel sein!"

Aber es rührte sich keine Hand; nur ein paar Spaten zähen Kleis flogen noch neben das schreiende Tier. Da gab er seinem Schimmel die Sporen, dass das Tier einen Schrei ausstieß, und stürmte den Deich hinab, und Alles wich vor ihm zurück. „Den Hund!" schrie er; „ich will den Hund!"

Eine Hand schlug sanft auf seine Schulter, als wäre es die Hand des alten Jewe Manners; doch als er umsah, war es nur ein Freund des Alten. „Nehmt Euch in Acht, Deichgraf!" raunte der ihm zu. „Ihr habt nicht Freunde unter diesen Leuten; lasst es mit dem Hunde gehen!"

Der Wind pfiff, der Regen klatschte; die Leute hatten die Spaten in den Grund gesteckt, einige sie fortgeworfen. Hauke neigte sich zu dem Alten: „Wollt Ihr meinen Schimmel halten, Harke Jens?" frug er; und als jener noch kaum den Zügel in der Hand hatte, war Hauke schon in die Kluft gesprungen und hielt das kleine winselnde Tier in seinem Arm; und fast im selben Augenblicke saß er auch wieder hoch im Sattel und sprengte auf den Deich zurück. Seine Augen flogen über die Männer, die bei den Wagen standen. „Wer war es?" rief er. „Wer hat die Kreatur hinabgeworfen?"

Einen Augenblick schwieg Alles; denn aus dem hageren Gesicht des Deichgrafen sprühte der Zorn, und sie hatten abergläubische Furcht

Der Diakon und Chronist Hieronymus Saucke aus Herzhorn bei Steinburg in Schleswig-Holstein berichtete über ein Deichopfer im Jahre 1704:

„Anno 1685, wie der Teich von Brunsbüttel von den tobenden Elb- und Seewogen war weggerissen, ist denen Leuten daselbsten weis gemacht, sie würden den Bruch des Teiches nicht eher können stopfen, noch denselben gewinnen, wo nicht ein Kind umb Geld gekaufet und dasselbe in den Bruch würde zum fundament geworfen werden.

Woraus sie denn deputierte haben ausgesandt, umb ein solch Kind zu erhandeln. Wie nun selbige das Land durchgereiset und in Herzhorn gekommen, treffen sie in denselben Außenteich, welcher zu der Zeit Guldenlöwische und nunmehr die Larwigische Wildnis genannt wird, eine Frau auf der Straße an mit Namen Talcke Helms (welche selbsten mir diese Geschichte hat erzählet, nemlich Anno 1704 d. 13. Sept.), welche da ihren einzigen Sohn von ihren seligen Mann, etwa 1 1/2 Jahr alt, auf ihren Arm träget (sie hat aber zu der Zeit in Fullert Lauen Hause gewohnet) und fragen ihr, ob sie das Kind nicht verkaufen will. Wie sie mit Nein antwortet, halten sie dennoch bey ihr an und fragen ihr, was sie ihr vor das Kind geben sollen. Wie sie nun aus Scherz saget 1000 Rthl., bietet der eine ihr also sohrt 2000 Mk, der ander aber fällt ihm ins Wort und spricht: Ey, es ist ein feines Kind, wir wollen ihr 1000 Rthl geben, schütten ihr darauf das Geld, welches sie in zwei Katten umb den Leib gehabt, auf den Tisch, nehmen darauf das Kind und wollen mit selbiges davon gehen.

Wie also die Mutter merket, dass es Ernst ist, und sie ihr Kind entbehren soll, da verlanget sie das Geld nicht, sondern begehret ihr Kind zu behalten, die Männer aber kehren sich an ihr Geschrey nicht, sondern gehen ihren Weg mit dem erhandelten Kind. Es begegnet ihr aber zu ihrem Glück Hinrich Knee und fraget ihr, was ihr fehlt. Wie er nun höret, was ihr widerfahren, da gehet er den Männern auf dem Leibe mit seinen knubberichten Stock und zwinget sie dazu, dass sie der Mutter das Kind müssen wieder zustellen, holen auch darauf ihre 1000 Rthl. wieder. Es sollen aber darauf diese Gesellen von einem Soldaten in Glückstadt ein Kind vor 100 Rthl. erhandelt haben, welches sie sollen in den Bruch geworfen haben, worüber sie nachmals haben sie her geteichet. Talcke Helms ihr Sohn lebet, wie ich dieses schrieb, noch, hat schon geheyrathet und ist schon 28 Jahre alt.

Die Brunsbütteler zwar wollen von diese Historie nichtes wissen, dennoch aber so habe ich Anno 1710 zu Brunsbüttel selbsten aus dem Munde meines alten Schwagers Peter Sül, welcher zu der Zeit Teichgreve gewesen, wie auch von seinem Sohn Sül Sülsen gehöret, dass solches in Vorschlag gewesen, auch zwei deputirte deswegen ausgesandt, aber sie wären ohne ein Kind wieder gekommen, und der Teich wäre daraum doch gewonnen worden."

(Detlef Detlefsen: Geschichte der holsteinischen Elbmarschen, Bd. 2, Glückstadt 1892.)

Katechismus: Handbuch der Unterweisung in den Grundfragen deschristlichen Glaubens.

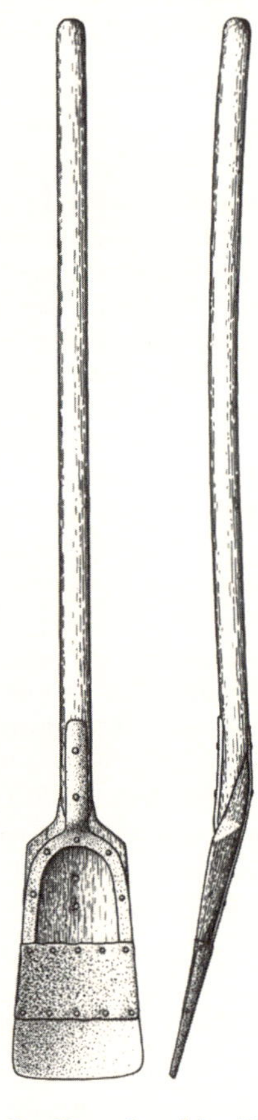

Kleispaten. In: Hans Joachim Kühn/ Albert Panten: Der frühe Deichbau in Nordfriesland. Bredstedt, 2. Aufl. 1995, S. 48.

vor ihm. Da trat von einem Fuhrwerk ein stiernackiger Kerl vor ihn hin. „Ich tat es nicht, Deichgraf", sagte er und biss von einer Rolle Kautabak ein Endchen ab, das er sich erst ruhig in den Mund schob; „aber der es tat, hat recht getan; soll Euer Deich sich halten, so muss was Lebiges hinein!"

– „Was Lebiges? Aus welchem Katechismus hast Du das gelernt?"

„Aus keinem, Herr!" entgegnete der Kerl, und aus seiner Kehle stieß ein freches Lachen; „das haben unsere Großväter schon gewusst, die sich mit Euch im Christentum wohl messen durften! Ein Kind ist besser noch; wenn das nicht da ist, tut's auch wohl ein Hund!"

„Schweig' Du mit Deinen Heidenlehren!" schrie ihn Hauke an; „es stopfte besser, wenn man Dich hineinwürfe."

„Oho!" erscholl es; aus einem Dutzend Kehlen war der Laut gekommen, und der Deichgraf gewahrte ringsum grimmige Gesichter und geballte Fäuste; er sah wohl, dass das keine Freunde waren; der Gedanke an seinen Deich überfiel ihn wie ein Schrecken: was sollte werden, wenn jetzt Alle ihre Spaten hinwürfen? – Und als er nun den Blick nach unten richtete, sah er wieder den Freund des alten Jewe Manners; der ging dort zwischen den Arbeitern, sprach zu Dem und Jenen, lachte hier Einem zu, klopfte dort mit freundlichem Gesicht Einem auf die Schulter, und Einer nach dem Andern fasste wieder seinen Spaten; noch einige Augenblicke, und die Arbeit war wieder in vollem Gange. – Was wollte er denn noch? Der Priel musste geschlossen werden, und den Hund barg er sicher genug in den Falten seines Mantels. Mit plötzlichem Entschluss wandte er seinen Schimmel gegen den nächsten Wagen: „Stroh an die Kante!" rief er herrisch, und wie mechanisch gehorchte ihm der Fuhrknecht; bald rauschte es hinab in die Tiefe, und von allen Seiten regte es sich aufs Neue und mit allen Armen.

Eine Stunde war noch so gearbeitet; es war nach sechs Uhr, und schon brach tiefe Dämmerung herein; der Regen hatte aufgehört; da rief Hauke die Aufseher an sein Pferd: „Morgen früh vier Uhr", sagte er, „ist Alles wieder auf dem Platz; der Mond wird noch am Himmel sein; da machen wir mit Gott den Schluss! Und dann noch Eines!" rief er, als sie gehen wollten: „Kennt Ihr den Hund?" und er nahm das zitternde Tier aus seinem Mantel.

Sie verneinten das; nur Einer sagte: „Der hat sich taglang schon im Dorf herumgebettelt; der gehört gar Keinem!"

„Dann ist er mein!" entgegnete der Deichgraf. „Vergesset nicht: morgen früh vier Uhr!" und ritt davon.

Als er heim kam, trat Ann' Grethe aus der Tür; sie hatte saubere Kleidung an, und es fuhr ihm durch den Kopf, sie gehe jetzt zum Konventikelschneider: „Halt' die Schürze auf!" rief er ihr zu, und da sie es unwillkürlich tat, warf er das kleibeschmutzte Hündlein ihr hinein: „Bring' ihn der kleinen Wienke; er soll ihr Spielkamerad werden! Aber wasch' und wärm' ihn zuvor; so tust Du auch ein gottgefällig Werk; denn die Kreatur ist schier verklommen."

Und Ann' Grethe konnte nicht lassen, ihrem Wirt Gehorsam zu leisten und kam deshalb heute nicht in den Konventikel.

**
*

Und am andern Tage wurde der letzte Spatenstich am neuen Deich getan; der Wind hatte sich gelegt; in anmutigem Fluge schwebten Möwen und Avosetten über Land und Wasser hin und wieder; von Jevershallig tönte das tausendstimmige Geknorr der Rottgänse, die sich's noch heute an der Küste der Nordsee wohl sein ließen, und aus den weißen Morgennebeln, welche die weite Marsch bedeckten, stieg allmählich ein goldner Herbsttag und beleuchtete das neue Werk der Menschenhände.

Nach einigen Wochen kamen mit dem Oberdeichgrafen die herrschaftlichen Kommissäre zur Besichtigung desselben; ein großes Festmahl, das erste nach dem Leichenmahl des alten Tede Volkerts, wurde im deichgräflichen Hause gehalten; alle Deichgevollmächtigten und die größten Interessenten waren dazu geladen. Nach Tische wurden sämtliche Wagen der Gäste und des Deichgrafen angespannt; Frau Elke wurde von dem Oberdeichgrafen in die Karriole gehoben, vor der der braune Wallach mit seinen Hufen stampfte; dann sprang er selber hinten nach und nahm die Zügel in die Hand; er wollte die gescheite Frau seines Deichgrafen selber fahren. So

verklommen: kalt sein vor Frost.

Avosetten: Die Avosette (Recurvirostra avosetta) ist eine Vogelart aus der Familie der Säbelschnäbler.

Rottgänse: Die Rottgans oder Ringelgans (Branta bernicla) ist eine kleine, gesellig lebende Art der Gattung Meergänse (Branta) der Familie der Entenvögel (Anatidae). Die Vögel geben knurrende Laute von sich.

Karriole: leichtes, zweirädriges Fuhrwerk mit Kasten.

Richard Eschke: Karriolspost. Museumsstiftung für Post- und Telekommunikation; Wikimedia Commons.

die herrschaftlichen Kommissäre: königliche Verwaltungsbeamte. Storm las bei dem Husumer Chronisten Johannes Laß einen Bericht, in dem dieser ausführlich die Schäden beschreibt, die von der Dezemberflut des Jahres 1717 angerichtet worden waren. Über die Reparaturarbeiten am Porrenkoog bei Husum fand er folgende Notiz, auf die er in seiner Entwurfshandschrift hinweist:

„Im April Monath [1718] arrivirten [trafen ein] alhier 4 Königl. Commissarien, welche d. 18 ej. [desselben Monats] nach Oldenburg & Delmenhorst reiseten/um den daselbst an den Teichen geschehenen Schaden/in Augenschein zu nehmen. [...]

Den [30. Juli] kahmen die H<er>r<e>n. Commissarii von Tundern zurück/worauf sie das Teichwesen in Lundenberg in Augenschein nahmen:"

(J[ohannes] Laß: Sammelung einiger Husumischen Nachrichten, Zweyter Fortsetzung I, S. 69.)

„der neue Carolinenkoog“: *Der Name erinnert an den im Jahre 1800 eingedeichten Karolinenkoog am Südostufer der Eider gegenüber der Stadt Tönning. Diesen Koog wollte Storm zunächst als Vorbild für Hauke Haiens Werk verwenden.*

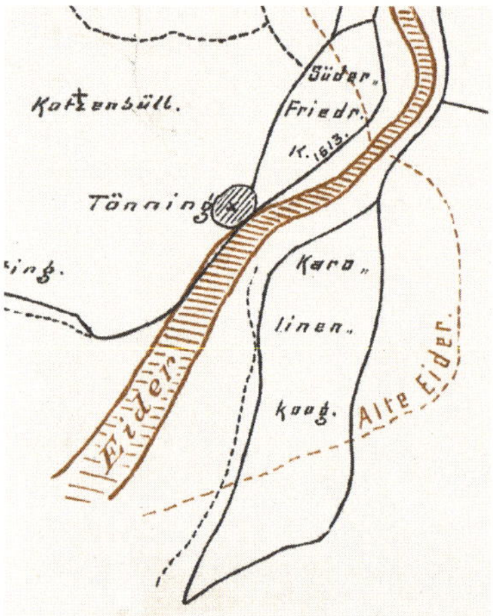

Übersichtskarte über die Eindeichungen in Eiderstedt und Staplholm (Ausschnitt). In Eckermann 1882; Kartenbeilage.

Frakturschrift: Schriftart aus der Gruppe der gebrochenen Schriften. Sie war von Mitte des 16. bis Anfang des 20. Jahrhunderts die meistbenutzte Druckschrift im deutschsprachigen Raum. Zur Hervorhebung von Wichtigem wurde sie auch in handschriftlichen Dokumenten verwendet.

Husumer Stadtrechtsurkunde von 1603 Landesarchiv Schleswig.

Klei schlagen: nd.: „Kleien heißt in der Marsch eine Grube reinigen vom Schlamm, die Gräben ausschlammen, und den Schlamm aufs Land werfen.“

(Johann Friedrich Schütze (Hg.): Holsteinisches Idiotikon. Teil 2, Hamburg 1800, S. 273.)

Zu diesem Zweck benutzte man eine hölzerne Schaufel, die Latje.

ging es munter von der Werfte und in den Weg hinaus, den Akt zum neuen Deich hinan und auf demselben um den jungen Koog herum. Es war inmittelst ein leichter Nordwestwind aufgekommen, und an der Nord- und Westseite des neuen Deiches wurde die Flut hinaufgetrieben; aber es war unverkennbar, der sanfte Abfall bedingte einen sanfteren Anschlag; aus dem Munde der herrschaftlichen Kommissäre strömte das Lob des Deichgrafen, dass die Bedenken, welche hie und da von den Gevollmächtigten dagegen langsam vorgebracht wurden, gar bald darin erstickten.

– Auch das ging vorüber; aber noch eine Genugtuung empfing der Deichgraf eines Tages, da er in stillem, selbstbewussten Sinnen auf dem neuen Deich entlang ritt. Es mochte ihm wohl die Frage kommen, weshalb der Koog, der ohne ihn nicht da wäre, in dem sein Schweiß und seine Nachtwachen steckten, nun schließlich nach einer der herrschaftlichen Prinzessinnen „der neue Carolinenkoog“ getauft sei; aber es war doch so: auf allen dahin gehörigen Schriftstücken stand der Name, auf einigen sogar in roter Frakturschrift. Da, als er aufblickte, sah er zwei Arbeiter mit ihren Feldgerätschaften, der eine etwa zwanzig Schritte hinter dem andern, sich entgegenkommen: „So wart' doch!“ hörte er den Nachfolgenden rufen; der Andere aber – er stand eben an einem Akt, der in den Koog hinunterführte – rief ihm entgegen: „Ein andermal, Jens! Es ist schon spät; ich soll hier Klei schlagen!“

– „Wo denn?“

„Nun hier, im Hauke-Haienkoog!“

Er rief es laut, indem er den Akt hinabtrabte, als solle die ganze Marsch es hören, die darunter lag. Hauke aber war es, als höre er seinen Ruhm verkünden; er hob sich im Sattel, gab seinem Schimmel die Sporen und sah mit festen Augen über die weite Landschaft hin, die zu seiner Linken lag. „Hauke-Haienkoog!“ wiederholte er leis; das klang, als könnt' es alle Zeit nicht anders heißen! Mochten sie trotzen, wie sie wollten, um seinen Namen war doch nicht herumzukommen; der Prinzessinnen-Name – würde er nicht bald nur noch in alten Schriften modern? – Der Schimmel ging in stolzem Galopp; vor seinen Ohren aber summte es: „Hauke-Haienkoog! Hauke-Haienkoog!“ In seinen Gedanken wuchs fast der neue Deich zu einem achten Weltwunder; in ganz Friesland war nicht seines Gleichen! Und er ließ den Schimmel tanzen; ihm war, er stünde inmitten aller Friesen; er überragte sie um Kopfeshöhe, und seine Blicke flogen scharf und mitleidig über sie hin.

– – Allmählich waren drei Jahre seit der Eindeichung hingegangen; das neue Werk hatte sich bewährt, die Reparaturkosten waren nur gering gewesen; im Kooge aber blühte jetzt fast überall der weiße Klee, und ging man über die geschützten Weiden, so trug der Sommerwind einem ganze Wolken süßen Dufts entgegen. Da war die Zeit gekommen, die bisher nur idealen Anteile in wirkliche zu verwandeln und allen Teilnehmern ihre bestimmten Stücke für immer eigentümlich zuzusetzen. Hauke war nicht müßig gewesen, vorher noch einige neue zu erwerben; Ole Peters hatte sich verbissen zurückgehalten; ihm gehörte nichts im neuen Kooge. Ohne Verdruss und Streit hatte auch so die Teilung nicht abgehen können; aber fertig war es gleichwohl geworden; auch dieser Tag lag hinter dem Deichgrafen.

**
*

Fortan lebte er einsam seinen Pflichten als Hofwirt wie als Deichgraf und denen, die ihm am nächsten angehörten; die alten Freunde waren nicht mehr in der Zeitlichkeit, neue zu erwerben war er nicht geeignet. Aber unter seinem Dach war Frieden, den auch das stille Kind nicht störte; es sprach wenig, das stete Fragen, was den aufgeweckten Kindern eigen ist, kam selten und meist so, dass dem Gefragten die Antwort darauf schwer wurde; aber ihr liebes, einfältiges Gesichtlein trug fast immer den Ausdruck der Zufriedenheit. Zwei Spielkameraden hatte sie, die waren ihr genug: wenn sie über die Werfte wanderte, sprang das gerettete gelbe Hündlein stets um sie herum, und wenn der Hund sich zeigte, war auch klein Wienke nicht mehr fern. Der zweite Kamerad war eine Lachmöwe, und wie der Hund „Perle", so hieß die Möwe „Claus".

die bisher nur idealen Anteile: Nach der Fertigstellung des neuen Kooges wurden die bisher nur in den Verträgen zugeteilten Ländereien den wirklichen Eigentümern übertragen (eigentümlich zugesetzt).

eine Lachmöwe: Chroicocephalus ridibundus, eine Vogelart aus der Familie der Möwen (Laridae).

Möwe „Claus": Das folgende Motiv hat Storm in seiner Entwurfshandschrift notiert („Concept", S. 135 f.) und später verworfen: „Der Deichgraf, ein Mann, der früher in niedrigen Verhältnissen gelitten; das entwickelt seine Energie u<nd> Härte. – Seine Tochter hat V<e>rhältniß zu einem jungen Arbeiter, er schenkt ihr die Möve Klaas (die einmal ausbleibt) auf dem Deich im Sturm wird sie hingeschleudert, sie trägt sie an der Brust; der Vater sieht es."

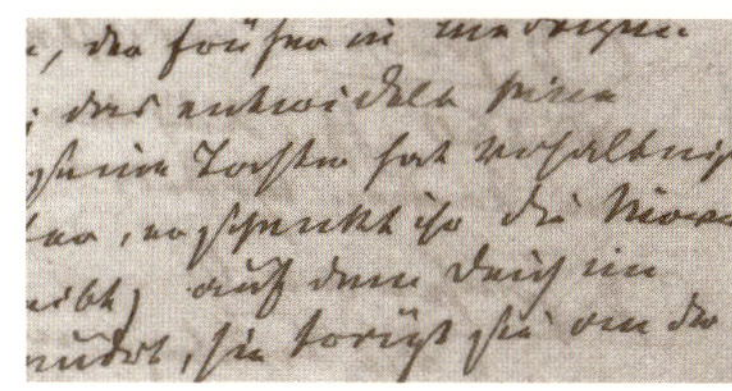

Storms Entwurfshandschrift „Concept", S. 135 (Ausschnitt).

In der Volksüberlieferung ist die Möwe Tiergestalt menschlicher Seelen. Theodor Storm hat bei der Sammlung von Märchen und Sagen aus Schleswig-Holstein (Müllenhoff 1845, S. 137) Motive der Abel-Sage beigetragen, die davon erzählt, dass der ermordete Dänenkönig mit seinen Leuten als Möwen immer wieder zu der Stelle zurückkommen muss, wo sein Schloss bei Schleswig stand. (Vergl. Eversberg 2005a, S. 253.)

In Jütland heißt es, wenn die Möwen von Westen her auf's Land fliegen, verkünden sie Sturm. Die Möwen dürfen daher nicht getötet werden, sonst rächen sich die Seelen an dem Täter und bringen ihm Unglück, meist zur See.

(Nach: Handwörterbuch des deutschen Aberglaubens, Bd. 6 Berlin, 1934/35, S. 596.)

verlebte Dienstmagd: hier im Sinne von alt und schwach.

Zuckerkistenholz: Zedrobaum, Gattung der Meliazeen, große Bäume mit immergrünen, gefiederten Blättern in Westindien und Guayana, aus derem rötlichen Holz Zigarren- und Zuckerkisten angefertigt wurden.

Gardinenbett: Bett, das wie ein Himmelbett angefertigt ist und zusätzlich an seinen Seiten und am Fußende Gardinen hat, die zugezogen werden können; im nordfriesischen Bauernhaus in die Wand eingelassene Bettstelle, vor der eine dichte Gardine angebracht ist.

Bilder vom verlorenen Sohn: Das heute sprichwörtlich gewordene Bild vom verlorenen Sohn hat seinen Ursprung in einem biblischen Gleichnis, das im Evangelium des Lukas erzählt wird:

Vom verlorenen Sohn

Und er sprach: Ein mensch hatte zween söhne, und der jüngste unter ihnen sprach zu dem vater: Gib mir, vater, das theil der güter, das mir gehörert. Und er theilet ihnen das gut. Und nicht lang darnach samlete der jüngste sohn alles zusammen, und zog ferne über land, und daselbs brachte er sein gut um mit prassen. Da er nun alle das seine verzehret hatte, ward eine grosse theurung durch dasselbige ganze land, und er fieng an zu darben. Und er ging hin, und hängete sich an einen bürger desselbigen landes, der schickte ihn auf seinen acker, der säue zu hüten. Und er begehrte seinen bauch zu füllen mit träbern, die die säue assen, und niemand gab sie ihm. Da schlug er in sich, und sprach: Wie viel taglöhner hat mein vater, die brots die fülle haben, ich aber verderbe im hunger. Ich wil mich aufmachen, und zu meinem vater gehen, und zu ihm sagen: Vater, ich habe gesündiget in den himmel, und vor dir. Und bin forthin nicht mehr werth, daß ich dein sohn heisse, mache mich als einen deiner taglöhner. Und er machte sich auf, und kam zu seinem vater. Da er aber noch ferne von dannen war, sahe ihn sein vater, und es jammerte ihn, und lieff und fiel ihm um seinen hals, und küssete ihn. Der sohn aber sprach zu ihm: Vater, ich habe gesündiget in den himmel, und vor dir, ich bin forthin nicht mehr werth, daß ich dein sohn heisse. Aber der vater sprach zu seinen knechten: Bringet das beste Kleid hervor, und thut ihn an, und gebet ihm einen finger-reiff an seine hand,

Claus war durch ein greises Menschenkind auf dem Hofe installiert worden; die achtzigjährige Trien' Jans hatte in ihrer Kate auf dem Außendeich sich nicht mehr durchbringen können; da hatte Frau Elke gemeint, die verlebte Dienstmagd ihres Großvaters könnte bei ihnen noch ein paar stille Abendstunden und eine gute Sterbekammer finden, und so, halb mit Gewalt, war sie von ihr und Hauke nach dem Hofe geholt und in dem Nordwest-Stübchen der neuen Scheuer untergebracht worden, die der Deichgraf vor einigen Jahren neben dem Haupthause bei der Vergrößerung seiner Wirtschaft hatte bauen müssen; ein paar der Mägde hatten daneben ihre Kammer erhalten und konnten der Greisin Nachts zur Hand gehen. Rings an den Wänden hatte sie ihr altes Hausgerät: eine Schatulle von Zuckerkistenholz, darüber zwei bunte Bilder vom verlorenen Sohn, ein längst zur Ruhe gestelltes Spinnrad und ein sehr sauberes Gardinenbett, vor dem ein ungefüger, mit dem weißen Fell des weiland Angorakaters überzogener Schemel stand. Aber auch was Lebiges hatte sie noch um sich gehabt und mit hieher gebracht: das war die Möwe Claus, die sich schon jahrelang zu ihr gehalten hatte und von ihr gefüttert worden war; freilich, wenn es Winter wurde, flog sie mit den anderen Möwen südwärts und kam erst wieder, wenn am Strand der Wermut duftete.

Die Scheuer lag etwas tiefer an der Werfte; die Alte konnte von ihrem Fenster aus nicht über den Deich auf die See hinausblicken. „Du hast mich hier als wie gefangen, Deichgraf!" murrte sie eines Tages, als Hauke zu ihr eintrat, und wies mit ihrem verkrümmten Finger nach den Fennen hinaus, die sich dort unten breiteten. „Wo ist denn Jeverssand? Da über den roten oder über den schwarzen Ochsen hinaus?"

„Was will Sie denn mit Jeverssand?" frug Hauke.

– „Ach was, Jeverssand!" brummte die Alte. „Aber ich will doch sehen, wo mein Jung mir derzeit ist zu Gott gegangen!"

– „Wenn Sie das sehen will", entgegnete Hauke, „so muss Sie sich oben unter den Eschenbaum setzen, da sieht Sie das ganze Haf!"

„Ja", sagte die Alte; „ja, wenn ich Deine jungen Beine hätte, Deichgraf!"

Dergleichen blieb lange der Dank für die Hülfe, die ihr die Deichgrafsleute angedeihen ließen; dann aber wurde es auf einmal anders. Der kleine Kindskopf Wienke's guckte eines Morgens durch die halbgeöffnete Tür zu ihr herein. „Na", rief die Alte, welche mit den Händen in einander auf ihrem Holzstuhl saß, „was hast Du denn zu bestellen?"

Aber das Kind kam schweigend näher und sah sie mit ihren gleichgültigen Augen unablässig an.

„Bist Du das Deichgrafskind?" frug sie Trien' Jans, und da das Kind wie nickend das Köpfchen senkte, fuhr sie fort: „So setz' Dich hier auf meinen Schemel! Ein Angorakater ist's gewesen – so groß! Aber Dein Vater hat ihn totgeschlagen. Wenn er noch lebig wäre, so könnt'st Du auf ihm reiten."

Wienke richtete stumm ihre Augen auf das weiße Fell; dann kniete sie nieder und begann es mit ihren kleinen Händen zu streicheln, wie Kinder es bei einer lebenden Katze oder einem Hunde zu machen pflegen. „Armer Kater!" sagte sie dann und fuhr wieder in ihren Liebkosungen fort.

„So", rief nach einer Weile die Alte, „ jetzt ist es genug; und sitzen kannst Du auch noch heut' auf ihm; vielleicht hat Dein Vater ihn auch nur um deshalb totgeschlagen!" Dann hob sie das Kind an beiden Armen in die Höhe und setzte es derb auf den Schemel nieder. Da es aber stumm und unbeweglich sitzen blieb und sie nur immer ansah, begann sie mit dem Kopfe zu schütteln: „Du strafst ihn, Gott der Herr! Ja, ja, Du strafst ihn!" murmelte sie; aber ein Erbarmen mit dem Kinde schien sie doch zu überkommen; ihre knöcherne Hand strich über das dürftige Haar desselben, und aus den Augen der Kleinen kam es, als ob ihr damit wohl geschehe.

Von nun an kam Wienke täglich zu der Alten in die Kammer; sie setzte sich bald von selbst auf den Angoraschemel, und Trien' Jans gab ihr kleine Fleisch- und Brotstückchen in ihre Händchen, welche sie allzeit in Vorrat hatte, und ließ sie diese auf den Fußboden werfen; dann kam mit Gekreisch und ausgespreitzten Flügeln die Möwe aus irgend einem Winkel hervorgeschossen und machte sich darüber her. Erst erschrak das Kind und schrie auf vor dem großen, stürmenden Vogel; bald aber war es wie ein eingelerntes Spiel, und wenn sie nur ihr Köpfchen durch den Türspalt steckte, schoss schon der Vogel auf sie zu und setzte sich ihr auf Kopf oder Schulter, bis die Alte ihr zu Hülfe kam und die Fütterung beginnen konnte. Trien' Jans, die es sonst nicht hatte leiden können, dass einer auch nur die Hand nach ihrem „Claus" ausstreckte, sah jetzt geduldig zu, wie das Kind allmählich ihr den Vogel völlig abgewann. Er ließ sich willig von ihr haschen; sie trug ihn umher und wickelte ihn in ihre Schürze, und wenn dann auf der Werfte etwa das gelbe Hündlein um sie herum und eifersüchtig gegen den Vogel aufsprang, dann rief sie wohl: „Nicht Du, nicht Du, Perle!" und hob mit ihren Ärmchen die Möwe so hoch, dass diese, sich selbst befreiend, schreiend über die Werfte hinflog, und statt ihrer nun der Hund durch Schmeicheln und Springen den Platz auf ihren Armen zu erobern suchte.

Fielen zufällig Hauke's oder Elke's Augen auf dies wunderliche Vierblatt, das nur durch einen gleichen Mangel am selben Stängel festgehalten wurde, dann flog wohl ein zärtlicher Blick auf ihr Kind;

und schuhe an seine füsse. Und bringet ein gemästet kalb her, und schlachtet es: Lasset uns essen und frölich seyn. Denn dieser, mein sohn, war todt, und ist wieder lebendig worden, er war verlohren, und ist funden worden. Und sie fiengen an frölich zu seyn.

(Lukas 15, 11–24 in der Übersetzung von Martin Luther (1545), hier im Wortlaut aus einer Bibel, gedruckt in Büdingen 1746.)

„Der verlorene Sohn ein Schweinhirt" Guckkastenbild (Ausschnitt); Augsburg um 1700; Wikimedia Commons.

„Perle" heißt der Hund der Husumer Bäckerfamilie Wies, deren Tochter Lena Storm als Knaben allerlei Geschichten erzählt hat. Über ihn schrieb Storm in seinen „Zerstreuten Kapiteln":

Es gab damals in unserer Stadt noch keine Straßenbeleuchtung; aber desto mehr Gespenster; „es übte vor", es „jankte" draußen im „Austrom", im Schlosse wurde Nachts eine kleine braune Frau gesehen. Und das Alles wurde mit jedem Abend bei mir lebendig, und meine kleine Handlaterne warf zweifelhafte Lichter auf die unbewohnte Plankenstrecke, die in jener Straße zu passieren war. Hatte ich glücklich das Haus erreicht, so stürzte ich fast die Tür ein; die Glocke läutete, hinten im Backhause riß Perle an der Kette und erhob ein wütendes Gebell. Atemlos stand ich vor dem kleinen hitzigen Gesellen, der nun freudewinselnd an mir aufstrebte.

(„Lena Wies". In: LL4, S. 175 f.)

Vierblatt: Vier Freunde, die zusammenhängen wie die Blätter einer Pflanze.

Die Rufe des untergehenden Zigeunerkindes aus der Deichsage, das in seiner Not verzweifelt Liebe und Allmacht des Mütterlichen beschwört, spiegeln sich auf eine beunruhigende Weise in den ängstlichen Fragen und Rufen der schwachsinnigen Wienke beim Ritt mit dem Vater am Rand des Meeres. Beide Kinder, Wienke und das Zigeunerkind der Sage, haben Angst vor dem Wasser, fühlen sich bedroht bzw. sind bedroht. Gegen diese Bedrohung beschwört Wienke nun nicht die Liebe der Mutter, sondern die Allmacht des Vaters. [...] Auch ohne Kenntnis der „weiblichen" Quelle als Folie dieser Szene wird der Leser dieser Stelle allein durch das vorliegende Motivgeflecht ahnen, daß der Vater eben doch nicht alles kann, er ist kein machtvoller Übermensch, selbst wenn er sich hier noch als Deichgraf und Erbauer des Deiches rühmt, um seine Tochter zu beruhigen. Vor dem Hintergrund der (weiblichen) Deichsage erscheint die Allmacht Hauke Haiens durch die Beschwörungen des Kindes beinahe zynisch dekonstruiert. Zwischen Kind und Vater findet ebenso wie zwischen Kind und Mutter der Deichsage keine wirkliche Verständigung statt. Alle Beteiligten bleiben allein und bleiben sich fremd.

Hauke selbst, der im Verhältnis zu seiner Tochter in dieser Szene deutlich mütterliche Züge zeigt, hilft die Szene jedoch sichtlich zu einer gewissen Selbstbescheidung: Danach kann er zum erstenmal mit seiner Frau über den Schwachsinn des Kindes, den beide bisher verdrängt haben, sprechen und kann dieses Los in Liebe für das Kind annehmen. Seine Karriere als Macher und Naturbeherrscher neigt sich jedoch dem Ende zu, und entsprechend drängen Motive der „anderen Seite" nach vorn.

Nicht zufällig folgt auf die Szene am Meer, in der Wienke in ihrer Angst das Wasser zum Ungeheuer mit Sprache und Beinen macht und in der Haukes technophysikalische Allmacht beschwörend in Frage gestellt wird, mit der Erzählung der Wasserfrauengeschichte durch Trien' Jans eine neue Sagenszene, wieder erzählt von einer Frau, und wieder geht es um den Deich und um das Schicksal des Weiblichen anläßlich der technischen Errungenschaften der Männer. Im Bild des Wasserweibs hat nun wirklich – wie es scheint – das Wasser Stimme und

hatten sie sich gewandt, so blieb nur noch ein Schmerz auf ihrem Antlitz, den jedes einsam mit sich von dannen trug; denn das erlösende Wort war zwischen ihnen noch nicht gesprochen worden. Da eines Sommervormittages, als Wienke mit der Alten und den beiden Tieren auf den großen Steinen vor der Scheuntür saß, gingen ihre beiden Eltern, der Deichgraf seinen Schimmel hinter sich, die Zügel über dem Arme, hier vorüber; er wollte auf den Deich hinaus und hatte das Pferd sich selber von der Fenne heraufgeholt; sein Weib hatte auf der Werfte sich an seinen Arm gehängt. Die Sonne schien warm hernieder; es war fast schwül, und mitunter kam ein Windstoß aus Süd-Süd-Ost. Dem Kinde mochte es auf dem Platze unbehaglich werden: „Wienke will mit!" rief sie, schüttelte die Möwe von ihrem Schoß und griff nach der Hand ihres Vaters.

„So komm'!" sagte dieser.

– Frau Elke aber rief: „In dem Wind? Sie fliegt Dir weg!"

„Ich halt' sie schon; und heut haben wir warme Luft und lustig Wasser; da kann sie's tanzen sehen."

Und Elke lief ins Haus und holte noch ein Tüchlein und ein Käppchen für ihr Kind. „Aber es gibt ein Wetter", sagte sie; „macht, dass Ihr fortkommt, und seid bald wieder hier!"

Hauke lachte: „Das soll uns nicht zu fassen kriegen!" und hob das Kind zu sich auf den Sattel. Frau Elke blieb noch eine Weile auf der Werfte, und sah, mit der Hand ihre Augen beschattend, die Beiden auf den Weg und nach dem Deich hinübertraben; Trien' Jans saß auf dem Stein und murmelte Unverständliches mit ihren welken Lippen.

Das Kind lag regungslos im Arm des Vaters; es war, als atme es beklommen unter dem Druck der Gewitterluft; er neigte den Kopf zu ihr: „Nun, Wienke?" frug er.

Das Kind sah ihn eine Weile an: „Vater", sagte es, „Du kannst das doch! Kannst Du nicht Alles?"

„Was soll ich können, Wienke?"

Aber sie schwieg; sie schien die eigene Frage nicht verstanden zu haben.

Es war Hochflut; als sie auf den Deich hinaufkamen, schlug der Widerschein der Sonne von dem weiten Wasser ihr in die Augen, ein Wirbelwind trieb die Wellen strudelnd in die Höhe, und neue kamen heran und schlugen klatschend gegen den Strand, da klammerte sie ihre Händchen angstvoll um die Faust ihres Vaters, die den Zügel führte, dass der Schimmel mit einem Satz zur Seite fuhr. Die blassblauen Augen sahen in wirrem Schreck zu Hauke auf: „Das Wasser, Vater! das Wasser!" rief sie.

Aber er löste sich sanft und sagte: „Still, Kind, Du bist bei Deinem Vater; das Wasser tut Dir nichts!"

Sie strich sich das fahlblonde Haar aus der Stirn und wagte es wieder, auf die See hinauszusehen. „Es tut mir nichts", sagte sie zitternd; „nein, sag', dass es uns nichts tun soll; Du kannst das, und dann tut es uns auch nichts!"

„Nicht ich kann das, Kind", entgegnete Hauke ernst; „aber der Deich, auf dem wir reiten, der schützt uns, und den hat Dein Vater ausgedacht und bauen lassen."

Ihre Augen gingen wider ihn, als ob sie das nicht ganz verstünde; dann barg sie ihr auffallend kleines Köpfchen in dem weiten Rocke ihres Vaters.

„Warum versteckst Du Dich, Wienke?" raunte der ihr zu; „ist Dir noch immer bange?" Und ein zitterndes Stimmchen kam aus den Falten des Rockes: „Wienke will lieber nicht sehen; aber Du kannst doch Alles, Vater?"

Ein ferner Donner rollte gegen den Wind herauf. „Hoho!" rief Hauke, „da kommt es!" und wandte sein Pferd zur Rückkehr. „Nun wollen wir heim zur Mutter!"

Das Kind tat einen tiefen Atemzug; aber erst als sie die Werfte und das Haus erreicht hatten, hob es das Köpfchen von seines Vaters Brust. Als dann Frau Elke ihr im Zimmer das Tüchelchen und die Kapuze abgenommen hatte, blieb sie wie ein kleiner stummer Kegel vor der Mutter stehen. „Nun, Wienke", sagte diese und schüttelte sie leise, „magst Du das große Wasser leiden?"

Aber das Kind riss die Augen auf: „Es spricht", sagte sie; „Wienke ist bange!"

– „Es spricht nicht; es rauscht und toset nur!"

Gliedmaßen bekommen und protestiert mit beiden gegen die Einsperrung durch die von Männern gebaute Hafschleuse. Der Wasserfrau ist der Bezug zu ihrem eigentlichen Element abgeschnitten. Trien' Jans will gesehen und gehört haben, wie diese „Kreatur" verzweifelt schreiend und händeklatschend von Graben zu Graben schwamm und nicht aufs Meer herauskam. Verbunden mit der Verzweiflung des gefangenen Naturwesens ist in der Erzählung die Evokation von dessen Schönheit.

Hauke, der dazutritt, verbietet der Alten, seinem Kind solche Märchen zu erzählen, die könne sie allenfalls „den Gans' und Hühnern" erzählen. Der Mann und Deichgraf Hauke gehört zur Gruppe derer, die – wie in der Erzählung von der Wasserfrau – durch technische Errungenschaften wie Deich und Hafschleuse die Natur domestizieren und für sich nutzbar machen. Interessant ist nun zu beobachten, wie und mit welchen Begriffen er Trien' Jans abwehrt. Durch Verweis an Gänse und Hühner als adäquate Gesprächspartner wird zum einen verdeutlicht, dass für ihn Frauen und Tiere letztlich zusammengehören, da sie bloß Natur, bloß Geschöpfe und nicht eigentlich aufklärungsfähig sind. Zudem sind Gänse und Hühner Nutztiere im Gegensatz zu den Wildgänsen und Möwen, von denen Trien' Jans gerade im Ausklang der Wasserfrauengeschichte gesprochen hat. Nicht zufällig nimmt der erwachsene Hauke solche wilden Geschöpfe nicht mehr zur Kenntnis und scheint auch von roten Vogelstrümpfen sich nicht mehr faszinieren zu lassen. Er reduziert die Vogelwelt auf den Aspekt ihrer Verwertung und Nutzbarmachung, so wie Natur von ihm überhaupt reduziert wird auf den Charakter einer Ressource, die man kontrollieren, beherrschen und ge- oder verbrauchen kann. Den schönen unbekannten wilden Vogel des Anfangs hat er getötet, so wie er nun die Rede von der schönen wilden Wasserfrau zum Schweigen bringt.

(Irmgard Röbling: „Von Menschentragik und wildem Naturgeheimnis". In: Storm-lektüren. Würzburg 2000, S. 202f.)

die Zugvögel waren durchgezogen: Storm notiert in seiner Entwurfshandschrift („Concept", S. 135) „die vorüberziehenden Gänse die auf den Halligen brüten – Schwäne, ihre Laute" und zitiert aus Christian Johansen:

„Das sind Schaaren wilder Gänse, die als Strich- und Zugvögel sich diese Augen des Meeres auf einige Wochen zu Weideplätzen ausersehen haben." und „Die Vorboten des Winters ziehen hoch über dir dahin nach fernen Gegenden, und ein wunderbares Lied tönt von oben herab und vermischt seine geheimnisvollen hellen Klänge mit dem Tosen des Meeres und dem Rasen des fernen Strandes der Außeninseln. Es sind vorüberziehende Schwäne, die du hörst. Sollte es auch ein Schwanengesang sein, der den Untergang der Halligen verkündigt? Ich kann dir's nicht sagen."

(Halligenbuch. Eine untergehende Inselwelt. Schleswig 1866, S. 53.)

„Der Schwanengesang ist oftmals in der Tat der Grabgesang dieser schönen Tiere; denn da diese in dem tiefen Wasser ihre Nahrung nicht zu ergründen vermögen, so werden sie vom Hunger derart ermattet, daß sie zum Weiterziehen nach milderen Gegenden die Kraft nicht mehr besitzen und dann oft, auf dem Eise angefroren, dem Tode nahe oder bereits tot gefunden werden. Aber bis an ihr Ende lassen sie ihre klagenden und doch hellen Laute hören".

(Handwörterbuch des deutschen Aberglaubens, Bd. 7 Berlin, 1935, S. 1403.)

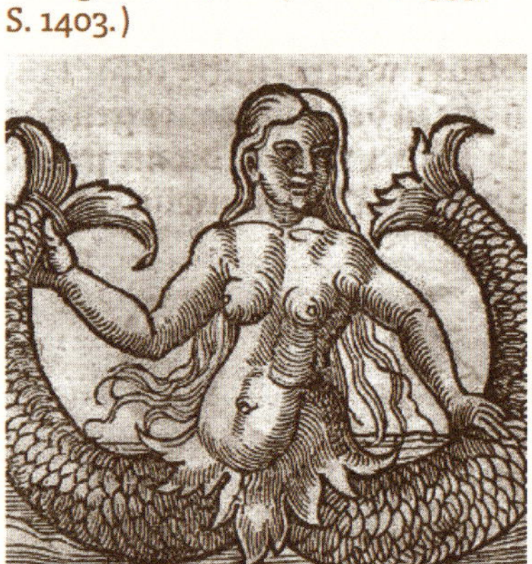

Meerfräulein, Holzschnitt von 1565; Wikimedia Commons.

Das Kind sah ins Weite: „Hat es Beine?" frug es wieder; „kann es über den Deich kommen?"

– „Nein, Wienke; dafür passt Dein Vater auf, er ist der Deichgraf."

„Ja", sagte das Kind und klatschte mit blödem Lächeln in seine Händchen; „Vater kann Alles – Alles!" Dann plötzlich, sich von der Mutter abwendend, rief sie: „Lass Wienke zu Trien' Jans, die hat rote Äpfel!"

Und Elke öffnete die Tür und ließ das Kind hinaus. Als sie dieselbe wieder geschlossen hatte, schlug sie mit einem Ausdruck des tiefsten Grams die Augen zu ihrem Manne auf, aus denen ihm sonst nur Trost und Mut zu Hülfe gekommen war.

Er reichte ihr die Hand und drückte sie, als ob es zwischen ihnen keines weiteren Wortes bedürfe; sie aber sagte leis: „Nein, Hauke, lass mich sprechen: das Kind, das ich nach Jahren Dir geboren habe, es wird für immer ein Kind bleiben. O, lieber Gott! es ist schwachsinnig; ich muss es einmal vor Dir sagen."

„Ich wusste es längst", sagte Hauke und hielt die Hand seines Weibes fest, die sie ihm entziehen wollte.

„So sind wir denn doch allein geblieben", sprach sie wieder.

Aber Hauke schüttelte den Kopf: „Ich hab' sie lieb, und sie schlägt ihre Ärmchen um mich und drückt sich fest an meine Brust; um alle Schätze wollt' ich das nicht missen!"

Die Frau sah finster vor sich hin: „Aber warum?" sprach sie; „was hab' ich arme Mutter denn verschuldet?"

– „Ja, Elke, das hab' ich freilich auch gefragt; den, der allein es wissen kann; aber Du weißt ja auch, der Allmächtige gibt den Menschen keine Antwort – vielleicht, weil wir sie nicht begreifen würden."

Er hatte auch die andere Hand seines Weibes gefasst und zog sie sanft zu sich heran: „Lass Dich nicht irren, Dein Kind, wie Du es tust, zu lieben; sei sicher, das versteht es!"

Da warf sich Elke an ihres Mannes Brust und weinte sich satt und war mit ihrem Leid nicht mehr allein. Dann plötzlich lächelte sie ihn an; nach einem heftigen Händedruck lief sie hinaus und holte sich ihr Kind aus der Kammer der alten Trien' Jans, und nahm es auf ihren Schoß und hätschelte und küsste es, bis es stammelnd sagte: „Mutter, mein' liebe Mutter!"

**
*

So lebten die Menschen auf dem Deichgrafs-Hofe still beisammen; wäre das Kind nicht da gewesen, es hätte viel gefehlt.

Allmählich verfloss der Sommer; die Zugvögel waren durchgezogen, die Luft wurde leer vom Gesang der Lerchen; nur vor den Scheunen, wo sie beim Dreschen Körner pickten, hörte man hie und da einige kreischend davonfliegen; schon war Alles hart gefroren. In der Küche des Haupthauses saß eines Nachmittags die alte Trien' Jans auf der Holzstufe einer Treppe, die neben dem Feuerherd nach dem Boden lief. Es war in den letzten Wochen, als sei sie aufgelebt; sie kam jetzt gern einmal in die Küche und sah Frau Elke hier hantieren; es war keine Rede mehr davon, dass ihre Beine sie nicht hätten dahin tragen können, seit eines Tages klein Wienke sie an der Schürze hier heraufgezogen hatte. Jetzt kniete das Kind an ihrer Seite und sah mit seinen stillen Augen in die Flammen, die aus dem Herdloch aufflackerten; ihr eines Händchen klammerte sich an den Ärmel der Alten, das andere lag in ihrem eigenen fahlblonden Haar. Trien' Jans erzählte: „Du weißt“, sagte sie, „ich stand in Dienst bei Deinem Urgroßvater, als Hausmagd, und dann musst' ich die Schweine füttern; der war klüger als sie alle – da war es, es ist grausam lange her; aber eines Abends, der Mond schien, da ließen sie die Hafschleuse schließen, und sie konnte nicht wieder zurück in See. O, wie sie schrie und mit ihren Fischhänden sich in ihre harten struppigen Haare griff! Ja, Kind, ich sah es und hörte sie selber schreien! Die Gräben zwischen den Fennen waren alle voll Wasser, und der Mond schien darauf, dass sie wie Silber glänzten, und sie schwamm aus einem Graben in den anderen und hob die Arme und schlug, was ihre Hände waren, aneinander, dass man es weither klatschen hörte, als wenn sie beten wollte; aber, Kind, beten können diese Kreaturen nicht. Ich saß vor der Haustür auf ein paar Balken, die zum Bauen angefahren waren und sah weithin über die Fennen; und das Wasserweib schwamm noch immer in den Gräben, und wenn sie die Arme aufhob, so glitzerten auch die wie Silber und Demanten. Zu-

Anna und Johann Iwersen Schmidt jr. (1844–1917), mit ihrer behinderten Tochter Henriette, Vorbild für Wienke. Reproduktion einer älteren Fotografie.

Herdloch: mit eisernen Ringen verschlossene Öffnung des Küchenherdes, in die die Kochtöpfe gehängt werden.

sie konnte nicht wieder zurück in See: Trien' Jans erzählt die Sage vom Meerweib; Storm verwendete für diese Szene eine Sage aus der Müllenhoff'schen Sammlung.

Die Meerweiber

Bei Wenningstede, am Fuße des rothen Kliffs, dem hohen westlichen Ufer Silts, trieb einst eine Meerfrau an den Strand. Zwei Silterinnen, die eben zur Stelle waren, ergriffen sie, trugen sie nach Hause und setzten sie in einen Kübel, der zur Hälfte voll Wasser war; allein das Meerweibchen schrie und weinte jämmerlich, und wollte sich nicht zufrieden geben. Da befahl der mitleidige Bauervogt des Ortes den Frauen, das arme Wesen wieder ins Wasser zu tragen; es wäre sonst auch bald umgekommen.

(Karl Müllenhoff: Sagen, Märchen und Lieder, Kiel 1845, S. 339.)

Demanten: Diamanten; das alte Substantiv wird heute nur noch als Adjektiv verwendet.

Undinger: Ungeheuer, Gespenster; Wesen, die eigentlich nicht existieren können.

Wildgans ist ein anderer Name für Graugans, eine Art der Gattung Feldgänse (Anser) in der Familie der Entenvögel (Anatidae). Graugänse zählen zu den häufigsten Wasservögeln und sind die zweitgrößte Gänseart in Europa.

Erzählungen; hier: unglaubwürdige Geschichte.

Großohm: Bruder der Großmutter.

Die meisten einfachen Leute der friesisch-deutschen Mischbevölkerung aus der Marsch tragen in der Novelle nur Rufnamen und werden als Typen beschrieben, die bestimmte Eigenschaften verkörpern; die Standespersonen wie der Pfarrer und der Oberdeichgraf werden nur mit ihrer Funktion benannt. Aber auch für die Bauern, Mägde und Knechte konnte Storm auf die Erinnerung an Menschen zurückgreifen, die er aus Hattstedt und der Hattstedter Marsch kannte. Für die alte Magd Trien' Jans verwendete er Erinnerungen an Lena Kock, die Magd seiner Urgroßmutter Elsabe Feddersen, die an der Husumer Schiffbrücke wohnte. Storm spricht von ihr in seinen Tagebuchaufzeichnungen (1881) als von „der sehr alten mit erloschenen Augen an dem großen Herde hukenden Dienerin".

(LL Bd. 4, S. 512.)

Seeteufel: Die Vorstellung von teuflischen Meerwesen war im 16. und 17. Jahrhundert weit verbreitet; hier ein Holzschnitt aus einem naturkundlichen Buch von 1575.

(Conrad Gessner: Fischbuch, Das ist ein kurtze, doch vollkomne beschreybung aller Fischen so in dem Meer vnnd süssen wasseren, Seen, Flüssen, oder anderen Bächen jr wonung habend [...]. Zürich 1575, S. 106.)

letzt sah ich sie nicht mehr, und die Wildgäns' und Möwen, die ich all' die Zeit nicht gehört hatte, zogen wieder mit Pfeifen und Schnattern durch die Luft."

Die Alte schwieg; das Kind hatte ein Wort sich aufgefangen: „Konnte nicht beten?" frug sie. „Was sagst Du? Wer war es?"

„Kind", sagte die Alte; „die Wasserfrau war es; das sind Undinger, die nicht selig werden können."

„Nicht selig!" wiederholte das Kind, und ein tiefer Seufzer, als habe sie das verstanden, hob die kleine Brust.

– „Trien' Jans!" kam eine tiefe Stimme von der Küchentür, und die Alte zuckte leicht zusammen. Es war der Deichgraf Hauke Haien, der dort am Ständer lehnte: „Was redet Sie dem Kinde vor? Hab' ich Ihr nicht geboten, Ihre Mären für sich zu behalten, oder sie den Gäns' und Hühnern zu erzählen?"

Die Alte sah ihn mit einem bösen Blicke an und schob die Kleine von sich fort: „Das sind keine Mären", murmelte sie in sich hinein, „das hat mein Großohm mir erzählt."

– „Ihr Großohm, Trien'? Sie wollte es ja eben selbst erlebt haben."

„Das ist egal", sagte die Alte; „aber Ihr glaubt nicht, Hauke Haien; Ihr wollt wohl meinen Großohm noch zum Lügner machen!" Dann rückte sie näher an den Herd und streckte die Hände über die Flammen des Feuerlochs.

Der Deichgraf warf einen Blick gegen das Fenster: draußen dämmerte es noch kaum. „Komm, Wienke!" sagte er und zog sein schwachsinniges Kind zu sich heran; „komm mit mir, ich will Dir draußen vom Deich aus etwas zeigen! Nur müssen wir zu Fuß gehen; der Schimmel ist beim Schmied." Dann ging er mit ihr in die Stube, und Elke band dem Kinde dicke wollene Tücher um Hals und Schultern; und bald danach ging der Vater mit ihr auf dem alten Deiche nach Nordwest hinauf, Jeverssand vorbei, bis wo die Watten breit, fast unübersehbar wurden.

Bald hatte er sie getragen, bald ging sie an seiner Hand; die Dämmerung wuchs allmählich; in der Ferne verschwand Alles in Dunst und Duft. Aber dort, wohin noch das Auge reichte, hatten die unsichtbar schwellenden Wattströme das Eis zerrissen, und, wie Hauke Haien es in seiner Jugend einst gesehen hatte, aus den Spalten stiegen wie damals die rauchenden Nebel, und daran entlang waren wiederum die unheimlichen närrischen Gestalten und hüpften gegen einander und dienerten und dehnten sich plötzlich schreckhaft in die Breite.

Das Kind klammerte sich angstvoll an seinen Vater und deckte dessen Hand über sein Gesichtlein: „Die Seeteufel!" raunte es zitternd zwischen seine Finger; „die Seeteufel!"

Er schüttelte den Kopf: „Nein, Wienke, weder Wasserweiber noch Seeteufel; so Etwas gibt es nicht; wer hat Dir davon gesagt?"

Sie sah mit stumpfem Blicke zu ihm herauf; aber sie antwortete nicht. Er strich ihr zärtlich über die Wangen: „Sieh nur wieder hin!" sagte er, „das sind nur arme hungrige Vögel! Sieh nur, wie jetzt der große seine Flügel breitet; die holen sich die Fische, die in die rauchenden Spalten kommen."

„Fische", wiederholte Wienke.

„Ja, Kind, das Alles ist lebig, so wie wir; es gibt nichts Anderes; aber der liebe Gott ist überall!"

Klein Wienke hatte ihre Augen fest auf den Boden gerichtet und hielt den Atem an; es war, als sähe sie erschrocken in einen Abgrund. Es war vielleicht nur so; der Vater blickte lange auf sie hin, er bückte sich und sah in ihr Gesichtlein; aber keine Regung der verschlossenen Seele wurde darin kund. Er hob sie auf den Arm und steckte ihre verklommenen Händchen in einen seiner dicken Wollhandschuhe: „So, mein Wienke", – und das Kind vernahm wohl nicht den Ton von heftiger Innigkeit in seinen Worten –, „so, wärm' Dich bei mir! Du bist doch unser Kind, unser einziges. Du hast uns lieb! . . " Die Stimme brach dem Manne; aber die Kleine drückte zärtlich ihr Köpfchen in seinen rauen Bart.

So gingen sie friedlich heimwärts.

**
*

Nach Neujahr war wieder einmal die Sorge in das Haus getreten; ein Marschfieber hatte den Deichgrafen ergriffen; auch mit ihm ging es nah' am Rand der Grube her, und als er unter Frau Elke's Pfleg' und Sorge wieder erstanden war, schien er kaum derselbe Mann. Die Mattigkeit des Körpers lag auch auf seinem Geiste, und Elke sah mit Besorgnis, wie er allzeit leicht zufrieden war. Dennoch, gegen Ende des März, drängte es ihn, seinen Schimmel zu besteigen und zum ersten Male wieder auf seinem Deich entlang zu reiten; es war an einem Nachmittage, und die Sonne, die zuvor geschienen hatte, lag längst schon wieder hinter trübem Duft.

Im Winter hatte es ein paar Mal Hochwasser gegeben; aber es war nicht von Belang gewesen; nur drüben am andern Ufer war auf einer Hallig eine Herde Schafe ertrunken und ein Stück vom Vorland abgerissen worden; hier an dieser Seite und am neuen Kooge war ein nennenswerter Schaden nicht geschehen. Aber in der letzten Nacht hatte ein stärkerer Sturm getobt; jetzt musste der Deichgraf selbst hinaus und Alles mit eignem Aug' besichtigen. Schon war er unten von der Süd-Ostecke aus auf dem neuen Deich herumgeritten, und es war Alles wohl erhalten; als er aber an die Nord-Ostecke gekom-

Marschfieber: Malaria, auch Sumpffieber oder Wechselfieber genannt. Bei der Krankheit („ein Marschenfieber"), die Storm nach der Fertigstellung des Deiches Hauke Haien zuschreibt, handelt es sich um die so genannte Marschenkrankheit, auch Drüddendagsfeber, Ernteseuche, Wechselfieber, Dreitagefieber oder Stoppelfieber, eine Infektionskrankheit, genannt Malaria, die durch einen einzelligen Blutparasiten verursacht wird, der vor der Entwässerung in den Marschen Norddeutschlands endemisch vorkam. Übertragen wurde sie von einer Mücke der Art Anopheles atroparvus. Storm informierte sich über diese Krankheit in der Dissertation seines Bruders Aemil, „De Febre sic dicta Marchica", der damit 1857 in Kiel zum Dr. med. promoviert worden war. Der jüngere Storm-Bruder kann keine unmittelbare Ursache für diese Infektionen nennen, denn erst 25 Jahre später entdeckte der französische Arzt Alphonse Laveran den Plasmodium-Parasiten im Blut von Malaria-Patienten und damit die ursächlichen Zusammenhänge zwischen Mückenstich und Infektion. Heute wissen wir, dass es sich um die Malaria tertiana handelte, die durch das Plasmodium vivax und das Plasmodium ovale ausgelöst wird. Diese Parasiten können in der Leber eines infizierten Menschen überdauern, und die Krankheit bricht erst nach einer primären langen Latenz von mehreren Monaten aus. So erklären sich auch Theodor Storms auf den ersten Blick eigentümlichen Zeitangaben: Die Krankheitssymptome zeigen sich bei Hauke Haien „nach Neujahr" und hindern den Deichgrafen bis „Ende März" daran, seinen Schimmel zu besteigen. Der Erreger konnte also zur „Ährenzeit" – wie es in Aemil Storms Dissertation heißt – nach 8–16tägiger Inkubationszeit eine mehrtägige Symptomatik auslösen und ruhte dann gleichsam für Monate, um in der Winterzeit wieder aktiv zu werden. Erkrankungsfälle mit Wechselfieber traten in den Marschen vor allem im Frühjahr und im Spätsommer auf; im Frühjahr waren viele Menschen durch die Entbehrungen der Winterzeit geschwächt, was die latente Malaria ausbrechen ließ. Im Spätsommer häuften sich die Fälle, in denen die Krankheit nach einer Neuinfektion mit kurzer Inkubation ausbrach.

damals übersehen worden: Storm notiert in seine Entwurfshandschrift („Concept", S. 126): „Durch den neuen Deich wird wegen veränderter Strömung der alte gefährdet, hinter dem das Dorf liegt; die Kosten zur Verstärkung fehlen, er bleibt unverstärkt" und zitiert aus Johann Georg Kohls Buch „Die Marschen und Inseln der Herzogthümer Schleswig und Holstein" (S. 34 f.): „Vielleicht werden sie durch den neuen Deich auf einen alten, schon bestehenden Deich geworfen, der nunmehr gefährdet ist und einer Verstärkung bedarf."

Zur eigenen Veranschaulichung der topographischen Verhältnisse an der Stelle, wo der neue Deich auf den alten stößt, hat Storm mehrere Skizzen angefertigt. Dabei orientierte er sich an der realen Verhältnissen an der Nordseite des Neuen Hattstedter Kooges, wo bis heute die Große Wehle von den Sturmfluten der Jahre 1717/18 zeugt, bei denen die Flut an der gefährdeten Stelle des Wallsbüller Saatkooges die alten Siele der Arlau herausriss und den Koog überflutete. Die Striche unterhalb der Deichlinie markieren Gehöfte, die östlich des Alten Deichs eingezeichnet sind. Der hinzugefügte Pfeil zeigt die Windrichtung bei gefährlichen Nordwest-Stürmen an.

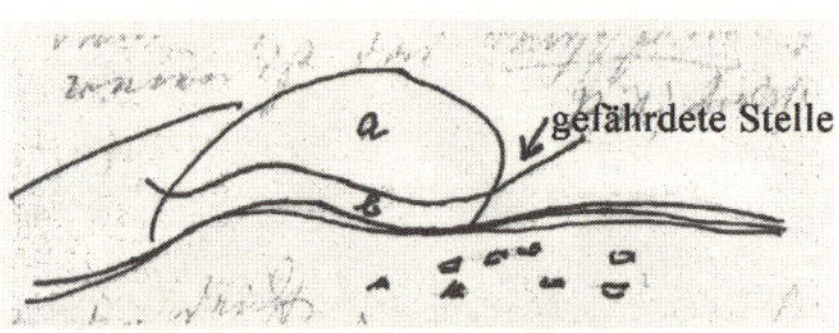

(„Concept", S. 34.)

das neu gewühlte Bett des Prieles: Zu einer der Skizzen notiert Storm in seine Entwurfshandschrift („Concept", S. 34): „Der Deich des neuen Koogs jetzt so im spitzen Winkel an dem alten Deich; ein starker Strom ist von Westen v<om> Meer hindurch gegangen u<nd> hat das Vorland a zu einer Insel gemacht. Er wird abgedämmt. Bei starker Ueberfluthu<n>g bohrt der Wellenschlag in den Winkel u<nd> trifft beide Deiche, Hauke sieht es und der alte Deich ist der schwächere, er beschließt ihn zu verstärken".

men war, dort wo der neue Deich auf den alten stößt, war zwar der erstere unversehrt, aber wo früher der Priel den alten erreicht hatte und an ihm entlang geflossen war, sah er in großer Breite die Grasnarbe zerstört und fortgerissen und in dem Körper des Deiches eine von der Flut gewühlte Höhlung, durch welche überdies ein Gewirr von Mäusegängen bloßgelegt war. Hauke stieg vom Pferde und besichtigte den Schaden in der Nähe: das Mäuseunheil schien unverkennbar noch unsichtbar weiter fortzulaufen.

Er erschrak heftig; gegen Alles dieses hätte schon beim Bau des neuen Deiches Obacht genommen werden müssen; da es damals übersehen worden, so musste es jetzt geschehen! – Das Vieh war noch nicht auf den Fennen, das Gras war ungewohnt zurückgeblieben, wohin er blickte, es sah ihn leer und öde an. Er bestieg wieder sein Pferd und ritt am Ufer hin und her: es war Ebbe, und er gewahrte wohl, wie der Strom von außen her sich wieder ein neues Bett im Schlick gewühlt hatte und jetzt von Nordwesten auf den alten Deich gestoßen war; der neue aber, soweit es ihn traf, hatte mit seinem sanfteren Profile dem Anprall widerstehen können.

Ein Haufen neuer Plag' und Arbeit erhob sich vor der Seele des Deichgrafen: nicht nur der alte Deich musste hier verstärkt, auch dessen Profil dem des neuen angenähert werden; vor Allem aber musste der als gefährlich wieder aufgetretene Priel durch neu zu legende Dämme oder Lahnungen abgeleitet werden. Noch einmal ritt er auf dem neuen Deich bis an die äußerste Nord-West-Ecke, dann wieder rückwärts, die Augen unablässig auf das neu gewühlte Bett des Prieles heftend, der ihm zur Seite sich deutlich genug in dem bloßgelegten Schlickgrund abzeichnete. Der Schimmel drängte vorwärts und schnob und schlug mit den Vorderhufen; aber der Reiter drückte ihn zurück, er wollte langsam reiten, er wollte auch die innere Unruhe bändigen, die immer wilder in ihm aufgor.

Wenn eine Sturmflut wiederkäme – eine, wie 1655 dagewesen, wo Gut und Menschen ungezählt verschlungen wurden – wenn sie wiederkäme, wie sie schon mehrmals einst gekommen war! – Ein heißer Schauer überrieselte den Reiter – der alte Deich, er würde den Stoß nicht aushalten, der gegen ihn heraufschösse! Was dann, was sollte dann geschehen? – Nur eines, ein einzig Mittel würde es geben, um vielleicht den alten Koog und Gut und Leben darin zu retten. Hauke fühlte sein Herz still stehen, sein sonst so fester Kopf schwindelte; er sprach es nicht aus, aber in ihm sprach es stark genug: Dein Koog, der Hauke-Haienkoog müsste preisgegeben und der neue Deich durchstochen werden!

Schon sah er im Geist die stürzende Hochflut hereinbrechen und Gras und Klee mit ihrem salzen schäumenden Gischt bedecken. Ein Sporenstich fuhr in die Weichen des Schimmels, und einen Schrei ausstoßend flog er auf dem Deich entlang und dann den Akt hinab, der deichgräflichen Werfte zu.

Den Kopf voll von innerem Schrecknis und ungeordneten Plänen kam er nach Hause. Er warf sich in seinen Lehnstuhl, und als Elke mit der Tochter in das Zimmer trat, stand er wieder auf und hob das Kind zu sich empor und küsste es; dann jagte er das gelbe Hündlein mit ein paar leichten Schlägen von sich. „Ich muss noch einmal droben nach dem Krug!" sagte er, und nahm seine Mütze vom Türhaken, wohin er sie eben erst gehängt hatte.

Seine Frau sah ihn sorgvoll an: „Was willst Du dort? Es wird schon Abend, Hauke!"

„Deichgeschichten!" murmelte er vor sich hin, „ich treffe von den Gevollmächtigten dort."

Sie ging ihm nach und drückte ihm die Hand, denn er war mit diesen Worten schon zur Tür hinaus. Hauke Haien, der sonst Alles bei sich selber abgeschlossen hatte, drängte es jetzt, ein Wort von Jenen zu erhalten, die er sonst kaum eines Anteils wert gehalten hatte. Im Gastzimmer traf er Ole Peters mit zweien der Gevollmächtigten und einem Koogseinwohner am Kartentisch. „Du kommst wohl von draußen, Deichgraf?" sagte der Erstere, nahm die halb ausgeteilten Karten auf und warf sie wieder hin.

„Ja, Ole", erwiderte Hauke; „ich war dort; es sieht übel aus."

„Übel? – Nun, ein paar Hundert Soden und eine Bestickung wird's wohl kosten; ich war dort auch am Nachmittag."

„So wohlfeil wird's nicht abgehen, Ole", erwiderte der Deichgraf, „der Priel ist wieder da, und wenn er jetzt auch nicht von Norden auf den alten Deich stößt, so tut er's doch von Nordwesten!"

„Du hätt'st ihn lassen sollen, wo Du ihn fandest!" sagte Ole trocken.

wie 1655 dagewesen: In seiner Entwurfshandschrift notiert Storm zunächst „eine Fluth, wie 16.. wo Land u‹nd› Menschen ungezählt zu Grunde gingen" („Concept", S. 11).

Diese noch ungenaue Jahresangabe bezieht sich auf den Bericht Heimreichs, der in seiner Chronik Nordfrieslands summarisch über Sturmfluten der 1650er und 1660er Jahre berichtet (S. 221–224). Bei der Übernahme dieses Textabschnitts in die Reinschrift (Blatt 185) präzisiert Storm die Jahreszahl und schreibt:

„Wenn eine Sturmfluth wiederkäme – eine, wie sie 1665 dagewesen, wo Gut und Menschen ungezählt verschlungen wurde – wenn sie wiederkäme, wie sie schon mehrmals einst gekommen war!" Dieses Jahr erscheint auch im Zeitschriftendruck. Bei der Herstellung der ersten Buchausgabe wurde stattdessen 1655 gesetzt; vermutlich handelt es sich dabei um einen Fehler des Setzers, den Storm aber übersehen und dadurch autorisiert hat.

Für beide Jahre gibt es Belege in Heimreichs Chronik: „Wie denn auch A‹nno› 1655, den 4ten Aug., ein schrecklicher Südweststurm entstanden, dadurch der Deich von Bredstede nach Husum überall eingebrochen, […]."

„A‹nno› 1662 ist zwischen dem 19ten und 20ten Febr. abermals eine hohe und ungewöhnliche Fluth zur Ebbezeit ergangen, welche in Hatstedter Marsch bey Bredstedt, und jenseits Ockholm, wie auch Widingharde eingebrochen, und die Deiche übel zerschlagen, […]."

„Auch ist A‹nno› 1663 zwischen dem 19ten und 20ten Octob. eine sehr hohe Fluth bey schrecklichem Sturmwinde und Donnerwetter entstanden, […], die Deiche in Widingharde und bey Bredstedt eingebrochen, […]."

„A‹nno› 1665, zwischen dem 5ten und 6ten Dec., ist eine hohe Wasserfluth entstanden, […] Fresland und in andern an der See liegenden Ländern unersetzlichen Schaden gethan, […]." (S. 221 f.)

wenn sie wiederkäme: Storm notiert in seinen frühen Aufzeichnungen („Concept", S. 90): „Sprüchwort: Wo Wasser gewesen, daselbst kann Wasser wieder kommen." Dazu schreibt Heimreich: „Welche Fluthen klare Anzeigungen geben, wie nicht unbillig sprüchwortweise gesagt werde, daß, wo Wasser gewesen, daselbst Wasser wieder könne kommen,

„Das heißt", entgegnete Hauke, „der neue Koog geht Dich nichts an; und darum sollte er nicht existieren. Das ist Deine eigne Schuld! Aber wenn wir Lahnungen legen müssen, um den alten Deich zu schützen, der grüne Klee hinter dem neuen bringt das übermäßig ein!"

„Was sagt Ihr, Deichgraf?" riefen die Gevollmächtigten; „Lahnungen? Wie viele denn? Ihr liebt es, Alles beim teuersten Ende anzufassen!"

Die Karten lagen unberührt auf dem Tisch. „Ich will's Dir sagen, Deichgraf", sagte Ole Peters und stemmte beide Arme auf, „Dein neuer Koog ist ein fressend Werk, was Du uns gestiftet hast! Noch laboriert Alles an den schweren Kosten Deiner breiten Deiche; nun frisst er uns auch den alten Deich, und wir sollen ihn verneuen! – Zum Glück ist's nicht so schlimm; er hat diesmal gehalten und wird es auch noch ferner tun! Steig' nur morgen wieder auf Deinen Schimmel und sieh es Dir noch einmal an!"

Hauke war aus dem Frieden seines Hauses hieher gekommen; hinter den immerhin noch gemäßigten Worten, die er eben hörte, lag – er konnte es nicht verkennen – ein zäher Widerstand, ihm war, als fehle ihm dagegen noch die alte Kraft. „Ich will tun, wie Du es rätst, Ole", sprach er; „nur fürcht' ich, ich werd' es finden, wie ich es heut' gesehen habe."

– Eine unruhige Nacht folgte diesem Tage; Hauke wälzte sich schlaflos in seinen Kissen. „Was ist Dir?" frug ihn Elke, welche die Sorge um ihren Mann wach hielt; „drückt Dich etwas, so sprich es von Dir; wir haben's ja immer so gehalten!"

„Es hat nichts auf sich, Elke!" erwiderte er, „am Deiche, an den Schleusen ist was zu reparieren; Du weißt, dass ich das allzeit Nachts in mir zu verarbeiten habe." Weiter sagte er nichts; er wollte sich die Freiheit seines Handelns vorbehalten; ihm unbewusst war die klare Einsicht und der kräftige Geist seines Weibes ihm in seiner augenblicklichen Schwäche ein Hindernis, dem er unwillkürlich auswich.

– – Am folgenden Vormittag, als er wieder auf den Deich hinauskam, war die Welt eine andere, als wie er sie Tags zuvor gefunden hatte; zwar war wieder hohl' Ebbe, aber der Tag war noch im Steigen, und eine lichte Frühlingssonne ließ ihre Strahlen fast senkrecht auf die unabsehbaren Watten fallen; die weißen Möwen schwebten ruhig hin und wieder, und unsichtbar über ihnen, hoch unter dem azurblauen Himmel, sangen die Lerchen ihre ewige Melodie. Hauke, der nicht wusste, wie uns die Natur mit ihrem Reiz betrügen kann, stand auf der Nordwestecke des Deiches und suchte nach dem neuen Bett des Prieles, das ihn gestern so erschreckt hatte; aber bei dem vom Zenit herabschießenden Sonnenlichte fand er es anfänglich nicht einmal; erst da er gegen die blendenden Strahlen seine Au-

und man demnach sich für dasselbe in den Wasserländern nimmer könne versichern, sondern, so diese Nordfresen in ihren Häusern und auf ihren Ländereien ohne Gefahr wohnen wollen, dieselben nicht allein alsdenn ihre Deicharbeit werden endigen können, […]." (S. 223.)

Der Hauke-Haien-Koog in Nordfriesland (in etwa durch Schlüttsiel im Westen, Fahretoft im Norden und Ockholm im Süden begrenzt) wurde von 1958 bis 1960 eingedeicht und nach Storms Novellen-Figur benannt.

der neue Deich durchstochen: Die letzte Möglichkeit, eine größere Katastrophe zu verhindern, ist die Durchstechung eines Deichs, um das Wasser in einen Koog abfließen zu lassen und durch Verminderung des Wasserdrucks die Deiche und Köge in der Nähe zu retten. Der Pastor und Chronist Matthias Boetius von Nordstrand schrieb dazu im Jahre 1623: „und das [taten sie] entweder aus Neid, weil sie ihren Nachbaren, die schon im Trokkenen sassen, das nicht gönten, oder aus Furcht, daß das Wasser höher stauen und in ihre Häuser dringen möchte."

(Matthias Boetius: Geschichte der Ueberschwemmungen Nordstrands und des Deichbaues daselbst in den Jahren 1612–1618, S. 119.)

In der „Systematische(n) Übersicht des Deichrechts […] zum Gebrauch academischer Vorlesungen" von Carl Schrader heißt es zum Thema „Deichfrevel": „Zu den letzteren rechnen die Deichrechte ausdrücklich das boshafte Durchstechen der Deiche." (Kiel 1805, S. 75, Anmerkung 1).

Gischt: weißer Schaum, der auf der Wasseroberfläche entsteht.

hohl' Ebbe: der tiefste Wasserstand bei Ebbe.

azurblauen: Azurblau, auch Bergblau oder Himmelblau genannt, ist ein hellblauer Farbton.

Zenit: der senkrecht über dem Beobachter liegende Scheitelpunkt des Himmelsgewölbes.

gen mit der Hand beschattete, konnte er es nicht verkennen; aber dennoch, die Schatten in der gestrigen Dämmerung mussten ihn getäuscht haben; es kennzeichnete sich jetzt nur schwach; die bloßgelegte Mäusewirtschaft musste mehr als die Flut den Schaden in dem Deich veranlasst haben. Freilich, Wandel musste hier geschafft werden; aber durch sorgfältiges Aufgraben, und wie Ole Peters gesagt hatte, durch frische Soden und einige Ruten Strohbestickung war der Schaden auszuheilen.

„Es war so schlimm nicht", sprach er erleichtert zu sich selber, „Du bist gestern doch Dein eigner Narr gewesen!" – Er berief die

bloßgelegte Mäusewirtschaft: freigelegte Mäusegänge. Storm notiert in seiner Entwurfshandschrift „Mäusejahre im Dithm‹arschen›" („Concept", S. 129) und zitiert aus Claus Harms Buch „Schleswig-Holsteinischer Gnomon"; damit verweist er auf den Abschnitt: „Die traurigen Mäusejahre in Dithmarschen." in Claus Harms (Hg.): Schleswig-Holsteinischer Gnomon. Kiel 1843, S. 43–46.

„Thiere, welche den Rasen aufwühlen, wie Schweine, oder die den Deichkörper durchwühlen, wie Maulwürfe, Wiesel, Mäuse und dergleichen müssen nicht geduldet, und ihre Gänge zugefüllt und zugestampft werden. Ein einzelner, durch den Deich gehender Mäuse-Gang kann den Durchbruch des Deichs veranlassen. Denn wenn Anfangs das Wasser auch fast unmerklich hindurchdringt, so vergrößert sich doch, unter hohem Druck, der Wasserlauf leicht schnell, und sehr bald unhaltbar."

(Journal für die Baukunst, hg. von A. L. Crelle. Bd. 5, Berlin 1832, S. 339.)

Ruten: Ein altes Längenmaß, das 3–5 m entspricht. Im Herzogtum Schleswig galt eine 16-Fuß-Rute, die identisch war mit der Hamburger Geestrute (ca. 4,60 m).

Die „augenblickliche(n) Schwäche", die Hauke lähmt, rührt von seiner Malaria-Erkrankung her. Es ist dieses häufig beschriebene Krankheitssymptom, das aus dem aktiven und energischen Hauke Haien einen zögerlichen und nachlässigen Menschen macht, der die Zeichen am alten Deich wie Mäusefraß und Ausspülungen zwar sieht, der sich aber von seinem Widersacher Ole Peters beschwichtigen lässt und nichts unternimmt, was erforderlich gewesen wäre, um den alten Deich sturmflutsicher zu machen. Storm begründet also den Wandel im Verhalten des Deichgrafen, indem er ihm eine Krankheit zuschreibt, deren Verlauf den Grund für Haukes Schwächung bildet. Damit ist das selbstverschuldete Scheitern Hauke Haiens rational erklärt. Storm sendet so ein deutliches Signal an den Leser, die andere Erklärung für das Scheitern des Deichgrafen, die von der abergläubischen Marschbevölkerung kolportiert wird, nicht für bare Münze zu nehmen. Diese erzählen nämlich eine andere Version vom Untergang und behaupten, ihr Deichgraf habe sich mit dem Bösen verbündet und sei während des Sturms vom Teufel geholt worden. Die medizinischen Details, die hinter der

Oberfläche dieser Textstelle die logische Voraussetzung des Erzählten bilden, gehören zur rationalen Argumentation des Erzählers, hier des Schulmeisters, der dem Leser seine Sicht der Dinge vermitteln möchte. Und die ist geprägt vom Selbstverständnis der Aufklärung und von der Zweckrationalität des 19. Jahrhunderts.

Rasen: Grasbedeckung, die durch Strohbestickung befestigt wird.

Storm verwendete für die Darstellung der Sturmflut vor allem die Chroniken von Heimreich und Laß, von denen er bereits als Schüler Exemplare in Familienbesitz fand.

M. Antoni Heimreichs Ernewrete Nord-Fresische Chronick. 1668. (Exemplar aus Storms Besitz mit dem Namenseintrag „Christian Albr. Woldsen" (1665–1719) und der Jahreszahl 1716.)

Auf dem Vorsatz hat Storm eingetragen: „Die Sage vom Untergang der Flecken Rungholdts S. 142."

das Jahr 1756: Einen detaillierten Bericht über die Verwüstungen und Schäden, die zum Teil durch unsachgemäße Deichreparaturmaßnahmen im heutigen Amt Krempermarsch im Zentrum des Kreises Steinburg an der Elbe südlich von Itzehoe verursacht wurden, fand Storm in dem Aufsatz „Die Überschwemmung der Cremper Marsch nebst umliegender Gegend am 7. Oct. 1756." im Staatsbürgerlichen Magazin, Bd. 6, Schleswig 1826, S. 512–533.

Gevollmächtigten, und die Arbeiten wurden ohne Widerspruch beschlossen, was bisher noch nie geschehen war. Der Deichgraf meinte eine stärkende Ruhe in seinem noch geschwächten Körper sich verbreiten zu fühlen; und nach einigen Wochen war Alles sauber ausgeführt.

Das Jahr ging weiter, aber je weiter es ging und je ungestörter die neugelegten Rasen durch die Strohdecke grünten, um so unruhiger ging oder ritt Hauke an dieser Stelle vorüber, er wandte die Augen ab, er ritt hart an der Binnenseite des Deiches; ein paar Mal, wo er dort hätte vorüber müssen, ließ er sein schon gesatteltes Pferd wieder in den Stall zurückführen; dann wieder, wo er nichts dort zu tun hatte, wanderte er, um nur rasch und ungesehen von seiner Werfte fortzukommen, plötzlich und zu Fuß dahin; manchmal auch war er umgekehrt, er hatte es sich nicht zumuten können, die unheimliche Stelle aufs Neue zu betrachten; und endlich, mit den Händen hätte er Alles wieder aufreißen mögen; denn wie ein Gewissensbiss, der außer ihm Gestalt gewonnen hatte, lag dies Stück des Deiches ihm vor Augen. Und doch, seine Hand konnte nicht mehr daran rühren; und Niemandem, selbst nicht seinem Weibe, durfte er davon reden. So war der September gekommen; Nachts hatte ein mäßiger Sturm getobt und war zuletzt nach Nordwest umgesprungen. An trübem Vormittag danach, zur Ebbezeit, ritt Hauke auf den Deich hinaus, und es durchfuhr ihn, als er seine Augen über die Watten schweifen ließ; dort, von Nordwest herauf, sah er plötzlich wieder, und schärfer und tiefer ausgewühlt, das gespenstische neue Bett des Prieles; so sehr er seine Augen anstrengte, es wollte nicht mehr weichen.

Als er nach Haus kam, ergriff Elke seine Hand: „Was hast Du, Hauke?" sprach sie, als sie in sein düstres Antlitz sah; „es ist doch kein neues Unheil? Wir sind jetzt so glücklich; mir ist, Du hast nun Frieden mit ihnen Allen!"

Diesen Worten gegenüber vermochte er seine verworrene Furcht nicht in Worten kund zu geben.

„Nein, Elke", sagte er, „mich feindet Niemand an; es ist nur ein verantwortlich' Amt, die Gemeinde vor unseres Herrgotts Meer zu schützen."

Er machte sich los, um weiteren Fragen des geliebten Weibes auszuweichen. Er ging in Stall und Scheuer, als ob er Alles revidieren müsse; aber er sah nichts um sich her; er war nur beflissen, seinen Gewissensbiss zur Ruhe, ihn sich selber als eine krankhaft übertriebene Angst zur Überzeugung zu bringen.

– – „Das Jahr, von dem ich Ihnen erzähle", sagte nach einer Weile mein Gastfreund, der Schulmeister, „war das Jahr 1756, das in dieser Gegend nie vergessen wird; im Hause Hauke Haien's brachte es eine Tote. Zu Ende des Septembers war in der Kammer, welche ihr in der Scheune eingeräumt war, die fast neunzigjährige Trien' Jans am Sterben. Man hatte sie nach ihrem Wunsche in den Kissen aufgerichtet, und ihre Augen gingen durch die kleinen bleigefassten Scheiben in die Ferne; es musste dort am Himmel eine dünnere Luftschicht über einer dichteren liegen; denn es war hohe Kimmung, und die Spiegelung hob in diesem Augenblick das Meer wie einen flimmernden Silberstreifen über den Rand des Deiches, so dass es blendend in die Kammer schimmerte; auch die Südspitze von Jeverssand war sichtbar.

Am Fußende des Bettes kauerte die kleine Wienke, und hielt mit der einen Hand sich fest an der ihres Vaters, der daneben stand. In das Antlitz der Sterbenden grub eben der Tod das hippokratische Gesicht, und das Kind starrte atemlos auf die unheimliche, ihr unverständliche Verwandlung des unschönen, aber ihr vertrauten Angesichts. „Was macht sie? Was ist das, Vater?" flüsterte sie angstvoll und grub die Fingernägel in ihres Vaters Hand.

„Sie stirbt!" sagte der Deichgraf.

„Stirbt!" wiederholte das Kind und schien in verworrenes Sinnen zu verfallen.

Aber die Alte rührte noch einmal ihre Lippen: „Jins! Jins!" und kreischend, wie ein Notschrei, brach es hervor, und ihre knöchernen Arme streckten sich gegen die draußen flimmernde Meeresspiegelung: „Hölp mi! Hölp mi! Du bist ja båwen Wåter . . . . Gott gnåd de Annern!"

Ihre Arme sanken, ein leises Krachen der Bettstatt wurde hörbar; sie hatte aufgehört zu leben.

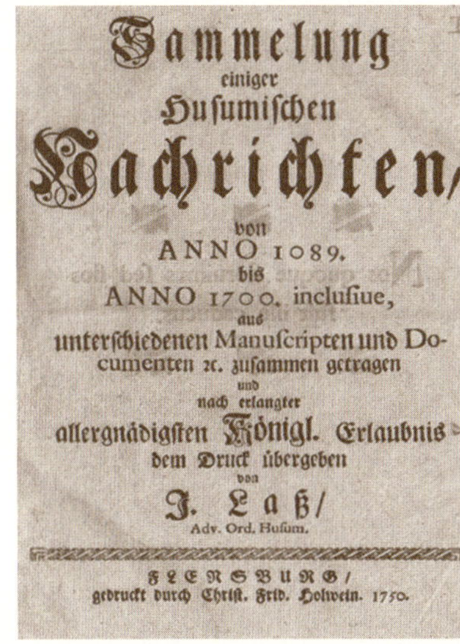

Sammelung einiger Husumischen Nachrichten, von ANNO 1089. bis ANNO 1700. inclusiue, aus unterschiedenen Manuscripten und Documenten &c. zusammen getragen und nach erlangter allergnädigsten Königl. Erlaubnis dem Druck übergeben von J. Laß/ Adv. Ord. Husum.

FLENSBURG/ gedruckt durch Christ. Frid. Holwein. 1750.

Chronik des Husumer Advokaten Johannes Laß (1721–1784). Flensburg 1750.

hohe Kimmung: *„Kimmung oder Seegesicht; eine durch Brechung der Lichtstrahlen beim Durchgange durch Luftschichten von verschiedener Dichtigkeit herbeigeführte Täuschung, wo man eine noch ferne Küste über dem Wasser in der Luft erblickt, od. eine weiter hinten gelegene sonst unsichtbare Gegend über derselben in der Luft sieht; etwas ähnliches ist die Fata Morgana."*

(Pierer's Universal-Lexikon, Band 15. Altenburg 1862, S. 741.)

das hippokratische Gesicht: *„Die facies Hippocratica nennt man das Gesicht eines dem Tode nahen Kranken, besonders bei an Nervenfieber, Typhus, Faulfieber Leidenden, im letzten Stadium der Schwindsucht etc. Auffallende Entstellung der Gesichtszüge durch Einfallen der Weichtheile, blasse, gelbliche Farbe, matte, tiefliegende Augen, eingefallene Wangen, Spitzigwerden der Nase, des Kinns, blasse, bläuliche, mit Schmutz belegte Lippen, kalter Schweiß auf der glatten Stirne. Es zeigt sich indeß auch bei großer Entkräftung, nach bedeutendem Säfte-, besonders Blutverlust."*

(Herders Conversations-Lexikon. Freiburg 1855, Band 3, S. 315.)

Jins: Jens ist die friesische Kurzform von Johannes und bedeutet „Gott ist gnädig".

‚Hölp mi! Hölp mi! Du bist ja båwen Wåter .... Gott gnåd de Annern!':

(nd.): „Hilf mir! Du bist ja über dem Wasser ... Gott sei den anderen gnädig!"

vollbracht: nach Johannes 19, 16: „Als nun Jesus den Essig genommen hatte, sprach er: Es ist vollbracht!, und neigte das Haupt und verschied."

eingegraben: im 19. Jh. für begraben.

Unheil: Storm notierte in seinen frühen Aufzeichnungen („Concept", S. 140): „Unheil im Lande S. 84 u 85". Er zitiert aus der Chronik von Heimreich:

„So haben auch A<nno> 1596, den 30sten Jul., und A<nno> 1600, den 31. Aug., große Sturmwinde das Getraide abgewehet, und seyn A<nno> 1627, zwischen Maytag und Johannis, Regen unterschiedliche Tage nach einander gefallen, worauf das Ungeziefer, die Mäuse, Frösche und Käfer, oder Schelbittere, dem Rogkenlande sehr schädlich ist gewesen, dergleichen auch A<nno> 1619, um Johannis, von den Käfern, und A<nno> 1626 im May von den Budwürmern geschehen, auch hat A<nno> 1650, 61 u. 64 das überflüssige Regenwasser allenthalben großen Schaden gethan." (Heimreich 1668, S. 84f.)

Geschmeiß: Storm notiert („Concept", S. 140): „Hagel u Geschmeiß (offenbar: ‚Uferaas') wie Schnee heruntergefallen" und zitiert aus Heimreich (S. 90):

„Also ist auch A<nno> 1648 den 12. Jun. und A<nno> 1653 den 1. May ein starker Hagel gefallen, so beide große Steine und Schlossen herunter geworfen, und ist vor dem letzten ein groß Geschmeiß einer sonderlichen Art von Fliegen, fast wie ein Schnee herunter gefallen, daß man kaum die Augen dafür hat können aufthun."

am Sonntage Lätare: Der Name des 3. Sonntags vor Ostern leitet sich vom Beginn der lateinischen Antiphon (Wechselgesang in der Kirchenmusik) ab: „Laetare cum Hierusalem, et exsultate in ea, omnes qui diligitis eam." – „Freut euch mit Jerusalem! Jubelt in der Stadt, alle, die ihr sie liebt." (Jesaja 66,10). Der Sonntag Laetare steht in der Mitte der Fastenzeit und wird deshalb auch „Mittfasten" genannt.

wie ein Schnee: Storm notiert in seinen frühen Aufzeichnungen („Concept", S. 89) „Hagelschlag vernichtet streitiges Korn"; bei Heimreich konnte er im zweiten Theil der Edition Falcks lesen: „Desgleichen hat sich auch A<nno> 1611 den 5. Jun. um 3 Nachmittags aus dem Südwesten ein schreckliches Donnerwetter erhoben, und ist dabey ein großer Hagel gefallen, und haben die Hagelsteine (fast so groß , als

Das Kind tat einen tiefen Seufzer und warf die blassen Augen zu ihrem Vater auf: „Stirbt sie noch immer?" frug es.

„Sie hat es vollbracht!" sagte der Deichgraf und nahm das Kind auf seinen Arm: „Sie ist nun weit von uns, beim lieben Gott."

„Beim lieben Gott!" wiederholte das Kind und schwieg eine Weile, als müsse es den Worten nachsinnen. „Ist das gut, beim lieben Gott?"

„Ja, das ist das Beste." – In Hauke's Innern aber klang schwer die letzte Rede der Sterbenden. „Gott gnåd de Annern!" sprach es leise in ihm. „Was wollte die alte Hexe? Sind denn die Sterbenden Propheten? – –"

– – Bald, nachdem Trien' Jans oben bei der Kirche eingegraben war, begann man immer lauter von allerlei Unheil und seltsamem Geschmeiß zu reden, das die Menschen in Nordfriesland erschreckt haben sollte; und sicher war es, am Sonntage Lätare war droben von der Turmspitze der goldne Hahn, durch einen Wirbelwind herabgeworfen worden; auch das war richtig, im Hochsommer fiel, wie ein Schnee, ein groß Geschmeiß vom Himmel, dass man die Augen davor nicht auftun konnte, und es hernach fast handhoch auf den Fennen lag, und hatte Niemand je so was gesehen; als aber nach Ende September der Großknecht mit Korn und die Magd Ann' Grethe mit Butter in die Stadt zu Markt gefahren waren, kletterten sie bei ihrer Rückkunft mit schreckensbleichen Gesichtern von ihrem Wagen. „Was ist? Was habt Ihr?" riefen die andern Dirnen, die hinausgelaufen waren, da sie den Wagen rollen hörten.

Ann' Grethe in ihrem Reise-Anzug trat atemlos in die geräumige Küche.

„Nun, so erzähl' doch!" riefen die Dirnen wieder, „wo ist das Unglück los?"

„Ach, unser lieber Jesus wolle uns behüten!" rief Ann' Grethe. „Ihr wisst, von drüben, überm Wasser, das alt' Mariken vom Ziegelhof, wir stehen mit unserer Butter ja allzeit zusammen an der Apotheker-Ecke, die hat es mir erzählt, und Iven Johns sagte auch, „das gibt ein Unglück!" sagte er; „ein Unglück über ganz Nordfriesland; glaub' mir's, Ann' Greth! Und" – sie dämpfte ihre Stimme – „mit des Deichgrafs Schimmel ist's am Ende auch nicht richtig!"

„Scht! Scht!" machten die andern Dirnen.

– „Ja, ja; was kümmert's mich! Aber drüben, an der andern Seite, geht's noch schlimmer, als bei uns! Nicht bloß Fliegen und Geschmeiß, auch Blut ist wie Regen vom Himmel gefallen; und da am Sonntag Morgen danach der Pastor sein Waschbecken vorgenommen hat, sind fünf Totenköpfe, wie Erbsen groß, darin gewesen, und Alle sind gekommen, um das zu sehen; im Monat Augusti sind grausige rotköpfige Raupenwürmer über das Land gezogen und haben Korn und Mehl und Brot und was sie fanden, weggefressen, und hat kein Feuer sie vertilgen können!"

Die Erzählerin verstummte plötzlich; keine der Mägde hatte bemerkt, dass die Hausfrau in die Küche getreten war. „Was redet Ihr da?" sprach diese. „Lasst das den Wirt nicht hören!" Und da sie Alle jetzt erzählen wollten: „Es tut nicht not; ich habe genug davon vernommen; geht an Euere Arbeit, das bringt Euch besseren Segen!" Dann nahm sie Ann' Greth mit sich in die Stube und hielt mit dieser Abrechnung über ihre Marktgeschäfte.

So fand im Hause des Deichgrafen das abergläubige Geschwätz bei der Herrschaft keinen Anhalt; aber in die übrigen Häuser, und je länger die Abende wurden, um desto leichter drang es mehr und mehr hinein. Wie schwere Luft lag es auf Allen; und heimlich sagte man es sich, ein Unheil, ein schweres, würde über Nordfriesland kommen.

**
*

Es war vor Allerheiligen, im Oktober. Tag über hatte es stark aus Südwest gestürmt; Abends stand ein halber Mond am Himmel, dunkelbraune Wolken jagten überhin, und Schatten und trübes Licht flogen auf der Erde durcheinander; der Sturm war im Wachsen. Im Zimmer des Deichgrafen stand noch der geleerte Abendtisch; die Knechte waren in den Stall gewiesen, um dort des Viehes zu achten; die Mägde mussten im Hause und auf den Böden nachsehen, ob Türen und Luken wohl verschlossen seien, dass nicht der Sturm hineinfasse und Unheil anrichte. Drinnen stand Hauke neben seiner Frau am Fenster; er hatte eben sein Abendbrot hinabgeschlungen; er war draußen auf dem Deich gewesen. Zu Fuße war er hinausgetrabt, schon früh am Nachmittag; spitze Pfähle und Säcke voll Klei oder Erde hatte er hie und dort, wo der Deich eine Schwäche zu verraten schien, zusammentragen lassen; überall hatte er Leute angestellt, um die Pfähle einzurammen und mit den Säcken vorzudämmen, sobald die Flut den Deich zu schädigen beginne; an dem Winkel zu Nordwesten, wo der alte und der neue Deich zusammenstießen, hatte er die meisten Menschen hingestellt; nur im Notfall durften sie von den angewiesenen Plätzen weichen. Das hatte er zurückgelassen; dann, vor kaum einer Viertelstunde, nass, zerzaust, war er in seinem Hause angekommen, und jetzt, das Ohr nach den Windböen, welche die in Blei gefassten Scheiben rasseln machten, blickte er wie gedankenlos in die wüste Nacht hinaus; die Wanduhr hinter ihrer Glasscheibe schlug eben acht. Das Kind, das neben der Mutter stand, fuhr zusammen und barg den Kopf in deren Kleider. „Claus!" rief sie weinend; „wo ist mein Claus?"

ein Taubenei, und mehrentheils dreieckig gewesen) die Fenster an vielen Oertern eingeschlagen, und das Korn auf dem Felde jämmerlich vernichtet und zugerichtet. Wie auch A‹nno› 1621 in Eiderstedt, und A‹nno› 1623 den 24. Jul. am Tage Jacobi zu Nachmittag ein erschreckliches Ungewetter von Donner und Hagel entstanden, so in den Kirchspielen Trindermarsch, Hersbüll, Evensbüll, Odenbüll und Gaickebüll vornemlich am Korn auf dem Kleilande großen Schaden gethan, und, das wohl zu merken, den wegen der Feldfrüchte zwischen Ocke Oleffens Kindern in Trindermarsch eben zu selbigen Zeit bey vorgewesener Theilung entstandenen Streit geschlichtet, und das streitige Korn vernichtet." (Heimreich 1668, S. 89.)

Ziegelhof: Bauernhof in der südlichen Hattstedter Marsch am Specki-Weg; heute Hattstedtermarsch 76.

Apotheker-Ecke: Die Großstraße in Husum weist eine trapezförmige Erweiterung auf und dient seit Jahrhunderten als Marktplatz; dieser wurde Anfang des 19. Jahrhunderts durch den Abriss der mittelalterlichen Marienkirche nach Osten erweitert.

Im Haus Ecke Großstraße/Markt wurde zwischen 1647 und 1852 die Einhorn-Apotheke betrieben. Der Husumer Wochenmarkt findet bis heute an jedem Donnerstag statt; es werden Lebensmittel, Pflanzen und Kramwaren angeboten.

Blut ist wie Regen vom Himmel gefallen: „A‹nno› 1587, den 1sten Sept., hat es zu Husum Blut geregnet, und A‹nno› 1634 ist in Eiderstedt das Brod in Blut verwandelt, und hat man zu Husum auf dem Eise sehr viele Blutstropfen gespüret, nicht anders, als wenn es darauf geregnet, und A‹nno› 1635 ist zu Tönningen das gekochte Fleisch zu zweien Malen in Blut verwandelt." (Heimreich 1668, S. 85)

grausige rothköpfige Raupenwürmer: Storm notiert in seinen frühen Aufzeichnungen („Concept", S. 134): „Ebenda Mehl – u Honigthau – rothköpfige Raupen –u. krochen in den Kuchen u. Mehl Mißgeburten". Dazu las er bei Heimreich: „A‹nno› 1597, 98 und 99 hat der Mehl- oder Honigthau den Rocken so sehr verdorben, daß viele ihre Saat kaum wieder bekommen, welches auch A‹nno› 1663 geschehen, daher die Leute sich hin und wieder am verdorbenen Rocken krank gegessen. Und A‹nno› 1647 haben die rothköpfigen Raupen in Risummohr das Getraide, Mehl und Brodt gefressen, und hat sie kein Feuer vertilgen können." (Heimreich 1668, S. 90)

„Es haben sich auch unterschiedliche Misgeburten dieser Oerter gefunden, wie denn A<nno> 1631 zu Medehop im Tatinger Kirchspiel und Marne im Gardinger Kirchspiel zwei Misgeburten von Kühen seyn zur Welt gebracht, so jegliches 2 Köpfe auf der Brust heraus gewachsen, 4 Ohren und 4 Augen gehabt, und A<nno> 1633 ist zu Witzwort ein ungestalt Kind gebohren, so aber ist bald vertuschet." (Heimreich 1668, S. 90 f.)

Luken: Im nd. Sprachraum werden für bewegliche hölzerne Vorrichtungen, mit denen man Fensteröffnung verschließen kann, die Substantive „Finsterluuk" und „Finsterladen" verwendet.

Totenköpfe, wie Erbsen groß: „Wie auch A<nno> 1636, am Tage Petri Stulf<est>, zu Lunden, in des Landschreibers Behausung ein sonderbares Blutzeichen ist geschehen, maßen da er sich waschen wollen, er nicht allein zu unterschiedenen Malen Blut gefunden, sondern auch im Handbecken 5 Todtenköpfe gesehen, die Theils wie eine Erbse, Theils etwas größer gewesen." (Heimreich 1668, S. 85.)

Klammern: Befestigungen der Fensterläden.

Tenne: Befestigter Fußboden einer Scheune, auf dem in früheren Zeiten das Getreide nach der Ernte mit Dreschflegeln gedroschen wurde; in Norddeutschland auch Lohdiele genannt.

auf halber Springflut: Das Wasser hat die halbe Höhe der zu erwartenden Flut erreicht. Eine Springflut wird durch besonders starke Gravitation verursacht, wenn sich bei Vollmond Sonne, Mond und Erde auf einer Geraden befinden. Normalerweise ist eine Springtide eine eher unauffällige Erscheinung, bei der das Hochwasser nur einige Zentimeter höher aufläuft als normal. Besonders stark wird eine Springflut, wenn der Wasserstand durch auflandigen Wind weiter erhöht wird.

Sie konnte wohl so fragen; denn die Möwe hatte, wie schon im vorigen Jahre, so auch jetzt ihre Winterreise nicht mehr angetreten. Der Vater überhörte die Frage; die Mutter aber nahm das Kind auf ihren Arm. „Dein Claus ist in der Scheune", sagte sie; „da sitzt er warm."

„Warum?" sagte Wienke, „ist das gut?"

– „Ja, das ist gut."

Der Hausherr stand noch am Fenster: „Es geht nicht länger, Elke!" sagte er; „ruf' eine von den Dirnen; der Sturm drückt uns die Scheiben ein; die Luken müssen angeschroben werden!"

Auf das Wort der Hausfrau war die Magd hinausgelaufen; man sah vom Zimmer aus, wie ihr die Röcke flogen; aber als sie die Klammern gelöst hatte, riss ihr der Sturm den Laden aus der Hand und warf ihn gegen die Fenster, dass ein paar Scheiben zersplittert in die Stube flogen und eins der Lichter qualmend auslosch. Hauke musste selbst hinaus, zu helfen, und nur mit Not kamen allmählich die Luken vor die Fenster. Als sie beim Wiedereintritt in das Haus die Tür aufrissen, fuhr eine Böe hinterdrein, dass Glas und Silber im Wandschrank durcheinander klirrten; oben im Hause über ihren Köpfen zitterten und krachten die Balken, als wolle der Sturm das Dach von den Mauern reißen. Aber Hauke kam nicht wieder in das Zimmer; Elke hörte, wie er durch die Tenne nach dem Stalle schritt. „Den Schimmel! Den Schimmel, John! Rasch!" So hörte sie ihn rufen; dann kam er wieder in die Stube, das Haar zerzaust, aber die grauen Augen leuchtend. „Der Wind ist umgesprungen!" rief er –, „nach Nordwest, auf halber Springflut! Kein Wind; – wir haben solchen Sturm noch nicht erlebt!"

Elke war totenblass geworden: „Und Du musst noch einmal hinaus?"

Er ergriff ihre beiden Hände und drückte sie wie im Krampfe in die seinen: „Das muss ich, Elke."

Sie erhob langsam ihre dunkeln Augen zu ihm, und ein paar Sekunden lang sahen sie sich an; doch war's wie eine Ewigkeit. „Ja, Hauke", sagte das Weib; „ich weiß es wohl, Du musst!"

Da trabte es draußen vor der Haustür. Sie fiel ihm um den Hals, und einen Augenblick war's, als könne sie ihn nicht lassen; aber auch das war nur ein Augenblick. „Das ist unser Kampf!" sprach Hauke; „ihr seid hier sicher; an dies Haus ist noch keine Flut gestiegen. Und bet' zu Gott, dass er auch mit mir sei!" Hauke hüllte sich in seinen Mantel, und Elke nahm ein Tuch und wickelte es ihm sorgsam um den Hals; sie wollte ein Wort sprechen, aber die zitternden Lippen versagten es ihr.

Draußen wieherte der Schimmel, dass es wie Trompetenschall in das Heulen des Sturmes hineinklang. Elke war mit ihrem Mann hinausgegangen; die alte Esche knarrte, als ob sie auseinanderstürzen solle. „Steigt auf, Herr!“ rief der Knecht, „der Schimmel ist wie toll; die Zügel könnten reißen.“ Hauke schlug die Arme um sein Weib: „Bei Sonnenaufgang bin ich wieder da!“

Schon war er auf sein Pferd gesprungen; das Tier stieg mit den Vorderhufen in die Höhe; dann gleich einem Streithengst, der sich in die Schlacht stürzt, jagte es mit seinem Reiter die Werfte hinunter, in Nacht und Sturmgeheul hinaus. „Vater, mein Vater!“ schrie eine klägliche Kinderstimme hinter ihm darein: „Mein lieber Vater!“

Wienke war im Dunkeln hinter dem Fortjagenden hergelaufen; aber schon nach hundert Schritten strauchelte sie über einen Erdhaufen und fiel zu Boden.

Der Knecht Iven Johns brachte das weinende Kind der Mutter zurück; die lehnte am Stamme der Esche, deren Zweige über ihr die Luft peitschten, und starrte wie abwesend in die Nacht hinaus, in der ihr Mann verschwunden war; wenn das Brüllen des Sturmes und das ferne Klatschen des Meeres einen Augenblick aussetzten, fuhr sie wie in Schreck zusammen; ihr war jetzt, als suche Alles nur ihn zu verderben, und werde jäh verstummen, wenn es ihn gefasst habe. Ihre Knie zitterten, ihre Haare hatte der Sturm gelöst und trieb damit sein Spiel. „Hier ist das Kind, Frau!“ schrie John ihr zu; „haltet es fest!“ und drückte die Kleine der Mutter in den Arm.

„Das Kind? – Ich hatte Dich vergessen, Wienke!“ rief sie; „Gott verzeih' mir's.“ Dann hob sie es an ihre Brust, so fest nur Liebe fassen kann, und stürzte mit ihr in die Knie: „Herr Gott und Du mein Jesus, lass uns nicht Witwe und nicht Waise werden! Schütz' ihn, o lieber Gott; nur Du und ich, wir kennen ihn allein!“ Und der Sturm setzte

17/20

Storm notiert im seiner Entwurfshandschrift „Abendstimmung bei Sturm“ („Concept“, S. 135) und zitiert aus Knudt Jungbohn Clements Buch „Die Lebens- und Leidensgeschichte der Frisen, insbesondere der Frisen nördlich von der Elbe“:

„Denn im Jahre 1634 Sonntag Abends um 10 Uhr vom 11. auf den 12. Octbr., nachdem den Tag über ein ungeheurer Sturm geweht hatte, wie denn in der Regel die Seestürme mit Einbruch der Nacht schwerer werden, sprang der Wind nach Nordwest auf halber Springfluth, und wuchs zu einem völligen Orkan an, und mit dem Sturm wuchs die See. Die Nacht war angstvoll wie keine andre Nacht, und die See so grauenhaft, wie sie je gewesen, die laute Brandung brach schwerer, als je zuvor, und auf die Küsten und Inseln zwischen dem Hornriff und der Weser warf der heftigste Sturm die ganze Nordsee. Die Noth solcher Nächte ist die allergrößte Noth, der Unerfahrne fühlt das nicht. Der Mensch kann dann nicht fliehen, drinnen muß er bleiben, denn draußen wird er weggeweht, er kann nichts hören vor dem Heulen und Sausen des Windes, dem Knarren des Hauses und dem Brausen der See, die an seiner Schwelle bricht, unter dem größten Aufruhr der Natur muß er erwarten, daß jeder Augenblick ihm das Dach von seiner Wohnung stülpt, und daß die steigende See ihm ans Leben geht. Dann schwillt sie öfter 40 Fuß über ihren gewohnten Stand hinauf, dann sind alle offnen Ebnen der Frisenlande unter, klagend klammert sich die Mewe an den Rändern der öden Dünen an, und selbst die wildesten Vögel der Nordsee, vor ihrer eignen Heimath bange, streben niedrigen Fluges mühevoll nach Zuflucht bei den Menschen.“

(Clement 1845, S. 52.)

In dieser Szene deutet sich ein Versagen Elkes an, da sie nicht in der Lage ist, die erfolgreiche Tradition ihrer Deichgrafenfamilie fortzusetzen. Sie vergisst vor Angst um ihren Mann die schutzbedürftige Tochter und wird kurze Zeit später in panischer Erregung die sichere Warft verlassen, die von der Flut nicht erreicht werden kann. So verursacht sie den Tod der ganzen Familie.

Hall und Schall: Hall entsteht dadurch, dass Schall von Wänden oder sonstigen Hindernissen reflektiert wird und auf Umwegen nochmals beim Hörer ankommt.

wilde Jagd: Die Wilde Jagd nennt der Volksmythos Erscheinungen am Nachthimmel, die als Jagdgesellschaft übernatürlicher Wesen gedeutet wurden, und die vor allem während der Weihnachtstage oder der Rauhnächte (24. Dezember bis 5. Januar) beobachtet wurden. In seiner Einleitung zu den Sagen aus Schleswig-Holstein schreibt Karl Müllenhoff, dass „die Sagen von der wilden Jagd ganz deutlich eine lebendige Auffassung des Sturms enthalten".

(Karl Müllenhoff (Hg.): Sagen, Märchen und Lieder der Herzogthümer Schleswig, Holstein und Lauenburg. Kiel 1845, S. 45.)

alles Andere verschlingen: Storm beschreibt den Höhepunkt der Sturmflut und den Deichbruch mit den Bildern der Apokalypse: „Dann machten sich die sieben Engel bereit, die sieben Posaunen zu blasen. Der erste Engel blies seine Posaune. Da fielen Hagel und Feuer, die mit Blut vermischt waren, auf das Land. Der zweite Engel blies seine Posaune. Da wurde etwas, das einem großen brennenden Berg glich, ins Meer geworfen."

(Aus der Offenbarung des Johannes, Kap. 8.)

Storm hat sich zu dieser Szene von den Chronisten Heimreich und Laß anregen lassen. „Wie ich denn befinde, daß es A<nno> 1588 fast 23 Wochen hinter einander geregnet, und darauf im Decbr. solch ungestüme Winde seyn entstanden, daß sie nicht allein etliche Häuser umgeworfen, und viele Schiffe verderbet, sondern auch viele Thürme hin und wieder abgestürzet, und die meisten Deiche in diesen Ländern zerrissen." (Heimreich 1668, S. 84.)

„1602. d. 17 May Montags vor Pfingsten morgends früh gegen 2 Uhr ist durch einen Nordwesten Sturm-Wind die Spize von dem Husumischen Thurm biß an das Gitterwerk mit der Stunden Glocke, so 2 viertel schlug, süd Ostwerts bey dem alten Leich-Hauße herunter geworfen worden." (Laß 1750a, S. 75.)

nicht mehr aus; es tönte und donnerte, als solle die ganze Welt in ungeheuerem Hall und Schall zu Grunde gehen.

„Geht in das Haus, Frau!" sagte John; „kommt!" und er half ihnen auf und leitete die Beiden in das Haus und in die Stube.

– – Der Deichgraf Hauke Haien jagte auf seinem Schimmel dem Deiche zu. Der schmale Weg war grundlos; denn die Tage vorher war unermesslicher Regen gefallen; aber der nasse, saugende Klei schien gleichwohl die Hufe des Tieres nicht zu halten, es war als hätte es festen Sommerboden unter sich. Wie eine wilde Jagd trieben die Wolken am Himmel; unten lag die weite Marsch wie eine unerkennbare, von unruhigen Schatten erfüllte Wüste; von dem Wasser hinter dem Deiche, immer ungeheurer, kam ein dumpfes Tosen, als müsse es alles Andere verschlingen. „Vorwärts, Schimmel!" rief Hauke; „wir reiten unseren schlimmsten Ritt!"

Da klang es wie ein Todesschrei unter den Hufen seines Rosses. Er riss den Zügel zurück; er sah sich um: ihm zur Seite dicht über dem Boden, halb fliegend, halb vom Sturme geschleudert, zog eine Schaar von weißen Möwen, ein höhnisches Gegacker ausstoßend; sie suchten Schutz im Lande. Eine von ihnen – der Mond schien flüchtig durch die Wolken – lag am Weg zertreten: dem Reiter war's, als flattere ein rotes Band an ihrem Halse. „Claus!" rief er. „Armer Claus!"

War es der Vogel seines Kindes? Hatte er Ross und Reiter erkannt und sich bei ihnen bergen wollen? – Der Reiter wusste es nicht. „Vorwärts!" rief er wieder, und schon hob der Schimmel zu neuem Rennen seine Hufen, da setzte der Sturm plötzlich aus, eine Totenstille trat an seine Stelle; nur eine Sekunde lang, dann kam er mit erneuter Wut zurück; aber Menschenstimmen und verlorenes Hundegebell waren inzwischen an des Reiters Ohr geschlagen, und als er rückwärts nach seinem Dorf den Kopf wandte, erkannte er in dem Mondlicht, das hervorbrach, auf den Werften und vor den Häusern Menschen an hochbeladenen Wagen umher hantierend; er sah, wie im Fluge, noch andere Wagen eilend nach der Geest hinauffahren; Gebrüll von Rindern traf sein Ohr, die aus den warmen Ställen nach dort hinaufgetrieben wurden. „Gott Dank! sie sind dabei, sich und ihr Vieh zu retten!" rief es in ihm; und dann mit einem Angstschrei: „Mein Weib! Mein Kind! – Nein, nein; auf unsere Werfte steigt das Wasser nicht!"

Aber nur ein Augenblick war es; nur wie eine Vision flog Alles an ihm vorbei.

Eine furchtbare Böe kam brüllend vom Meer herüber, und ihr entgegen stürmten Ross und Reiter den schmalen Akt zum Deich hinan. Als sie oben waren, stoppte Hauke mit Gewalt sein Pferd. Aber wo

war das Meer? Wo Jeverssand? Wo blieb das Ufer drüben? – – Nur Berge von Wasser sah er vor sich, die dräuend gegen den nächtlichen Himmel stiegen, die in der furchtbaren Dämmerung sich über einander zu türmen suchten und über einander gegen das feste Land schlugen. Mit weißen Kronen kamen sie daher, heulend, als sei in ihnen der Schrei alles furchtbaren Raubgetiers der Wildnis. Der Schimmel schlug mit den Vorderhufen und schnob mit seinen Nüstern in den Lärm hinaus; den Reiter aber wollte es überfallen, als sei hier alle Menschenmacht zu Ende; als müsse jetzt die Nacht, der Tod, das Nichts hereinbrechen.

Doch er besann sich: es war ja Sturmflut; nur hatte er sie selbst noch nimmer so gesehen; sein Weib, sein Kind, sie saßen sicher auf der hohen Werfte, in dem festen Hause; sein Deich aber – und wie ein Stolz flog es ihm durch die Brust – der Hauke-Haiendeich, wie ihn die Leute nannten, der mochte jetzt beweisen, wie man Deiche bauen müsse!

Aber – was war das? – Er hielt an dem Winkel zwischen beiden Deichen; wo waren die Leute, die er hieher gestellt, die hier die Wacht zu halten hatten? – Er blickte nach Norden den alten Deich hinauf; denn auch dorthin hatte er Einzelne beordert. Weder hier noch dort vermochte er einen Menschen zu erblicken; er ritt ein Stück hinaus, aber er blieb allein; nur das Wehen des Sturmes und das Brausen des Meeres bis aus unermessener Ferne schlug betäubend an sein Ohr. Er wandte das Pferd zurück; er kam wieder zu der verlassenen Ecke und ließ seine Augen längs der Linie des neuen Deichs gleiten; er erkannte deutlich: langsamer, weniger gewaltig rollten hier die Wellen heran; fast schien's, als wäre dort ein ander Wasser. „Der soll schon stehen!" murmelte er, und wie ein Lachen stieg es in ihm herauf.

Über die Sturmflut des Jahres 1756, die in der Novelle Hauke Haien und seiner Familie zum Verhängnis wird, berichtet Laß folgendermaßen:

„Der 11te Sept. des 1751sten Jahrs ist annoch unvergessen, jedoch bleibt der 7 Octobr. dieses Jaars [das ist 1756] in mehrerem ja fürchterlicherm Andenken, zumahl da bekannt, daß die Gefahr, so dieser Tag theils durch einen abscheulichen Sturm-Wind, theils durch die ausserordentliche wütende Wellen des schäumenden und hoch auflauffenden Wassers, so wohl Jungen als Alten angedrohet hat, bis auf die späteste Zeiten Spuren nachlassen werde. Ich beziehe mich überhaupt in Hinsicht anderer Oerter auf die politische Zeitungen vom Octobr. Monaht h. a. [huius anni: dieses Jahres]. In Hinsicht der Stadt Husum, und derer auf der Nähe derselben belegenen Orter, und Halligen aber bemerke folgende erschreckende Umstände. Der Wind wehete an demselben Tag erstlich aus dem Westen, nachhero drehete selbiger sich nach Nord-Westen, und fing an dergestalt heftig zu werden, daß auch die aller älteste Leute dergleichen Sturm-Wind gehöret zu haben, sich nicht entsinnen können. Dieser heftig brüllende Sturm-Wind riß unterschiedene der dicksten Bäume mit Wurzeln aus der Erde heraus; schlug viele starke Aeste von denen stärksten Bäumen herunter; […]. So heftig dieser Sturm war, so heftig fing das Wasser an zu steigen. Die Wuht desselben war unbeschreiblich. Es schiene als wann die gethürmte Wellen des mit aller Macht brausenden Wassers auf einmahl Häuser und Keller umstürzen und anfüllen wollten.

Des Nachmittags zwischen 1 und 2 Uhr waren die Wasser-Reihe, die Krämer Strasse und die Gasse bey der Brücken völlig unter Wasser gesetzet. […] der Porrenkoog, so an der Westerseite der Stadt Husum liegt, bekam dahero unterschiedene Kamm Stürzungen. Es war selbiger zwischen 5 und 6 Uhr Abends mit salzem Wasser angefüllet, und kaum hatte man Zeit, die Milch-Kühe aus selbigem zu retten. Die Hattstetter-Marsch brach durch und bekam eine Wehle von 7 Ruthen breit und 16 Ruthen tief, welche jedoch nach Ablauf einiger Wochen Gott Lob! wieder zugeschlagen wurde. […] Von Pons Hallig, so denen Nordstrandigern zugehöret, retteten die daselbst sich des Sommers und auf dem Herbste, der Vieh-Zucht halber aufhaltenden Leute sich mit genauer Noht.

Einige Schaafe aber mussten im Wasser umkommen. Bey allen diesen betrübten Umbständen, hat man doch in hiesiger Gegend das Glück gehabt, daß kein Mensch vertrunken, auch die Anzahl des Viehes so ersoffen, nur sehr geringe sey."

(J[ohannes] Laß: Sammlung Husumscher Nachrichten, Zweyte Fortsetzung, 8 Stücke, nebst Register. Flensburg 1752 ff., S. 309 ff.)

verschütten: hier: absaufen lassen.

der Gevollmächtigte Ole Peters: Storm notiert in seine Entwurfshandschrift („Concept", S. 34): „Ole Peters, als Deichgevollm‹ächtigter› wied‹e›rsetzt sich; bei hoher Fluth verlangt er die Durchstechung des neuen Deichs da widersetzt sich Hauke, der die Leute v‹on› Ole dort mit Spaten in der Hand getroffen hat."

ordinieren: anordnen.

vor Gottes Thron: Das Jüngste Gericht, auch Gottesgericht, Jüngster Tag, Nacht ohne Morgen, Letztes Gericht oder Weltgericht, stellt die auf antike bzw. alttestamentliche apokalyptische Vorstellungen zurückgehende jüdische, christliche und islamische Auffassung von einem das Weltgeschehen abschließenden göttlichen Gericht dar. Der Mensch hat seine Taten vor Gottes Thron zu verantworten.

Albrecht Dürer: Das Jüngste Gericht. Holzschnitt aus dem Jahre 1510; Wikimedia Commons.

Aber das Lachen verging ihm, als seine Blicke weiter an der Linie seines Deichs entlang glitten: an der Nordwestecke – was war das dort? Ein dunkler Haufen wimmelte durcheinander; er sah, wie es sich emsig rührte und drängte – kein Zweifel, es waren Menschen! Was wollten, was arbeiteten die jetzt an seinem Deich? – Und schon saßen seine Sporen dem Schimmel in den Weichen, und das Tier flog mit ihm dahin; der Sturm kam von der Breitseite; mitunter drängten die Böen so gewaltig, dass sie fast vom Deiche in den neuen Koog hinabgeschleudert wären; aber Ross und Reiter wussten, wo sie ritten. Schon gewahrte Hauke, dass wohl ein paar Dutzend Menschen in eifriger Arbeit dort beisammen seien, und schon sah er deutlich, dass eine Rinne quer durch den neuen Deich gegraben war. Gewaltsam stoppte er sein Pferd: „Halt!" schrie er; „halt! Was treibt Ihr hier für Teufelsunfug?"

Sie hatten in Schreck die Spaten ruhen lassen, als sie auf einmal den Deichgraf unter sich gewahrten; seine Worte hatte der Sturm ihnen zugetragen, und er sah wohl, dass mehrere ihm zu antworten strebten; aber er gewahrte nur ihre heftigen Gebärden; denn sie standen Alle ihm zur Linken, und was sie sprachen, nahm der Sturm hinweg, der hier draußen jetzt die Menschen mitunter wie im Taumel gegen einander warf, so dass sie sich dicht zusammenscharten. Hauke maß mit seinen raschen Augen die gegrabene Rinne und den Stand des Wassers, das, trotz des neuen Profiles, fast an die Höhe des Deichs hinaufklatschte und Ross und Reiter überspritzte. Nur noch zehn Minuten Arbeit – er sah es wohl – dann brach die Hochflut durch die Rinne und der Hauke-Haienkoog wurde vom Meer begraben!

Der Deichgraf winkte einem der Arbeiter an die andere Seite seines Pferdes. „Nun, so sprich!" schrie er, „was treibt Ihr hier, was soll das heißen?"

Und der Mensch schrie dagegen: „Wir sollen den neuen Deich durchstechen, Herr! damit der alte Deich nicht bricht!"

„Was sollt Ihr?"

– „Den neuen Deich durchstechen!"

„Und den Koog verschütten? – Welcher Teufel hat Euch das befohlen?"

„Nein, Herr, kein Teufel; der Gevollmächtigte Ole Peters ist hier gewesen; der hat's befohlen!"

Der Zorn stieg dem Reiter in die Augen: „Kennt Ihr mich?" schrie er. „Wo ich bin, hat Ole Peters nichts zu ordinieren! Fort mit Euch! An Euere Plätze, wo ich Euch hingestellt!"

Und da sie zögerten, sprengte er mit seinem Schimmel zwischen sie: „Fort, zu Euerer oder des Teufels Großmutter!"

„Herr, hütet Euch!" rief Einer aus dem Haufen und stieß mit seinem Spaten gegen das wie rasend sich gebärdende Tier; aber ein Hufschlag schleuderte ihm den Spaten aus der Hand, ein Anderer stürzte zu Boden. Da plötzlich erhob sich ein Schrei aus dem übrigen Haufen, ein Schrei, wie ihn nur die Todesangst einer Menschenkehle zu entreißen pflegt; einen Augenblick war Alles, auch der Deichgraf und der Schimmel, wie gelähmt; nur ein Arbeiter hatte gleich einem Wegweiser seinen Arm gestreckt; der wies nach der Nordostecke der beiden Deiche, dort wo der neue auf den alten stieß. Nur das Tosen des Sturmes und das Rauschen des Wassers war zu hören. Hauke drehte sich im Sattel: was gab das dort? Seine Augen wurden groß: „Herr Gott! Ein Bruch! Ein Bruch im alten Deich!"

„Euere Schuld, Deichgraf!" schrie eine Stimme aus dem Haufen: „Euere Schuld! Nehmt's mit vor Gottes Thron!"

Hauke's zornrotes Antlitz war totenbleich geworden; der Mond, der es beschien, konnte es nicht bleicher machen; seine Arme hingen schlaff, er wusste kaum, dass er den Zügel hielt. Aber auch das war nur ein Augenblick; schon richtete er sich auf, ein hartes Stöhnen brach aus seinem Munde; dann wandte er stumm sein Pferd, und der Schimmel schnob und ras'te ostwärts auf dem Deich mit ihm dahin. Des Reiters Augen flogen scharf nach allen Seiten; in seinem Kopfe wühlten die Gedanken: Was hatte er für Schuld vor Gottes Thron zu tragen? – Der Durchstich des neuen Deichs – vielleicht, sie hätten's fertig gebracht, wenn er sein Halt nicht gerufen hätte; aber – es war noch eins, und es schoss ihm heiß zu Herzen, er wusste es nur zu gut – im vorigen Sommer, hätte damals Ole Peters' böses Maul ihn nicht zurückgehalten – da lag's! Er allein hatte die Schwäche des alten Deichs erkannt; er hätte trotz alledem das neue Werk betreiben müssen: „Herr Gott, ja ich bekenn' es", rief er

Nordostecke: An der Nordostecke des Hattstedter Neuen Kooges befindet sich die Wehle, der Storm in seiner Fiktion ein Gasthaus zugesellt, das in der Wirklichkeit an der südwestlichen Seite des Kooges liegt. Diese Spiegelung einer realen Deichlinie in der Fantasie bereitete dem Dichter einige Mühen, die sich im Schreibprozess niedergeschlagen haben. So benennt er in seiner Entwurfshandschrift „Concept" siebenmal den Ort, an dem der neue auf den alten Deich stößt, die „Südwestecke", einmal überschreibt er das ursprüngliche „von Südsüdosten" mit „westen" und dreimal heißt es „Nordostecke". Storm hatte also zunächst vor, die Deichbruchszene, die dort auftreten sollte, wo der neue auf den alten Deich stößt, an der Südwestecke des neuen Kooges spielen zu lassen, dort wo im Hattstedter Neuen Koog die Düneninsel Sterdebüll liegt und wo in seiner Erinnerung der später „Schimmelreiterkrug" genannte Bauernhof verortet war.

Nun liegt die Stelle des Deichbruchs aber an der Nordostecke des neuen Deichs und dies führt zu weiteren Unsicherheiten Storms, die sich auch in der Reinschrift fortsetzen. Dort korrigiert er alle „Südwest"-Angaben in „Nordwest". Auch in einem „Nachtrag", den er am 22. Februar 1888 an seinen Verleger Elwin Paetel schickte, heißt es ausdrücklich „Nordwestecke" und der neue Deich liegt im Norden. In der Buchausgabe steht aber „Nordwestecke"; diese Angabe wird in diesem Band wegen der sonst immer stimmigen Richtungsangaben „Nordost" (die Stelle, wo der alte Deich auf den neuen stößt) und nach der Reinschrift in „Nordostecke" korrigiert.

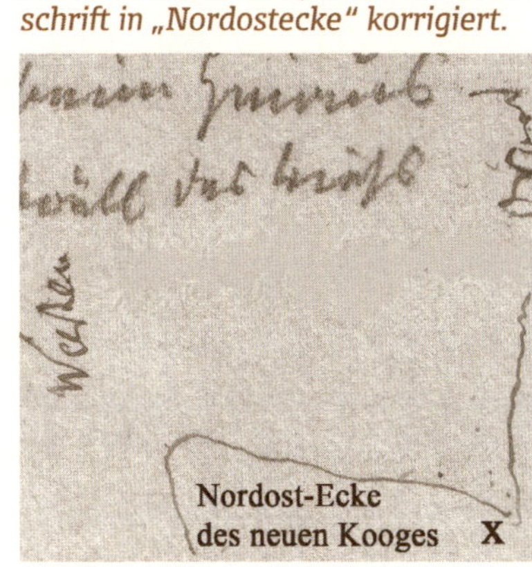

(„Concept", S. 37.)

gewartet: hier: verwaltet.

vom Kirchturm: In seiner Entwurfshandschrift notiert Storm „wo bei hohem Wasser, sieht oder wird dem Sch<immelreiter> der bei dem trüben verdeckten Mondlicht der hohe spitze Thurm auf der 3 pr<eußische> M<eilen> ostwärts liegenden Geest gezeigt, da fast unterm Thurmdach von dort ein rothgelber Lichtschein in die Nacht hinaus bricht.“ („Concept“, S. 139).

Der Turm der Hattstedter St.-Marien-Kirche erhebt sich weithin sichtbar über das Marschland und den Deich und dient seit mehr als 500 Jahren der Küstenschifffahrt als Seezeichen. Der Turmhelm wurde Ende des 15. Jahrhunderts von Thoms Detleffs aus Husum errichtet. Durch Blitz und Sturm wurde er 1632, 1751, 1827, 1859 und 1878 beschädigt und musste jeweils neu erbaut werden.

Wie sinnlos: wie von Sinnen.

Sündflut: Die Sintflut wird in den mythologischen Erzählungen verschiedener Kulturen als eine göttlich veranlasste Flutkatastrophe beschrieben, die die Vernichtung der menschlichen Zivilisation zum Ziel hatte. Als Gründe nennen die historischen Quellen zumeist Verfehlungen der Menschheit. Das Wort „Sintflut“ heißt „immerwährende Überschwemmung“ und hat nichts mit dem Wort „Sünde“ zu tun. Die germanische Vorsilbe sin- bedeutet „immerwährend, andauernd, umfassend“ und wurde seit dem 13. Jahrhundert volksetymologisch zu „Sünd-“ umgedeutet.

„Was aber die A<nno> 1634 ergangene landverderbliche Sündfluth für Schaden gethan, soll hernach weitläuftiger berichtet werden, und will ich hieneben berichten, wie der gerechte Gott diese Länder, auch theils mit andern Strafen und Plagen heimgesuchet, theils auch noch ferner heimzusuchen hat gedrohet. (Heimreich 1668, S. 84.)

„Das Weib mit dem Kinde und dem geretteten Hündlein treibt die Angst der Liebe ihm entgegen, so gehen sie mit ihm unter, sie gehören zusammen im Leben wie im Tode.“

(Theodor Storm an Alfred Biese; zitiert nach dem Abdruck in Bieses Erinnerungen an Theodor Storm. In: STSG 30 (1981), S. 85.)

plötzlich laut in den Sturm hinaus, „ich habe meines Amtes schlecht gewartet!“

Zu seiner Linken, dicht an des Pferdes Hufen, tobte das Meer; vor ihm, und jetzt in voller Finsternis, lag der alte Koog mit seinen Werften und heimatlichen Häusern; das bleiche Himmelslicht war völlig ausgetan; nur von einer Stelle brach ein Lichtschein durch das Dunkel. Und wie ein Trost kam es an des Mannes Herz; es musste von seinem Haus herüber scheinen, es war ihm wie ein Gruß von Weib und Kind. Gottlob, die saßen sicher auf der hohen Werfte! Die Andern, gewiss, sie waren schon im Geestdorf droben; von dorther schimmerte so viel Lichtschein, wie er niemals noch gesehen hatte; ja selbst hoch oben aus der Luft, es mochte wohl vom Kirchturm sein, brach solcher in die Nacht hinaus. „Sie werden Alle fort sein, Alle!“ sprach Hauke bei sich selber; „freilich auf mancher Werfte wird ein Haus in Trümmern liegen, schlechte Jahre werden für die überschwemmten Fennen kommen; Siele und Schleusen zu reparieren sein! Wir müssen's tragen, und ich will helfen, auch denen, die mir Leids getan; nur, Herr, mein Gott, sei gnädig mit uns Menschen!“

Da warf er seine Augen seitwärts nach dem neuen Koog; um ihn schäumte das Meer; aber in ihm lag es wie nächtlicher Friede. Ein unwillkürliches Jauchzen brach aus des Reiters Brust: „Der Hauke-Haiendeich, er soll schon halten; er wird es noch nach hundert Jahren tun!“

Ein donnerndes Rauschen zu seinen Füßen weckte ihn aus diesen Träumen; der Schimmel wollte nicht mehr vorwärts. Was war das? – Das Pferd sprang zurück, und er fühlte es, ein Deichstück stürzte vor ihm in die Tiefe. Er riss die Augen auf und schüttelte alles Sinnen von sich: er hielt am alten Deich, der Schimmel hatte mit den Vorderhufen schon darauf gestanden. Unwillkürlich riss er das Pferd zurück; da flog der letzte Wolkenmantel von dem Mond, und das milde Gestirn beleuchtete den Graus, der schäumend, zischend vor ihm in die Tiefe stürzte, in den alten Koog hinab.

Wie sinnlos starrte Hauke darauf hin; eine Sündflut war's, um Tier' und Menschen zu verschlingen. Da blinkte wieder ihm der Lichtschein in die Augen; es war derselbe, den er vorhin gewahrt hatte; noch immer brannte der auf seiner Werfte; und als er jetzt ermutigt in den Koog hinabsah, gewahrte er wohl, dass hinter dem sinnverwirrenden Strudel, der tosend vor ihm hinabstürzte, nur noch eine Breite von etwa hundert Schritten überflutet war; dahinter konnte er deutlich den Weg erkennen, der vom Koog heranführte. Er sah noch mehr: ein Wagen, nein, eine zweiräderige Karriole kam wie toll gegen den Deich herangefahren; ein Weib, ja auch ein Kind saßen darin. Und jetzt – war das nicht das kreischende Gebell eines kleinen Hundes, das im Sturm vorüberflog? Allmächtiger Gott! Sein Weib, sein Kind waren es; schon kamen sie dicht heran, und die schäumende Wassermasse drängte auf sie zu. Ein Schrei, ein Verzweiflungsschrei brach aus der Brust des Reiters: „Elke!" schrie er; „Elke! Zurück! Zurück!"

Aber Sturm und Meer waren nicht barmherzig, ihr Toben zerwehte seine Worte; nur seinen Mantel hatte der Sturm erfasst, es hätte ihn bald vom Pferd herabgerissen; und das Fuhrwerk flog ohne Aufenthalt der stürzenden Flut entgegen. Da sah er, dass das Weib wie gegen ihn hinauf die Arme streckte: Hatte sie ihn erkannt? Hatte die Sehnsucht, die Todesangst um ihn sie aus dem sicheren Haus getrieben? Und jetzt – rief sie ein letztes Wort ihm zu? – Die Fragen fuhren durch sein Hirn; sie blieben ohne Antwort: von ihr zu ihm, von ihm zu ihr waren die Worte all' verloren; nur ein Brausen wie vom Weltenuntergang füllte ihre Ohren und ließ keinen andern Laut hinein.

„Mein Kind! O Elke, o getreue Elke!" schrie Hauke in den Sturm hinaus. Da sank aufs Neu' ein großes Stück des Deiches vor ihm in die Tiefe, und donnernd stürzte das Meer sich hinterdrein; noch einmal sah er drunten den Kopf des Pferdes, die Räder des Gefährtes aus dem wüsten Gräuel emportauchen und dann quirlend darin untergehen. Die starren Augen des Reiters, der so einsam auf dem Deiche hielt, sahen weiter nichts. „Das Ende!" sprach er leise vor sich hin; dann ritt er an den Abgrund, wo unter ihm die Wasser, unheimlich rauschend, sein Heimatsdorf zu überfluten begannen; noch immer sah er das Licht von seinem Hause schimmern; es war ihm wie entseelt. Er richtete sich hoch auf und stieß dem Schimmel die Sporen in die Weichen; das Tier bäumte sich, es hätte sich fast überschlagen; aber die Kraft des Mannes drückte es herunter. „Vorwärts!" rief er noch einmal, wie er es so oft zum festen Ritt gerufen hatte: „Herr Gott, nimm mich; verschon' die Andern!"

Gräuel: etwas, das Grauen erregt.

Anfang März 1888 – mitten in den Korrekturarbeiten für den Zeitschriften-Druck – streicht Storm einen Abschnitt, in dem der Schulmeister davon erzählt, wie Carsten, der frühere Dienstjunge des Deichgrafen, den Tod seines Herren erlebt hat. Dieses Motiv gehört zu den ersten Notizen, die Storm im Frühjahr 1885 skizziert hatte („Concept", S. 136): „Er kommt in unheimlichen Verdacht. Als er sich hinabstürzen will, bäumt sich das Pferd u‹nd› dreht sich auf den Hinterfüßen. Aber ein dunkles Unding stürzt aus der Luft ihm gegen die Nüstern, da folgt es dem Sporn. Pferd u‹nd› Reiter stürzen in den tobenden Schwall".

Der gestrichene Absatz lautet:

Es soll nämlich, und ich darf das nicht vergessen, damals doch noch Einer auf dem neuen Deich zurückgeblieben sein, während die Uebrigen südwärts nach der Stadt und von dort nach ihrem Kirchdorfe auf der Geest zurückgeflohen waren, wo sie außer ihrem Deichgrafen nebst Weib und Kind die ganze Marsch beisammen fanden. Der Zurückgebliebene aber sollte jener Carsten, der frühere Dienstjunge des Deichgrafen gewesen sein, ein ebenso abergläubiger, als, wenn seine Neugierde ins Spiel kam, waghalsiger Geselle, und derzeit noch im Dienst des Ole Peters. Er wollte an der Binnenkante des Deiches dem letzten Ritte seines früheren Herrn gefolgt sein, und einen ganzen Sack voll hatte er bei seiner Rückkehr auszukramen. „Hu, aber, Frau Vollina," sagte er zu seiner Wirthin, und das Weib kreuzte schon in behaglichem Schauder die Hände über ihrem Leibe; „da begab sich Etwas! Ich lag dicht hinter ihm am Deich; da stieß er dem Schimmel die Sporen in die Seiten und riß das Maul auf und schrie; verstehen konnt' ich's nicht, der Lärm umher war gar zu grauslich! Aber es wird wohl sein dummes „Vorwärts!" gewesen sein, womit er allezeit sein Thier zu treiben pflegte. Ja, vorwärts! Was meint Ihr, Frau Vollina?"

„Ja, was mein' ich?" plapperte das Weib. „So sprich doch, Carsten!"

„Da ist nicht gut zu sprechen, Frau!" fuhr Carsten fort: „So arg ich meine Augen aufriß, ich sah itzt weder den Schimmel, noch ein ander Pferd; nur den Reiter sah ich, und es war noch, als ritte er mit seinen Beinen in der Luft; aber ein schwarzes Unding war über ihm und hielt ihn in seinen Krallen. Dann begann

ein fürchterliches Hilfsgeschrei, das lauter war, als Sturm und Wasser; aber, Frau, wen der Teufel in den Krallen hat, dem kann nur Gott zu Hilfe kommen!"

„Und dann? Und dann?" rief Frau Vollina.

„Ja, Frau, dann sah ich weiter nichts; ich hörte nur die großen Wasser, die in unseren Koog hinabstürzten und lief – denn mir war plötzlich die Angst ins Genick gefahren – auf dem Deiche zur Stadt hinunter, um nur mein eigen bischen Leben aus dieser schreckbaren Einsamkeit zu retten. Aber" – und er dämpfte seine Stimme, und Frau Vollina neigte ihren runden Kopf zu seinen Lippen – „das Schrecklichste sah ich gestern Abend; ich war bei hellem Mondschein auf dem Deich hinaus, bis grad' vor Jeverssand – – das weiße Pferdsgerippe, das fort war, so lang der Schimmel in des Deichgrafs Stall gestanden – es liegt wieder dort! Geht nur hin und sehet selbst!"

Aber Frau Vollina stieß einen Schrei aus: „Herr Gott und Jesus, seid uns gnädig!"

– – „Das", sagte nach einer Weile der Schulmeister, „ist das Ende von Hauke Haien's Geschichte, wenn Sie sich dieselbe im Dorfe wollen weiter erzählen lassen. Und so ist es immer weiter gegangen, und der arme Deichgraf, der tüchtigsten einer, die wir hier gehabt haben, ist allmälig zu einer Schreckgestalt erniedrigt worden: bei Hochfluthen müssen seine verstäubten Atome sich zu einem Scheinbild wiederum zusammenfinden; das muß auf seinem Schimmel über die Deiche galoppiren und, wenn Unheil kommen soll, sich in den alten Bruch hinabstürzen. Credat judaeus Apella! pflegten wir auf der Universität zu sagen."

Meines eigenen Abenteuers gedenkend, wollte ich für den Gespensterglauben einen bescheidenen Vorbehalt erbitten; aber mein Gastfreund fiel mir in die Rede: „Ja, ja, werther Herr;" sagte er; „Sie wollen einwenden, Sie haben ihn selbst gesehen! Was Sie gesehen haben, weiß ich nicht: es könnte auch ein Leibhaftiger, das heißt, ein Mensch gewesen sein; dort draußen auf dem Sophienhof, der Besitzer hat einen Bruder bei sich, einen alten wunderlichen Junggesellen; die Leute halten ihn für einen Narren, er selbst treibt Astronomie und hält sich für einen großen Wetterkundigen. Der hat ein hager Angesicht und ein paar tiefliegende Augen und reitet am liebsten im fliegenden Sturm auf den Deichen

Noch ein Sporenstich; ein Schrei des Schimmels, der Sturm und Wellenbrausen überschrie; dann unten aus dem hinabstürzenden Strom ein dumpfer Schall, ein kurzer Kampf.

Der Mond sah leuchtend aus der Höhe; aber unten auf dem Deiche war kein Leben mehr, als nur die wilden Wasser, die bald den alten Koog fast völlig überflutet hatten. Noch immer aber ragte die Werfte von Hauke Haien's Hofstatt aus dem Schwall hervor, noch schimmerte von dort der Lichtschein, und von der Geest her, wo die Häuser allmählich dunkel wurden, warf noch die einsame Leuchte aus dem Kirchturm ihre zitternden Lichtfunken über die schäumenden Wellen."

**
*

Der Erzähler schwieg; ich griff nach dem gefüllten Glase, das seit lange vor mir stand; aber ich führte es nicht zum Munde; meine Hand blieb auf dem Tische ruhen.

„Das ist die Geschichte von Hauke Haien", begann mein Wirt noch einmal, „wie ich sie nach bestem Wissen nur berichten konnte. Freilich die Wirtschafterin unseres Deichgrafen würde sie Ihnen anders erzählt haben; denn auch das weiß man zu berichten: jenes weiße Pferdsgerippe ist nach der Flut wiederum, wie vormals, im Mondschein auf Jevershallig zu sehen gewesen; das ganze Dorf will es gesehen haben. – So viel ist sicher: Hauke Haien mit Weib und Kind ging unter in dieser Flut; nicht einmal ihre Grabstätte hab' ich droben auf dem Kirchhof finden können; die toten Körper werden von dem abströmenden Wasser durch den Bruch ins Meer hinausgetrieben und auf dessen Grunde allmählich in ihre Urbestandteile aufgelöst sein – so haben sie Ruhe vor den Menschen gehabt. Aber der Hauke-Haiendeich steht noch jetzt nach hundert Jahren, und wenn Sie morgen nach der Stadt reiten und die halbe Stunde Umweg nicht scheuen wollen, so werden Sie ihn unter den Hufen Ihres Pferdes haben.

Der Dank, den einstmals Jewe Manners bei den Enkeln seinem Erbauer versprochen hatte, ist, wie Sie gesehen haben, ausgeblieben; denn so ist es, Herr: dem Sokrates gaben sie ein Gift zu trinken und unseren Herrn Christus schlugen sie an das Kreuz! Das geht in den letzten Zeiten nicht mehr so leicht; aber – einen Gewaltsmenschen oder einen bösen stiernackigen Pfaffen zum Heiligen, oder einen tüchtigen Kerl, nur weil er uns um Kopfeslänge überwachsen war, zum Spuk und Nachtgespenst zu machen – das geht noch alle Tage."

Als das ernsthafte Männlein das gesagt hatte, stand es auf und horchte nach draußen. „Es ist dort etwas anders worden", sagte er und zog die Wolldecke vom Fenster; es war heller Mondschein. „Seht nur", fuhr er fort, „dort kommen die Gevollmächtigten zurück; aber sie zerstreuen sich, sie gehen nach Hause; – drüben am andern Ufer muss ein Bruch geschehen sein; das Wasser ist gefallen."

Ich blickte neben ihm hinaus; die Fenster hier oben lagen über dem Rand des Deiches; es war, wie er gesagt hatte. Ich nahm mein Glas und trank den Rest: „Haben Sie Dank für diesen Abend!" sagte ich; „ich denk', wir können ruhig schlafen!"

„Das können wir;" entgegnete der kleine Herr; „ich wünsche von Herzen eine wohlschlafende Nacht!"

– – Beim Hinabgehen traf ich unten auf dem Flur den Deichgrafen; er wollte noch eine Karte, die er in der Schenkstube gelassen hatte, mit nach Hause nehmen. „Alles vorüber!" sagte er. „Aber unser Schulmeister hat Ihnen wohl schön was weiß gemacht; er gehört zu den Aufklärern!"

hin und wieder; ob er einen Schimmel hat, weiß ich nicht zu sagen: unmöglich ist das nicht. Aber – einerlei, mag reiten, wer da will, nur dem Deichgraf Hauke Haien laßt mir aus dem Spiel; der hat wie kaum ein Anderer seine Ruh' verdient!"

Erläuterungen zum gestrichenen Text:

„Credat Judaeus Apella!": Zitat aus Horaz' Satiren I, 5, 100: „Credat Iudaeus Apella, non ego." („Das mag der Jude Apella glauben – ich nicht.").

auf dem Sophienhofe: Möglicherweise dachte Storm an einen der Höfe im 1741–1734 von Jean Henry Desmercieres eingedeichten „Sophien-Magdalenen-Koog" nördlich der Arlau. Er wurde benannt nach der Gemahlin des dänischen Königs Christian VI., Königin Sophie Magdalene, geb. Prinzessin von Brandenburg-Bayreuth.

Wetterprophet: jemand, der das künftige Wetter vorher ankündigt.

Zu den Gründen dieser Streichung von ca. fünf Seiten Text der Reinschrift hat Karl Ernst Laage (LL 3, S. 1062) angemerkt: „Mit der Streichung dieser Szenen wollte Storm offenbar der ‚Stimmung' des Schlußrahmens mehr Gelassenheit und Nüchternheit geben. Die Emotionalität, mit der in den gestrichenen Szenen konträre Meinungen vorgetragen werden – die Meinung der Dorfbewohner, die den Deichgrafen im Bunde mit dem Teufel sehen, und die des Schulmeisters, der den Deichgrafen gegen solche Verleumdungen in Schutz nimmt und alles Gespenstische rational auflöst –, zerstört die beabsichtigte nachdenkliche Stimmung des Schlusses und die poetisch intendierte Unentschiedenheit zwischen Gespenstersage und realistischer Novelle."

Sokrates wurde 470 v. Chr. in Athen geboren. Er erregte dort Aufsehen, weil er andere in Gespräche verwickelte, in denen er überprüfte, ob das, was sie so glaubten und meinten, auch wirkliches Wissen war. Seine Erkenntnis gipfelte in dem Satz: „Ich weiß, dass ich nichts weiß." Dieses (Sokratische) Nichtwissen galt ihm als erster Schritt auf dem Weg zur Erkenntnis. Durch geschicktes Befragen versuchte er, das in jedem Menschen schlummernde Wissen herauszulocken. 399 v. Chr. wurde er aufgrund seiner kritischen Reden wegen Gotteslästerung und Verführung der Jugend angeklagt und zum Tode durch Gift verurteilt.

gehört zu den Aufklärern: Als Aufklärer bezeichnet man Personen der europäischen und nordamerikanischen Geistesgeschichte im Zeitalter der Aufklärung (zweite Hälfte des 18. Jahrhunderts), die das Denken mit den Mitteln der Vernunft von Vorurteilen und Aberglauben zu befreien suchten.

Der Novellentext führt eine ganze Reihe von Wahrnehmungen vor, die dem Leser nahelegen, in Hauke Haien einen Teufelsbündner zu sehen, so wie ihn die abergläubischen Bauern, Knechte und Mägde sehen wollten und so, wie ihn diese Bevölkerungsschicht in der Novellenfiktion in Erinnerung behalten hat. In der „Reinschrift" wendet der Reiter ein, er habe die Gespenster-Erscheinung doch mit eigenen Augen gesehen. Das bedeutet, der Leser soll glauben, dem nüchternen Manne sei ein reales Gespenst erschienen. Dies hat der Autor in der Korrekturphase des Zeitschriftendrucks wohl erkannt und abmindern wollen. Durch die Streichung der ganzen Szene aber verstärkt Storm das Phantastische seiner Erzählung, indem er nicht nur die theatralische Teufelserzählung des Knechts verwirft, sondern auch die Erklärung des Schulmeisters, der für die unrealistische Erscheinung zu Beginn des Erzählrahmens eine nüchterne Ursache nennt: Es könnte ein wirklicher Mensch gewesen sein. Damit stellt sich für den aufmerksamen Leser die Frage: Wieso konnte der Reiter ein Gespenst sehen, das sich abergläubische Marschbewohner vor fast einem Jahrhundert ausgedacht und dann von Generation zu Generation weitererzählt haben, ohne vorher von dieser Sage je gehört zu haben?

– „Er scheint ein verständiger Mann!"

„Ja, ja, gewiss; aber Sie können Ihren eigenen Augen doch nicht misstrauen; und drüben an der anderen Seite, ich sagte es ja voraus, ist der Deich gebrochen!"

Ich zuckte die Achseln: „Das muss beschlafen werden! Gute Nacht, Herr Deichgraf!"

Er lachte: „Gute Nacht!"

– – Am andern Morgen, beim goldensten Sonnenlichte, das über einer weiten Verwüstung aufgegangen war, ritt ich über den Hauke-Haien-Deich zur Stadt hinunter.

**
*

Anhang

Textüberlieferung

Dank der langjährigen Sammeltätigkeit der Schleswig-Holsteinischen Landesbibliothek, Kiel, in der der Storm-Nachlass aufbewahrt wird, und des Storms-Archivs in Husum sind heute eine Vielzahl von handschriftlichen und gedruckten Textzeugen bekannt, mit deren Hilfe die Entstehung der „Schimmelreiter"-Novelle sehr detailliert dokumentiert und beschrieben werden kann. Außerdem ermöglichte das vielfältige Material an Äußerungen Storms und seiner Freunde in Briefen und anderen Dokumenten, eine kommentierte historisch-kritische Ausgabe[1] des Textes herzustellen, die Grundlage für dieses Buch über den „Schimmelreiter" ist.

An handschriftlichen Zeugnissen hat sich ein umfangreiches Entwurfsmanuskript erhalten, das Storm als sein „Concept" bezeichnete, und das von der Theodor-Storm-Gesellschaft aus den Nachlässen verschiedener Nachkommen des Dichters erworben werden konnte.

Bereits während der Arbeiten am „Concept" begann Storm mit einer Reinschrift, die er im Februar 1888 an den Verlag Gebrüder Paetel in Berlin schickte, wo ein Zeitschriftendruck und die erste Buchausgabe hergestellt wurden.

Aus den Monaten der Herstellung des Maschinensatzes für beide Drucke gibt es einige handschriftliche Nachträge und verschiedene Korrekturbogen, die Storm eigenhändig berichtigt hat.

Storm schrieb sein Arbeitsmanuskript auf Einzelblätter und Doppelbögen sowie Zettel zwischen Juni 1886 und

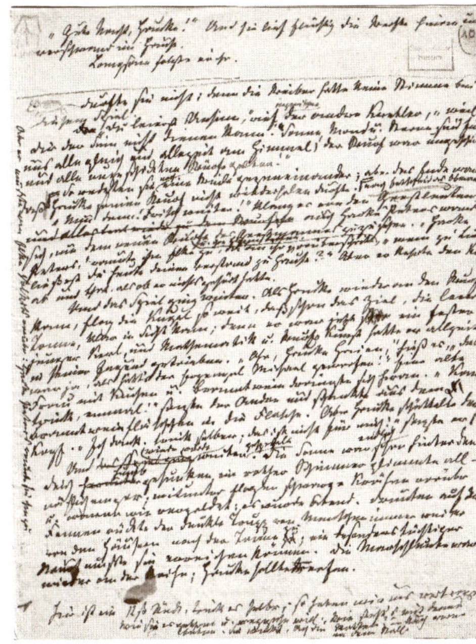

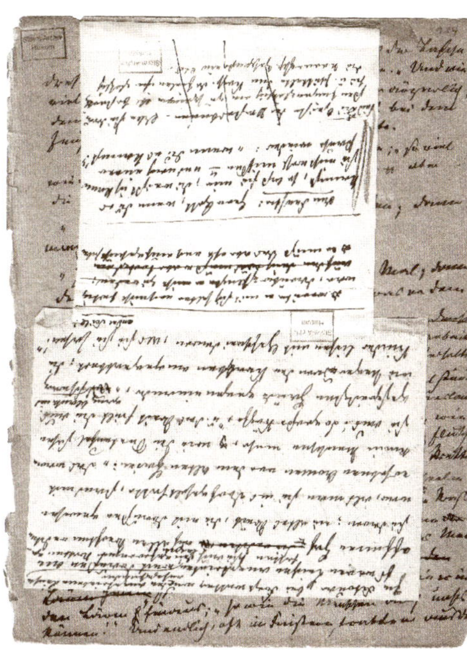

Aus Storms Entwurfshandschrift „Concept"

Februar 1888 nieder und verwendete es noch während der Korrekturarbeiten, um sich über Details in seiner Reinschrift zu informieren, die er an seinen Verleger nach Berlin geschickt hatte und von der er keine weitere Abschrift besaß. Das „Concept" besteht aus Blättern verschiedener Papiersorten; Storm hat hauptsächlich unlinierte, einmal gefaltete Doppel- und davon abgetrennte Einzelblätter gelblichen Papiers verwendet; einige der Blätter sind stärker vergilbt und weisen Brüche an den Rändern auf, die gelegentlich zu leichteren Textverlusten geführt haben. Außerdem enthält das Manuskript Einzelblätter verschiedener Formate, die teilweise an andere Blätter angeklebt oder angeheftet wurden. Das Papier ist durchgängig mit schwarzer Tinte, bei einigen Blättern mit Bleistift, meist doppelseitig beschrieben. Neben den Sofortkorrekturen hat Storm gelegentlich Nachträge an die Zeilenränder jeweils mit Tinte oder Bleistift geschrieben. Spätere Verbesserungen, Streichungen und Ergänzungen sind vor allem mit Bleistift vorgenommen worden; Markierungen mit rotem und blauem Farbstift (Winkel, Haken, Striche und Piktogramme) dienten als Hilfen, um Textteile zu Erzählabschnitten zusammenzufügen.

Außer dem Novellentext enthält das Manuskript eine Karte und mehrere Blätter, auf die Storm Erzählkonzepte notiert und Lagepläne skizziert hat.

Die Reinschrift, die im Storm-Nachlass der Landesbibliothek in Kiel aufbewahrt wird, besteht aus 14 Heften mit kariertem oder liniertem Papier im Format 14,2 : 22,1 cm und wurde später gebunden. Die Hefte wurden mit schwarzer Tinte nur auf der rechten Seite beschrieben und gelegentlich auf den freien Rückseiten mit Nachträgen versehen. Storm hat das zwischen Anfang Oktober 1887 und Anfang Februar 1888 entstandene Manuskript am 9. Februar an den Verlag Paetel geschickt und später zurückerhalten. Auf einen neuen Umschlag notierte er:

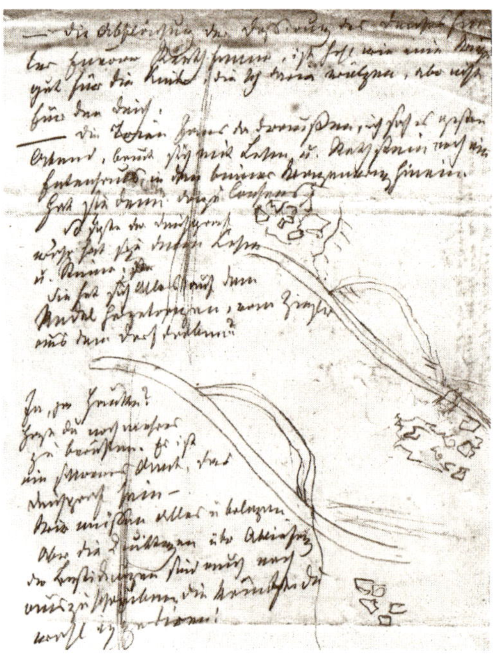

Lageskizzen in Storms Entwurfshandschrift „Concept"

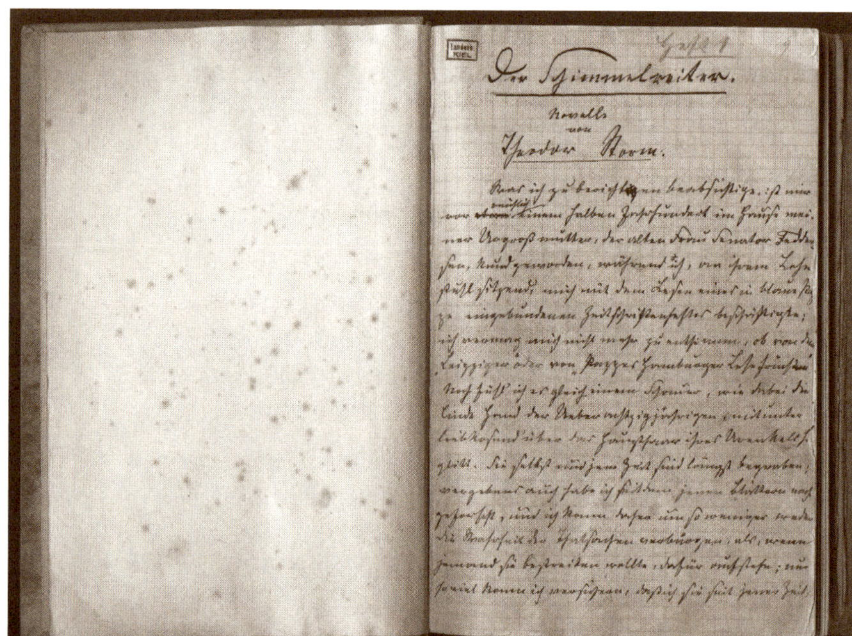

Erste Seite der Reinschrift (Storm-Nachlass, Schleswig-Holsteinische Landesbibliothek, Kiel)

Einweisungszeichen in Storms Entwurfshandschrift „Concept"

„Eigenhändiges Druckmanuscript zum Schimmelreiter 1886–1888 und Correcturbogen mit einem neuen Schluß der aber später verworfen ist. Für Ernst“

Ebenfalls im Storm-Nachlass befindet sich eine von Storm als „Nachtrag“ bezeichnete Textergänzung von vier Seiten auf einem linierten Doppelblatt (Format 13,8 : 22,4 cm) zum Schlussteil der Novelle, die er am 22. Februar 1888 an Elwin Paetel geschickte. Dieser hat mit roter Tinte Anmerkungen für den Setzer hinzugefügt, die sich auf die Stellen (Seiten und Zeilen) des ersten Satzes für den Zeitschriftendruck beziehen, damit dieser sie an den richtigen Stellen einfügen konnte.

Der Erstdruck erschien in der „Deutschen Rundschau“ im April- und Maiheft 1888 und wurde vom gleichen Satz in den Halbmonatsheften der Deutschen Rundschau, Jg. 1887/88, Bd. 3 (April/Mai/Juni) wieder abgedruckt.

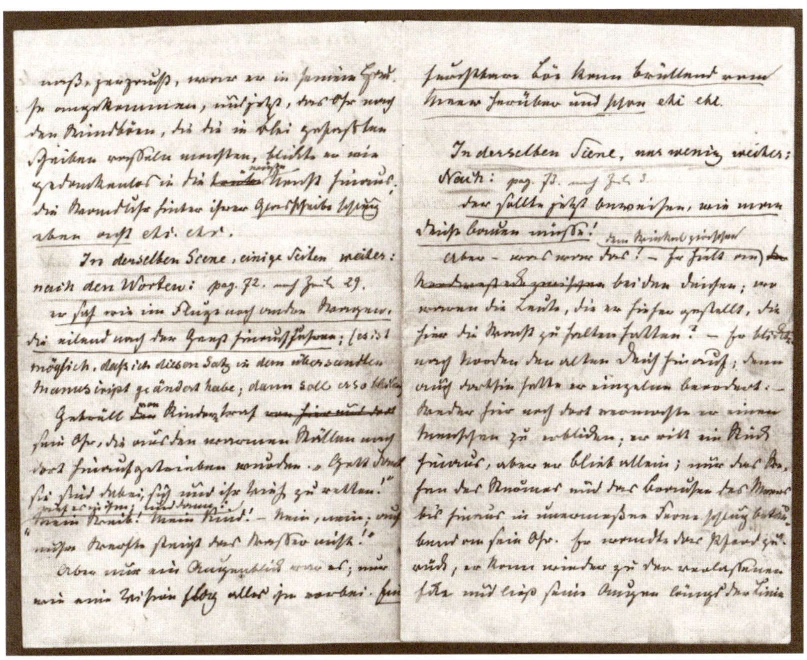

„Nachtrag“ zur Reinschrift (Storm-Nachlass, Schleswig-Holsteinische Landesbibliothek, Kiel)

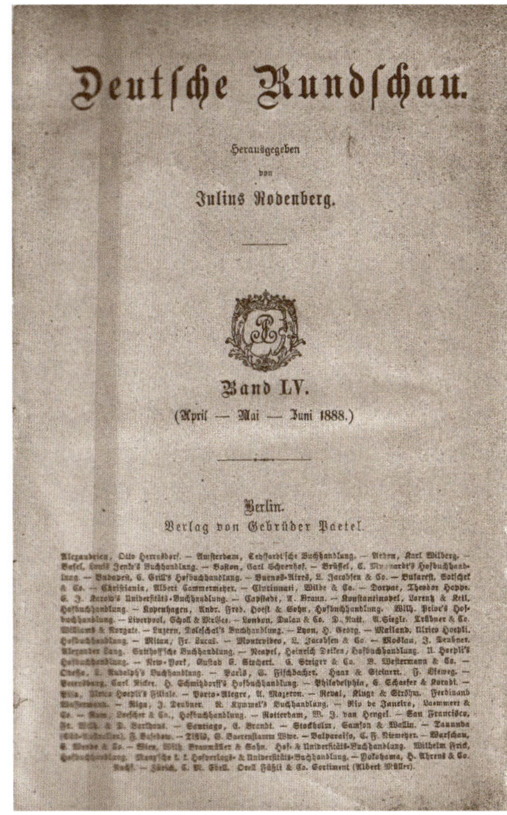

Deutsche Rundschau.

Herausgegeben von Julius Rodenberg.

Band LV.

(April — Mai — Juni 1888.)

Berlin.
Verlag von Gebrüder Paetel.

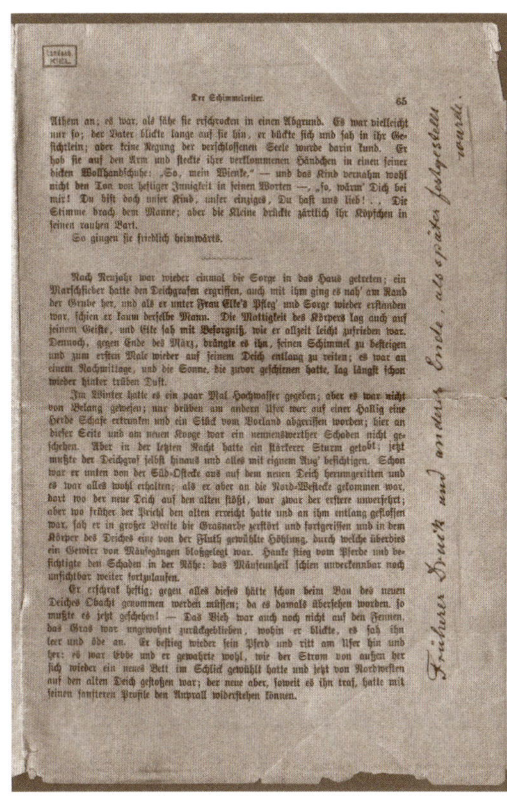

Der Schimmelreiter. 65

Athem an; es war, als sähe sie erschrocken in einen Abgrund. Es war vielleicht nur so; der Vater blickte lange auf sie hin, er bückte sich und sah in ihr Gesichtlein; aber keine Regung der verschlossenen Seele wurde darin kund. Er hob sie auf den Arm und steckte ihre verklommenen Händchen in einen seiner dicken Wollhandschuhe: „So, mein Wienke,“ — und das Kind vernahm wohl nicht den Ton von heftiger Innigkeit in seinen Worten —, „so, wärm' Dich bei mir! Du bist doch unser Kind, unser einziges, Du hast uns lieb! . . Die Stimme brach dem Manne; aber die Kleine drückte zärtlich ihr Köpfchen in seinen rauhen Bart.

So gingen sie friedlich heimwärts.

Nach Neujahr war wieder einmal die Sorge in das Haus getreten; ein Marschfieber hatte den Deichgrafen ergriffen, auch mit ihm ging es nah' am Rand der Grube her, und als er unter Frau Elke's Pfleg' und Sorge wieder erstanden war, schien er kaum derselbe Mann. Die Mattigkeit des Körpers lag auch auf seinem Geiste, und Elke sah mit Besorgniß, wie er allzeit leicht zufrieden war. Dennoch, gegen Ende des März, drängte es ihn, seinen Schimmel zu besteigen und zum ersten Male wieder auf seinem Deich entlang zu reiten; es war an einem Nachmittage, und die Sonne, die zuvor geschienen hatte, lag längst schon wieder hinter trüben Duft.

Im Winter hatte es ein paar Mal Hochwasser gegeben; aber es war nicht von Belang gewesen; nur drüben am andern Ufer war auf einer Hallig eine Herde Schafe ertrunken und ein Stück vom Vorland abgerissen worden; hier an dieser Seite und am neuen Kooge war ein nennenswerther Schaden nicht geschehen. Aber in der letzten Nacht hatte ein stärkerer Sturm getobt; jetzt mußte der Deichgraf selbst hinaus und alles mit eignem Aug' besichtigen. Schon war er unten von der Süd-Ostecke aus auf dem neuen Deich herumgeritten und es war alles wohl erhalten; als er aber an die Nord-Westecke gekommen war, dort wo der neue Deich auf den alten stößt, war zwar der erstere unversehrt; aber wo früher der Priehl den alten erreicht hatte und an ihm entlang geflossen war, sah er in großer Breite die Grasnarbe zerstört und fortgerissen und in dem Körper des Deiches eine von der Fluth gewühlte Höhlung, durch welche überdies ein Gewirr von Mäusegängen bloßgelegt war. Hauke stieg vom Pferde und besichtigte den Schaden in der Nähe: das Mäuseunheil schien unverkennbar noch unsichtbar weiter fortzulaufen.

Er erschrak heftig; gegen alles dieses hätte schon beim Bau des neuen Deiches Obacht genommen werden müssen; da es damals übersehen worden, so mußte es jetzt geschehen! — Das Vieh war auch noch nicht auf den Fennen, das Gras war ungewohnt zurückgeblieben, wohin er blickte, es sah ihn leer und öde an. Er bestieg wieder sein Pferd und ritt am Ufer hin und her: es war Ebbe und er gewahrte wohl, wie der Strom von außen her sich wieder ein neues Bett im Schlick gewühlt hatte und jetzt von Nordwesten auf den alten Deich gestoßen war; der neue aber, soweit es ihn traf, hatte mit seinen sanfteren Profile den Anprall widerstehen können.

Korrekturbogenteil zum Zeitschriftendruck (Storm-Nachlass, Schleswig-Holsteinische Landesbibliothek, Kiel) und Titelblatt

Von diesem Erstdruck sind Teile der Korrekturbogen (14 Seiten) mit dem zweiten Teil der Novelle ohne die Ergänzungen aus dem „Nachtrag" erhalten und mit einem handschriftlichem Vermerk Storms versehen: „Früherer Druck und anderes Ende, als später festgestellt wurde."

Die erste Buchausgabe „Der Schimmelreiter. Novelle von Theodor Storm, Berlin: Paetel 1888" enthält die gedruckte Widmung „Meinem Sohn Ernst Storm, Rechtsanwalt und Notar in Husum, zugeeignet" und vorangestellte Worterklärungen „Für binnenländische Leser" sowie eine „Druckfehler-Berichtigung" und Verlagsanzeigen. Hergestellt wurde sie von der Pierer'sche Hofbuchdruckerei. Stephan Seibel & Co. in Altenburg.

Von diesem Druck sind zwei vollständige Korrekturbogen überliefert; der erste enthält die von Storm vor allem im Mai 1888 eingetragenen Korrekturen, nach denen der verbesserte zweite Satz hergestellt wurde, den Storm bis in den Juni hinein einer nochmaligen Durchsicht unterzog. Damit waren die Arbeiten an der Buchausgabe beendet, deren Erscheinen im Herbst Storm nicht mehr erlebte, denn der Autor war am 4. Juli 1888 in seinem Haus in Hademarschen verstorben.

In den letzten Monaten seines Lebens hat Theodor Storm die Bände 15–18 seiner Gesamtausgabe im Westermann-Verlag noch selbst zusammengestellt; nach seinem Tod übernahm sein Sohn Ernst die Vollendung der Ausgabe. Am 16. September 1888 teilte dieser dem Verlag Paetel mit, dass der Verleger Friedrich Westermann den letzten Band der Gesamtausgabe (Bd. 19) noch rechtzeitig zum Weihnachtsgeschäft auf den Markt zu bringen hoffe. Er fragt bei Elwin Paetel vorsichtig an: „Der Schimmelreiter kann doch jetzt in die Gesammtausgabe aufgenommen werden? Ich komme mit dieser Frage, da meine Mama verreist und ich die betreffenden Briefe nicht hier habe."

Über die Aufnahme der Novelle in die Gesamtausgabe enthält der Verlagsvertrag, den Storm mit Paetel schloss, keine Klausel. Aus einem Brief Ernst Storms an den Verlag Westermann geht aber hervor, dass Paetel mit diesem Verfahren nicht einverstanden war: „Herr Pätel protestierte aber so heftig dagegen und berief sich auf ein Herkommen zwischen ihm und meinem Vater, dass ich die Sache fallen liess. Er gab an, dass er durch die sofortige Aufnahme des ‚Schimmelreiter' in der Vertreibung der Einzelausgabe zu schwer geschädigt würde, war je-

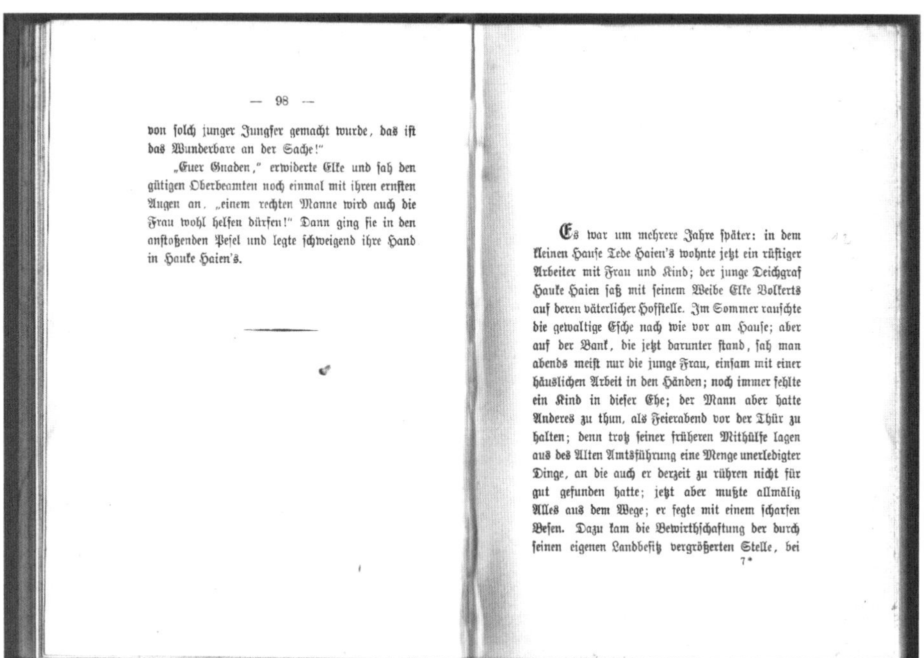

— 98 —

von solch junger Jungfer gemacht wurde, das ist das Wunderbare an der Sache!"

„Euer Gnaden," erwiderte Elke und sah den gütigen Oberbeamten noch einmal mit ihren ernsten Augen an, „einem rechten Manne wird auch die Frau wohl helfen dürfen!" Dann ging sie in den anstoßenden Pesel und legte schweigend ihre Hand in Hauke Haien's.

Es war um mehrere Jahre später: in dem kleinen Hause Tede Haien's wohnte jetzt ein rüstiger Arbeiter mit Frau und Kind; der junge Deichgraf Hauke Haien saß mit seinem Weibe Elke Volkerts auf deren väterlicher Hofstelle. Im Sommer rauschte die gewaltige Esche nach wie vor am Hause; aber auf der Bank, die jetzt darunter stand, sah man abends meist nur die junge Frau, einsam mit einer häuslichen Arbeit in den Händen; noch immer fehlte ein Kind in dieser Ehe; der Mann aber hatte Anderes zu thun, als Feierabend vor der Thür zu halten; denn trotz seiner früheren Mithülfe lagen aus des Alten Amtsführung eine Menge unerledigter Dinge, an die auch er derzeit zu rühren nicht für gut gefunden hatte; jetzt aber mußte allmälig Alles aus dem Wege; er fegte mit einem scharfen Besen. Dazu kam die Bewirthschaftung der durch seinen eigenen Landbesitz vergrößerten Stelle, bei

7*

Erste Buchausgabe im Verlag Paetel, Berlin 1888

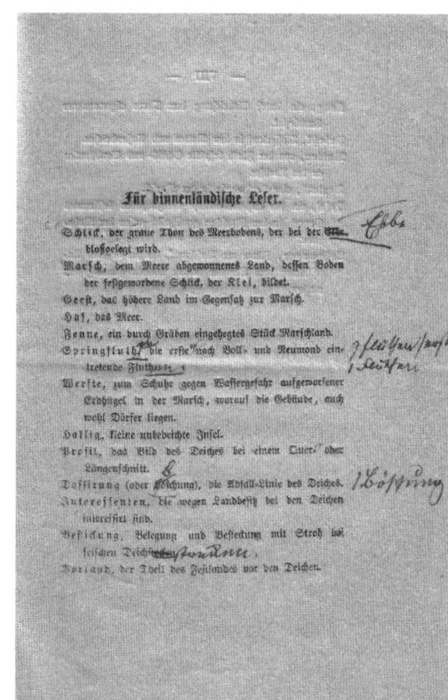

Für binnenländische Leser.

Schlick, der graue Thon des Meerbodens, der bei der Eb. bloßgelegt wird.

Marsch, dem Meere abgewonnenes Land, dessen Boden der festgewordene Schlick, der Klei, bildet.

Geest, das höhere Land im Gegensatz zur Marsch.

Haf, das Meer.

Fenne, ein durch Gräben eingehegtes Stück Marschland.

Springfluth, die erste nach Voll- und Neumond eintretende Fluth.

Werfte, zum Schutze gegen Wassergefahr aufgeworfener Erdhügel in der Marsch, worauf die Gebäude, auch wohl Dörfer liegen.

Hallig, kleine unbedeichte Insel.

Profil, das Bild des Deiches bei einem Quer- oder Längenschnitt.

Dossirung (oder Böschung), die Abfall-Linie des Deiches.

Interessenten, die wegen Landbesitz bei den Deichen interessirt sind.

Bestickung, Belegung und Besteckung mit Stroh bei frischen Deich...

Vorland, der Theil des Festlandes vor den Deichen.

Seiten aus der Buchkorrektur

doch damit einverstanden, dass acht Monate nach Herausgabe der Sonderausgabe des ‚Sch.' ‹dieser› in die Gesamtausgabe aufgenommen würde. Ich stelle Ihnen die Sache nun so an, bin aber auch damit einverstanden, wenn der letzte Band der Gesamtausgabe zu Weihnachten 1889 gebracht wird, da dann ja die beste Verkaufszeit für die Sache meines Vaters ist, und der letzte Band dann als Neuheit erscheint."[2]

Für die Buchausgabe wurde im Verlag Westermann ein Neusatz nach der ersten Buchausgabe im Verlag Paetel (1888) hergestellt. Dabei wurde vielfach in den Text eingegriffen. Zunächst hat man die „Druckfehler-Berichtigung" (S. 223) eingearbeitet und zwei weitere Druckfehler berichtigt. Die meisten Apostrophe (z.B. *wart'*, *kehr'*, *setz'*) fielen weg, ausgelassene Laute wurden ergänzt (z.B. *andern* zu *anderen*); die Rechtschreibung wurde vereinheitlicht (z.B. *Landmaaß* zu *Landmaß*; *Kniee* zu *Knie*, *allmälig* zu *allmählich*). Getrennte Wörter wurden zusammengeschrieben (z.B. *hinein treiben* zu *hineintreiben*, *Haupt-Deich* zu *Hauptdeich*), grammatische Formen verändert (z.B. der Akkusativ *Hufen* zu *Hufe*, *Stiefeln* zu *Stiefel*). Die Kleinschreibung von Personal- und Indefinitpronomen wurde durchgesetzt (z.B. *Du* zu *du*, *Beide* zu *beide*, *Jeder* zu *jeder*) und vereinheitlicht (die Anrede *er* zu *Er*). Die Markierung des dunklen Vokals „a" durch den Buchstaben å wurde aufgehoben. Bei der Zeichensetzung hat man fehlende Kommata eingefügt, gelegentlich Semikola durch Punkte ersetzt und die Anführungszeichen bei wörtlicher Rede innerhalb einer anderen wörtlichen Rede ergänzt.

Darüber hinaus weist der Text zehn unbegründete Eingriffe in den Wortbestand bzw. Lautstand auf (z.B. *Haf* zu *Hof*, *grimm* zu *grimmig*, *rasch* zu *hastig*, *allzeit* zu *allezeit*, *hinauf* zu *hinan*); an zwei Stellen sind versehentlich Wörter ausgefallen.

Der Band wurde vom Verlag Westermann zum Weihnachtsgeschäft 1889 ausgeliefert.

In den Buchhandlungen wurden zwei Ausgaben mit leicht abweichenden Textfassungen erfolgreich an das Publikum verkauft; die Oktavausgabe im Verlag Paetel kostete 5 Mark, gebunden 6,50 Mark. Eine zweite Auflage erschien im Herbst 1890: diese Separatausgabe erreichte bis 1919 29 Auflagen mit ca. 30.000 Exemplaren.

Band 19 der Gesamtausgabe bei Westermann verkaufte sich zehn Jahre mäßig, dann kam „Der Schimmelreiter" 1898 als Band 7 der „Neuen Ausgabe in 8 Bänden" auf den Markt und erreichte bis 1919 30 Auflagen. Insgesamt wurden von der Novelle bis zum Ablauf der Autoren-Schutzfrist mehr als 60.000 Exemplare verkauft.

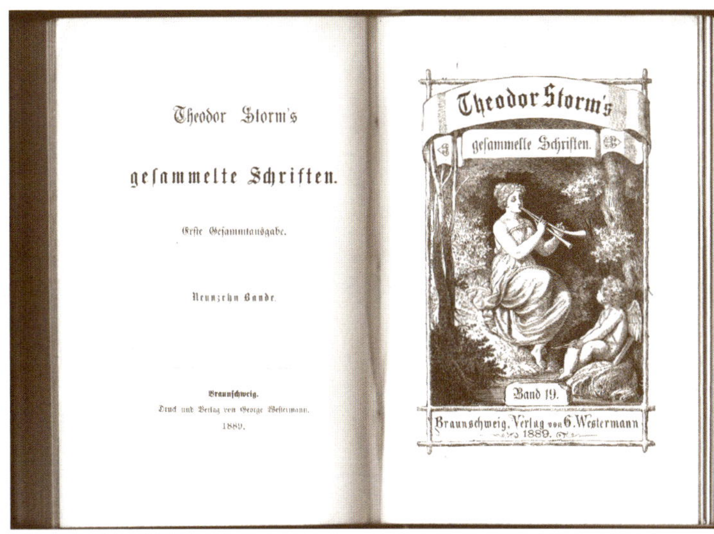

Titelblatt der Gesamtausgabe im Verlag Westermann, Braunschweig 1889

Entstehungsgeschichte

Anfang Februar 1885 berichtete Theodor Storm seinem Freund Erich Schmidt: „Jetzt aber rührt sich ein alter mächtiger Deichsagenstoff in mir, und da werde ich die Augen offenhalten; aber es gilt vorher noch viele Studien! Die Sache wird ein paar Jahrhunderte ‹zu›rück liegen.“ [3]

Mit diesem „Deichsagenstoff“ meinte er eine Gespenstergeschichte, die Mitte April 1838 in einer Hamburger Zeitschrift erschienen war und die der damalige Student der Rechte bei einem Besuch der Familie in Husum oder bei Freunden in Hamburg gelesen hatte.

In dieser Geschichte, die erstmals in der Zeitschrift „Danziger Dampfboot“[4] unter dem Titel „Der gespenstige Reiter“ gedruckt worden war, wird von einem Kaufmann berichtet, dem auf dem Wege von Danzig nach Marienburg an der Güttlander Weichselfähre ein Reiter auf weißem Pferd erscheint. Die Männer, die hier bei Eisgang Wache halten, erzählen ihm

№ 45.

Sonnabend, am 14. April 1838.

Von dieser der Unterhaltung und den Interessen des Volkslebens gewidmeten Zeitschrift erscheinen wöchentlich drei Nummern. Man abonnirt bei allen Postämtern, welche das Blatt für den Preis von 22½ Sgr. pro Quartal aller Orten franco liefern und zwar drei Mal wöchentlich, so wie die Blätter erscheinen.

Danziger Dampfboot

für

Geist, Humor, Satire, Poesie,
Welt- und Volksleben, Korrespondenz, Kunst, Literatur und Theater.

von einem Deichgeschworenen, der sich mit seinem Pferd in den Bruch gestürzt haben soll, nachdem er die Schuld für den schlecht gewarteten Deich auf sich genommen habe. Ross und Reiter erscheinen bis heute als gespenstiges Warnzeichen vor einem drohenden Deichbruch.

Der gespenstige Reiter

Ein Reiseabenteuer

Es war in den ersten Tagen des Monates April, im Jahre 1829 – so erzählte mir mein Freund – als Geschäfte von Wichtigkeit mein persönliches Erscheinen in Marienburg erforderlich machten; ich mußte mich also zu einer Reise dahin entschließen, so gern ich sie auch bis zur schönern Jahreszeit aufgeschoben hätte, denn wer selten reiset, macht so eine Partie lieber bei schönem Wetter; allein die Nothwendigkeit der Sache machte, daß ich meine Reise beschleunigen mußte.

Ein gemiethetes Reitpferd stand um vier Uhr Nachmittags vor meiner Thüre; ich ließ den Braunen nicht lange warten, schwang mich hinauf, und nach wenigen Minuten hatte ich Danzig im Rücken.

Mein Weg längs der Chaussee ging gut, und das einzige Hinderniß, welches ich zu bekämpfen hatte, war das kalte, unangenehme, regnigte Wetter.

Durchfroren und durchnäßt kam ich bei ziemlicher Dunkelheit in Dirschau an; stieg im erstgelegenen Gasthof ab, um ein wenig zu ruhen, meinem sich einfindenden Appetit durch einen lmbiß zu begegnen, und durch einen erwärmenden Trunk meine Glieder zu erfrischen; fragte unter Anderm den Wirth, wie es mit der Weichsel stände, und bekam zur Antwort: „Schlecht; Ihr Hinüberkommen wird nicht allein beschwerlich, sondern auch gefährlich seyn;" doch ich durfte mich nicht abschrecken lassen, weil ich nach meinem Bestimmungsorte mußte, und wo möglich wollte ich dort noch an demselben Abend eintreffen; ich bezahlte dem Wirthe meine Rechnung und eilte weiter; aber angekommen an der Weichsel, wurde ich von den Fährknechten zu meinem Schrecken unterrichtet, daß das heutige Hinüberkommen für keinen Preis ausführbar sey, wenn ich nicht mit Gewalt in die Arme des Todes eilen wolle; auch sahe ich zum Theil die Unmöglichkeit der Sache wohl selber ein; doch wurde mir der Vorschlag gemacht, daß ich bis zur Güttländer Fähre reiten solle, weil dort das Hinüberschaffen vielleicht noch zu bewerkstelligen seyn würde. Ich ließ mir dieses nicht zwei Mal sagen, griff in die Zügel, lenkte um, und fort ging's zur Güttlander Fähre. –

Dunkler und dunkler wurde es rings um mich, nur hin und wieder drang das Leuchten eines Sternes durch die Nebelwolken, fremd war mir die in schwarze Schatten gehüllte Gegend, kein menschliches Wesen erblickte ich, und nur das Brausen des Sturmes und das Geprassel des, durch das Wasser immer höher gehobenen und geborstenen Eises waren meine schaurigen Begleiter. – Da plötzlich höre ich dicht hinter mir das rasche Trappeln eines Pferdes, und freudig, in dem Wahne, einen Gesellschafter nahe zu haben, blicke ich mich erwartungsvoll um und sehe – Nichts – wohl aber trabt es immer schärfer und näher, mein Brauner schnaubt und stampft, kaum vermochte mein spitziger Sporn, ihn vorwärts zu treiben, und ein kalter Schauer überlief meinen ganzen Körper; doch beruhigte ich mich, da mein sonderbarer Begleiter verschwunden zu seyn schien; als ich ihn aber plötzlich wieder, ohne ihn zu sehen, vor mir hersprengen hörte, war es, als wollten mir meine Glieder die Dienste versagen, ein Fieberfrost durchrieselte mich, und mein Pferd wurde höchst unruhig; was aber die Unheimlichkeit noch mehr vermehrte, war: daß dieses unbegreifliche Wesen mir plötzlich und pfeilschnell vorüber zu sausen schien, so hörte sich das ungewöhnliche Geräusch wenigstens an, welches sich wieder allmählig verlor, um aber, wie es schien, mit erneuter Schnelligkeit zurückzukehren; es wieder hören, dicht hinter mir haben, die anscheinende Gestalt eines weißen Pferdes, mit einem schwarzen, menschenähnlichen Gebilde darauf sitzend, mir im fliegenden Galopp vorbeireiten zu sehen, war Eins; mein

Brauner machte einen Seitensprung, und es fehlte nicht viel, so wären wir Beide den Damm, ohne es zu wollen, hinabgestürzt.

Ich habe die letzten Feldzüge mitgemacht, feindliche Kugeln tödteten neben mir meine besten Kameraden, vom Kanonendonner bebte die Erde, doch mich machte nichts erbeben; aber hier auf dem Weichseldamme, ich gestehe es zu meiner Schande, zitterte ich an allen Gliedern. –

Da hörte ich in der Ferne das Bellen eines Hundes, und wurde das Blinken eines Lichtes gewahr. Ha! dachte ich, da werden sich auch Menschen befinden, wie du einer bist; schnell ritt ich dem Lichtscheine entgegen, und kam an eine sogenannte Wachtbude; ich stieg ab, und fragte die darin versammelte Menge, ob ich bei ihnen die Nacht über verweilen könnte – denn für heute war ich des Reisens satt – und meine Frage wurde mit „Ja“ beantwortet.

Froh, ein schützendes Obdach gefunden zu haben, brachte ich zuerst mein Pferd in Sicherheit, setzte mich dann ruhig in eine Ecke, pflegte mich, so gut es sich thun ließ, und hörte die Gespräche der Landleute, die hier auf Eiswache waren, mit an; ließ aber wohlbedächtig, um mich nicht Neckereien Preis zu geben, nichts von meinem überstandenen Abenteuer merken.

Da war's, als rauschte irgend etwas dem Fenster vorbei. Mit einem Schreckensausruf sprangen mehre Männer auf, und Einer von ihnen sagte: „Es muß irgendwo große Gefahr seyn, denn der Reiter auf dem Schimmel läßt sich sehen“; und der größte Theil eilte hinaus.

Der Reiter nun befremdete mich nicht, wohl aber die gemachte Bemerkung, weshalb ich den neben mir sitzenden alten Mann ersuchte, mir hierüber eine genügende Erklärung zu geben, worauf ich folgende Auskunft erhielt:

„Vor vielen Jahren, da sich auch unsere Vorfahren hier einst versammelt hatten, um auf den Gefahr drohenden Eisgang genau Acht zu haben, bekleidete ein entschlossener, einsichtsvoller und allgemein beliebter Mann aus ihrer Mitte das Amt eines Deichgeschworenen. An einem jener verhängnißvollen Tage entstand eine Stopfung des Eises, mit jeder Minute stieg das Wasser und die Gefahr; der erwähnte Deichgeschworene, der einen prächtigen Schimmel ritt, sprengte auf und nieder, überzeugte sich überall selbst von der Gefahr und gab zu deren Abwehr die richtigsten und angemessensten Befehle; dennoch unterlagen die Kräfte der schwachen Menschen der schrecklichen Gewalt der Natur, das Wasser fand durch den Damm einen Durchweg, und schrecklich war die Verheerung, die es anrichtete. Mit niedergeschlagenem Muthe kam der Deichgeschworene in gestrecktem Gallopp beim Deichbruche an, durch den sich das Wasser mit furchtbarer Gewalt und brausendem Getöse auf die so ergiebigen Fluren ergoß; laut klagte er sich an, auf diese Seite nicht genug Acht gegeben zu haben, sah darauf still und unbewegt dieses Schrecken der Natur einige Augenblicke an; dann schien ihn die Verzweiflung in vollem Maaße zu ergreifen, er drückt seinem Schimmel die Sporen in die Seiten, ein Sprung – und Roß und Reiter verschwinden in den Abgrund. – Noch scheinen Beide nicht Ruhe gefunden zu haben, denn sobald Gefahr vorhanden ist, lassen sie sich noch immer sehen.“ –

Ich setzte am andern Morgen meine Reise weiter fort, sah den Reiter nicht wieder, wohl aber die schreckliche Verheerung, die das Wasser im obengenannten Jahre angerichtet hatte.

Hiemit schloß mein Freund, betheuerte die Wahrheit der Sache, und schien durch mein Kopfschütteln verdrießlich werden zu wollen.

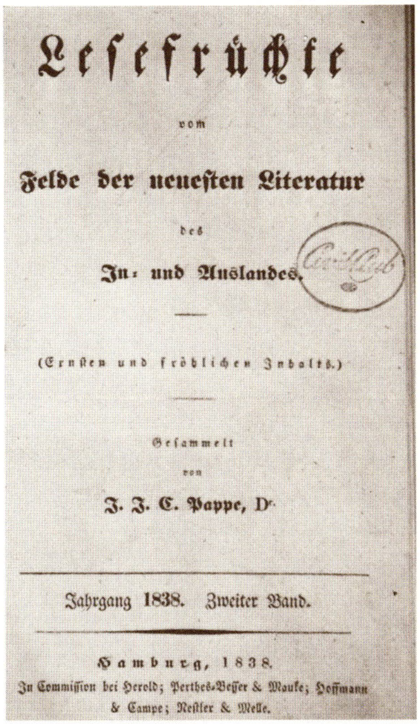

Lesefrüchte

vom

Felde der neuesten Literatur

des

In- und Auslandes.

(Ernsten und fröhlichen Inhalts.)

Gesammelt

von

J. J. C. Pappe, Dr.

Jahrgang 1838. Zweiter Band.

Hamburg, 1838.

In Commission bei Herold; Perthes-Besser & Mauke; Hoffmann & Campe; Nestler & Melle.

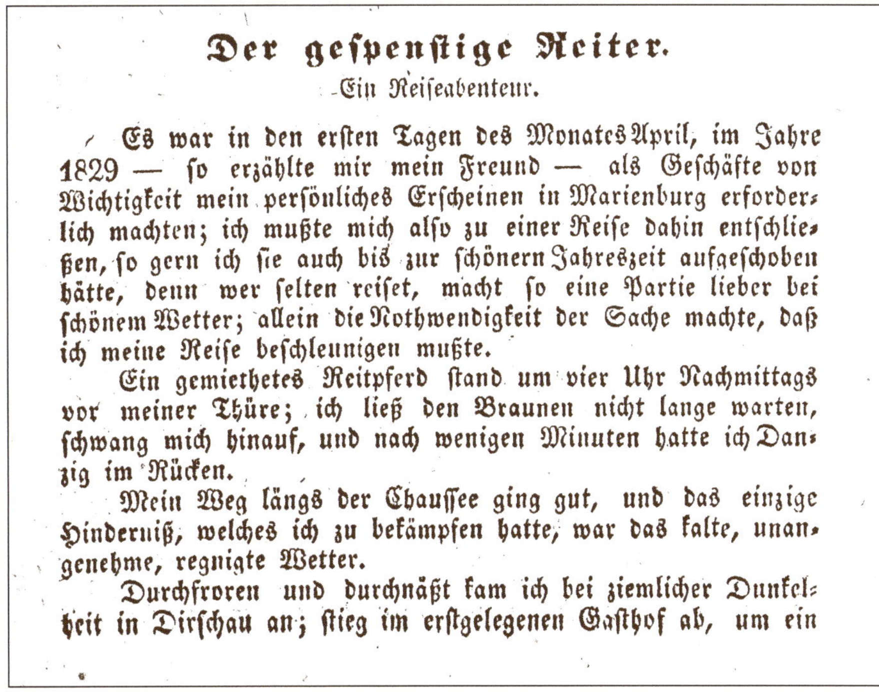

Der gespenstige Reiter.

Ein Reiseabenteuer.

Es war in den ersten Tagen des Monates April, im Jahre 1829 — so erzählte mir mein Freund — als Geschäfte von Wichtigkeit mein persönliches Erscheinen in Marienburg erforderlich machten; ich mußte mich also zu einer Reise dahin entschließen, so gern ich sie auch bis zur schönern Jahreszeit aufgeschoben hätte, denn wer selten reiset, macht so eine Partie lieber bei schönem Wetter; allein die Nothwendigkeit der Sache machte, daß ich meine Reise beschleunigen mußte.

Ein gemiethetes Reitpferd stand um vier Uhr Nachmittags vor meiner Thüre; ich ließ den Braunen nicht lange warten, schwang mich hinauf, und nach wenigen Minuten hatte ich Danzig im Rücken.

Mein Weg längs der Chaussee ging gut, und das einzige Hinderniß, welches ich zu bekämpfen hatte, war das kalte, unangenehme, regnigte Wetter.

Durchfroren und durchnäßt kam ich bei ziemlicher Dunkelheit in Dirschau an; stieg im erstgelegenen Gasthof ab, um ein

Storm konnte sich im Alter nicht mehr daran erinnern, wo er zum ersten Mal von einer Schimmelreiter-Sage gehört hatte. Er glaubte eine Zeitlang, die Erzählung im „Husumer Wochenblatt" gelesen zu haben. Als er nämlich mit seinen Freunden während und nach der Kieler Studentenzeit in den Jahren von 1842 bis 1845 Sagen und anderes Erzählgut aus Schleswig-Holstein sammelte, werteten die jungen Forscher landesgeschichtliche Darstellungen, regionale Chroniken und Zeitschriften aus; Storm, der sein Material vor allem in Nordfriesland und Nord-Dithmarschen zusammentrug, stieß im „Husumer Wochenblatt" auf eine Reihe von friesischen Sagen, unter denen sich aber keine von Deichgrafen oder Schimmelreitern befanden.

Anfang 1843 wurden die einzelnen Sammlungsteile in Kiel von Storms Studienfreund Theodor Mommsen redaktionell zusammengestellt und schließlich dem Philologen Karl Müllenhoff zur Veröffentlichung übergeben, der sie 1845 unter dem Titel „Sagen, Märchen und Lieder der Herzogthümer Schleswig, Holstein und Lauenburg" herausgab. In der Müllenhoffschen Sagensammlung findet sich ein Hinweis auf den Schimmelreiter-Stoff; in der Anmerkung zu einer Sylter Sage, die von einem nachlässigen Strandvogt berichtet, der zur Strafe nach seinem Tod am Strand umherirrt, heißt es[5]:

In Lauenburg: Ein Deichgraf reitet den Deich an der Elbe entlang um nachzusehen. Man zwingt ihn in die Fluthen hinein zu reiten. Seitdem sieht man ihn allnächtlich auf seinem weißen Pferde.

Karl Müllenhoff: Sagen, Märchen und Lieder der Herzogthümer Schleswig, Holstein und Lauenburg, Kiel 1845, Anmerkung zu Sage Nr. 243.

Allerdings taucht dieses Gespenster-Motiv in keiner weiteren Sage der Sammlung auf, auch nicht in den Texten, die in den Jahren 1844 bis 1850 im „Volksbuch für die Herzogthümer Schleswig, Holstein und Lauenburg" veröffentlicht wurden und von denen Storm eine ganze Reihe beigetragen hat.[6]

In Storms Erinnerung allerdings muss sich dieser Stoff tief eingeprägt haben, denn er fasste schon sehr früh den Entschluss, ihn für eine Novelle zu verwenden, führte dieses Vorhaben aber zunächst nicht aus.

Eine Schimmelreiter-Sage hat es weder in Nordfriesland noch in einer anderen Region der Nordseeküste je gegeben, obwohl dies von Volkskundlern und Heimatforschern bis in die späten 1990er Jahre immer wieder behauptet wurde. Storm, der dies aufgrund seiner umfangreichen Sammeltätigkeit bereits Mitte der 1840er Jahre wusste, wurde zu seiner 1888 veröffentlichten Novelle allein durch die Danziger Gespenstergeschichte angeregt. Aus ihr hat Storm das Wiedergängermotiv für die Rahmenhandlung seiner Novelle entnommen; alle übrigen Motive entstammen anderen Quellen oder sind aus der jahrzehntelangen Erfahrung des Autors geschöpft.

Ein gewisser Heinrich Momsen verfasste zwei Jahre nach dem Erscheinen von Storms „Schimmelreiter"-Novelle einen Sagentext[7], für den er auf die gleiche Überlieferung zurückgriff, die auch Storm bekannt war. Er nannte den Text wie Storm „Der Schimmelreiter" und verlegte die Handlung in seine Heimat Eiderstedt. Der Text legt nahe, dass Momsen auch Storms Novelle kannte, die er als Quelle nicht erwähnt.[8] Der Lehrer Johannes Jasper[9] hat dann Anfang des 20. Jahrhunderts aus den Texten von Storm und Momsen eine Schimmelreiter-„Sage" hergestellt und im Jahre 1910 veröffentlicht, die er ebenfalls als eine von Storm unabhängige Sagenüberlieferung ausgibt.[10] Dieser Text wurde 1928 von Hermann Lübbing[11] und 1934 von Rudolf Muuß[12] noch einmal für ihre Sammlungen nacherzählt und als volksläufige Sage bezeichnet.

Von diesen beiden Fassungen wurden die vier Schimmelreiter-Texte abgeleitet, die in Sagensammlungen der 1990er Jahre auftauchen und die noch einmal die Vermutung[13] verstärkt haben, es existiere in Nordfriesland eine von Storm unabhängige Schimmelreiter-Sage. Aber alle vier Sagen-Texte geben entweder die Fassung von Momsen oder die von Jasper wieder.[14] Diese angeblichen Schimmelreiter-Sagen sind also Erfindungen von regionalen Autoren, die auf Storms Novelle zurückgehen.[15]

Als Theodor Storm im Winter 1885 in einem Brief an seine Tochter Lisbeth[16] feststellte, dass „eine gewaltige Deichsage, von der ich als Knabe las" in ihm spuke, konnte er sich nicht daran erinnern, dass er im Jahre 1843 selber einmal geschrieben hatte: „Der Schimmelreiter, so sehr er auch als Deichsage seinem ganzen Charakter nach hier her paßt, gehört leider nicht unserm Vaterlande […]."[17]

Storm musste also auf andere Informationsquellen zurückgreifen, die ihm solidere Fakten zu seinem Thema lieferten, als dies seine vagen Erinnerungen zum damaligen Zeitpunkt konnten. Anfang Februar 1885 besuchte er seinen Freund, den Wasserbauingenieur Christian Eckermann, in Heide und sprach mit ihm über seine literarischen Pläne; dabei zeigte Eckermann ihm eine Sammlung von Karten sowie von gedruckten und handschriftlichen Quellen, die er für seine eigenen Forschungen zusammengetragen hatte. Darunter befand sich eine Karte des Amtes Husum, der Nordgoesharde (ein Verwaltungsbezirk nördlich von Husum), Lundenbergs und der Insel Nordstrand des Husumer Kartografen Johannes Mejer aus der Mitte des 17. Jahrhunderts, die den Küstenverlauf vor der großen Sturmflut von 1634 zeigt. Sie war in der im Jahre 1652 in der von Caspar Danckwerth veröffentlichten „Newe Landesbeschreibung der Zwey Hertzogthümer Schleswich und Holstein" im Druck erschienen. Storm erbat sich von dieser Karte eine Zeichnung, die ihm Eckermanns Tochter anfertigen sollte.[18]

Gertrud Eckermann, die mit Storms gleichnamiger Tochter befreundet war, erfüllte den Wunsch mit Unterstützung einer jungen Malerin, die sie im Zeichnen unterrichtete, und schickte Ende März eine Federskizze nach Hademarschen. Storm bedankte sich Anfang April für die „saubre Copie"[19], die er in den folgenden Monaten immer wieder zu Rate zog.

Es ging Storm zunächst um die Topographie der geplanten Erzählung, aber er hatte mit Eckermann bereits über die Geschichte der Landnahme an der Westküste Schleswig-Holsteins gesprochen. Zusätzlich zu den Angaben bei Mejer hat Christian Eckermann der Zeichnung seiner Tochter mit eigener Hand weitere Informationen über die Geschichte des Deichbaus vor Dithmarschen hinzugefügt, mit der er sich genau auskannte. Sein wissenschaftlicher Aufsatz „Zur Geschichte der Eindeichungen in Norderdithmarschen" war bereits 1882 in der Zeitschrift der Gesellschaft für Schleswig-Holstein-Lauenburgische Geschichte erschienen und lieferte Storm historische Informationen über den Deichbau an der Nordseeküste von den Elbmarschen bis nach Tondern. Der Beitrag ist in seinem ersten Teil so allgemein gehalten, dass er als Einleitung zu Eckermanns weiteren Ausführungen zur Geschichte der Landgewinnung an der Schleswig-Holsteinischen Westküste gelesen werden kann, an denen er gerade arbeitete und die er drei Jahre nach Storms Tod veröffentlichte.[20]

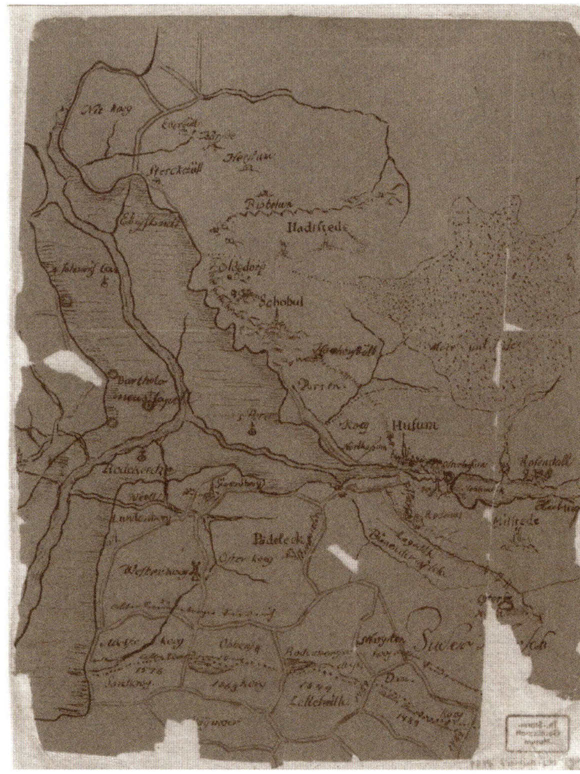

Rechts: Skizze von Gertrud Eckermann nach der Karte von Johannes Mejer aus dem Jahre 1649; links der entsprechende Ausschnitt

Mit Hilfe der Karte verschaffte sich Storm zunächst eine präzise Vorstellung von möglichen Handlungsräumen seiner geplanten Novelle: die eingedeichten Marschgebiete südlich und nördlich des Heverstroms, der zwischen der Halbinsel Eiderstedt und dem vor Husum gelegenen Porrenkoog die Fahrrinne bildet, die Marschgebiete im Bereich der Arlau nordwestlich von Hattstedt und die Insel Nordstrand. Hinzu kamen noch Köge vor Dithmarschen, über deren Eindeichung Storm bereits Informationen aus erster Hand von seinem Freund Eckermann bekommen hatte. Darüber hinaus lieh Eckermann seinem Freund eine Reihe von Schriften aus, die er selber für seine wissenschaftlichen Studien verwendete und die Storm nun seinerseits für sein Erzählprojekt auswertete.[21]

Dem Dichter schwebte zu diesem Zeitpunkt vor, eine Erzählung zu schreiben, in deren Mittelpunkt ein genialer Deichgraf stehen sollte, der mit rationalem Kalkül an die Gewinnung eines Kooges herangehen und die damaligen technischen Möglichkeiten zur Eindeichung und Entwässerung eines nicht unerheblichen Wirtschaftsbereichs nutzen würde. Dabei sollte er es mit abergläubischen Landbewohnern zu tun bekommen, die ihm und seinen Aktivitäten misstrauten. Die Anregungen aus der Danziger Gespenstergeschichte benutzte Storm nur zur Konzeption einer Rahmenhandlung, die in der ersten Hälfte des 19. Jahrhunderts spielt und in der von einer Spukgestalt berichtet wird, die nach Ansicht der Marschbevölkerung bei Sturmfluten vor Dammbrüchen warnt. Die eigentliche Geschichte jenes Deichgrafen, der in der Mitte des 18. Jahrhunderts einen neuen Deich plant und sich energisch für die Eindeichung eines Kooges einsetzt, entwarf Storm als Binnenerzählung, die er abschnittweise in den Rahmen einbettete. Bei dieser Konzeption ist es geblieben, und so entstand während der Schreibprozesse eine mit dem Erzählrahmen verschachtelte Binnenhandlung, die von den Erzählinstanzen mehrfach kommentiert wird.

Begonnen hat der Schreibprozess im Frühjahr 1885 mit der Skizzierung einiger Handlungselemente der Binnenerzählung.

Der Entwurfstext enthält einen Hinweis auf die historisch belegte Gestalt des Hans Momsen (so!) aus Fahretoft, über den Storm sich aus verschiedenen Quellen informieren konnte; auf diesen Landsmann wurde er bereits im Jahre 1871 aufmerksam, als er eine Rezension zu Klaus Groths niederdeutscher Dichtung „Quickborn", 2. Teil schrieb. Groth erwähnt jenen Hans Momsen und gibt als Quelle Claus Harms' „Gnomon" an, ein Lesebuch mit regionalen Texten; er erzählt in seinem Versepos „De Heisterkrog" von der Eindeichung des neuen Kooges bei Breklum nördlich von Husum, bei dem auf flache Deichschrägen und Soden-Bestickung geachtet wurde. Storm hat sich dann direkt in Groths Quelle informiert, in dem Lesebuch von Claus Harms.[22]

Auf einigen der Notizblätter, die Storm ganz am Anfang seiner Arbeiten benutzte, notierte er neben Daten historischer Sturmfluten auch die Namen zweier bedeutender regionaler Chroniken. Es handelt sich um die „Ernewrete NordFresische Chronick" des Nordstrander Pastors Anton Heimreich (1626–1685) aus den Jahren 1666 bzw. 1668, von der Storm ein Exemplar aus Familienbesitz in seiner Bibliothek aufbewahrte. Die Bleistift-Anstreichungen Storms (S. 139 und 222 f.) betreffen Berichte über die Naturkatastrophen und die Pest in Dithmarschen, Eiderstedt und Nordfriesland. In das Werk ist eine Karte eingeklebt (nach S. 84): „Landtcarte des Im Hertzogthum Sleswigh belegenen Nordfreslandes Aufgesetzet von M. Antonio HeimReich Anno 1668", mit deren Hilfe sich Storm über die geographischen Verhältnisse an der Westküste informieren konnte. Für seine Recherchen verwendete er die Neuauflage von 1819, die sein akademischer Lehrer Nicolaus Falck herausgegeben hatte, und die ebenfalls in seiner Bibliothek stand. Bei Heimreich fand er Hinweise zu Sturmfluten in Nordfriesland sowie Berichte über abergläubische Wetterdeutungen im 17. Jahrhundert.[23]

Über Sturmfluten und andere Naturereignisse im Raum Husum berichtet die dreibändige „Sammelung einiger Husumischen Nachrichten, von Anno 1089 bis Anno 1700" des Advokaten Johannes Laß.[24] Dort fand Storm Berichte über die Februarflut von 1718 und mehrere Dokumente zu Stürmen, Deichbrüchen, Wehlen und zur Flut von 1751. Beide Chroniken gehörten zum Bücherbestand seines Elternhauses und waren ihm schon in der Schul- und Studienzeit bekannt, als er sie für die Sammlung schleswig-holsteinischer Sagen durcharbeitete.

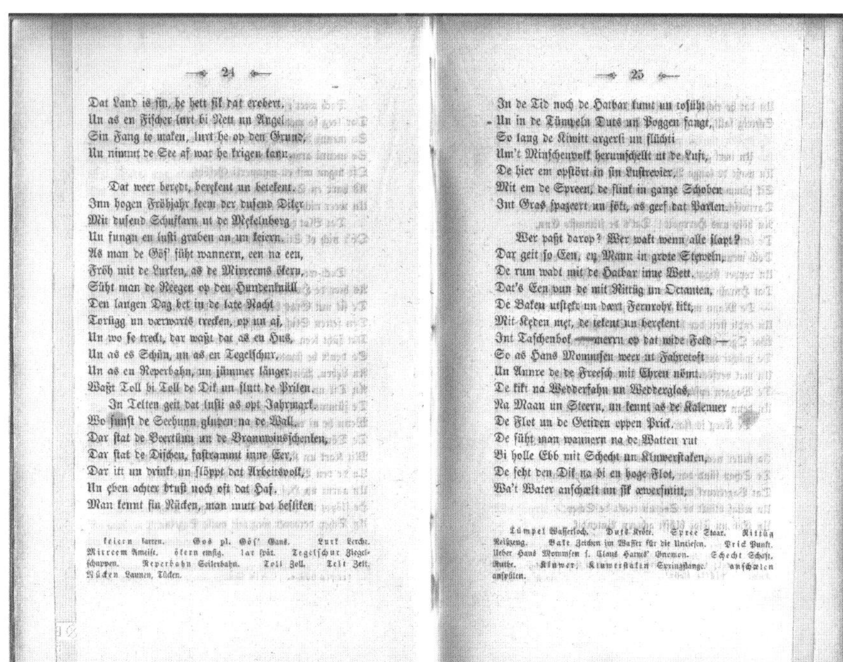

— 24 —

Dat Land is sin, he hett sik dat erobert.
Un as en Fischer lurt bi Nett un Angel
Sin Fang to maken, lurt he op den Grund,
Un nimmt de See af wat he krigen kann.

Dat weer beredt, bereknet un beteknet.
Inn hogen Fröhjahr keem der dusend Diker
Mit dusend Schufkarn ut de Mekelnborg
Un fungn en lusti graben an un keiern.
As man de Gös' süht wannern, een na een,
Fröh mit de Lurken, as de Mirreems ökern,
Süht man de Reegen op den Hundenknüll
Den langen Dag bet in de late Nacht
Torügg un værwarts trecken, op un af,
Un wo se treckt, dar waßt dat as en Hus,
Un as es Schün, un as en Tegelschur,
Un as en Reperbahn, un jümmer länger
Waßt Toll bi Toll de Dik un slutt de Prilen.
In Telten geit dat lusti as opt Jahrmarkt,
Wo sunst de Seehunn glupen na de Wall,
Dar stat de Beertünn un de Brannwinsschenken,
Dar stat de Dischen, fastrammt inne Eer,
Dar itt un drinkt un slöppt dat Arbeitsvolk,
Un eben achter brust noch oft dat Haf.
Man kennt sin Nücken, man mutt dat besliken

keiern karren. Gos pl. Gös' Gans. Lurk Lerche. Mirreem Ameise. ökern emsig. lat spät. Tegelschur Ziegelschuppen. Reperbahn Seilerbahn. Toll Zoll. Telt Zelt. Nücken Launen, Tücken.

— 25 —

In de Tid noch de Hatbar kumt un tosüht
Un in de Tümpeln Duts un Poggen fangt,
So lang de Kiwitt argerli un flüchti
Um't Minschenvolk herumschellt ut de Luft,
De hier em opstört in sin Lustrevier,
Mit em de Spreen, de flink in ganze Schoben
Int Gras spazeert un sökt, as gef dat Parlen.

Wer paßt darop? Wer wakt wenn alle slapt?
Dar geit so Een, en Mann in grote Stevveln,
De rum wadt mit de Hatbar inne Wett.
Dat's Een vun de mit Rittüg un Octanten,
De Baken utsteckt un dærch Fernrohr kikt,
Mit Keden met, de teknet un bereknet
Int Taschenbok — mennig op dat wide Feld —
So as Hans Mommsen weer ut Fahretoft
Un Annre de de Freesch mit Ehren nömt.
De kikt na Wedderfahn un Wedderglas,
Na Maan un Steern, un kennt as de Kalenner
De Flot un de Getiden oppen Prick.
De süht man wannern na de Watten rut
Bi holle Ebb mit Schecht un Kluwerstaken,
De seht den Dik na bi en hoge Flot,
Wa't Water anschælt un sik æwersmitt,

Tümpel Wasserloch. Duts Kröte. Spree Staar. Rittüg Reißzeug. Bake Zeichen im Wasser für die Untiefen. Prick Punkt. Ueber Hans Mommsen s. Claus Harms' Gnomon. Schecht Schaft, Ruthe. Kluwer, Kluwerstaken Springstange. anschælen anspülen.

Klaus Groth (1819–1899) und sein niederdeutsches Versepos „De Heisterkrog". In: Quickborn. Zweiter Theil. Volksleben in plattdeutschen Dichtungen dithmarscher Mundart. Leipzig 1871. Holzstich nach einer Zeichnung von A. Toller

Karte aus der „Ernewrete NordFresische Chronick" des Nordstrander Pastors Anton Heimreich, 1668

Außerdem wertete er zwei landeskundliche Werke aus, so John Clements „Die Lebens- und Leidensgeschichte der Frisen" und C. P. Hansens Beschreibung des „Schleswig'sche(n) Wattenmeeres und der friesischen Inseln". Hier notierte Storm sich Stellen, die er für stimmungsvolle Schilderungen verwenden konnte.[25]

Die von Storm im Entwurfstext notierten Seitenzahlen verweisen auf zwei weitere Quellen, die der Dichter zu diesem Zeitpunkt benutzt hat, um sich über die Geschichte des Deichbaus zu informieren. In diesem Fall handelt es sich um ein 1805 in Kiel gedrucktes juristisches Buch, nämlich um Carl Schraders „Systematische Übersicht des Deichrechts", sowie die „Beschreibung der Landschaft Eiderstedt" von Friedrich Feddersen[26], die 1853 in Altona erschien.

Auch weitere juristische Werke zog er zu Rate, so Nicolai Falcks „Das jütsche Low".[27] Das war für eine wirklichkeitsnahe Darstellung wichtig, weil die überkommenen Rechtsverhältnisse in den Kögen vor der schleswig-holsteinischen Nordseeküste außerordentlich komplex waren und hier zum Teil noch Sonderrechte aus dem späten Mittelalter galten. Storm war mit diesen Rechtsverhältnissen nicht nur seit seinem Studium bei Professor Falck in Kiel vertraut, er musste sich damit auch während seiner Zeit als Rechtsanwalt in Husum (1844 bis 1852) auseinandersetzen und später noch einmal, als er von 1864 bis zur preußischen Justizreform von 1866 als Landvogt in Husum wirkte und unter anderem auch für den Bereich der Köge nordwestlich des Dorfes Hattstedt zuständig war.

Es konnten mehr als 50 gedruckte Werke ermittelt werden, die Storm während der rund drei Jahre benutzte, in denen er – mit längeren Unterbrechungen – am „Schimmelreiter" schrieb.[28] Einige lassen sich aus dem Text der fertigen Novelle erschließen, andere waren in Storms Bibliothek vorhandene Schriften und wieder andere spielten während früherer Lese- und Schreibprozesse eine Rolle, in denen Storm sich mit der Geschichte der Sturmfluten an der Nordseeküste sowie mit der Entwicklung des Deichbaus beschäftigt hatte. So sammelte und dokumentierte er in den Jahren zwischen 1842 und 1850 nicht nur Sagen seiner Heimat, sondern schrieb auch allerlei historische Begebenheiten aus verschiedenen Quellen heraus, die er aus dem Niederdeutschen ins Hochdeutsche übertrug und als „Sagen" und „Anekdoten" veröffentlichte.[29] Einige der in den 1840er Jahren verwendeten Quellen gewinnen während der Schreibprozesse am „Schimmelreiter" erneut Bedeutung.

In den ersten Skizzen, die Storm 1885 notierte, wird die Grundidee sichtbar, die er mit der Gestalt des Hauke Haien verbindet; ein junger Mann aus einfachen Verhältnissen entwickelt aufgrund seiner autodidaktisch erworbenen Kenntnisse über den Deichbau ein „übergroßes Selbstgefühl"[30], das ihn in Konflikt sowohl mit den herrschenden Instanzen als auch später mit den gleichberechtigten Bauern treibt. Die daraus resultierenden

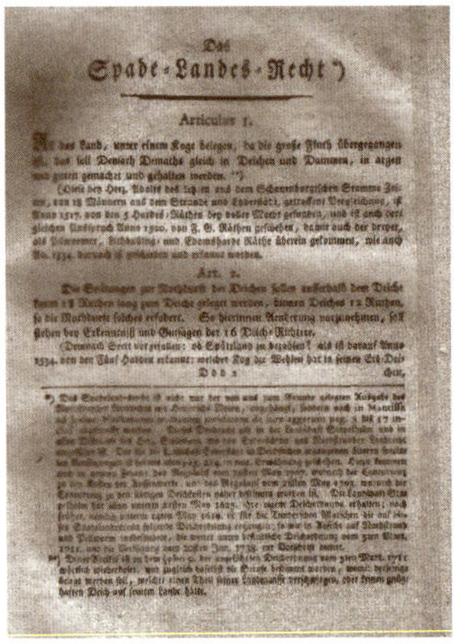
Das Spade-Landes-Recht

Articulus 1.

Art. 2.

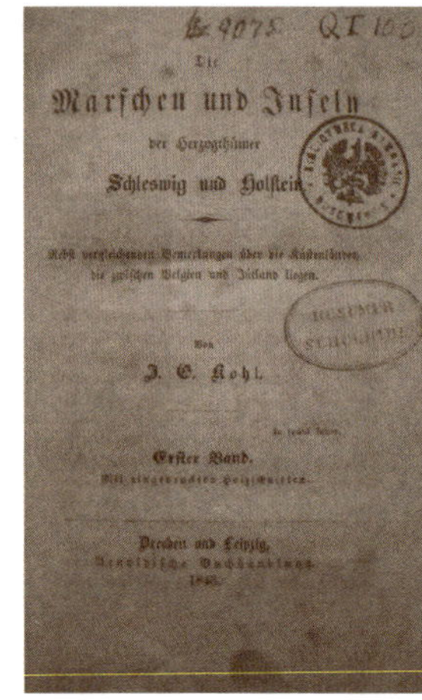
Die Marschen und Inseln der Herzogthümer Schleswig und Holstein

von J. G. Kohl.

Erster Band.

Dresden und Leipzig,

Einige der gedruckten Quellen, die Storm bei seinen Recherchen zu Rate zog (Bibliothek der Husumer Gelehrtenschule)

Spannungen bilden von Anfang an den Schwerpunkt der Novelle. Schon hier wird erkennbar, dass der Charakter des jungen Aufsteigers zwischen Ehrgeiz und Hass zwiespältig angelegt ist.

Die Voraussetzungen für eine solche Darstellung mussten aber erst geschaffen werden, denn Storm wollte aus einer vagen Idee für einen neuen Deich den Weg von der Planung bis zur technischen Realisierung eines neuen Kooges darstellen.

Als Sohn eines Rechtsanwalts und Notars konnte er eine Fülle der damit verbundenen Probleme kennenlernen, da sein Vater mit einer Reihe von Verwaltungsfunktionen beauftragt war. Außerdem war Theodor mit den Söhnen verschiedener Deichinspektoren befreundet und gewann auch auf diesem Wege Einblicke in Aufgaben, Probleme und Organisationsformen des Küstenschutzes in den 1820er und 1830er Jahren.

Der Vater Johann Casimir Storm (1790–1874) war gewähltes Mitglied der Ständeversammlung für das Herzogtum Schleswig und übte dort das Amt des Sekretärs aus. Er wurde darüber hinaus königlich bestallter Administrator der Fürstlich Reußischen Güter und Marsch-Köge südwestlich von Bredstedt. Der größte dieser Köge war der 1741 eingedeichte Sophie-Magdalenen-Koog, ihm folgte 1765/67 der nur etwa halb so große Desmerciereskoog. Der knapp 500 ha große Reußenkoog wurde 1789, der etwa 400 ha große Louisen-Reußen-Koog 1799 durch Graf zu Reuß-Schleiz-Köstritz vollendet.[31]

Als Koogsschreiber und Syndikus für die Südermarsch, einem südöstlich der Stadt Husum gelegenen Koog, übte Storms Vater die Funktionen eines Kommunalverwaltungsbeamten aus. Der Koogsschreiber war einem Koogsinspektor zugeordnet, der eine einem Kirchspielvogt vergleichbare Beamtenstellung in einem oktroyierten (also mit Steuerprivilegien versehenen) Koog mit eigener Gerichtsbarkeit innehatte.

In seiner Funktion als Koogsschreiber schaltete der alte Storm Anzeigen im Husumer Wochenblatt[32]; darunter

Storms Elternhaus in der Hohlen Gasse mit Blick zum Hafen. Foto von Hans Breuer, Hamburg um 1900

Am 13ten dieses September Monats, als am Freitage nach dem 14ten Sonntage Trinitatis, soll die Herbstbestikkung am Südermarschdeiche verdungen werden; die Annehmer wollen sich daher am gedachten Tage, Vormittags 9 Uhr beim Finckenhause einfinden.

Husum, den 5ten Septbr. 1833.

Storm,
Koegsschreiber.

Wann Deichgraf und Gevollmächtigte der Südermarsch in Erfahrung gebracht haben, daß in der letzten Zeit häufig in der Südermarsch von Unbeikommenden geschossen, oder sonst Jagdfrevel ausgeübt worden, so machen sie hiedurch bekannt, daß zur Abstellung dieser Contravention gehörige Maaßregeln ergriffen worden sind, damit Jeder sich vor Nachtheil hüten könne.

Husum, den 18ten Octbr. 1833.

Storm,
Koegsschreiber.

Anzeigen von Storms Vater im Husumer Wochenblatt im Herbst 1833

befinden sich Angebote zur Verpachtung von Ländereien, Ausschreibungen für Arbeiten zur „Herbstbestickung am Südermarschdeich", Warnungen vor Jagdfrevel sowie Anweisungen für die landwirtschaftlichen Nutzer. Solchen Verwaltungsdetails begegnet der Leser bis in wörtliche Übereinstimmungen in der „Schimmelreiter"-Novelle wieder.

Storms Vater war mit einer Reihe von Aufgaben betraut, die ihn mit Fragen des Küstenschutzes konfrontierten. Sein Sohn berichtet darüber in seiner autobiographischen Skizze „Aus der Jugendzeit":

„Mein Vater war Advokat und Notar, und wegen seiner Tüchtigkeit und Rechtschaffenheit sowie wegen der Bescheidenheit, womit er seine Anfodrungen für die Bemühungen seines Berufes stellte, im ganzen Lande geachtet. ‚De Ole verdarvt uns de Priis', sagte ein jovialer Anwalt der Nachbarstadt."[33]

Die schleswigsche Marsch wurde 1805 in 3 Deichbänden organisiert; der dritte Deichband umfasste die Landschaft Eiderstedt.[34] Im Kreisarchiv Husum wird eine Akte aufbewahrt, in der der Advokat Storm sich kritisch mit einer Denkschrift des Vorstehers der Landschaft Eiderstedt, Oberdeichinspektor von Christiansen, aus dem Jahre 1831 auseinandersetzt.[35]

Einer der engsten Schulfreunde Theodor Storms war sein Klassenkamerad Karl Friedrich Emil Krebs[36], dessen Vater in Bredstedt als Deichinspektor im 2. Schleswigschen Deichband wirkte und mit dem Storms Vater aus beruflichen Gründen regelmäßigen Kontakt pflegte. Zum Bekanntenkreis der Familie Storm zählte der Deichinspektor Christian Salchow, der für die Deicherhaltung und das Entwässerungssystem der Hattstedter Marsch zuständig war. Von 1837 bis 1843 wohnten die Salchows im Hause von Großmutter Magdalena Woldsen in der Neustadt 56, in das Theodor Storm 1845 einzog; auch zu Salchow unterhielt Storms Vater dienstliche Beziehungen.

In der Nacht vom 3. auf den 4. Februar 1825 ereignete sich an der nordfriesischen Küste eine verheerende Sturmflut, die dem damals 7-jährigen Theodor für immer in Erinnerung geblieben ist. Storms Vater und sein

Husum.

Auch diese Stadt litt schmerzlichen Verlust. Die Einwohner liessen es zwar an den gewöhnlichen Vorkehrungen zur Sicherung ihres Eigenthums durch Einsetzen von Schüttungen in den Thüren nicht fehlen, allein die Gewalt der Fluthen zerstörte theils diese Vorsichtsmaaßregeln, theils erreichte das Wasser eine nie geahnete Höhe und stieg über diese Werke hin. Es drang mit solcher Schnelligkeit in den Hafen, von diesem in die Straßen und Häuser, daß viele der Bewohner im untern Stock, einige sogar in ihren Betten überrascht wurden, so daß sie sich kaum in die obern Stockwerke oder in die, in den Straßen schiffenden Fahrzeuge, welche den Nothleidenden allenthalben menschenfreundlich zu Hülfe eilten, retten konnten. Schon um 1 Uhr Nachts, obgleich es erst um 3 Uhr höchste Fluth sein sollte, waren mehr denn 100 Häuser nebst den dazu gehörigen Kellern und Nebengebäuden mit Wasser angefüllt, und nicht ohne Gefahr, zum Theil mit Zurücklassung ihrer Mobilien und Betten, mußten die Bewohner nach höhern Gegenden der Stadt übergebracht werden. Gegen 4 Uhr zog endlich das Wasser ab. Sehr beträchtlich war der Schaden an den Häusern, Mobilien und Waaren. Auch fand ein junger Mensch seinen Tod in den Wellen.

Das Wasser war hier 14 Fuß über die gewöhnliche Fluth, 22 Fuß über die gewöhnliche Ebbe gestiegen, und stand 1½ Fuß höher als in der großen Sturmfluth vom 22. März 1791, seit welcher Zeit die Schutzmittel vor den Häusern völlige Sicherheit gewährt hatten.

Friedrich Arends: Gemählde der Sturmfluten vom 3. bis 5. Februar 1825. Bremen 1826, S. 280

Kollege Salchow gehörten zu den Amtsträgern, die sich im Auftrag des dänischen Königs um die Behebung der Schäden vor allem auf den Nordseeinseln und Halligen kümmerten.[37]

Storm lässt den Justizrat Salchow in seiner 1881 erschienenen Novelle „Der Herr Etatsrat" in einer grotesken Überzeichnung als dem Trunk verfallenen Rabenvater auftreten; sein Vorbild war aber im Gegensatz zur literarischen Gestalt ein fleißiger und kompetenter Beamter. Salchow merkte in seinem Bericht an die deutsche Kanzlei in Gottorf bei Schleswig unter anderem an[38]: „So haben aber sämtliche Deiche hinlänglichen Widerstand geleistet und jede Überschwemmung abgewehrt. Menschen, Vieh, Haabe und Gut jeder Art nebst den Wohnungen haben nicht den geringsten Schaden genommen. Von den Deichen sind ebenfalls alle älteren Profile beschädigt, dagegen die neuen Profile sich sehr bewährt haben."

Dieses positive Resümee galt aber nur für die Hattstedter Marsch, die Storm 60 Jahre später als Schauplatz für seine „Schimmelreiter"-Novelle auswählte; die Schäden in der südlich gelegenen Landschaft Eiderstedt, auf den Inseln und Halligen durch die Flut von 1825 waren beträchtlich und führten zu den ersten Küstenschutzmaßnahmen im Königreich Dänemark.

Mit diesem Erfahrungshintergrund begann Theodor Storm nach Abschluss seines Jurastudiums und nach der Bestallung als Rechtsanwalt durch den Dänischen König im Herbst 1842 seine Tätigkeit zunächst in der Kanzlei seines Vaters. Anfang des folgenden Jahres eröffnete er eine eigene Rechtsanwaltspraxis in seiner Vaterstadt Husum.

Das Schimmelreiter-Motiv spukte zu diesem Zeitpunkt noch immer in seinen Vorstellungen, und Storm suchte nach der Quelle, die er fünf Jahre zuvor gelesen hatte, wie aus dem Brief an Theodor Mommsen vom 13. Februar 1843 hervorgeht: „[…] auch habe ich das Wochenblatt, worin er abgedruckt war, noch nicht gefunden."[39]

In einem regionalen Wochenblatt der Herzogtümer wurde eine solche Erzählung nicht veröffentlicht. Auch im umfangreichen Manuskript „Neues Gespensterbuch", einer Sammlung von Gespenstergeschichten, die Storm zur selben Zeit zusammenstellte, damals aber nicht zum Druck brachte, ist keine entsprechende Erzählung enthalten.[40]

Einige Motive aus dem damals gesammelten Material verwendete der junge Schriftsteller für seine frühe Erzählung „Geschichten aus der Tonne" (1846). Zwei andere Texte aus dem Müllenhoffschen Sagenbuch, nämlich „Das vergrabene Kind" (Nr. 331) und „Die Meerweiber" (Nr. 453) sollte Storm vierzig Jahre später bei der Niederschrift seines „Schimmelreiters" wieder aufgreifen. Dann endlich konnte er sich auch an die Zeitschrift erinnern, in der er um 1838 die Gespenstergeschichte von der Weichsel gelesen hatte: Pappes „Lesefrüchte vom Felde der neuesten Literatur des In- und Auslandes".[41]

Für die Entwicklung des Erzählers Storm war diese Phase der Sammlung schriftlicher und mündlicher Erzähltradition von großer Bedeutung. Der Dichter eignete sich einen umfangreichen Fundus von Stoffen und Motiven an, aus dem er bis in die letzte Phase seiner novellistischen Produktion immer wieder zu schöpfen wusste; außerdem erprobte er die Wirkung seiner Stoffe in der lebenslang beibehaltenen Praxis des Geschichtenerzählens vor unterschiedlichem Publikum.

Viele der Motive aus mündlicher Erzähltradition finden wir in späteren Jahren in den Novellen wieder; Storm gliedert sie in künstlerischer Weise in den Erzählfluss ein und arbeitet einfache Erzählgerüste novellistisch aus. Außerdem entwickelt er komplexe Rahmenerzählungen, in denen neben erfundenen schriftlichen Quellen (zum Beispiel in den Chronik-Novellen) die Fiktion mündlichen Erzählens den Prozess des Erinnerns ermöglicht.

Schriftliche Quelle und mündliche Erzählung erscheinen immer wieder in künstlerischer Verschränkung, um etwas aus der Vergangenheit ans Licht zu holen. Der Erinnerungsprozess der Erzähler in Storms Werken wird dem Leser so präsentiert, dass dieser die Möglichkeit erhält, Sachverhalte in unterschiedlichster Weise zu interpretieren. Die Fiktion mündlichen Erzählens tritt in einen Gegensatz zur chronologischen Dokumentation des Vergangenen und hält die Evidenz des vom Erzähler Erinnerten für den Leser in der Schwebe.[42]

In den folgenden Jahren wurde auch der Advokat Storm jun. mit den alten, besonderen Rechtsvorschriften seiner Heimat konfrontiert. Im August 1845 berichtet er über seine Teilnahme an einer Verhandlung eines „Koegsgerichtes"[43] in einem Brief an seine Braut

Constanze Esmarch, bei der nach altem Koogsrecht verhandelt und in ein Protokollbuch notiert wurde, das aus dem 18. Jahrhundert stammte.[44]

Ende der 1840er Jahre kam Storm noch einmal mit Problemen des Deichbaus und der Geschichte der Sturmfluten in Berührung. Im September 1845 besuchte der Berliner Journalist Theodor Mügge Husum, um für ein Buchprojekt über die Herzogtümer Schleswig und Holstein zu recherchieren. Die Geschichte der Marsch und ihrer Bewohner sowie ihrer besonderen Lebensbedingungen standen auf der Tagesordnung. Theodor Mügge wollte nicht nur die einzigartige Landschaft zwischen Meer und Geest in Augenschein nehmen, ihn interessierten auch Geschichten von Sturmfluten und Landverlusten, Erzählungen vom Kampf der Küstenbewohner gegen die Sturmfluten und vom Deichbau, dessen immer mehr verbesserte Technik das Überleben der Bewohner der Köge und der niedrigen Geeststücke sicherte. Sein Führer war Theodor Storm, der ihn gemeinsam mit seinen Freunden Ulrich Beccau und Hartmuth Brinkmann zur Warft Groß-Ellerbüll in der Hattstedter Marsch begleitete, auf der das Haus von Jens Thoms Jensen stand, eines tüchtigen Bauern und Familienvaters, der als Amts-Höftmann mit einigen Beisitzern das Untergericht im Amt Husum bildete, dessen Vorsitzender der Landvogt war. Nach der Besichtigung des Hattstedter Neuen Kooges und seiner Deiche wurde im Hause dieses Großbauern, der aus einer Deichgrafenfamilie stammte, vom Leben in den Marschen erzählt. Diese Informationen flossen in Mügges Landesbeschreibung im ersten Teil der zweibändigen „Streifzüge in Schleswig-Holstein und im Norden der Elbe" ein und dienten ihm auch als Vorlage für eine Anfang der 1850er Jahre veröffentlichte Novelle „Sam Wiebe".[45] Storm nutzte später bei der Konzeption seiner Novelle diese Erinnerungen und ihre literarischen Spiegelungen in Mügges Werken, wie eine Notiz in seinen Entwurfspapieren belegt.[46]

Der Berliner Publizist Theodor Mügge (1802–1861)

Erstes Heft. Preis 4 Sgr.

Bilder aus dem Leben.

Erzählungen
für das Volk.

Von
Theodor Mügge.

Erstes Heft:
Sam Wiebe.
Ein Lebensbild aus den Marschen.

Berlin, 1854.
Verlag von Otto Janke.

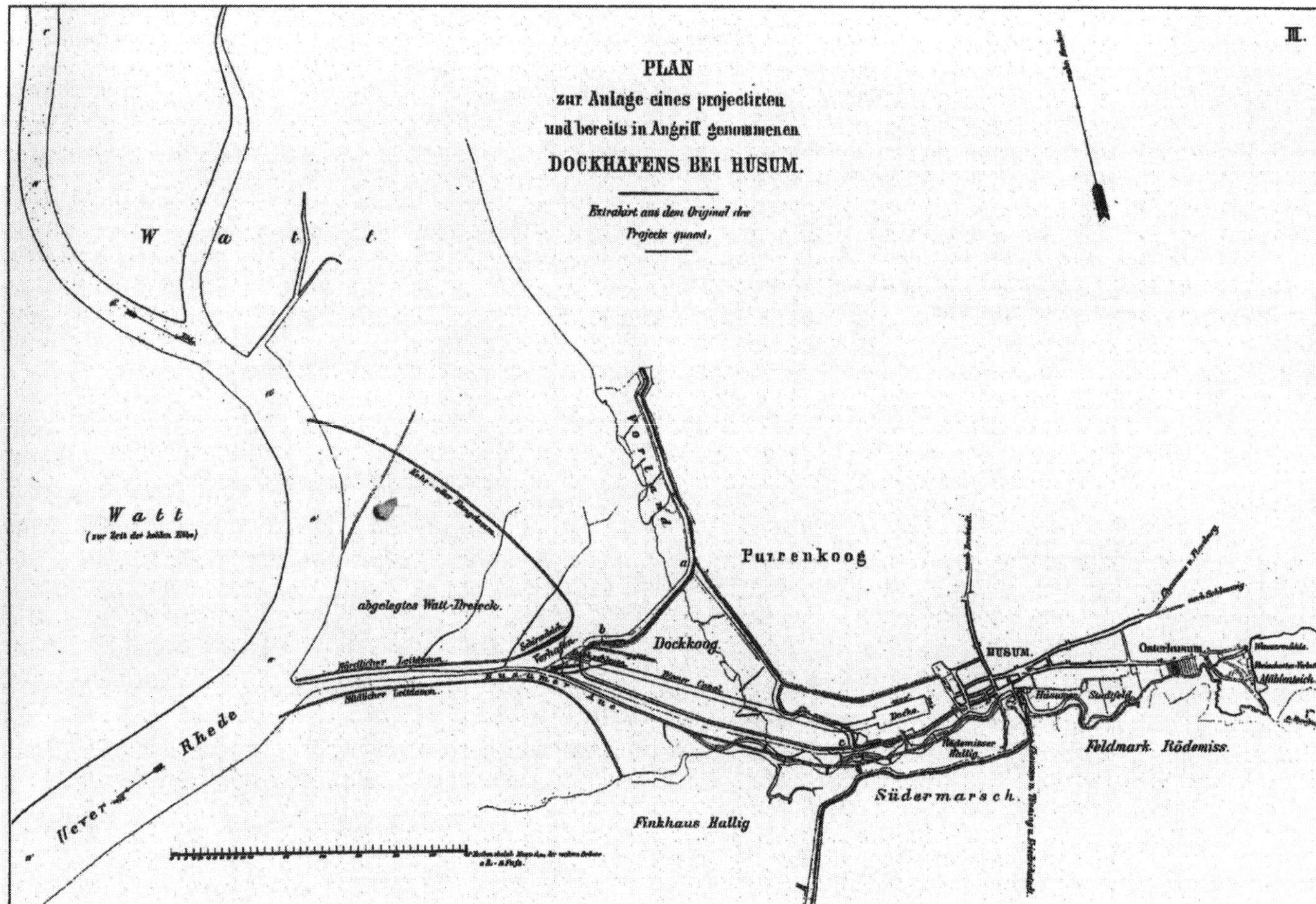

Plan des Dockhafens bei Husum. In: V. Kaup / H. Petersen: Der Husumer Hafenbau, Husum 1848, Karte III

Unter den befreundeten Amtsträgern in unmittelbarer Nachbarschaft der Storms befand sich auch Hermann Petersen, Deichinspektor für das Festland des Herzogtums Schleswig, mit Sitz in Husum. Petersen hatte 1842 noch in seiner Funktion als Deichkommissar der Insel Pellworm der Kopenhagener Regierung einen Plan vorgelegt, um den Zugang zum Husumer Hafen zu verbessern. Dieser war nämlich von der Nordsee her nur durch eine schmale Fahrrinne erreichbar. Durch die Bedeichung des Vorlandes nördlich der Au-Mündung und ihre Neuregulierung sollte die Spülkraft des kleinen Flusses verstärkt und damit die Fahrrinne vertieft werden. Außerdem schlug Petersen den Bau eines neuen Kooges vor, der einen größeren Hafen aufnehmen sollte. Für dieses Projekt wurden Gutachten der erfahrenen Wasserbauingenieure Jan Anne und Gijsbertus Beijerinck aus den Niederlanden eingeholt, die bei ihrem Besuch in Husum im November 1845 in Storms Elternhaus zu Gast waren.[47]

Der Plan wurde mit den von ihnen vorgeschlagenen Änderungen von der dänischen Regierung genehmigt und mit den Bauarbeiten 1847 begonnen. Beim Ausbruch der schleswig-holsteinischen Erhebung war die von Norden nach Süden verlaufende Hälfte des Deichs für den Dockkoog fertig und die Regulierung der Husum-Au im Wesentlichen abgeschlossen.

Am 23. März 1848 bildete eine Gruppe schleswig-holsteinisch gesinnter Prominenter in Kiel eine provisorische Regierung mit der Absicht, die Herzogtümer Schleswig und Holstein zu vereinigen, ohne die Personalunion mit dem Königreich Dänemark aufheben zu wollen; die Aufgabe der provisorischen Regierung sei es, die beiden

Herzogtümer und den König gegen den angeblich in Kopenhagen stattgefundenen Übergriff zu verteidigen. Fast alle staatlichen Beamten und Städte der Herzogtümer erkannten die provisorische Regierung als legitim an. Erst später wurde das Ziel formuliert, sich der Einheits- und Freiheitsbewegung Deutschlands anzuschließen, Schleswig-Holstein von Dänemark zu trennen und das Herzogtum Schleswig in den Deutschen Bund aufzunehmen.

Im April 1848 fragte Theodor Mommsen, der die „Schleswig-Holsteinische Zeitung", das Organ der Provisorischen Regierung, in Rendsburg redigierte, in Husum wegen Mitarbeit an. Storm sagte seinem alten Studienfreund aus Kieler Tagen sofort zu und verfasste zwischen April und Dezember insgesamt dreizehn aktuelle Berichte über die Ereignisse in Husum. Am 26. Mai schrieb er: „Die Hafenarbeiten, an welchen gegenwärtig 1500 bis 1600 Mann beschäftigt sind, nehmen durch die Witterung begünstigt einen erfreulichen Fortgang; die beiden Deiche nähern sich bereits stark ihrem Anschluß, welcher ohne Zweifel in nächster Woche erfolgen wird. Bei dem Norder-Anschlußdeich ist man mit Legung der Entwässerungsschleuse beschäftigt."[48]

Diese vielfältigen Erfahrungen blieben allerdings für Storms schriftstellerische Tätigkeit zunächst ohne Folgen, denn auch nach der Lektüre von Mügges Novelle „Sam Wiebe", die 1854 zum ersten Mal im Druck erschien und in der der Verfasser die gemeinsamen Erlebnisse in der Hattstedter Marsch literarisiert hat, verarbeitete Storm keine Motive, die mit Deichbau und Sturmfluten zu tun hatten. Nach der Jahrhundertmitte beschäftigte er sich während der Jahre 1856 bis 1858 mit der Geschichte seiner nordfriesischen Heimat und beschrieb in der Novelle „Auf dem Staatshof" den Verfall einer wohlhabenden und vornehmen Familie aus dem bäuerlichen Patriziat der Halbinsel Eiderstedt. Die politischen und wirtschaftlichen Veränderungen im südlichsten Bereich des Königreichs Dänemark hatten Anfang des 19. Jahrhunderts zu einer Krise und zum Strukturwandel der Landwirtschaft an der schleswig-holsteinischen Westküste geführt.

Eine Deichgeschichte entstand auch in den 1860er und 1870er Jahren nicht, in denen sich Storm immer wieder mit der Geschichte seiner Heimat auseinandersetzte; es sind andere Landstriche, die in seinen Novellen beschrieben werden, so 1872 die Heidelandschaft südlich von Husum in „Draußen im Heidedorf" sowie das Wattenmeer und die Welt der Halligen in „Eine Halligfahrt".

An das Thema der Landgewinnung durch Eindeichung und den Bau von Entwässerungsanlagen wagte Storm sich zu diesem Zeitpunkt noch nicht heran, obwohl es in seiner Erinnerung weiter schlummerte. Noch um 1870 vermutete er, diesen Stoff von Lena Wies gehört zu haben, von jener Bäckerstochter, die dem Knaben einst nach Storms eigenem Bekunden das phantasievolle Erzählen beigebracht hatte. Als er dieser einfachen Frau ein Gedenkblatt widmete, schrieb er:

„Und dann – ja, dann erzählte Lena Wies; [...] und mochte es nun die Sage von dem gespenstischen Schimmelreiter sein, der bei Sturmfluten Nachts auf den Deichen gesehen wird und, wenn ein Unglück bevorsteht, mit seiner Mähre sich in den Bruch hinabstürzt [...]."[49]

Nach seiner Pensionierung und dem Umzug der Familie nach Hademarschen muss im Frühjahr 1881 die Erinnerung an den Schimmelreiter-Stoff erneut aufgekeimt sein, denn nach der Lektüre einer Novelle, die ihm der österreichische Schriftsteller Karl Gottfried von Leitner mit der Bitte um Begutachtung zugeschickt hatte, schrieb er:

„Im Uebrigen haben Sie Ihre vorliegenden Novellen wohl ganz richtig charackterisirt; sie erinnern mich an einzelne knapp und eindringlich erzählte Geschichten in dem Husumer Wochenblatt meiner Knabenzeit (an dem vorübergehend einzelne gute Leute sollen geholfen haben) die ich bei meiner Urgroßmutter, wo die gebundenen Jahrgänge hinter einem grünen Vorhängsel standen, immer wieder las. Einzelne jener Geschichten tauchen mir immer wieder auf; einer, ‚der Schimmelreiter', bin ich später Jahre hindurch vergebens nachgelaufen."[50]

Dabei handelt es sich wieder um die Erinnerung an jene Gespenstergeschichte von der Weichsel, die Storm vor mehr als dreißig Jahren gelesen hatte.

Bis zum Ende des Jahres 1884 hören wir nichts mehr von dem Schreibprojekt. Im Winter 1885 aber suchte Storm nach einem geeigneten Schauplatz für eine neue Novelle. Zunächst zog er nach Gesprächen mit seinem Freund Christian Eckermann in Erwägung, die Handlung im Karolinenkoog vor Dithmarschen anzusiedeln. Dieser Koog liegt am Südostufer der Eider gegenüber der Stadt Tönning und war Storm vertraut, da hier eine Bahnstrecke von Heide endete, die Storm benutzte, wenn er Freunde und Verwandte in seiner Heimatstadt Husum besuchte. Von diesem ursprünglichen Plan zeugt noch die spätere offizielle Namensgebung des neuen Kooges, den in der Novelle Hauke Haien erbaut hat, „der neue Carolinenkoog". Dann überlegte er auch, die Handlung in dem Gebiet der ehemaligen Lundenbergharde südwestlich von Husum spielen zu lassen; darauf verweisen handschriftliche Eintragungen in der von Gertrud Eckermann angefertigten Karte, die ihr Vater hinzugefügt hat, und die neben Jahreszahlen von im 16. Jahrhundert eingedeichten Kögen den Alten Lundenberger Seedeich und den Verlauf der alten Nordereider durch punktierte Linien markieren. In der fertigen Novelle haben diese Pläne Spuren hinterlassen; so erzählt Hauke Haien seiner Frau Elke vom Schimmelkauf und gibt eine Stelle an, die er beim Ritt von Husum nach Norden gar nicht passiert haben kann, den „Damm, hinter dem Hafen". Sinn macht diese Ortsangabe nur, wenn der Leser sich den Handlungsraum der Novelle im Südwesten von Husum vorstellt.

Storm entschied sich schließlich für die Marsch vor dem Geestdorf Hattstedt, ca. 8 km nördlich von Husum, die auch in Gertrud Eckermanns Kartenskizze eingezeichnet ist. Die heutige Gemeinde Hattstedtermarsch an der Westküste in Nordfriesland grenzt im Südosten an die Dörfer Hattstedt und Wobbenbüll, von wo aus der westlich gelegene Seedeich heute bis zum Cecilienkoog im Norden verläuft. Diese Landschaft war ihm von Kindheit an vertraut und wurde auch in späteren Jahren häufig aus privaten oder dienstlichen Anlässen besucht. Mit dem „anderen Ufer" im Westen ist in der Novelle die Insel Strand gemeint, wie sie bis zur Sturmflut von 1634 existierte, bei der sie in die heute noch vorhandenen Inseln Pellworm, Nordstrand und die Hallig Nordstrandischmoor zerrissen wurde. Daher folgt Storm in seiner Landschaftsdarstellung der Topographie Nordfrieslands vor dieser Katastrophen-Flut des 17. Jahrhunderts. Der neue Koog, den Hauke Haien mit einem modernen Deichprofil sichern lässt, ist dem Hattstedter Neuen Koog aus der Zeit um 1500 nachempfunden.

Storm bemüht sich, die geographischen Verhältnisse seiner Fiktion so genau wie möglich an die vorgefundenen Gegebenheiten der Hattstedter Marsch anzupassen. Dazu gehören auch die Himmelsrichtungen, da die verheerende Sturmflut, die den alten Deich zerstört, mit einem Orkan aus Richtung Nordwesten kommt. Um seine Vorstellungen zu präzisieren und die Ereignisse innerhalb der gewählten Landschaft nach dem mimetischen Grundsatz der Wahrscheinlichkeit erzählen zu können, zeichnete er auf seine Notizzettel mehrere Kartenskizzen des Küstenverlaufs sowie des neuen Kooges und trug Himmelsrichtungen ein.

In dem Abschnitt, in dem Hauke die Eindeichung des neuen Kooges plant, übernahm Storm Details aus einem ungedruckten Manuskript des Husumer Bürgermeisters Harro Feddersen (geboren vor 1640, gestorben 1692), das auch sein Freund Christian Eckermann für seine historischen Studien verwendet hat.[51] In dieser Denkschrift aus dem Jahre 1685 beschreibt Feddersen seine Visionen des sogenannten „Bredstedter Werks"[52], ein ehrgeiziges Eindeichungsprojekt der nördlichen Hattstedter Marsch, das mit den technischen Mitteln des 17. Jahrhunderts noch nicht verwirklicht werden konnte, nur die Schleusen bei der Arlaumündung an der nordöstlichen Ecke des Hattstedter Kooges wurden verlegt. Der nördlich der Arlau liegende Marschbereich zwischen Bordelumer und Hattstedter Koog wurde erst im 18. Jahrhundert durch den Sophie-Magdalenen-Koog (1742–1743) und den Desmerciereskoog (1765–1767) gesichert.

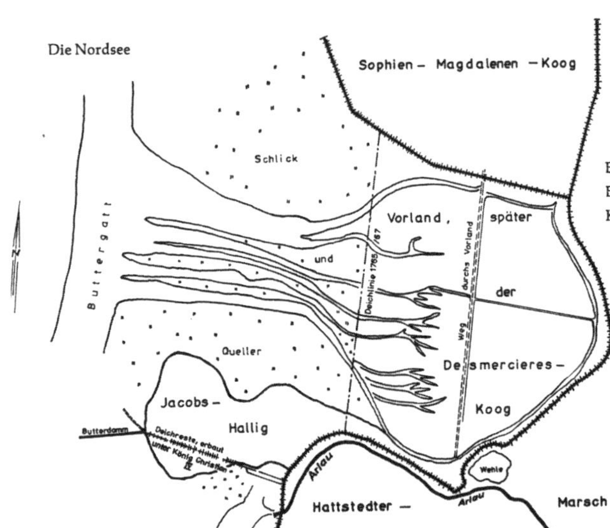

Der Desmerciereskoog vor seiner Bedeichung. Nach einer Karte des Rigsarkivet København in: Geerkens 1960, S. 72

Nun wird erkennbar, dass Storm als Schauplatz seiner Novelle den Hattstedter Neuen Koog wählt, der im letzten Jahrzehnt des 14. Jahrhunderts errichtet wurde, dass aber die Vision Hauke Haiens, die ihn zum Bau seines Kooges inspiriert, den Deichbauplänen des 17. und 18. Jahrhunderts vor der Bredstedter Bucht nachempfunden sind.

So hatte der Dichter sich durch sein umfangreiches Quellenstudium mit dem kulturhistorischen Umfeld seines Novellenprojekts vertraut gemacht, als er ein halbes Jahr später, Anfang Oktober 1885, an den Hamburger Freund Heinrich Schleiden[53] schrieb:

„Ich mühe mich nun um einen festen Stoff zur Winterarbeit; der ‚Schimmelreiter', das Deichgespenst, von dem ich Dir sagte, wäre mir das liebste; aber ich verstehe es noch nicht recht anzufassen."

Zwei Monate später scheint Storm noch immer nicht mit der Arbeit begonnen zu haben, denn er klagt am 4. Dezember 1885 gegenüber Paul Heyse[54] in München: „Dann habe ich große Lust eine Deichnovelle zu schreiben, ‚Der Schimmelreiter', wenn ich es nur noch werde bewältigen können." Einen Tag später klingt es in einem Brief an den Berliner Verleger Elwin Paetel[55] recht zuversichtlich:

„Nach Neujahr hoffe ich mit der Deich und Sturmfluth-Novelle ‚Der Schimmelreiter' zu beginnen, die wohl im Sommer ihre Vollendung finden könnte, und die ich Ihnen dann senden werde."

Storms Hoffnung erfüllte sich nicht; im ersten Viertel des neuen Jahres hinderte ihn der Stoff am Schreiben, wie er am 15. Januar 1886 Paul Heyse[56] mitteilte: „Vor der Deichnovelle habe ich einige Furcht […]." Dabei litt Storm zu dieser Zeit nicht an einer Schreibhemmung, denn er hatte bereits Mitte November mit der Niederschrift einer anderen Erzählung begonnen, die zunächst den Titel „Aus engen Wänden" trug und in der er eine Reihe autobiographischer Erlebnisse aus seiner Jugendzeit verarbeitete. Diese Erzählung, die Storm ausdrücklich nicht als „Novelle" bezeichnen wollte, wurde im Februar vollendet und erschien im Herbst 1886 unter dem Titel „Bötjer Basch".

Über die eigentlichen Gründe, die ihn an der Fortsetzung der Arbeiten hinderten, äußerte er sich in einem Brief an Heinrich Schleiden vom 12. Februar 1886[57]:

„Ich wollte einmal eine bequemere, weniger formstrenge Arbeit thun, bevor ich mich an die längst gewünschte ‚Novelle. Der Schimmelreiter' machte, auf einer Deichsage ruhend, die jetzt vor mir liegt, die ich aber noch immer nicht recht anzufassen vermag. Schließlich wurde mir die andre Sache aber auch nicht leicht u. das gleich ins Reine schreiben hörte bald auf; denn das Schwere liegt nicht im Stoff, sondern in mir und in meiner Art zu arbeiten."

Was Storm unter seiner spezifischen „Art zu arbeiten" verstand, lässt sich aus einem Brief an den Literaturwissenschaftler Erich Schmidt herauslesen, dem er am 30. März 1886 mitteilte[58]: „Ich begänne so gern die beabsichtigte Deich- u. Sturmnovelle; aber sie müßte gut werden, da sie so heimathlich ist; doch ich kann nicht; auch fehlt mir so viel im Material, was ich zur Zeit nicht schaffen kann."

Der Erzählung „Bötjer Basch" fehlt die strenge Form der Novelle, denn sie besteht aus einer fortlaufenden Reihe von Bildern, mit denen Storm seinen Lesern das Leben einfacher Menschen in seiner Enge vorführen will. Das gelingt dem Verfasser, indem er in schlichter Weise das Leben einiger Durchschnittsmenschen in regionaler Abgeschiedenheit schildert und ihr Schicksal in einem klar skizzierten Handlungsraum darstellt. In ganz ähnlicher Weise beginnt er mit Handlungsskizzen für den „Schimmelreiter", der allerdings auch anderen ästhetischen Ansprüchen genügen soll.

Als Storm im Februar 1888 seine Novelle abgeschlossen hatte, äußerte er in mehreren Briefen, dass er den Stoff „besser vor 10 Jahren geschrieben"[59] hätte. Rückblickend bemerkt er zu Ferdinand Tönnies: „nur der Anfang" sei „im Sommer 86" entstanden.[60]

Auf einem Blatt seiner Entwurfshandschrift hat Storm diesen Anfang mit Rotstift markiert[61] und zunächst nur einen kurzen Einleitungstext niedergeschrieben. Der Text bricht ab und die Seite wurde erst zu einem späteren Zeitpunkt mit der Szene weiter beschrieben, in der Hauke Elke Volkerts vor dem Hause des Deichgrafen trifft. Storm hat im Juni 1886 auf vier Doppelblättern Notizen, Entwürfe, Pläne und Hinweise auf Quellen eingetragen und dazwischen die Szene mit dem Boßelkampf notiert. Sie ist bereits dialogisiert und enthält eine Reihe von Korrekturen und Neuansätzen. Erst später nahm er dann diese fertige Szene in sein Arbeitsmanuskript auf und fügte sie in die Handlung ein.

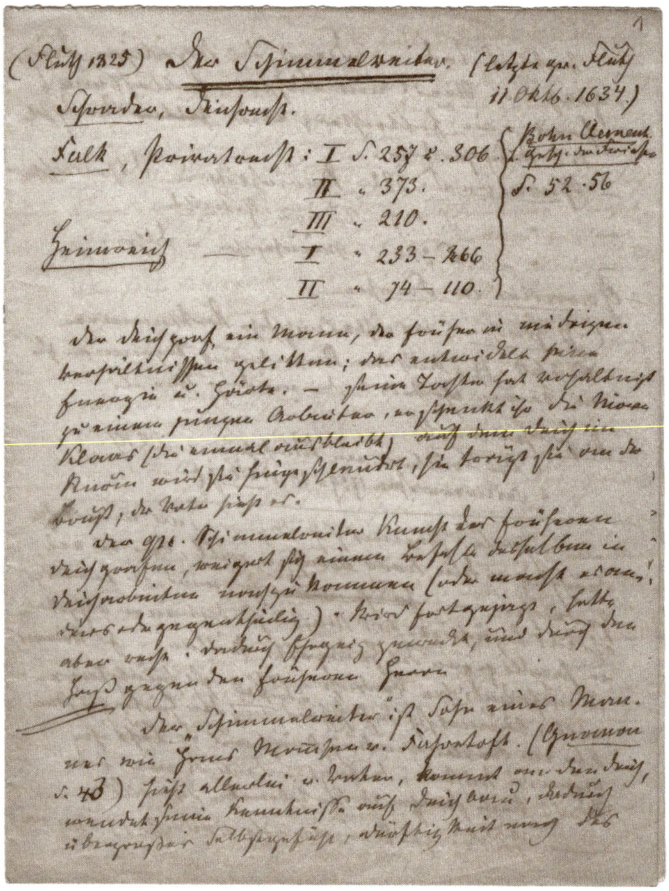

Storms Entwurfshandschrift „Concept", erste Seite

Unter den Notizen finden sich weitere szenisch gestaltete Ansätze sowohl des Erzählrahmens als auch der Binnenhandlung. So wurde die Szene mit Hauke und seiner Tochter Wienke begonnen, die sich vor dem Meer fürchtet, und es gibt eine erste Fassung des Novellenschlusses, in dem der Schulmeister Hauke Haien mit Sokrates und Jesus vergleicht. Diesen Schulmeister lässt Storm im Rahmen seiner Novelle die Binnenhandlung vom Aufstieg und Fall Hauke Haiens erzählen. Das Vorbild für diese Gestalt fand er in der Erzählung „Sam Wiebe" von Theodor Mügge, der dafür die gemeinsamen Erlebnisse während des Besuchs in der Hattstedter Marsch aus dem Jahre 1845 verwendet hatte.

An Sohn Ernst schreibt Storm Ende Juni[62]: „Die ‚Deichnovelle' […] kommt nicht vorwärts; mir ist, als ob meine Phantasie erloschen wäre." Und in einem Brief an Adolf Krause, den Schwiegervater seines Sohnes Ernst, wiederholte er dies[63]: „Ich habe zwar eine Arbeit begonnen, den mehrgenannten ‚Schimmelreiter', […] aber meine Phantasie ist wie erloschen."

Was Storm zu diesem Zeitpunkt nicht gelingen will, hat er als Forderung an die Novellistik im Jahre 1881 in einer zurückgezogenen Vorrede für zwei neue Bände seiner „Schriften" folgendermaßen formuliert[64]:

„Gleich dem Drama behandelt sie die tiefsten Probleme des Menschenlebens; gleich diesem verlangt sie zu ihrer Vollendung einen im Mittelpunkte stehenden Konflikt, von welchem aus das Ganze sich organisiert, und demzufolge die geschlossenste Form und die Ausscheidung alles Unwesentlichen; sie duldet nicht nur, sie stellt auch die höchsten Forderungen der Kunst."

In der Tradition des poetischen Realismus will Storm den Kunstcharakter seiner Novellen verbergen, indem er im Leser die Illusion erzeugt, er bilde sich im Prozess des Lesens die Vorstellung von Ereignissen, die wirklich stattgefunden haben. In dieser realistischen Illusion vermitteln sich Gesetze und Triebkräfte des menschlichen Handelns, indem die Lebensumstände der Figuren in ihrem Ehrgeiz und Scheitern diesseits jeder Transzendenz sinnlich erfahrbar entfaltet werden.[65] Dazu muss er die abergläubische Idee von einem Wiedergänger mit dem sachkundigen Realismus verbinden, der auf die gesellschaftliche und politische Wirklichkeit in der Gründerzeit des Deutschen Kaiserreichs verweist. Und diesem Anspruch vermag Storm im Sommer 1886 nicht gerecht zu werden, wie er in einem Brief an den Verleger Paetel bekennt[66]: „[…] es ist ein heikel Stück, nicht nur in puncto Deich- und andrer Studien dazu, sondern auch weil es seine Mucken hat, einen Deichspuk in eine würdige Novelle zu verwandeln, die mit den Beinen auf der Erde steht." Denn das Gespenstische eines Teufelsbündners und Wiedergängers widerspricht zunächst der rationalen Illusion, die Storm in seiner „würdigen" Novelle erzeugen wollte.

Storm unterbrach die Arbeit im Sommer 1886 für eine Novelle, die er am 17. September fertigstellte. An Verleger Paetel schrieb er[67]: „Heute wurde ‚Der Doppelgänger' fertig, und nach 14 Tagen Ruhe wende ich mich wieder zum ‚Schimmelreiter'. So wie ich den Ersteren gedruckt in Hände‹n› habe, sende ich Ihnen denselben."

Doch zu einer Weiterarbeit ist es nicht gekommen. Wegen einer schweren Rippenfellentzündung legte Storm im Oktober 1886 das Manuskript erneut zur Seite und begann nach seiner Genesung im Februar 1887 zunächst ein anderes Projekt, die Novelle „Ein Bekenntnis". Zwar litt er zunehmend an Magenschmerzen, kam aber mit diesem Stoff schnell voran.

So war das unfertige Manuskript zum „Schimmelreiter" ganze zehn Monate liegen geblieben, als Storm am 4. Mai 1887 an Elwin Paetel berichten konnte[68]: „Der ‚Schimmelreiter' hat heut ein wunderlich, mir angenehmes Kapitel erhalten. Ich denke über Sommer mit dieser eigenthümlichen, nicht eben ausgedehnten Arbeit fertig zu werden." Storm scheint zu diesem Zeitpunkt noch an eine kürzere Erzählung gedacht zu haben, die sich später im Jahr aber zu einer für seine Novellistik ungewöhnlichen Länge entfalten sollte.

Als Dr. Brinken, sein Arzt in Hademarschen, Anfang April ein Magenkarzinom diagnostizierte, verließ ihn jeder Lebensmut. Erst nachdem sein Bruder Dr. Aemil Storm und dessen Schwiegersohn Dr. Ludwig Glaevecke den Patienten Pfingsten nochmals untersuchten und auf Beschluss eines Familienrats die Krebsdiagnose wider besseres Wissen verwarfen, kehrte Storms Schaffenskraft zurück. Seine Beschwerden deutete er nun als „Reconvalenz-Nachleiden" und arbeitete fast jeden Tag an seinem „Schimmelreiter".

Nach der Wiederaufnahme der Arbeit hat Storm regelmäßig an seinem Entwurfsmanuskript geschrieben, das er „Concept" nannte. Im Mai berichtete er Paul Heyse in München über seine Fortschritte[69], dann plante er eine Reise zur Tochter Lisbeth nach Grube in Ostholstein, wo „köstliche Ruhe" war und wo er die schwierige Arbeit „nach Bequemlichkeit ein wenig" fortsetzen konnte.[70]

Seinem Berliner Verleger Elwin Paetel berichtete er am 8. Juni: „Am ‚Schimmelreiter' wird alle Woche 4 oder 5 Mal ein Stückchen geschrieben u. so rückt er langsam weiter; ich habe noch Reconvalescenz-Nachleiden, und allerlei Brust- u. Magenkrampf, was mich sehr im Arbeiten beschränkt."[71]

Die Arbeit zog sich weiter hin, da Storm im Juli die Korrekturen für den Druck der Novelle „Ein Bekenntnis" erledigen musste. Im Juli schritten die Arbeiten zwar immer noch „langsam" voran, aber Storm äußerte sich gegenüber Paetel zuversichtlich: „zu Weihnachten dürfte sie fertig werden d.h. zum Nov‹em›b‹e›r etwa".[72]

Theodor Storm im Juli 1886.
Foto von Gotthilf Constabel, Hanerau

Ende des Monats fuhr Storm nach Husum, von wo aus er eine Syltreise mit seiner Tochter Lucie plante, die im August 1887 stattfand. Auch hier traf er wieder auf einen neuen Stoff und begann noch während des Badeaufenthalts mit einigen Skizzen zur „Sylter Novelle". Nach seiner Rückkehr hinderten ihn die Vorbereitungen zur Feier seines 70. Geburtstages am 14. September an einer Weiterarbeit. Doch als dieses Ereignis vorüber war, setzte er sich erneut an seinen Schreibtisch und ließ sich nun nicht mehr vom „Schimmelreiter" ablenken.

In dieser Arbeitsphase griff Storm auch den kurzen Erzählanfang vom Sommer 1885 wieder auf und gestaltete den äußeren Rahmen der Novelle neu.

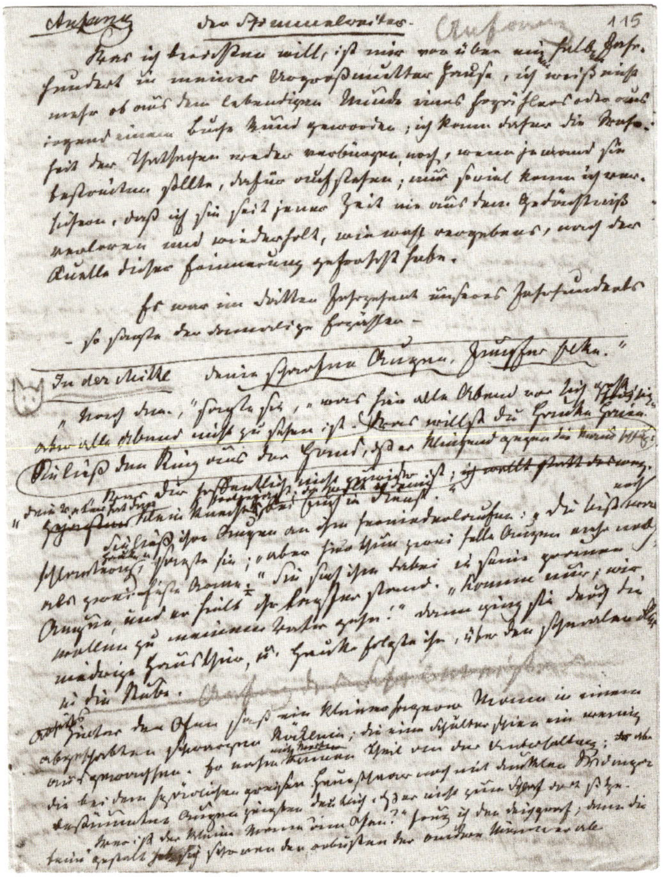

Erste Fassung des Novellen-Anfangs in Storms Entwurfshandschrift „Concept"

In der ersten Textfassung[73] berichtet ein Erzähler von einem Erlebnis, das er ca. 50 Jahre vor der Niederschrift an einem eindeutig identifizierbaren Ort hatte, im Hause der Urgroßmutter Elsabe Feddersen, mit dem Storm das Haus in Husum, Twiete/Ecke Schiffbrücke meint, das der Familie seines Urgroßvaters mütterlicherseits gehörte, dem Senator Joachim Christian Feddersen (1770–1801). Der Erzähler ist sich nicht sicher, ob das zu Berichtende aus mündlicher oder schriftlicher Tradition stammt. Er kann die Wahrheit des Erinnerten nicht verbürgen, hebt aber hervor, dass er die Tatsachen nie aus dem Gedächtnis verloren habe und beteuert, wiederholt, aber vergeblich nach der Quelle geforscht zu haben.

Was ich berichten will, ist mir vor über einem halben Jahrhundert in meiner Urgroßmutter Hause, ich weiß nicht mehr ob aus dem lebendigen Munde eines Erzählers oder aus irgend einem Buche kund geworden; ich kann daher die Wahrheit der Thatsachen weder verbürgen, noch, wenn jemand sie bestreiten sollte, dafür aufstehen; nur soviel kann ich versichern, daß ich sie seit jener Zeit nie aus dem Gedächtniß verloren und wiederholt, wiewohl vergebens, nach der Quelle dieser Erinnerung geforscht habe.

Es war im dritten Jahrzehnt unseres Jahrhunderts – so sagte der damalige Erzähler –

Was ich zu berichten beabsichtige, ist mir vor etwa einem halben Jahrhundert in meiner Urgroßmutter, der alten Frau Senator Feddersen, Hause kundgeworden, während ich, an ihrem Lehnstuhl sitzend, mich mit dem Lesen eines in blauer Pappe gebundenen Zeitschriften-Heftes beschäftigte; ich vermag mich nicht zu erinnern, ob von den Leipziger oder von Pappe's Hamburger „Lesefrüchten". Noch fühl ich es gleich einem Schauer, wie dabei die linde Hand der Ueberachtzigjährigen mitunter liebkosend über das Haupthaar ihres Urenkels hin glitt. Vergebens habe ich seit dem jenen Blättern nachgeforscht, und ich kann daher um so weniger weder die Wahrheit der Thatsachen verbürgen, noch, wenn jemand sie bestreiten sollte, dafür aufstehn; nur so viel kann ich versichern, daß ich sie seit jener Zeit, obgleich sie durch keinen äußeren Anlaß in mir aufs Neue belebt wurden, niemals aus dem Gedächtniß verloren habe.

Die zweite Version des Anfangs[74] ist länger und offenbar das Ergebnis eines Erinnerungsprozesses. Die Textelemente der ersten Fassung werden vollständig übernommen, aber um fast das Doppelte erweitert. Die intensive Erinnerung hat nämlich Klarheit über das Erlebte gebracht; das zu Erzählende wurde nicht durch mündlichen Bericht der Urgroßmutter überliefert, sondern stammt aus einer Zeitschrift, deren Titel so genau angegeben wird, dass die Spur von späteren Literaturhistorikern erfolgreich aufgenommen werden konnte. Sogar an die Farbe des Umschlags kann sich der Erzähler noch genau erinnern. Auch wird die Unsicherheit der Erinnerung („oder") in der ersten Version nun zur doppelten Bestätigung des Vorgangs, denn die Urgroßmutter ist in der Erinnerung als zärtliche Greisin präsent, die ihrem Enkel während dessen Lektüre „liebkosend" über das Haar streicht. Dadurch erhält die Atmosphäre des Lesevorgangs etwas von jener Behaglichkeit, die für Storm eine der Voraussetzungen nicht nur für rezeptive, sondern auch für produktive Textarbeit war. Hier wird auch deutlich, dass es sich um eine Fiktion und nicht – wie immer wieder fälschlich behauptet – um einen autobiographischen Bericht handelt. Denn 1838/39, in den Jahren also, auf die der in der Erzählung gemeinte Zeitpunkt der Lektüre jener Gespenstergeschichte verweist, war „Frau Senator Feddersen" (1741–1829) bereits seit zehn Jahren tot.

Die Wahrheit der Tatsachen kann vom Erzähler zwar immer noch nicht verbürgt werden, doch ihre Präsenz im Gedächtnis wird durch ein zusätzliches Argument qualitativ aufgewertet: Der Erzähler hat sich nicht nur – freilich erfolglos – bemüht, der Quelle nachzuspüren, er hat sie niemals aus dem Gedächtnis verloren, „obgleich sie durch keinen äußeren Anlaß in mir aufs Neue belebt wurden". Damit wird der Erinnerung eine höhere Authentizität zugesprochen als dem schriftlichen Dokument. Diese Position des äußeren Rahmenerzählers entspricht genau derjenigen des Schulmeisters, der im inneren Erzählrahmen betont, es sei eine „Kunst", seine Erinnerung an Hauke Haien ohne Aberglaube zu erzählen, denn die Tatsachen, von denen er dem Erzähler der zweiten Ebene so erzählt, wie er „sie nach bestem Wissen nur berichten konnte", stammen ausschließlich aus einander zum Teil widersprechenden oralen Traditionen.

Dieser intensive Erinnerungsprozess, vom dem der äußere Rahmenerzähler Zeugnis ablegt, hat nun aber nicht dazu geführt, dass Storm sich zunächst ein vollständiges Konzept seiner Novelle bereitgelegt hätte, um dann mit der chronologischen Niederschrift aller Szenen zu beginnen. Der Textbefund des „Concepts" und die autobiographischen Zeugnisse zeigen, daß dem Verfasser zwar bei Schreibbeginn die Fabel des Ganzen klar vor Augen gelegen haben muss, dass ihm aber Details bis in die Schlussphase des Schreibprozesses noch unklar gewesen sind.

Lediglich die Rahmenstruktur der Novelle lag nun fest. Der Erzählung des Schulmeisters gehen zwei Rahmenerzählungen voraus; die erste, eine Erinnerung des Erzählers aus seiner Jugendzeit, wird später nicht wieder aufgegriffen. Aber der zweite Erzählrahmen, von dem der „damalige Erzähler" berichtet, der Geschäftsmann, dem das Gespenst auf dem Deich in der Nähe der Wehle erscheint, bildet eine geschlossene fiktive Erzählsituation im Wirtshaus. Sie ist mehrfach gegliedert durch die jeweiligen Teilnehmer der Erzählprozesse. Zunächst trifft der zweite Erzähler auf eine Gruppe von Marschleuten, die mit ihrem Deichgrafen Wache halten, dann tritt der Schulmeister als dritte Erzählinstanz hinzu und berichtet, was er von wiederum anderen über jenen Hauke Haien erzählt bekommen hat. Diese Erzähler der vierten Ebene sind zwar nicht real anwesend, eine mögliche Erzählerin wird aber vom Deichgrafen als seine „alte Wirthschafterin Antje Vollmers" charakterisiert, deren Glaubwürdigkeit der Schulmeister abwertet, indem er sie als einen „dummen Drachen" bezeichnet. Und doch wird er unter anderen später auch ihre Version vom Schicksal Hauke Haien referieren. Damit hatte Storm eine Perspektive gewonnen, aus der er das Erzählte immer zugleich auch auf seine Glaubwürdigkeit hin befragen konnte.

Die knappe Beschreibung der großen Zuhörerschar erzeugt eine angespannte Stimmung, die durch eine Unterbrechung verstärkt wird. Der gespenstige Reiter erscheint plötzlich allen Zuhörern, weil der Schulmeister das Gespenst in gewisser Weise herbeierzählt hat. Zuvor war es dem zweiten Erzähler erschienen, danach erscheint es einigen der Marschleute.

Später setzt der Schulmeister als dritter Erzähler seinen Bericht in der Abgeschiedenheit seiner Stube nur in Anwesenheit des zweiten Erzählers fort. Es entsteht erneut eine für Storm typische Erzählatmosphäre, die durch

Storms Arbeitszimmer in seinem Hause in Hademarschen; Foto von Gotthilf Constabel, Hanerau 1887

das verhangene Fenster, den glimmenden Ofen und den Blechkessel erzeugt wird, in dem das heiße Wasser für den Grog saust. Die Erzähler der zweiten und dritten Ebene kommentieren in dieser intimen, behaglichen Situation das vom Schulmeister Berichtete und bewerten das Realistische und das Übernatürliche in Hinblick auf seinen Wahrheitsanspruch.

Storm greift mit dem Motiv des gespenstigen Reiters eine Frage wieder auf, die er bereits in seiner 1861 geschriebenen Erzählung „Am Kamin" ausführlich diskutiert hat. Der Dichter bettet alltägliches Erzählen in eine besondere soziale Situation ein und kommentiert das Erzählte in humoristischer Weise. Eine Gruppe gebildeter Bürger, die sich zu einem lockeren literarischen Salon zusammenfinden, erörtert die Wirkung, die einsetzt, wenn Gespenstergeschichten erzählt werden. In einer Atmosphäre, in der es sich gut schaudern lässt, werden sieben Gruselgeschichten erzählt und jede der Erzählungen anschließend von den Anwesenden daraufhin bewertet, ob es sich um einen „echte, rechte Spukgeschichte" handelt. Was darunter zu verstehen ist, entfaltet sich an zwei gemütlichen Abenden am Kamin. Als einige Zuhörer mit „Schauder" reagieren, sagt der Erzähler:

„Wenn wir uns recht besinnen, so lebt doch die Menschenkreatur, jede für sich, in fürchterlicher Einsamkeit; ein verlorener Punkt in dem unermessenen und unverstandenen Raum. Wir vergessen es; aber mitunter dem Unbegreiflichen und Ungeheuren gegenüber befällt uns plötzlich das Gefühl davon; und das, dächte ich, wäre etwas von dem, was wir Grauen zu nennen pflegen."[75]

Schließlich wird die Frage gestellt, ob Übersinnliches in die normale Erfahrungswelt hineinwirken könne.[76] Storm hat diese Frage zwanzig Jahre nach der Niederschrift in einem Brief an Gottfried Keller vom 4. August 1882 folgendermaßen beantwortet[77]:

„Ich stehe diesen Dingen im einzelnen Falle zwar zweifelnd oder gar ungläubig, im allgemeinen dagegen sehr anheimstellend gegenüber; nicht daß ich Un- oder Übernatürliches glaubte, wohl aber, daß das Natürliche, was nicht unter die alltäglichen Wahrnehmungen fällt, bei Weitem noch nicht erkannt ist."

Nach Todorov[78] liegt das Fantastische in dem Moment der Ungewissheit, ob es sich bei einem Ereignis, das stattgefunden hat, um eine Sinnestäuschung bzw. eine Einbildung handelt oder ob es sich in der Realität aus übernatürlicher Ursache ereignet hat. In der komplexen Rahmenstruktur der „Schimmelreiter"-Novelle entfaltet sich das Schicksal von Hauke Haien und seines Deichprojekts als phantastische Erzählung und der Leser wird durch Unterbrechungen und mehrfaches Räsonieren über das gerade Erzählte in den Prozess einbezogen. So könnte er auch die Erscheinung des Schimmelreiters zu Beginn der Novelle erklären. Dieser fällt gleichsam „aus dem Land der Vergangenheit" wie ein „Schatten" in die erfahrbare Wirklichkeit.

Ende September 1887 muss im „Concept" bereits die erste Hälfte der Novelle fertig gewesen sein, denn Storm begann mit der Herstellung einer Reinschrift, die am 20. Oktober bis zu dem Gespräch zwischen dem Oberdeichgrafen und Elke bei der Leichenfeier des alten Deichgrafen vorangeschritten war.[79] Damit waren alle Szenen des ersten Teils ausgeführt. Nun begann Storm mit der Ausformulierung des zweiten Teils, in dem das neue Deichprojekt im Mittelpunkt steht, erweiterte und ergänzte bereits vorhandene Szenen und fuhr mehrfach nach Heide „um technische Schwierigkeiten im ‚Schimmelreiter' mit Eckermann zu besprechen."[80] Der Dichter musste weiter gegen ständige Magenbeschwerden ankämpfen; aber er schrieb jeden Tag ein paar Stunden und kam zügig voran. In der Reinschrift fügte er die im Concept vorliegenden einzelnen Szenen zu einem Ganzen zusammen und sorgte für einen kontinuierlichen Erzählfluss.

Anfang Dezember war die Reinschrift bis zu der Szene gediehen, in der Hauke seiner Frau vom Schimmelkauf erzählt, dann wurde auch der Dialog zwischen dem abergläubischen Knecht Iven und dem Kleinknecht Carsten über die gespenstige Erscheinung eines Pferdes auf der Jewershallig fertig. Storm ist nun optimistisch: „Ich hoffe ihn zum Aprilheft in die D‹eutsche› Rundschau zu liefern."[81]

Nun galt es zu klären, wie die Unterbrechung der Arbeiten unter Hauke Haiens Leitung während des Winterhalbjahres möglichst realistisch dargestellt werden konnte. Wieder wurde Christian Eckermann konsultiert. Auf dessen Rat hin orientierte Storm sich genau an dem Bericht, den dieser in seiner Beschreibung von der Eindeichung des Kaiser Wilhelm-Kooges in den Jahren 1872 und 1873 gegeben hatte und ließ Hauke Haien die Arbeiten am neuen Deich von November bis zu Beginn des nächsten Frühling unterbrechen, um sie danach mit Hilfe eines Kajedeichs zum Schutze der noch vorhandenen Lücke in der südlichen Deichlinie fortzusetzen.

Am 5. Dezember 1887 schrieb Storm an seinen Verleger Elwin Paetel: „‚Der Schimmelreiter' schreitet stark vorwärts und wird jedenfalls zum 15. Februar eingeliefert werden können. Ist das früh genug zum Aprilheft? Es wird die bei Weitem größte Novelle, die ich geschrieben."[82] Eine Woche später traf bereits die Antwort in Hademarschen ein: „Für den ‚Schimmelreiter', auf den ich mich freue, halte ich das Aprilheft der ‚Deutschen Rundschau' frei; es genügt, wenn das Manuscript bis 15. Februar hier eintrifft."[83]

In den Wochen um die Jahreswende 1887/88 vollendete Storm seine Reinschrift und überarbeitete den gesamten Text noch einmal. Davon zeugen eine Reihe von nachträglichen Korrekturen sowie einige auf den freigelassenen Rückseiten angebrachte Ergänzungen, die zeigen, dass Storm an erzählerischen Details seiner Novelle bis zur Absendung des Manuskripts gefeilt hat.

Im Januar setzte Storm seine Arbeit fort und nahm das Manuskript auch mit, als er zur traditionellen Winterreise nach Husum aufbrach. Nach seiner Rückkehr schrieb er an Gräfin Emilie zu Reventlow: „Ich selbst habe fortgefahren zu arbeiten, wo ich in Husum aufhalten mußte und werde in drei Tagen fertig sein."[84] Außerdem habe er das Ganze noch einmal durchgesehen. Dass es sich dabei nicht um eine bloße „Durchsicht" gehandelt haben kann, zeigt jene Szene, in der Hauke seine Frau Elke erst-

Karl Müllenhoff: Sagen, Märchen und Lieder der Herzogthümer Schleswig, Holstein und Lauenburg, Kiel 1845, Litographie von Otto Speckter (Frontispiz)

mals in seine Deichbaupläne einweiht und die er nun erweitert, indem er ein Sagenmotiv einarbeitet und Elke dort aussprechen lässt, was sie damals gehört haben könnte. Storm muss zu diesem Zeitpunkt noch einmal in Müllenhoffs Sagenbuch geblättert haben, denn dort kann man die entsprechende Erzählung „Das vergrabene Kind" nachlesen.[85]

Die Ergänzung trägt nicht nur zur Dramatisierung des Gesprächs zwischen den Eheleuten bei, sondern sie bereitet auch jene Szene vor, in der Hauke verhindert, dass die abergläubischen Arbeiter einen lebendigen Hund im Deich begraben, weil sie durch dieses heidnische Opfer die ihnen unheimlichen Mächte der Natur besänftigen wollen: „soll Euer Deich sich halten, so muß was Lebiges hinein!" Diese dramatische Szene[86] wird in der Reinschrift durch das Gespräch der Eheleute und die Erinnerung von Elke besser motiviert.

Storm hat an insgesamt 16 Stellen der „Reinschrift" auf den freien Seiten Texte nachgetragen, zumeist kürzere Einschübe, aber auch längere Abschnitte. Man erkennt, dass diese späten Ergänzungen bei einem nochmaligen Lesen bereits geschriebener Textpassagen, vielleicht sogar des fertigen Manuskripts, entstanden sein müssen. Insgesamt umfassen diese Einschübe 165 Zeilen, von denen nur 35 bereits im „Concept" entworfen wurden.

Im Detail wie im Ganzen erweist sich Storms Schreibprozess als außerordentlich strukturiert und zielgerichtet; der Dichter entwickelte das Erzählkonzept während des Schreibens. Damit zog er die Summe seines novellistischen Schaffens, indem er den Stoff im Erzählvorgang nicht nur entfaltete, sondern auch in eine komplexe Form kleidete. Die lange Erfahrung mit Erinnerungsmotiven, die genaue Kenntnis von Rahmenstrukturen und nicht zuletzt die Meisterschaft, mit der Storm Situationen lebendig schildern konnte, ermöglichten es dem schwerkranken Autor, am Ende seines Lebens noch einmal ein Werk zu schaffen, das an der Schwelle zum Roman steht, eine Gattung, in der er vielleicht auch noch Bedeutendes zu leisten imstande gewesen wäre, hätte der Tod dies nicht verhindert.

Am 9. Februar 1888 konnte er in sein Tagebuch notieren: „Heute Vormittag 11 Uhr den ‚Schimmelreiter' beendet, heut Abend 5 Uhr ihn als Wertsendung von 3000 M. zur Post gebracht."[87]

Ganz zufrieden war Storm mit seiner Arbeit aber noch nicht; er muss den Schlussteil seiner Novelle in der Entwurfshandschrift noch einmal gründlich durchgelesen haben, denn zwei Wochen nach der Reinschrift schickte er an Paetel einen vierseitigen „Nachtrag" und bat seinen Verleger, die Texte in sein Manuskript einzufügen.[88] Diese Nachträge stellten den Dichter vor ein Problem. Er hatte ja die Reinschrift bereits am 9. Februar abgeschickt und besaß nun nur noch das „Concept"; da dieses aber besonders im Schlussteil der Reinschrift bereits im Wesentlichen entsprach, konnte er die Ergänzungen nun mit Hilfe seiner Notizen anfertigen. So enthält eines der Blätter des „Concepts" die Entwürfe für die längeren Textabschnitte des „Nachtrags", von denen Storm den an Paetel geschickten Text übernahm.

Der „Nachtrag“ besteht aus acht längeren und kürzeren Textergänzungen, die Storm in seine Reinschrift einfügen lassen wollte; allerdings war das Manuskript zu diesem Zeitpunkt von der Druckerei schon abgesetzt und die Korrekturbogen bereits am selben Tag (22. Februar) an Storm per Post abgeschickt worden.[89]

Paetel hat in Storms vierseitige Handschrift mit roter Tinte Anmerkungen für den Setzer hinzugefügt, die sich auf die Stellen (Seiten und Zeilen) des ersten, später veränderten Satzes für den Zeitschriftendruck beziehen, an denen die Ergänzungen eingefügt werden sollten. Die insgesamt acht Änderungen bestehen aus vier Abschnitten und vier einzelnen Sätzen. Für die kürzeren Ergänzungen lassen sich keine Spuren im Arbeitsmanuskript erkennen.

Sämtliche Änderungen betreffen die Schlusspassage, in der Storm den Orkan schildert, der zu einer verheerenden Flut führt und schließlich den Deich an der Stelle durchbricht, wo der neue auf den alten trifft. Die Schilderungen werden präzisiert, das dramatische Geschehen mit schärferen Akzenten versehen. Ganz offensichtlich hatte Storm den Schluss seiner Novelle unter Zeitdruck geschrieben; nun sah er, dass es an einer einheitlichen Dramaturgie fehlte und versuchte durch seine Ergänzungen, die Dramatik der Ereignisse zu erhöhen, indem er die Zuspitzung der Situation am Deich noch deutlicher aus der Perspektive Hauke Haiens schilderte.

Storm war trotz der an Paetel geschickten Textergänzungen noch immer nicht mit dem Schlussteil seiner Novelle zufrieden. In den nächsten Tagen strich er eine „letzte kleine Szene“, weil sie „zu sehr aus der Stimmung fiel.“[90] Diese Streichung betrifft aber nicht eine „kleine Szene“, sondern einen längeren Abschnitt, in dem der Schulmeister davon erzählt, wie Carsten, der frühere Dienstjunge des Deichgrafen, den Untergang seines Herren erlebt hat.

Inzwischen hatte Elwin Paetel die Textergänzungen, die er am 23. Februar von Storm erhalten hatte, in die Korrekturbogen eingearbeitet und mit der Streichung, die ihm Storm am 3. März zuschickte, in die Druckerei gegeben, wo nun ein korrigierter Satz mit neuer Paginierung angefertigt wurde, von dem Storm zunächst nur den ersten Teil zur nochmaligen Durchsicht erhielt.

Diese Arbeit erledigte Storm sofort, denn er konnte bereits am 10. März 1888 an seine Tochter Lisbeth schreiben: „Meinen ‚Schimmelreiter‘, den ich im Spätsommer 86 begonnen, hab‘ ich am 9. Februar beendet und heute die letzte Korrektur[91] besorgt; es ist mein längstes Stück. 77 Seiten der ‚Deutschen Rundschau‘, wo er im April- und Maiheft erscheint.“[92]

Aber auch jetzt waren die Korrekturarbeiten nicht beendet; zwar hatte der Verlag mit dem Druck des Aprilheftes bereits begonnen, das auch pünktlich ausgeliefert wurde, aber bereits nach dem Druck des ersten Teils der Novelle musste Storm den zweiten Teil, der für das Maiheft vorgesehen war, noch einmal durchsehen, da die verschiedenen Ergänzungen, Streichungen und weiteren Korrekturen eine letzte Revision des Verfassers erforderten. Am 15. April war auch diese Arbeit beendet[93], und so konnte das Publikum die Novelle in den beiden Heften der „Deutschen Rundschau“ von April und Mai des Jahres 1888 zum ersten Mal lesen.

Für den Autor war die Arbeit am „Schimmelreiter“ damit immer noch nicht abgeschlossen, denn bereits zu Beginn der Korrekturarbeiten für den Zeitschriftenabdruck hatte Elwin Paetel Storm folgenden Vorschlag unterbreitet:[94] „Wäre es nicht das Richtigste, wenn wir den ‚Schimmelreiter‘ als selbstständigen Oktavband, ohne Hinzufügung einer andren Novelle, zum Herbst herausbrächten?“

Storm antwortete am 7. März 1888: „Mit den in Ihrem Schreiben v. 5 d. M. vorgeschlagenen Bedingungen für die Oktavausgabe des „Schimmelreiters“ bin ich einverstanden.“[95]

Paetel plante eine erste Auflage von 2000 Exemplaren, die er auf 4 bis 5 Mark kalkulierte; als Honorar bot er Storm für je tausend Exemplare eintausend Mark an.[96] Der Verlagsvertrag wurde erst Anfang Juni unterzeichnet, als die Korrekturarbeiten bereits kurz vor ihrem Abschluss standen. Eine Woche vor Storms Tod kündigte Paetel seinem Autor an[97]: „die Buchausgabe werde ich wahrscheinlich Anfang September zur Versendung bringen.“

Mit der Herstellung des Satzes der Buchausgabe wurde bereits im April begonnen, so dass Storm Anfang Mai die ersten sechs Druckbogen zur Korrektur erhielt. Vorlage für diesen Neusatz war nicht die Reinschrift, sondern ein Exemplar des Zeitschriften-Erstdrucks.[98] Im Gegensatz zu anderen Novellen, die er nach dem Zeitschriften-

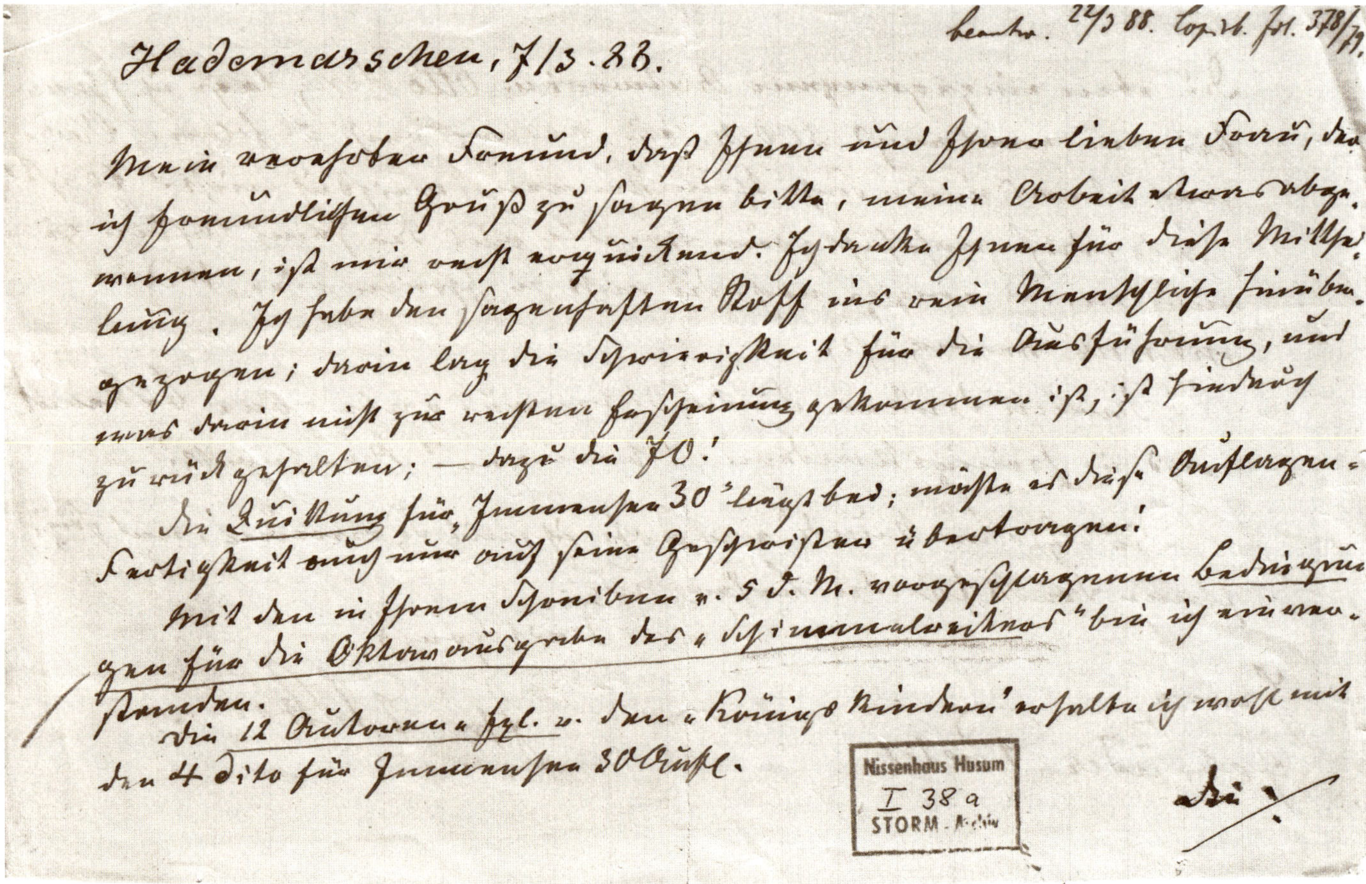

Hademarschen, 7/3.88.

Nissenhaus Husum
I 38a
STORM-Archiv

Postkarte Storms an den Verleger Elwin Paetel in Berlin

Vorabdruck einer gründlichen Revision und z. T. erheblichen Bearbeitung unterzog, glaubte Storm, diesmal nur „noch 2 oder 3 Worte" korrigieren zu müssen.

Zunächst schickte Storm noch einmal einen kleinen Nachtrag an den Verlag, was er Ferdinand Tönnies gegenüber am 7. April 1888 folgendermaßen begründete:[99]

„Wenn die Katastrophe aus der Niederlage des Deichgrafen im Kampfe der Meinungen stärker hervorgehoben würde, so würde seine Schuld wohl zu sehr zurücktreten. Bei mir ist er körperlich geschwächt, des ewigen Kampfes müde, und so läßt er einmal gehen, wofür er sonst stets im Kampf gestanden; es kommt hinzu, daß seine zweite Besichtigung bei heller Sonne die Sache weniger bedenklich erscheinen läßt. Da aber, während Zweifel u. Gewissensangst ihn umtreiben, kommt das Verderben. Er trägt eine Schuld, aber eine menschlich verzeihliche."

Der Bleisatz für die Buchausgabe wurde von der Pierer'schen Hofbuchdruckerei in Altenburg hergestellt und bogenweise zwischen dem 12. April und 25. Mai 1888 an den Verlag Paetel geschickt, wie die Datumsangaben in den Stempeln zeigen.[100] Ein Briefmarkenrest auf einem der Bogen belegt, dass sie von Berlin aus nach Hademarschen weitergeleitet wurden, wo der Autor die Korrekturen las. Sie wurden meist in Tinte ausgeführt und stammen ausnahmslos von Theodor Storm selber.

Nach alter Gewohnheit hatte Storm bereits am 13. März einen der Korrekturbogen an seinen Freund Erich Schmidt geschickt. Dieser muss nun in Absprache mit dem Züricher Literaturhistoriker Jakob Baechtold eine Reihe von Wörtern in „Deichlandsprache" moniert haben, die den Lesefluss behinderten. Storm fasste daher bereits Anfang April den Plan, der Buchausgabe einige „Wort- und Sacherklärungen" beizufügen.

Für den Verlag ergab sich die Notwendigkeit, dem Text, der 14 Bogen füllte, eine halben Bogen für die Titelei und die Erläuterungen „Für binnenländische Leser" voranzustellen. Außerdem bat er seinen Verleger in dem bereits zitierten Brief vom 6. Mai: „Dem Buche bitte ich die Widmung vorzusetzen: Meinem Sohn| Ernst Storm,| Rechtsanwalt und Notar in| Husum| zugeeignet." Die neuen Druckfahnen erhielt Storm zeitnah mit den zweiten Revisionsbogen vom endgültigen Satz, die nach seiner ersten Korrektur hergestellt worden waren. Die umfangreichen Korrekturen beschäftigten Storm den ganzen Mai über, da er immerhin noch an mehr als 60 Stellen handschriftliche Verbesserungen vornehmen musste.

Doch auch damit waren die Arbeiten für Storm nicht beendet. Die erhaltenen Korrekturabzüge weisen nämlich einige Verbesserungen auf, die Storm zum Teil wieder zurückgenommen hat. Offensichtlich hatte er Schwierigkeiten mit seiner Vorstellung der Stelle, an der der neue Deich auf den alten stößt.[101] In der Novelle findet hier das Gespräch zwischen dem Schulmeister und dem Reisenden statt, und in der Erzählung des Schulmeisters ist es die Stelle, an der Hauke und seine Familie in den Fluten ertrinken. Storm imaginierte also einen aus realen Elementen zusammengesetzten Handlungsraum und bemühte sich, ihn so erscheinen zu lassen, dass auch die Richtung des Orkans aus Nordwest mit den übrigen geographischen Angaben im Novellentext übereinstimmt. Daher liegen Wehle, Wirtshaus und die Stelle, an der der alte Deich auf den neuen trifft, an der Nordostecke des von Hauke Haien erbauten Kooges.

Der Vergleich zwischen dem Erstdruck in der „Deutschen Rundschau" und den beiden Korrekturbogen für die Buchausgabe lässt folgendes Vorgehen Storms erkennen: Zunächst korrigierte der Dichter die Himmelsrichtungen. Diese Änderungen gehörten zu den mehr als 60 Korrekturen, die der Verlag auch ausführte. Danach erhielt Storm am 6. Juni noch einmal von Paetel die „Durchsehbogen" für eine letzte Kontrolle zugeschickt.

Die durchgesehenen Bogen schickte er am 28. Mai an Paetel:[102] „Anbei die letzte Correctur, und außerdem meine Worterklärungen, die sich mir inzwischen für Binnenländer doch recht nothwendig erwiesen haben. Sie würden dann nebst den paar Druckfehlern, die ich Ihnen neulich übermachte, hintenan kommen; in etwaiger neuer Auflage möchte ich sie lieber vorne haben."

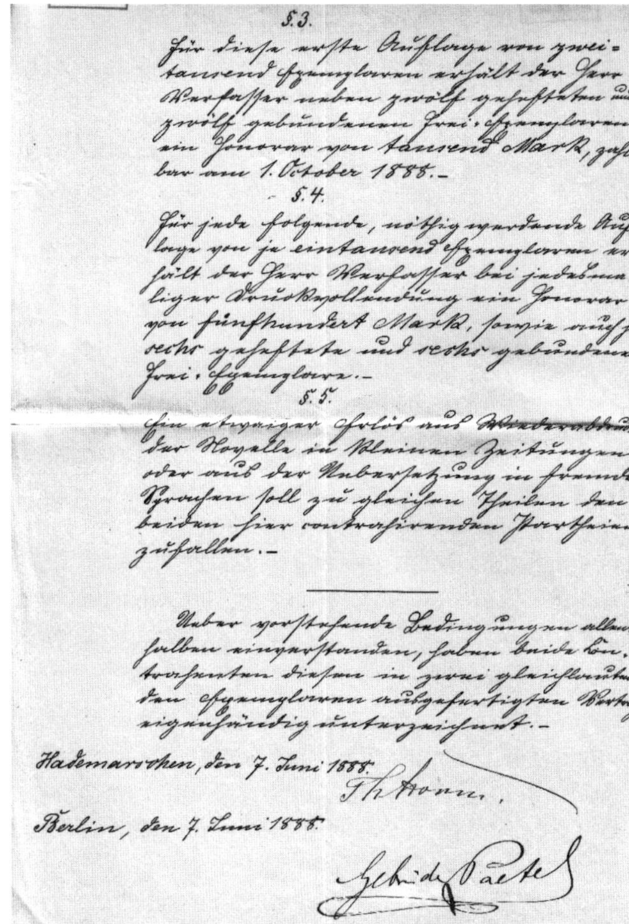
§. 3.

Für diese erste Auflage von zweitausend Exemplaren erhält der Herr Verfasser neben zwölf gehefteten und zwölf gebundenen Frei-Exemplaren ein Honorar von tausend Mark, zahlbar am 1. October 1888.–

§. 4.

Für jede folgende, nöthig werdende Auflage von je eintausend Exemplaren erhält der Herr Verfasser bei jedesmaliger Druckvollendung ein Honorar von fünfhundert Mark, sowie auch je sechs geheftete und sechs gebundene Frei-Exemplare.–

§. 5.

Ein etwaiger Erlös aus ~~Wiederabdruck~~ der Novelle in kleinen Zeitungen oder aus der Uebersetzung in fremde Sprachen soll zu gleichen Theilen den beiden hier contrahirenden Parteien zufallen.–

Ueber vorstehende Bedingungen allenthalben einverstanden, haben beide Contrahenten diesen in zwei gleichlautenden Exemplaren ausgefertigten Vertrag eigenhändig unterzeichnet.–

Hademarschen, den 7. Juni 1888.
Th Storm.

Berlin, den 7. Juni 1888.
Gebrüder Paetel

Vertrag zwischen Theodor Storm und dem Verlag Paetel, Berlin

In seinem Revisionsexemplar hat Storm dann insgesamt fünf Korrekturen zurückgenommen, die zu diesem Zeitpunkt aber nicht mehr im bereits fertigen Bleisatz verändert werden konnten, so dass sich der Verleger Paetel entschloss, der ersten Auflage Errata beizufügen, die an den Schluss der Buchausgabe unter die Zeile „Druckfehler-Berichtigung" gesetzt wurden.

Storms Unsicherheiten während der Schlussphase der Korrekturen führten schließlich dazu, dass in der Buchausgabe eine Richtungsangabe nicht stimmt, nämlich die Aussage, die Stelle, an der der Deich bricht, befinde sich an der „Nordwestecke" des Kooges. Für den Abdruck der Novelle in Band 19 der „Gesammelten Werke" (1889) wurden die Korrekturen dann in den Text eingearbeitet, Storms Fehler blieb aber stehen und ist bis heute in allen Ausgaben erhalten geblieben.[103]

Dokumente zur Arbeit am „Schimmelreiter“[104]

13.2.1843: *Der Schimmelreiter, so sehr er auch als Deichsage seinem ganzen Charakter nach hierher paßt, gehört leider nicht unserm Vaterlande; auch habe ich das Wochenblatt, worin er abgedruckt war, noch nicht gefunden.* (Theodor Storm an Theodor Mommsen, S. 49.)

1870: *Und dann – ja, dann erzählte Lena Wies; […] und mochte es nun die Sage von dem gespenstischen Schimmelreiter sein, der bei Sturmfluten Nachts auf den Deichen gesehen wird und, wenn ein Unglück bevorsteht, mit seiner Mähre sich in den Bruch hinabstürzt, oder mochte es ein eignes Erlebnis oder eine aus dem Wochenblatt oder sonstwie aufgelesene Geschichte sein […].* (Theodor Storm: Lena Wies. Ein Gedenkblatt, geschrieben 1870; veröffentlicht in Deutsche Jugend 1 (1873), S. 71–75; zit. nach LL 4, S. 179.)

25.4.1881 *Im Uebrigen haben Sie Ihre vorliegenden Novellen wohl ganz richtig charackterisirt; sie erinnern mich an einzelne knapp und eindringlich erzählte Geschichten in dem Husumer Wochenblatt meiner Knabenzeit <(>an dem vorübergehend einzelne gute Leute sollen geholfen haben) die ich bei meiner Urgroßmutter, wo die gebundenen Jahrgänge hinter einem grünen Vorhängsel standen, immer wieder las. Einzelne jener Geschichten tauchen mir immer wieder auf; einer, „der Schimmelreiter“, bin ich später Jahre hindurch vergebens nachgelaufen.* (Theodor Storm an Karl Gottfried Ritter von Leitner, S. 192 f.)

3.2.1885: *Jetzt aber rührt sich ein alter mächtiger Deichsagenstoff in mir, und da werde ich die Augen offenhalten; aber es gilt vorher noch viele Studien! Die Sache wird ein paar Jahrhunderte <zu>rück liegen.* (Theodor Storm an Erich Schmidt, Bd. 2, S. 107.)

10.2.1885: *Nun komme ich aber noch mit einer Bitte: Zu einer neuen Arbeit, die sich in meinem Kopfe festsetzen will, möchte ich gern eine kleine nur ganz flüchtige Skizze der Landtheile von Nordstrand, Husum, Simonsberg haben, wie es eben vor der großen Fluth von ann. 1634 war. Da ich meine, daß Eckermann mir neulich solch ein altes Kärtchen zeigte, erlaubt er vielleicht, daß Gertrud, die ich freundlich darum bitte, es mir abzeichnet; die Deiche, wenn solche angegeben sind, möglichst deutlich, sowie die Ortsnamen. Es ist die, ich glaube, ostfriesische Sage vom „Schimmelreiter“, die jetzt in mir spukt, die ich in meinem 8 od. 9ten Jahr, Gott weiß wo, las, und nicht habe wiederfinden können. Im Nothfall ist Fräulein Ziehen vielleicht so freundlich, ein wenig auszuhelfen.* (Theodor Storm an Adele Eckermann, S. 55 f.)

20.2.1885: *Jetzt spukt eine gewaltige Deichsage, von der ich als Knabe las, in mir; aber die Vorstudien sind sehr weitläufig.* (Theodor Storm an Tochter Lisbeth; Briefe an seine Kinder, S. 232.)

2.4.1885: *Dafür danke ich Dir wirklich recht von Herzen, liebe Gertrud; Dir, die Du die saubre Copie gemacht hast und Euerer Freundin A. Z. Vorläufig steht es hinter der Glasthür meines Bücherschranks; gelegentlich soll ein entsprechender Rahmen darum und dann das Bild an meine Wand. […] Grüße, bitte, Deine Eltern und sage Papa, Dodo solle die mir anvertrauten Schriften an ihn zurückbringen; ich müsse die Arbeit bis zum Herbst aufschieben, denn ich muß mit Vater vorher allerlei durchsprechen dazu. Ich komme einmal.* (Theodor Storm an Gertrud Eckermann, S. 56.)

7.10.1885: *Ich mühe mich nun um einen festen Stoff zur Winterarbeit; der „Schimmelreiter", das Deichgespenst, von dem ich Dir sagte, wäre mir das liebste; aber ich verstehe es noch nicht recht anzufassen.* (Theodor Storm an Heinrich Schleiden, S. 61.)

12.10.1885: Storm informiert den Verleger Lohmeyer über ein Projekt (die Novelle „Bötjer Basch"), das er für die „Deutsche Jugend" schreiben will: *Zum „Schimmelreiter", der die weitesten Studien bedingt, Reisen etc. wird es freilich nicht gerathen.* (Theodor Storm an Julius Lohmeyer, unveröffentlichter Brief, StA.)

18. November 1885: *Ich schreibe eine Kleinigkeit für die „Deutsche Jugend", die mich seit lange darum gebeten; einen schweren Block habe ich mir für nach Neujahr aufgespart, und will dann sehen, ob ich ihn noch wälzen kann.* (Theodor Storm an Erich Schmidt, Bd. 2, S. 119.)

4. 12. 1885: *Dann habe ich große Lust eine Deichnovelle zu schreiben, „Der Schimmelreiter", wenn ich es nur noch werde bewältigen können.* (Theodor Storm an Paul Heyse, Bd. 3, S. 123.)

5.12.1885: *Nach Neujahr hoffe ich mit der Deich- und Sturmfluth-Novelle „Der Schimmelreiter" zu beginnen, die wohl im Sommer ihre Vollendung finden könnte, und die ich Ihnen dann senden werde.* (Theodor Storm an Elwin Paetel, S. 194.)

13.12.1885: *Ende Januar aber geht's wieder auf die Fahrt. […] Vielleicht machst Du Dich wiederum auf, uns in Hamburg zu treffen. Die Deichnovelle wird ja ein paar Ferientage gestatten.* (Paul Heyse an Theodor Storm, Bd. 3, S. 125.)

15.1.1886: *Vor der Deichnovelle habe ich einige Furcht und wollte diese leichtere Arbeit [„Bötjer Basch"] erst mal zwischenschieben.* (Theodor Storm an Paul Heyse, Bd. 3, S. 128.)

12.2.1886: *Ich wollte einmal eine bequemere, weniger formstrenge Arbeit thun [„Bötjer Basch"], bevor ich mich an die längst gewünschte „Novelle. Der Schimmelreiter" machte, auf einer Deichsage ruhend, die jetzt vor mir liegt, die ich aber noch immer nicht recht anzufassen vermag. Schließlich wurde mir die andre Sache aber auch nicht leicht u. das gleich ins Reine schreiben hörte bald auf; denn das Schwere liegt nicht im Stoff, sondern in mir und in meiner Art zu arbeiten. Nun, Du wirst demnach sehen.* – (Theodor Storm an Heinrich Schleiden, S. 63.)

30.3.1886: *Ich begänne so gern die beabsichtigte Deich- u. Sturmnovelle; aber sie müßte gut werden, da sie so heimathlich ist; doch ich kann nicht; auch fehlt mir so viel im Material, was ich zur Zeit nicht schaffen kann. Die kurze Zeit und die sich darin noch dazu verkürzende Kraft, das drückt mich mitunter.* (Theodor Storm an Erich Schmidt, Bd. 2, S. 124 f.)

15.5.1886: (aus Weimar): *Meine Frau schreibt mir, daß Sie mir ‹Ihr› treffliches Deichbuch leihen wollen. Herzlichen Dank dafür und hoffe ich es bis Ende d.M., wo ich wieder zu Haus sein werde dort zu finden.* (Theodor Storm an v. Maack; unveröffentlichte Postkarte, StA.)

25.6.1886: *Zur Zeit lauert jeder meiner Verleger auf eine Arbeit, Westermann* [auf „Ein Bekenntnis"] *und Paetel, von denen eine* [„Der Schimmelreiter"] *freilich begonnen ist; aber wegen meines körperlichen Hindernisses nicht vorwärts will. Dennoch hoffe ich bis zum Frühjahr mit beiden fertig zu werden; können Sie mich dann noch brauchen, so verspreche ich Ihrem Unternehmen meine danach entstehende Arbeit. Mehr kann ich Ihnen leider nicht bieten, so sehr ich's wünschte.* (Theodor Storm an Karl Emil Franzos, S. 13.)

27.6.1886: *Die „Deichnovelle" ist freilich der ‹„›Schimmelreiter"; aber es kommt nicht vorwärts; mir ist, als ob meine Phantasie erloschen wäre. Und ich muß doch arbeiten.* (Theodor Storm an Ernst Storm, S. 284.)

28.6.1886: *Ich habe zwar eine Arbeit begonnen, den mehrgenannten „Schimmelreiter", eine Deichsage die ich als etwa 10jähriger Knabe im Hause meiner Urgroßmutter, der Senatorin Feddersen, entweder in den Hamburger (von Pappe herausgegeben) oder in den Leipziger Lesefrüchten las und im Wesentlichen im Gedächtniß bewahrte; aber meine Phantasie ist wie erloschen.* (Theodor Storm an Adolf Krause; unveröffentlichter Brief, StA.)

8.7.1886: *Unter so lebendiger Umgebung ist es, abgesehen von meinen abnehmenden Kräften, nicht leicht zu arbeiten. Dennoch ist der „Schimmelreiter" begonnen, allerlei Studien sind dazu gemacht; [...].* (Theodor Storm an Erich Schmidt, Bd. 2, S. 129.)

Juli/August 1886: *[...] es ist ein heikel Stück, nicht nur in puncto Deich- und andrer Studien dazu, sondern auch, weil es seine Mucken hat, einen Deichspuk in eine würdige Novelle zu verwandeln, die mit den Beinen auf der Erde steht.* (Theodor Storm an Elwin Paetel, Brief vom Juli/August 1886, S. 278.)

Storm unterbricht die Arbeit im Sommer 1886
für die Novelle ,,Ein Doppelgänger".

26.8.1886: *In Betreff der Buchausgabe der Novellen war meine Ansicht eigentlich die, Ihnen zum Herbst 4 oder 5 Novellen zu einem stärkeren Bande in Oktav vorzulegen, um, wenn es mit „Vor Zeiten" glückte, ferner auf diesem Wege fortzufahren. Es würden dazu gehört haben: „Schimmelreiter", [...].* (Theodor Storm an Elwin Paetel, S. 218.)

29.8.1886: *In Arbeit ferner: „Der Schimmelreiter", eine Deichgeschichte; ein böser Block, da es gilt eine Deichgespenstsage auf die vier Beine einer Novelle zu stellen, ohne den Charakter des Unheimlichen zu verwischen.* (Theodor Storm an Paul Heyse, Bd. 3, S. 140.)

17.9.1886: *Heute wurde „Der Doppelgänger" fertig, und nach 14 Tagen Ruhe wende ich mich wieder zum „Schimmelreiter". So wie ich den Ersteren gedruckt in Hände habe, sende ich Ihnen denselben."* (Theodor Storm an Elwin Paetel, S. 222.)

27.9.1886: *In den nächsten Tagen setze ich mich wieder an meinen „Schimmelreiter".* (Theodor Storm an Paul Heyse, Bd. 3, S. 144.)

28.9.1886: *Ich habe meine Novelle für K.E. Franzos' „Deutsche Dichtung", die „Ein Doppelgänger" betitelt ist, vor ein paar Tagen beendet und werde in den nächsten Tagen wieder an die Arbeit meiner Deichnovelle „Der Schimmelreiter" für die „D. Rundschau" gehen.* (Theodor Storm an Karl Storm, unveröffentlichter Brief, SHLB.)

Wegen einer schweren Rippenfellentzündung unterbricht Storm im Herbst 1886 (Oktober 1886 bis Februar 1887) die Arbeit am „Schimmelreiter" und beginnt nach seiner Genesung zunächst mit der Novelle „Ein Bekenntnis" (März bis Ende Mai 1887).

15.4.1887: *Mit der Genesung geht es nicht recht von statten; dennoch im Mai fasse ich jedenfalls den mir auf der Seele liegenden „Schimmelreiter" wieder an.* (Theodor Storm an Elwin Paetel, S. 226.)

4. 5. 1887: *Der „Schimmelreiter" hat heut ein wunderlich, mir angenehmes Kapitel erhalten. Ich denke über Sommer mit dieser eigenthümlichen, nicht eben ausgedehnten Arbeit fertig zu werden.* (Theodor Storm an Elwin Paetel, S. 226f.)

25.5.1887: *Es ist hier* [in Hademarschen] *so fesselnd angenehm, zumal ich eine vor meiner Krankheit begonnene Arbeit „Der Schimmelreiter" (eine Deichsagen-Gestalt) wieder zur Hand nehmen kann [...]; dennoch reise ich am 2 Juni [...] nach Kirchdorf Grube [...].* (Theodor Storm an Paul Heyse, Bd. 3, S. 151.)

5.6.1887 *Hier* [in Grube] *ist köstliche Ruhe, meine Arbeit habe ich nach Bequemlichkeit ein wenig fortgesetzt. – Den ‚Schimmelreiter' habe ich mitgenommen und schon ein wenig daran gefördert.* (Theodor Storm an Sohn Karl; Briefe an seine Kinder, S. 185; hier nach der Handschrift in der SHLB, die Textverluste aufweist.)

8. 6. 1887: *Am „Schimmelreiter" wird alle Woche 4 oder 5 Mal ein Stückchen geschrieben u. so rückt er langsam weiter; ich habe noch Reconvalescenz-Nachleiden, und allerlei Brust- u. Magenkrampf, was mich sehr im Arbeiten beschränkt.* (Theodor Storm an Elwin Paetel, S. 228.)

5.7.1887: *Ich befinde mich recht leidlich, bin aber in allerlei verwirrten Arbeiten, wo ich z.B. ohne auswärtige Correspondenz nicht weiter kann u. dgl.* (Theodor Storm an Heinrich Schleiden, S. 69.)

7.7.1887: [Briefschluss] *Dein Vater ThStorm dem es jetzt recht gut geht u. der an seinem „Schimmelreiter" schreibt.* (Theodor Storm an Ernst Storm, S. 290.)

11.7.1887: *[…] ich corrigire meine vom 15 März bis 20 Mai fertig gebrachte Novelle „Ein Bekenntniß" und schreibe neu, wenn auch etwas mühselig meinen „Schimmelreiter"; […].* (Theodor Storm an Emilie Gräfin zu Reventlow; ungedruckter Brief, Privatbesitz)

20.7.1887: *Meine Arbeit rückt so langsam vor; zu Weihnachten dürfte sie fertig werden d.h. zum Novbr etwa; der Elan zum Arbeiten fehlt, ohne den es nichts wird sondern mich nur krank macht. Sie müssen einige Nachsicht mit dem Alternden haben.* (Theodor Storm an Elwin Paetel, S. 232)

20.10.1887: *Mein vielgenannter „Schimmelreiter" ist bis S. 92 der Reinschrift gediehen, und Sonntag will ich nach Heide um mit meinem Deichsachverständigen Freunde Bau-Insp. Eckermann ein Nöthiges weiter zu besprechen. Aus einem Jungen ist Hauke Haien nun auf diesen 92 S. zum Deichgrafen geworden; nun bedarf es der Kunst, ihn aus einem Deichgrafen zu einem Nachtgespenst zu machen. Ich fürchte, das Thema hätte mir 10 Jahre früher kommen müssen.* (Theodor Storm an Paul Heyse, Bd. 3, S. 161.)

28.10.1887: *Gestern Abend 6 Uhr v. Heide zurück, wohin Do u. ich am Vormittag des 26. (Mittwoch) zu Eckermanns fuhren; ich um technische Schwierigkeiten im „Schimmelreiter" mit E. zu besprechen. Ich denke, alles ist glücklich beseitigt.* (Aus Storms Tagebuch; „Braunes Taschenbuch", LL 4, S. 558 f.)

29.10.1887: *Von Mittwoch auf Donnerstag waren Mama u. ich bei Eckermann's in Heide; ich, um mit ihm über allerlei Technisches in Deichsachen zu conferiren, dessen ich für meinen „Schimmelreiter" bedurfte, dessen Manuscript nun doch auf 92 S. Reinschrift angewachsen ist. Bei meinem Magenleiden geht das Arbeiten langsam.* (Theodor Storm an Tochter Elsabe; Briefe an seine Kinder, S. 281; hier nach der Handschrift in der SHLB.)

31.10.1887: *[…] auch mein Schimmelreiter, der mir recht groß unter den Händen wird, verlangt seine Zeit u. möchte gern fertig werden; es hängt ja zweierlei daran, eines Theils meine künstlerische Genugthuung, andern Theils was unser aller Leben sonst verlangt. Der zweite Theil, an dem ich jetzt arbeite, nimmt mein Interesse besonders in Anspruch; durch meine Unterredungen mit Eckermann bin ich in der technischen Peripherie der Novelle auch viel sicherer geworden, so daß ich mit größerer Freude daran gehe.* (Theodor Storm an Tochter Friederike; unveröffentlichter Brief, StA.)

1.11.1887: *Der Magendruck ließ mir bis vor 14 Tagen weder Tag- noch Nachtruhe, und es gab nur vormittags ein paar Stunden, wo ich schreiben und arbeiten konnte. Trotzdem sind in der Zeit über 100 Geburtstagsbriefe beantwortet, die Reinschrift meines „Schimmelreiters" ist auf 126 S. Oktavpostpapier à 21 Reihen gewachsen, und in Konzept ist schon wieder recht viel vorhanden; über einige Szenen freue ich mich; das Ganze wird wohl erst zum Aprilheft der „Deutschen Rundschau" fertig.* (Theodor Storm an Tochter Lisbeth; Briefe an seine Kinder, S. 237 f.)

2.11.1887: […]; *und so bin ich denn ungeachtet der gegenwärtigen Magenquälerei durchaus lebensfroh und schreibe getrost an meinem „Schimmelreiter", dem hoffentlich noch Andres folgen wird.* (Theodor Storm an Tochter Friederike; Briefe an seine Kinder, S. 298; hier nach der Handschrift im StA.)

3.11.1887: *Der „Schimmelreiter" überschreitet schon S. 100 der Reinschrift.* (Theodor Storm an Ernst Storm, S. 293)

5.11.1887: *Ich arbeite langsam am „Schimmelreiter", der hoffentlich zum Aprilheft der Deutsch. Rundschau druckreif wird.* (Theodor Storm an Tochter Elsabe; Briefe an seine Kinder, S. 282; hier nach der Handschrift in der SHLB.)

7.11.1887: *[…] mein Magenleiden hatte einen Grad erreicht, daß es mir nachts den Schlaf raubte und mir tags die Stunden ernsterer Beschäftigung auf ein Minimum herabdrückte, und da verlangte „Der Schimmelreiter", eine sehr schwierige Novelle, die in das Aprilheft der „Deutschen Rundschau" soll, täglich wenigstens ein Stück weitergeschoben zu werden.* (Theodor Storm an Alfred Biese. In: Theodor Storm: Briefe. Hg. von Peter Goldammer, 2 Bde. Berlin 2. Aufl. 1984, Bd. 2, S. 380.)

11.11.1887: *Beim „Schimmelreiter" übrigens werden Ihnen die 3 Seiten plus zu Gute kommen; ich bin schon auf S. 121 der Reinschrift und noch lange nicht zu Ende.* (Theodor Storm an Elwin Paetel, S. 235.)

11.11.1887: *Mein Herzenskind, einen Gruß mußt Du von mir doch auf Deine lieben und vielen Briefe haben, mehr kanns freilich nicht werden; denn der „Schimmelreiter", der jetzt schon auf S. 121 Reinschrift angewachsen ist und die vielen noch unbeantworteten Briefe (cª 100 habe ich beantwortet) verlangen noch zu viel von mir. […] Wär' ich nur erst den Schimmelreiter los, aber der wächst u. wächst.* (Theodor Storm an Tochter Friederike; unveröffentlichter Brief, StA.)

27.11.1887: *Wie weit bist Du denn mit Deinem „Deichreiter"? werden wir ihn noch in diesem Jahr zu hören oder zu lesen bekommen? Ich bin sehr gespannt darauf.* (Heinrich Schleiden an Theodor Storm, S. 71.)

3.12.1887: *Meinen corpus anlangend, so leide ich täglich, mitunter auch nächtlich, an Magendruck u. Krampf in der Brust, so daß mir nur Vormittags ein paar Stunden zur Arbeit bleiben. Das Schlimme ist, daß es sich durch jede freundschaftliche Unterhalt‹un›g sehr verschlimmert. Trotzdem ist der „Schimmelreiter‹"› auf 127 S‹eiten› Reinschrift (Brief Oktavseiten a 21 Reihen) und ca 30 solche S‹eiten› im Conc‹e›pt gewachsen. Ich hoffe ihn zum Aprilheft in die D‹eutsche› Rundschau zu liefern.* (Theodor Storm an Wilhelm Petersen, S. 176 f.)

5.12.1887: *„Der Schimmelreiter" schreitet stark vorwärts u. wird jedenfalls zum 15 Febr. eingeliefert werden können. Ist das früh genug zum Aprilheft? Es wird die bei Weitem größte Novelle, die ich geschrieben.* (Theodor Storm an Elwin Paetel, S. 237.)

9.12.1887: *Schon vor meiner Krankheit begonnen und hoffentlich im Februar für die D‹eutsche› Rundschau beendet haben werde ich eine andre Erzählung, deren Stoff und einzelne Partieen Ihnen vielleicht mehr zusagen werden* [als die Novelle „Ein Bekenntnis"]. *Sie heißt „Der Schimmelreiter" und spielt irgendwo hinter den Deichen in der nordfriesischen Marsch.* (Theodor Storm an Gottfried Keller, S. 133.)

12.12.1887: *[…] ich habe eben mehr als 4 Quartseiten Concept an meinem „Schimmelreiter" geschrieben; […].* (Theodor Storm an Tochter Elsabe; Briefe an seine Kinder, S. 282; hier nach der Handschrift in der SHLB.)

14.12.1887: *Für den „Schimmelreiter", auf den ich mich freue, halte ich das Aprilheft der „Deutschen Rundschau" frei; es genügt, wenn das Manuscript bis 15. Februar f. hier eintrifft.* (Elwin Paetel an Theodor Storm, S. 238.)

16.12.1887: *Vorgestern wieder in Heide Conferenz über den „Schimmelreiter" gehalten, für den Sie mir aber wohl April- und Maiheft werden frei halten müssen. Mein Sachverständiger ist mein Freund, der Provinzial-Bau-Inspector Eckermann dort […]. Er war sehr mit mir zufrieden; ich werde nächstens auch einen Koog eindeichen können.* (Theodor Storm an Elwin Paetel, S. 241.)

18.12.1887: *Im Januar werde ich wohl mit dem „Schimmelreiter" fertig, dem Größten, was ich bisher schrieb. Ich denke, wenn auch nicht das Ganze, so wird Dich einzelnes interessiren.* (Theodor Storm an Paul Heyse, Bd. 3, S. 162.)

3.1.1888: *Sie* [die Ausgabe der „Sämmtlichen Werke" bei Westermann] *reicht in 7 Doppelbänden bis 1882; das Spätere, worin manches das Beste, wird voraussichtlich in diesem Herbst in 2 Doppelbänden sich anschließen. Nur „Ein Bekenntniß", das ich im letzten Frühjahr nach meinem fünfmonatlichen Krankenlager schrieb, und etwa ein erste im Aprilheft der Rundschau Erscheinendes („Der Schimmelreiter") bleiben noch außen vor.* (Theodor Storm an Max Schmidt; unveröffentlichter Brief, StA.)

5.2.1888 (nach Storms letztem Besuch in Husum im Januar): *Ich selbst habe fortgefahren zu arbeiten, wo ich in Husum aufhalten mußte und werde in drei Tagen fertig sein. Bei Durchsicht des Ganzen habe ich den Glauben gewonnen, daß mein „Schimmelreiter", wenn er auch kein Meisterstück geworden – die sind wohl nicht mehr für mich – doch Ihnen ein gewisses Interesse abgewinnen wird. Ich begann ihn schon im Sommer 1886.* (Theodor Storm an Gräfin Emilie zu Reventlow, S. 44.)

9.2.1888: *Heute Vormittag 11 Uhr den „Schimmelreiter" beendet, heut Abend 5 Uhr ihn als Wertsendung von 3000 M. zur Post gebracht.* (Aus Storms Tagebuch; „Braunes Taschenbuch", LL 4, S. 561.)

11.2.1888: *Uebrigens habe ich die Vormittage dort [in Husum] wie nach Rückkehr hier [in Hademarschen] an meinem „Schimmelreiter" gearbeitet, den ich am 9ᵗⁿ dMs beendet habe und den Du zunächst in dem April- u. Maiheft der „Deutschen Rundschau" wirst lesen können. Ich hätte ihn wohl vor 10 Jahren schreiben sollen; jetzt ist denn geworden, was rebus sic stantibus werden konnte. Im Sommer 86 begann ich damit, dann kam die Krankheit, dann begann ich im letzten Spätsommer wieder.* (Theodor Storm an Paul Heyse, Bd. 3, S. 166.) [clausula rebus sic stantibus: Vertragsklausel, die das Gleichbleiben bestimmter äußerer Umstände voraussetzt und andernfalls ein Abweichen vom Vertrag zulässt. Wenn sie nicht ausdrücklich vereinbart ist, kann sie nach dem Grundsatz von Treu und Glauben angewendet werden.]

14.2.1888: *Zuvörderst meinen Glückwunsch, lieber Freund, zum vollendeten „Schimmelreiter", der Nichts dabei verloren haben wird, daß er langsam zum Ziel geritten ist.* (Paul Heyse an Theodor Storm, Bd. 3, S. 167.)

16. 2.1888: *[…] in wenigen Tagen hoffe ich Ihnen Correcturbogen meiner bis jetzt größten Geschichte, dem „Schimmelreiter" schicken zu können, den ich wohl besser schon vor 10 Jahren hätte schreiben sollen. Es wird Sie, lieber Freund, in eine Ihnen wohl fremde Welt führen und ich hoffe, daß Sie es nicht ohne alle Theilnahme aus der Hand legen werden. Ich will nur hoffen, daß Sie „mitten im Gestöber" ein paar ruhige Stunden dazu finden mögen. […] ich begann es schon im Sommer 1886, nachdem ich es Jahre lang herumgetragen und wegen dazu nöthiger Vorstudien im Frühjahr v‹origen› J‹ahre›s vorläufig gegen das „Bekenntnis" zurückgelegt hatte; […].* (Theodor Storm an Erich Schmidt, Bd. 2, S. 146.)

17.2.1888: *Mir geht es leidlich; nur daß ich mitunter den Schlaf einer Nacht opfern muß, so heute von ½3 Uhr an; sonst fühle ich mich nicht schwach, habe in Husum auch immer die Vormittage an meinem „Schimmelreiter" gearbeitet und ihn hier am 9. d. M. vollendet und an Paetel geschickt, in dessen Deutsche Rundschau das circa 240 S. (Oktav-Postpap.-Seiten a 21 Reihen) lange opus im April- u. Maiheft erscheinen wird. Ganz zufrieden bin ich mit meiner Arbeit nicht; ich hätte sie vor 10 Jahren schreiben sollen.* (Theodor Storm an seine Tochter Elsabe; Briefe an seine Kinder, S. 285; hier nach der Handschrift in der SHLB.)

22.2. 1888: *An Paetel einen Nachtrag zum „Schimmelreiter" geschickt.* (Aus Storms Tagebuch; „Braunes Taschenbuch", LL 4, S. 561.)

23.2.1888: *Die Correktur des ganzen „Schimmelreiter" ist bereits gestern an Sie abgegangen; ich sende nun Ihre, soeben eingetroffenen Veränderungen nachträglich in die Druckerei und lasse Ihnen von Seite 69 bis Schluß nochmals veränderte Correktur-Abzüge zugehen. Wäre es nicht das Richtigste, wenn wir den „Schimmelreiter" als selbstständigen Oktavband, ohne Hinzufügung einer andren Novelle, zum Herbst herausbrächten?* (Elwin Paetel an Th. Storm, S. 245)

24.2.1888: *Korrektur v. Schimmelreiter erhalten, 78 Seiten ohne den Nachtrag.* (Aus Storms Tagebuch; „Braunes Taschenbuch", LL 4, S. 562.)

24.2.1888: *Meine große Novelle, „Der Schimmelreiter beendigte ich am 9 dM.; eben erhalte ich die Correcturbogen; es sind 78 Seiten der Rundschau; ich glaube, daß manches darin interessiren wird; im Ganzen hätte ich das Stück wohl besser vor 10 Jahren geschrieben. Die gewisse Greisenmüdigkeit hindert doch; man schreibt nicht mehr so gerne um.* (Theodor Storm an Sohn Karl; Briefe an seine Kinder, S. 185; hier nach der Handschrift in der SHLB.)

3.3. 1888: Eine „*letzte kleine Szene*" wurde gestrichen, weil sie „*zu sehr aus der Stimmung fiel.*" (zitiert nach Albert Köster im Kommentar zu Theodor Storms Sämtliche Werke, Leipzig 1920, Bd. 8, S. 288, aus einem verlorenen Brief Storms an Elwin Paetel, der aber von Storm in einem zweiten Brief an den Verleger vom selben Tage erwähnt wird: *Heute Vormittag einen Brief an Sie abgesandt […].* (Theodor Storm an Elwin Paetel, S. 245.)

5.3.1888: *Möge alle Welt den tiefen Eindruck, von nachhaltiger Wirkung, und gleichzeitig hohem Genuss vom „Schimmelreiter" empfangen, wie ich und darauf auch meine Frau, der ich die Correkturbogen vorgelesen habe! – Den für das Maiheft der „Deutschen Rundschau“ bestimmten Schluss – von pag 35 ab – erhalten Sie mit den heute von Ihnen eingetroffenen Veränderungen nochmals in Revisions-Abzügen zur Durchsicht. […] Hinsichtlich der Oktav-Ausgabe des „Schimmelreiter“, der vermöge seines Umfangs (er wird ca. 185 Seiten in der Ausstattung von „Vor Zeiten“ ergeben) als Miniatur-Ausgabe nicht gedruckt werden kann, schlage ich bei 2000 Auflage und bei einem Ladenpreise von 4 bis höchstens 5 Mark für geheftete Exemplare – ähnlich wie bei „Aquis submersus“ – ein Honorar von 1000 Mark vor, müsste aber den Vorbehalt machen, dass es mir gestattet ist, die zunächst zu druckenden 2000 Exemplare mit „Erste“ und „Zweite“ Auflage – je nach Bedarf – zu bezeichnen. –* (Elwin Paetel an Theodor Storm, S. 246 f.)

7.3.1888: *Mein verehrter Freund, daß Ihnen und Ihrer lieben Frau, der ich freundlichen Gruß zu sagen bitte, meine Arbeit etwas abgewonnen, ist mir recht erquickend. Ich danke Ihnen für diese Mittheilung. Ich habe den sagenhaften Stoff ins rein Menschliche hinübergezogen; darin lag die Schwierigkeit für die Ausführung; und was darin nicht zur rechten Erscheinung gekommen ist, ist hiedurch zurückgehalten; – dazu die 70! […] Mit den in Ihrem Schreiben v. 5 d. M. vorgeschlagenen Bedingungen für die Oktavausgabe des „Schimmelreiters“ bin ich einverstanden.* (Theodor Storm an Elwin Paetel, S. 247 f.)

10.3.1888: *Meinen „Schimmelreiter“, den ich im Spätsommer 86 begonnen, hab' ich am 9. Februar beendet und heute die letzte Korrektur besorgt; es ist mein längstes Stück. 77 Seiten der „Deutschen Rundschau“, wo er im April- und Maiheft erscheint. […] Den „Schimmelreiter“, welcher Ernst in Buchform gewidmet wird, werdet Ihr zu Weihnacht lesen. Mitunter freilich ist mir, ich hätte ihn besser vor 10 Jahren geschrieben; nun, Ihr werdet selbst urteilen!* (Theodor Storm an Tochter Lisbeth; Briefe an seine Kinder, S. 238; 239.)

13.3.1888: *Schimmelreiter-Korrekturbogen an Erich Schmidt.* (Aus Storms Tagebuch; „Braunes Taschenbuch“, LL 4, S. 562.)

7.4.1888: *Und unter solchen Umständen* [Storm meint seine krankheitsbedingten körperlichen Beschwerden] *ist auch „der Schimmelreiter“ geschrieben, nur der Anfang im Sommer 86, vor der Krankheit. „Novelle“ braucht es nicht genannt zu werden; etwa: „Eine Deichgeschichte“ oder „Eine Geschichte aus der Marsch“. Einige Wort- und Sacherklärungen kann ja die Buchausgabe immerhin bringen. Wenn die Katastrophe aus der Niederlage des Deichgrafen im Kampfe der Meinungen stärker hervorgehoben würde, so würde seine Schuld wohl zu sehr zurücktreten. Bei mir ist er körperlich geschwächt, des ewigen Kampfes müde, und so läßt er einmal gehen, wofür er sonst stets im Kampf gestanden; es kommt hinzu, daß seine zweite Besichtigung bei heller Sonne die Sache weniger bedenklich erscheinen läßt. Da aber, während Zweifel u. Gewissensangst ihn umtreiben, kommt das Verderben. Er trägt eine Schuld, aber eine menschlich verzeihliche. Für die Buchausgabe ist in der Druckvorlage S. 194 noch von mir hinzugefügt:*

ritt hart an der Binnenseite des Deiches; ein paar Mal, wo er dort hätte vorüber müssen, ließ er sein schon gesatteltes Pferd wieder in den Stall zurückführen; dann wieder, wo er dort nichts zu thun hatte, wanderte er, um nur rasch und ungesehen von seiner Werfte fortzukommen, plötzlich und zu Fuß dahin; manchmal auch war er umgekehrt: er hatte es sich nicht zumuthen können, die unheimliche Stelle auf[s] Neue zu betrachten; und endlich – mit den Händen etc.

Es muß für ihn bedacht werden: die Scheu, nach endlich vollendetem Werk den Kampf auf's neue zu beginnen. Es muß wohl „Akt“ heißen. Es sind Viehtrift-Wege; servitus actus – die Servitut der Viehtrift. „Selbstverstand“ wäre doch wohl zu vertheidigen; das Wort ist besser als „selbstverständlich“, weil es weniger abstract ist. „Avosetten“ sind säbelschnäbliche Strandvögel. Es ist mir übrigens sehr lieb, daß auch das Werk, wie es jetzt ist, eine Wirkung auf Sie ausgeübt hat; denn zu einer Umarbeitung werde ich schwerlich kommen; meine Greisen-Müdigkeit erschrickt davor, und – die Sache ist sehr heikel, was ich während der Arbeit deutlich genug empfunden habe; man verliert hier sehr leicht auf der einen

Seite, was man auf der andern dadurch gewönne. „Transeat cum ceteris", pflegt Heyse zu sagen. (Lat. „möge sie mit den anderen untergehen." Theodor Storm an Ferdinand Tönnies, S. 123 f.)

14.4.1888: *Die plötzliche Correctur hat mich etwas überrumpelt, folgt übrigens morgen zurück. Nur muß ich Sie bitten, in dem zweiten Theil, den ich anbei schicke, die roth gestrichenen Correcturen in die Druckvorlage nachzutragen. Die schwarzen übrigen sind bereits in dem Druck für die Rundschau berücksichtigt.* (Theodor Storm an Elwin Paetel, S. 256.)

26.4.1888: *Unsern Leipziger Commissionär, Herrn Franz Wagner, beauftragten wir, die per 1. Mai cr. fällige Honorarrate f. d. „Schimmelreiter" von M. 1000.- Ihnen einzuschicken.* (Gebrüder Paetel an Theodor Storm, S. 257.)

30.4.1888: *1000 M. Honorar von Paetel.* (Aus Storms Tagebuch; „Braunes Taschenbuch", LL 4, S. 563.)

Im April- und Mai-Heft des Jahres 1888 der Deutschen Rundschau (S. 1–34 und S. 161–203) wurde die Novelle zum erstenmal abgedruckt.

2.5.1888: *Nur einen Glückwunsch, lieber Alter, zum Schimmelreiter. Ein gewaltiges Stück, das mich durch und durch geschüttelt, gerührt und erbaut hat. Wer machte Dir das nach! Ich lese es wieder in ruhigerer Zeit, heute hab ich's nur athemlos durchgejagt, als säße ich selbst auf dem Gespenstergaul, und kann Dir nur im Fluge die Hand drücken und von Herzen Heil! Heil! rufen, da ich in schwerer Arbeit tief vergraben bin.* (Paul Heyse an Theodor Storm, Bd. 2, S. 173.)

6.5.1888: *Dieser Tage erhielt ich aus Ihrer Firma die ersten 6 Druckbogen der Buchausgabe zur Revision, worin ich noch 2 oder 3 Worte zu corrigiren hatte; es wäre mir lieb, wenn mir auch die übrigen Bogen so in Reindruck zu gingen. Dem Buche bitte ich die Widmung vorzusetzen: Meinem Sohn/ Ernst Storm,/ Rechtsanwalt und Notar in/ Husum/ zugeeignet. Außerdem noch eine Frage: Erich Schmidt u. der Züricher Prof. Baechthold sind ein wenig durch die „Deichlandsprache" im Lesen gehindert worden, meinen aber doch, daß die Sache dadurch so „echt" werde. Soll ich auf dem Blatt, was der Widmung gegenüberstehen würde, einige Worterklärungen geben, oder ist es zu lassen u. etwa bei einer zweiten Auflage es unter dem Text folgen zu lassen? Der Erfolg der Publication scheint übrigens Ihrer Erwartung zu entsprechen: E. Schmidt schrieb mir* [Storm zitiert aus einem verschollenen Brief]*: „Ich staune über die Wucht und Größe, die Sie als Siebziger für den „Schimmelreiter" aufbieten konnten, dessen Thema auf so furchtbare Weise zeitgemäß geworden ist. Alles Meer- u. Strandhafte des Gegenstandes ist so sehr ersten Ranges, daß ich ihm nichts überzuordnen wüßte; und in der Seele des Mannes brandet's gleich leidenschaftlich. Wundervoll eine Verbindung des Abergläubisch-Geheimnisvollen mit dem sachkundigen Realismus, der da weiß, wie man Deiche baut u. s. w., wie die Fluth frißt u. s. w. Die epische Fabel spielt naturgemäß eine zweite Rolle." Nur die Exposition wünscht er mehr zusammengezogen. Was er hier unter „Exposition" versteht, ist mir nicht ganz klar. P. Heyse schrieb mir: „Nur einen Glückwunsch, lieber Alter, zum „Schimmelreiter". Ein gewaltiges Stück, was mich durch u. durch geschüttelt, gerührt und erbaut hat. Wer macht Dir das nach? Ich lese es wieder in ruhigerer Zeit; heut' hab' ich es nur athemlos durchgejagt, als säß' ich selbst auf dem Gespenstergaul; und kann Dir nur im Fluge Heil! Heil! rufen, da ich in schwer Arbeit tief vergraben bin." – So bleibe ich denn vielleicht der Einzige, der nicht ganz zufrieden ist; denn auch andre, wie Dr. Tönnies mit seinem Freunde, Ihrem Prof. Paulsen u. A. haben sich ähnlich ausgesprochen.* (Theodor Storm an Elwin Paetel; S. 257 f.)

1. Mai 1888: *Mein „Schimmelreiter" scheint allerdings durchzuschlagen; Erich Schmidt schrieb mir dieser Tage* [Storm zitiert aus einem verschollenen Brief]<:> *„Ich staune über die Wucht und Größe, die Sie als Siebenziger für den „Schimmelreiter" aufbieten konnten; alles Meer- und Strandhafte des Gegenstandes ist so sehr ersten Ranges, daß ich ihm nichts überzuordnen wüßte; und in der Seele des Mannes brandet's gleich leidenschaftlich. Wundervoll eine Verbindung des Abergläubisch-Geheimnißvollen mit dem sachkundigen Realismus, der da weiß, wie man Deiche baut, wie die Fluth frißt u. s. w. Die epische Fabel spielt naturgemäß eine zweite Rolle." Nur*

die Exposition ist ihm etwas zu schwerflüssig. So E. Schmidt u. mehrere andere literärisch schwerwiegende Männer. Ich selbst aber wollte, daß ich das Thema vor etwa 10 Jahren bearbeitet hätte und nicht erst am letzten Rande meines Lebens. (Theodor Storm an Heinrich Schleiden, S. 74.)

7.5.1888: *Wer noch so magisch-tragisch wie Du den alten Schimmel aufzäumen kann, dem wird auch noch manches andere gelingen u. in solchem Gelingen soll er sich des Lebens freuen. Schon das Urtheil von Dr. E. Schmidt, der doch wohl nach Scheerers Heimgang der erste unserer Literarhistoriker ist, darf Dir genügen u. muß Dir das Vertrauen in die eigene Kraft stärken.* (Heinrich Schleiden an Theodor Storm, S. 76.)

9.5.1888: *E. Schmidt u. Heyse haben mir indeß wahre Jubelbriefe über den „Schimmelreiter" geschrieben; E. Schm* [Storm zitiert aus einem verschollenen Brief]*: „Ich staune über die Wucht u. Größe, die Sie dafür aufzubieten hatten; alles Strand- u. Meerhafte ist so sehr ersten Ranges, daß ich dem nichts überzuordnen wüßte, u. in der Seele des Mannes brandet's gleicherweise! Wundervoll die Vermischung des Abergläubisch-Geheimnißvollen mit dem sachkundigen Realismus, der da weiß, wie man Deiche baut u.s.w." Nur die Exposition (ich bin nicht sicher was er hier darunter versteht) wünscht er gedrängter, u. die „Landesdeichsprache" ist ihm etwas hinderlich. Heyse schreibt: „Nur ein Glückwunsch, lieber Alter, zum ‚Sch'. Ein gewaltiges Stück, das mich durch u. durch geschüttelt, gerührt u. erbaut hat. Wer machte Dir das nach! Ich lese es wieder in ruhigerer Zeit, heut hab ich's nur athemlos durchjagt, als säße ich selbst auf dem Gespenstergaul, und kann Dir nur im Fluge die Hand drücken u. von Herzen Heil! Heil! rufen. etc." Ich weiß wohl, daß mein Mißtrauen begründeter ist, als ihr Entzücken; aber schon, daß es auf sie den Eindruck hat machen können, thut mir gut, in der gekommenen Zeit, wo ich mir selber nicht mehr trau', wie einst. Dann ist es ja auch ganz gedeihlich, daß einer aus der alten Schule einmal wieder etwas geleistet hat, was den Besten das Herz erregt. So wäre der Zeitpunkt des Abtretens jetzt nicht ungünstig.* (Theodor Storm an Ferdinand Tönnies, S. 125.)

17.5.1888: *Einen Pfingstbrief sollst Du doch noch haben, lieber Freund, und einen Dank, daß Du mir den Eindruck, den mein „Schimmelreiter" Dir gemacht, so unmittelbar überliefert hast. Ich hatte bei Dir u. E. Schmidt, der über die „Wucht u. Größe", die ich dafür aufzubieten hatte, erstaunt und alles Strand- und Meerhafte darin so sehr ersten Ranges findet, daß er dem nichts überzuordnen wüßte, („u. in der Seele des Mannes brandet's gleicherweise") eine solche Wirkung nicht erwartet; – um so erquickender ist sie mir, da ich von Bleichsucht, Schlaflosigkeit etc. etc. augenblicklich so herunter bin, […]. Noch muß ich bemerken, dß E Schmidt im „Schimmelreiter" die Exposition etwas „schwerflüssig" fand; ich muß mir noch erklären lassen, was er hier unter „Exposition" verstand. Uebrigens stimmt Dein und E. Schmidts Urtheil sehr schön zu einem Ausspruch in einem Artikel von Johannes Wedde (Hambg, Herm. Grüning, 88) ich sei „ein merkwürdiges Beispiel der sera juventus, die Tacitus dem deutschen Stamme nachrühmt." Möchte Euch beim späteren Lesen auch noch etwas von solchem Eindruck bleiben!* (Theodor Storm an Paul Heyse, Bd. 3, S. 173; 174.)

18.5.1888: *Ihren Pfingstbrief sollen Sie doch haben, wenn's auch mühselig geht; denn das zurecht leben nach 5 Monaten Krankenlager will nicht mehr gelingen. Seit der „Schimmelreiter" von der Hand war, ist es immer etwas weiter hinabgegangen; sonst hätte ich längst Ihren lieben Brief beantwortet. Heyse schrieb mir eine wahre Jubelkarte: „Ein gewaltiges Stück, das mich durch u. durch geschüttelt, gerührt und erbaut hat! Wer thut Dir das nach!<"> etc. etc. Er wird wohl beim zweiten Lesen etwas zurückgehn. […] In p<un>cto der „Landesdeichsprache" werde ich für meine Binnenlandsfreunde am Schlusse der Buchausgabe einige Worterklärungen bringen; u. so hoffentlich auch Freund Bächthold zufriedenstellen.* (Theodor Storm an Erich Schmidt, Bd. 2, S. 149; 150.)

18.5.1888: *Auf Correcturbogen 10, den u. 11 ich eben erhalte, verstehe ich nicht, daß die erste Seite (145) genau denselben Text enthält, wie die letzte Seite (144) des Correcturbogens. Darf ich um Aufklärung bitten?* (Theodor Storm an Elwin Paetel, S. 258.)

19.5.1888: *Mein alter Herzensjunge und schlechter Briefsteller, Du sollst doch Deinen Pfingstgruß von mir haben, wenn er mir auch etwas sauer fällt; denn seit Absendung meines „Schimmelreiters" im März an die D. Rundschau, der mir übrigens von E. Schmidt glänzenden Zuruf* [Storm zitiert aus einem verschollenen Brief]*: „Ich staune über die Wucht und Größe, die Sie dafür aufzubieten hatten; alles Strand- u. Meerhafte darin ist so sehr ersten Ranges, daß ich dem nichts überzuordnen wüßte und in der Seele des Mannes brandet's gleicherweise" und von P. Heyse eine wahre Jubelkarte eingetragen hat: „ Ein gewaltiges Stück, das mich durch u. durch erschüttert hat! Wer machte Dir das nach! Ich lese es später in ruhigerer Zeit; heut hab' ich's nur athemlos durchgejagt, als säß' ich selbst auf dem Gespenstergaul, und kann Dir nur im Fluge die Hand drücken u. von Herzen Heil! Heil! rufen. Dein alter ewiger P. H." Das thut einem doch wohl, mein lieber Junge, in einer Zeit, wo man sich stark ergreisen fühlt, und stimmt auch zu den Worten von Johannes Wedde in seiner Schrift „Th. St. Einige Züge zu seinem Bilde": „Eine ununterbrochene Steigerung der Meisterschaft leitete durch alle Jahrzehnte herauf von dem anmuthigen Stimmungsbilde zu dem voll tragischer Wucht den Leser überwältigenden Roman. Ein merkwürdiges Beispiel der sera juventus (späten Jugend) die Tacitus dem deutschen Stamme nachrühmt."* (Theodor Storm an Sohn Karl, unveröffentlichter Brief, SHLB.)

28.5.1888: *Anbei die letzte Correctur, und außerdem meine Worterklärungen, die sich mir inzwischen für Binnenländer doch recht nothwendig erwiesen haben. Sie würden dann nebst den paar Druckfehlern, die ich Ihnen neulich übermachte, hintenan kommen; in etwaiger neuer Auflage möchte ich sie lieber vorne haben. Gelegentlich bitte ich, mir einen Contract über den „Schimmelreiter" (Oktavausgabe) zu schicken; […].* (Theodor Storm an Elwin Paetel, S. 259.)

4.6.1888: *In Betreff des „Schimmelreiters", der Ihnen nach dem Bucherscheinen sofort werden soll. Hab ich Ihnen den mir von P. Heyse u. E. Schmidt brieflich mitgeteilten Eindruck mitgeteilt, den er ihnen gemacht hat; bitte aber dringend, bei einer etwaigen Besprechung Ihrerseits nichts davon verlauten zu lassen. E. Schmidt hat noch hinzugefügt, daß es ihm etwas zu lang dauere, bevor die grogschlürfenden Männer im Krug an den Schimmelreiter kommen. Ich finde das nicht; es ist ja von S. 3 auf S. 4 (Aprilheft der Rundschau) abgetan. Das Weib mit dem Kinde und dem geretteten Hündlein treibt die Angst der Liebe ihm entgegen, so gehen sie mit ihm unter, sie gehören zusammen im Leben wie im Tode.* (Theodor Storm an A. Biese, STSG 30.981, S. 85.)

5.6.1888: *Es geht mir, nach Vollendung des „Schimmelreiter" der Ihnen demnächst zu gehen wird, leider, körperlich so schlecht wie möglich; […].* (Theodor Storm an Heinrich Seidel, S. 80.)

5.6.1888: *Auf den versprochenen „Schimmelreiter" freue ich mich sehr. Ich habe ihn schon zum größten Theil in der Rundschau gelesen und wie Sie sich vielleicht bei meinem Sinn für dergleichen denken können, ganz besonders den gespenstigen Schimmel mit großem Behagen genossen.* (Heinrich Seidel an Theodor Storm, S. 81.)

6.6.1888: *Hierbei der gewünschte Contrakt über die Buch-Ausgabe des „Schimmelreiter" in 2 Exemplaren, von denen ich das eine unterzeichnet zurückerbitte. – Demnächst werde ich Ihnen die Bogen 10 bis 13 im Reindruck senden lassen und bitte Sie schon heute, dieselben dann freundlichst sofort nach Druckfehlern durchsehen zu wollen und mir, wenn Sie solche finden, anzuzeigen, damit ich dann das Druckfehlerverzeichnis zum Druck geben kann. Die Erläuterungen für Binnenländer habe ich nun doch noch vor den Text, wie Sie gewünscht, und zwar unmittelbar hinter die Widmung bringen lassen.* (Elwin Paetel an Theodor Storm, S. 259 f.)

7.6.1888: *§ 2. Die erste Auflage in einer Stärke von zweitausend Exemplaren soll im Herbst 1888 zum Ladenpreise von 4 bis 5 Mark für das geheftete Exemplar erscheinen; doch steht es der Verlagsbuchhandlung jeder Zeit frei, diese zweitausend Exemplare mit „Erste" und „Zweite" Auflage – je nach Bedarf – zu bezeichnen. […].*

Verlags-Contrakt.

Zwischen Herrn Amtsgerichtsrath Theodor Storm in Hademarschen, als Verfasser, einerseits und Gebrüder Paetel in Berlin, als Verlagsbuchhandlung, andererseits ist heute auf Grund gewechselter Briefe nachstehender Vertrag abgeschlossen worden, dessen Rechte und Pflichten auch auf die Rechtsnachfolger beider Theile übergehen sollen:

§. 1.

Herr Amtsgerichtsrath Theodor Storm übergiebt die von ihm verfaßte und bereits in der „Deutschen Rundschau" zum Abdruck gelangte Novelle:

„Der Schimmelreiter"

der Verlagsbuchhandlung der Gebrüder Paetel für die erste und alle folgenden Auflagen oder Ausgaben behufs Veranstaltung von Buch-Ausgaben zum Verlage. –

§. 2.

Die erste Auflage in einer Stärke von zweitausend Exemplaren soll im Herbst 1888 zum Ladenpreise von vier bis fünf Mark für das geheftete Exemplar erscheinen; doch steht es der Verlagsbuchhandlung jeder Zeit frei, diese zweitausend Exemplare mit „Erste" und „Zweite" Auflage – je nach Bedarf – zu bezeichnen. –

§. 3.

Für diese erste Auflage von zweitausend Exemplaren erhält der Herr Verfasser neben zwölf gehefteten und zwölf gebundenen Frei-Exemplaren ein Honorar von tausend Mark, zahlbar am 1. October 1888. –

§. 4.

Für jede folgende, nöthig werdende Auflage von je eintausend Exemplaren erhält der Herr Verfasser bei jedesmaliger Druckvollendung ein Honorar von fünfhundert Mark, sowie auch je sechs geheftete und sechs gebundene Frei-Exemplare. –

§. 5.

Ein etwaiger Erlös aus Wiederabdruck der Novelle in kleinen Zeitungen oder aus der Uebersetzung in fremde Sprachen soll zu gleichen Theilen den beiden hier contrahirenden Partheien zufallen. –

Ueber vorstehende Bedingungen allenthalben einverstanden, haben beide Contrahenten diesen in zwei gleichlautenden Exemplaren ausgefertigten Vertrag eigenhändig unterzeichnet. –

Hademarschen, den 7. Juni 1888. Th Storm.

Berlin, den 7. Juni 1888. Gebrüder Paetel.

8.6.1888: *Beifolgend, lieber Herr und Freund, das eine Contrakt-Exemplar mit Dank zurück. Da Sie mir 12 geb. u. 12 geh. Autor-Exemplare für diese erste Auflage zugesetzt haben, so bedarf ich außerdem nur noch 1 geb. Exempl., das Sie gefälligst an Herrn Heinrich Seidel, Carlsbad 11, senden wollen in meinem Auftrag. Sonst mit Allem Ihres Briefes vom 6. Juni d. J. einverstanden; daß die Worterklärungen im „Schimmelreiter" nach vorn kommen, ist mir lieb.* (Theodor Storm an Elwin Paetel, S. 261.)

12.6.1888: *„Ich bin nach meiner schweren Krankheit, noch immer in Folge derselben seit lange in einem Zustand ausgeprägtester Arbeitsunfähigkeit; ich kann mich nicht wieder zurecht leben. Nachdem ich meinen ‚Schimmelreiter', der Ihnen demnächst in Buchform zugehen wird, im Februar vollendet hatte, ging es allmählich mit mir abwärts".* (Theodor Storm an Heinrich Kruse; zit. nach: Ungedruckte Briefe Theodor Storms. In: Die Bücherschau. Düsseldorf, H. 2, August 1912, S. 42 f.).

27.6.1888: *Hierbei überreiche ich Ihnen die per 1. Juli fällige letzte Honorar-Rate für den Abdruck des „Schimmelreiter" in der „Deutschen Rundschau" mit 1330 Mark; die Buchausgabe werde ich wahrscheinlich Anfangs September zur Versendung bringen.* (Elwin Paetel an Theodor Storm, S. 262.)

29.6.1888: *Das Resthonorar für den „Schimmelreiter Abdruck" der Deutsche Rundschau von Paetel erhalten.* (Aus Storms Tagebuch; „Braunes Taschenbuch", LL 4, S. 564.)

Die Buchausgabe hat Storm noch selbst korrigiert; er hat ihr Erscheinen aber nicht mehr erlebt: sie kam erst nach seinem Tode am 4.7.88 im Herbst 1888 auf den Markt.

Die Geographie der Novelle und ihr Personal

Als Theodor Storm im Jahre 1885 plante, eine Novelle über den Deichbau an der nordfriesischen Küste zu schreiben, besaß er als Stoff zunächst nur die Erinnerung an eine Spukgeschichte[105], die er um das Jahr 1838 als zwanzigjähriger Student gelesen hatte. Diese Erzählung[106] muss beim jungen Storm eine nachhaltige Wirkung gehabt haben, denn er erwähnte sie in den folgenden Jahrzehnten immer wieder einmal, ohne den Stoff aber literarisch zu verwerten. Noch im Sommer 1886, als er mit der Niederschrift erster Szenen zum „Schimmelreiter" begann, erinnerte er sich sehr genau an die Einzelheiten, die er für den Erzählrahmen seiner geplanten Novelle verwendete.

Der Dichter wollte eine Geschichte schreiben, in deren Mittelpunkt ein Deichgraf stehen sollte, der sein Projekt gegen die abergläubischen Marschbewohner durchsetzen muss, die ihm und seinen Aktivitäten misstrauen. Triumph und Scheitern der neuen Ideen konnten so in ein technisches Innovationsprojekt eingebunden werden, das stellvertretend für viele andere Deichbaumaßnahmen des 18. und frühen 19. Jahrhunderts die moderne Form der Landnahme an der Nordseeküste repräsentierte.

Die Novelle sollte vor dem Hintergrund historischer Ereignisse zwischen früher Neuzeit und der Mitte des 18. Jahrhunderts angesiedelt werden[107], so dass der Leser den Eindruck gewinnen konnte, das Erzählte hätte sich wirklich so ereignen können. Im Besonderen der Geschichte von Hauke Haiens Aufstieg und Untergang wollte Storm etwas Allgemeines über die Anstrengungen der Menschen an der Westküste Schleswig-Holsteins, ihre Hoffnungen, ihre Fähigkeiten und Stärken, ihre Verzagtheit und ihren Kleinmut sowie ihr Scheitern darstellen.[108]

Für ein solches Vorhaben genügte die Erzählidee der Vorlage von der Weichsel nicht; sie konnte nur der Anlass sein, der Forderung der Novellentheorie zu genügen, etwas Außergewöhnliches zu gestalten. Die gespenstige Erscheinung des toten Reiters und die Dämonisierung eines Deichgrafen durch die abergläubische Marschbevölkerung alleine ergaben noch keine Novelle. Storm musste eine geeignete Landschaft finden, in der er die Gewinnung eines Kooges mit fruchtbaren Ländereien durch den Bau eines revolutionären neuen Deiches beschreiben konnte, der durch sein modernes Profil den Wellen der Sturmfluten zu trotzen vermag.

In der langen Phase des Quellenstudiums und der intensiven Erinnerungsarbeit formte Storm allmählich die innere Struktur einer fiktionalisierten Landschaft[109], für die ihm vertraute reale Gegenden und Ortschaften Vorlagen abgaben, die zu Handlungsräumen der Novelle modelliert werden konnten. Deshalb begann er sich mit der Geschichte des Deichwesens vor der nordfriesischen Küste und vor Dithmarschen zu beschäftigen, um so Räume entwerfen zu können, die den Erfordernissen einer realistischen Darstellung genügten.[110] In diesen anschaulichen Handlungsräumen konnte er Personen auftreten lassen, die jene Menschen repräsentieren, die vor seiner Zeit an der Umgestaltung ihres Siedlungsraumes beteiligt waren.

Die Eindrücke für solche Vorstellungen hatte Storm im Verlauf seines bisherigen Lebens in Husum und in Nordfriesland sammeln können, während seiner Kindheit bis zum Weggang nach Lübeck im Jahre 1835 und nach seinem Studium zwischen 1843 und 1853, als er – wie sein Vater – als Advokat in seiner Vaterstadt wirkte. Und da er in seiner Novellistik der Erinnerungsperspektive viel

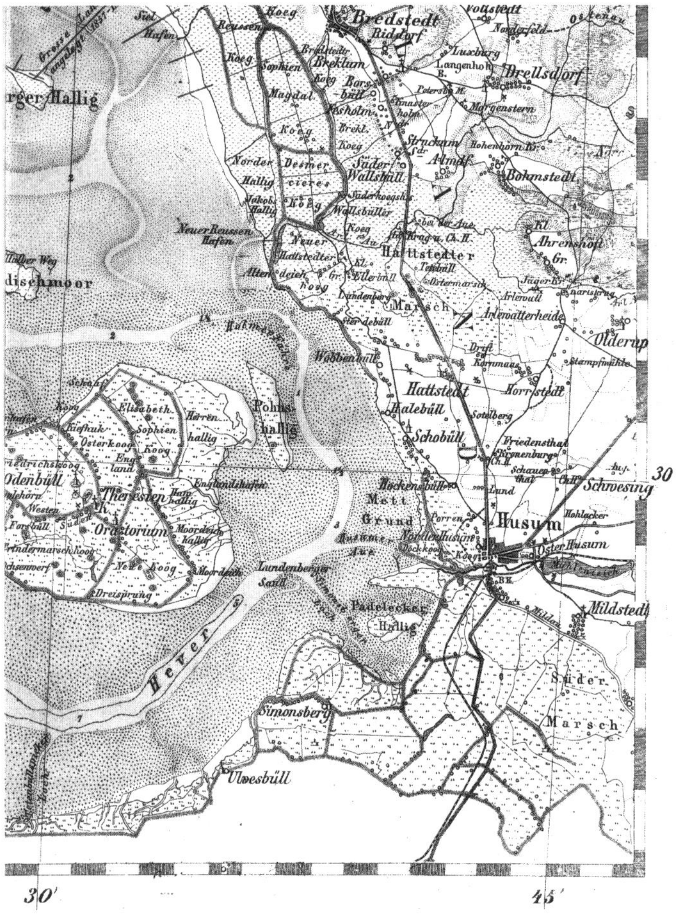

Karte vom Schleswigschen Wattenmeer und Nordfriesland. Aus Reymann's topographischer Specialkarte von Mitteleuropa. In: C. P. Hansen: Das Schleswig'sche Wattenmeer und die friesischen Inseln. Glogau 1865, Ausschnitt. (Exemplar in Storms Bibliothek)

Raum gab, konnte er im Alter auf die vielfältigen Schätze zurückgreifen, die das Land der Erinnerung für denjenigen bereithält, der solche Güter aufzuspüren in der Lage ist.[111]

Die Küstenlandschaft zwischen niederer Geest und Marsch war Theodor Storm von klein auf vertraut. Die Stadt Husum[112] liegt auf einem bis etwa zehn Meter über den mittleren Meeresspiegel ansteigenden Land, einer niederen Geest, die nach Osten allmählich bis zum schleswigschen Mittelrücken ansteigt. Nach Westen und Süden schließen sich Marschen an, das sind tiefer liegende, dem Meer durch Deiche abgewonnene Landstücke, die ständig entwässert werden müssen, damit sie für die Landwirtschaft genutzt werden können. Ein durch Eindeichung dem Gezeiteneinfluss des Meeres abgewonnener Landbezirk wird Koog genannt; er kann bearbeitet und besiedelt werden.

Zum Schutz gegen Überflutungen wurden in den Marschgebieten Warften angelegt, aufgeworfene Erdhügel, auf denen die Gebäude errichtet werden konnten. Hierhin zogen sich die Bauern mit ihrem Vieh zurück, wenn bei Sturmfluten eine Überschwemmungsgefahr drohte. Deichanlagen und Entwässerungssysteme müssen ständig gewartet werden, diese Aufgaben und ihre finanziellen Grundlagen werden in Rechtsvorschriften geregelt (Deichrecht) und von verschiedenen Amtsträgern organisiert und überwacht.

Ein solcher Koog liegt unmittelbar westlich von Husum, der Porrenkoog. Hier war das Schwemmland bereits seit dem späten Mittelalter (um 1500) vom Meer abgegrenzt und wurde als Viehweide benutzt.[113] Der Deich gehört zu den ältesten technischen Bauwerken an der schleswig-holsteinischen Westküste und verläuft von der Nordwestseite des Husumer Hafens[114] bis nach Schobüll, wo die Geest bis unmittelbar an die Nordsee heranreicht. Er schützte bis zum Bau des vorgelagerten Dockkoogs in den Jahren vor 1850 den westlichen Teil der Stadt vor Überflutungen. Wenn der junge Storm den Garten seiner Großeltern besuchte, dann gelangte er in wenigen Minuten von der Hohlen Gasse durch die Langenharmstraße über die Kante der niederen Geest zum Porrenkoogsweg, der in die Marsch hinab führt.

Neben den regionalen Chroniken, in denen die Landschaften Nordfrieslands und ihre Geschichte dargestellt werden, nutzte Storm bei seinen Recherchen eine Reihe von zeitgenössischen Landesbeschreibungen der Herzogtümer Schleswig und Holstein.[115] Aus diesen und anderen Texten hat sich Storm über Details der Landschaft, ihre Entwicklung und die in ihr lebenden Menschen informiert und manche konkrete Beschreibung für seine Novelle verwendet. In ihr vermittelt er ein lebendiges Zeitbild der Kulturlandschaft Nordfriesland vom 17. bis ins frühe 19. Jahrhundert. Der Leser wird zunächst in eine Marschenlandschaft geführt, in der die Menschen auf Warften in von ihnen angelegten Krögen leben, die von Deichen gegen Sturmfluten geschützt werden. Von dort geht es hinauf zu einem Geestdorf mit Kirche, Krug und

Friedhof und schließlich in die nahe gelegene Stadt. Als geographische Folie, vor der sich die Handlung der Novelle entfaltet, kann die Hattstedter Marsch,[116] das Dorf Hattstedt und die Stadt Husum[117] identifiziert werden. Im Erzählprozess vermischt Storm Details der sozialen, wirtschaftlichen und mentalen Verhältnisse aus drei Jahrhunderten zu einem stimmigen und sehr anschaulichen Gesamtbild, das dem Anspruch an eine Darstellung allgemeiner Zusammenhänge in konkreten Einzelbildern genügt.

In der zweiten Hälfte des 18. Jahrhunderts erfolgte eine Neuordnung des Deich- und Wasserwesens in den Herzogtümern Schleswig und Holstein,[118] nachdem der Kieler Professor Johann Nicolaus Tetens (1736–1807) auf Veranlassung der Königlich Dänischen Regierung in den Jahren 1778, 1779 und 1780 die Marschländer der Nordsee von Jütland bis Flandern bereist hatte. Die Berichte von Tetens waren maßgebend für die Erlasse und Patente, die schließlich in das allgemeine Deichreglement vom 6. April 1803 einflossen.[119]

Unter der Aufsicht des Oberdeichgrafen wurden Deichgrafen und Geschworene aus den Reihen der Marschbauern bestellt, während die Deichinspektoren unter Aufsicht und Direktion der Rentekammer in Kopenhagen standen. In die Zuständigkeit des amtierenden Deichgrafen fielen nun unter anderen Arbeiten vor allem „Alle Verteidigungsmittel, welche an den Körper des Deiches zur Erhaltung desselben angebracht werden, als die Umlegung der schon vorhandenen Steindeiche, die Anlegung von Buschbedeckungen, Vorsetzungen von Holz oder Steine, Bollwerken usw. folglich auch aller dieser Werke und anderer Deichsbedeckungen, die Strohbestickung, ferner die bestickmäßige Erhöhung und Verstärkung des Deiches, wenn die Höhe und Stärke desselben nicht durch Versinken des Grundes oder andere außerordentliche Vorfälle, sondern bloß durch die Länge der Zeit und durch das gewöhnliche Zusammensinken der Deicherde vermindert worden, sowie endlich die Zudämmung der Löcher und aller ändern durch größere oder geringere Beschädigungen verursachte Arbeiten, […].“[120]

Storm orientierte sich in Einzelfragen an Carl Schraders Darstellung: „Systematische Übersicht des Deichrechts“ aus dem Jahre 1805, die er bereits als Student in Kiel kennengelernt hatte.[121] Aus diesen Quellen und aus seiner eigenen Erfahrung als Jurist gestaltete er in seiner Novelle die bäuerliche Selbstverwaltung des Deich- und Sielwesens, die dem Leser ausschnittsweise die wichtigsten Arbeiten vorführt, die bei der Pflege und Instandhaltung der Bauwerke erforderlich waren. Hauke Haien zeichnet sich schon während seiner Zeit als Gehilfe des alten Deichgrafen dadurch aus, dass er genaue Kenntnisse dieser Vorschriften hat; nur deshalb kann er die Aufgaben seines Dienstherrn zur Zufriedenheit des Oberdeichgrafen regeln und sich selbst zum Nachfolger des Deichgrafen qualifizieren.

Zu den ersten Szenen, die Storm bereits zu Beginn seines Schreibprozesses notierte, gehört die Schilderung des Eisboßelns, jenes Wettbewerbs zwischen den Bewohnern der Marsch und des Geestdorfes, bei dem Hauke Haien den entscheidenden Wurf für den Sieg seiner Mannschaft platzieren kann. Es handelt sich um eine Szene, die dem Dichter zunächst so viel Kopfzerbrechen bereitete, als er sich entschlossen hatte, „eine Deichgespenstsage auf die vier Beine einer Novelle zu stellen“[122], denn er musste eine Handlung entwerfen, in der er das eigentliche Geschehen darstellen konnte, das der gespenstigen Erscheinung des Schimmelreiters zugrunde liegt. Dazu benötigte er Beispiele aus dem Leben der Menschen, die mit seinem Helden Hauke Haien die Geschicke der Marsch bestimmten, und dazu gehörten neben Geburt, Hochzeit und Tod, neben der Mühsal der Alltagsarbeit auch die Festlichkeiten, die der ländlichen Gemeinschaft ihre Prägung gaben. Storms Beschreibung des Eisboßelns geht auf seine persönlichen Erfahrungen mit dieser volkstümlichen Sportart zurück. Detailgenau dokumentiert die Beschreibung, die Storm vom Inneren des Deichgrafenhofs entworfen hat, wie friesische Bauernhäuser ausgestattet waren. Sie zeigt uns die typische Einrichtung eines Gehöfts in der Marsch, so wie es bis ins ausgehende 19. Jahrhundert zu sehen war. Storm zählt die wichtigsten Einrichtungsgegenstände auf: das Wandbett, die Standuhr, den Wandschrank, die holländischen Fliesen, die als Wanddekoration dienen, und den mit Messingknöpfen verzierten Ofen. Alles deutet auf eine gediegene Bürgerlichkeit hin, die Storm bei seinen Besuchen von Bauerngehöften in der Hattstedter Marsch in den 1840er Jahren gesehen hatte.[123]

Das Bosselwerfen in Dithmarschen. Kolorierter Holzstich nach einer Zeichnung von B. Morlins. In: Über Land und Meer. Stuttgart 1874, Nr. 11, S. 201

Das Porzellan- und Silbergeschirr, das im Wandschrank aufbewahrt wurde, kam häufig aus Holland oder England und wurde von Seeleuten gerne als Souvenir mit nach Hause gebracht. Mit den Niederlanden bestand im 17. und 18. Jahrhundert ein intensiver Austausch. Viele Bewohner der nordfriesischen Inseln zog es im Frühjahr in die niederländischen Häfen, wo sie sich auf Walfänger-Schiffen verdingten, und auch von Husum aus gab es eine rege Handelsverbindung dorthin. Da die meisten Bücher für den Mathematik- und Seefahrtskundeunterricht in holländischer Sprache abgefasst waren, verbreitete sich diese im 18. Jahrhundert über ganz Nordfriesland.[124]

Mit dem Hinweis auf das separatistische Konventikelwesen und einen gewissen „holländischen Flickschneider Jantje", dem die einfältige Magd des Deichgrafen und der in sie verliebte Junge nachlaufen, zeichnet Storm ein authentisches Bild der Zerfallserscheinungen des Pietismus im 18. Jahrhundert.[125] Er vermischt diesen Hinweis auf die Erweckungs- und Separationsbewegung in Nordfriesland mit Andeutungen des Aberglaubens im 17. Jahrhundert, wie er in der Laß'schen Chronik mehrfach dokumentiert wurde.[126] Dagegen vertreten Hauke und Elke in religiösen Dingen eher die Position, die auch für Storm und seine Frau Constanze bestimmend war, eine agnostizistische Grundhaltung, bei der die zwischenmenschlichen Beziehungen im Mittelpunkt stehen. In diesem Zusammenhang ist noch interessant, dass Storm in der Szene, in der Elke im Kindbettfieber liegt, autobiographische Erfahrungen verarbeitet hat. Im Unterschied zu Constanze, die an den Folgen der Geburt ihres siebten Kindes starb, lässt Storm Elke in einer ähnlichen Situation überleben. Die Intensität der Schilderung des Überlebenskampfes von Elke verweist auf die schrecklichen Erfahrungen, die Storm beim Tod seiner ersten Frau machen musste.

Die Landschaft Nordfriesland zwischen Wiedau im Norden und der Husumer Au im Süden entwickelte sich erst während des späten Mittelalters.[127] Das Gebiet zwischen dem niederen Geestrand im Osten und einem Dünenkamm im Westen auf der Linie Sylt, Amrum und Eiderstedt verlandete allmählich, nachdem am Westrand und an den Ufern der damals weiter nach Westen hinausreichenden Flüsse ein von Norden nach Süden schmaler werdender Marschgürtel entstanden war. Die marine Marsch in unmittelbarer Meeresnähe wuchs auf und verlagerte den Gezeitenbereich vom Geestrand des Festlandes weiter seewärts. Es entwickelte sich ein Sumpfgebiet mit Schilfrohr, das in der nachfolgenden Süßwasserfazies von Niederungsmooren und schließlich von Bruchwald abgelöst wurde. Daher war das Gebiet der heutigen Marsch vor Hattstedt bis zum Ende des 14. Jahrhunderts für landwirtschaftliche Nutzung unattraktiv.

Die Entwicklung der Marschen an der Nordsee ist Teil der Veränderungen des Holozän, der jüngsten, nacheiszeitlichen Epoche der Erdgeschichte. Seit der zweiten Hälfte des 1. nachchristlichen Jahrtausends stieg durch eine Erwärmung das mittlere Tidehochwasser, was eine intensive Phase der Anschwemmungen einleitete. Im 14. Jahrhundert begann eine Zeit der Abkühlung (die so genannte „kleine Eiszeit"), aber durch eine Zunahme der Sturmfluthäufigkeit drangen im 12. und 13. Jahrhundert die größeren Wattströme weiter in die Nordfriesische Bucht hinein. Eine Art Wendepunkt bildete die große Flut von 1362, die große „Mandränke", durch die weite Küstenbereiche wieder dem Einfluss der Gezeiten zugeführt und damit einer marinen Sedimentation ausgesetzt wurden. Das südliche Teilgebiet zwischen Langenhorn und der Schobüller Geest, dem die ausgedehnte Marschinsel Alt-Nordstrand vorgelagert war, bestand zu diesem Zeitpunkt noch weitgehend aus vermoorten Niederungen.

Nach der Mandränke kam es südlich der Arlau zu Ablagerungen junger Marsch über dem alten Torf, während

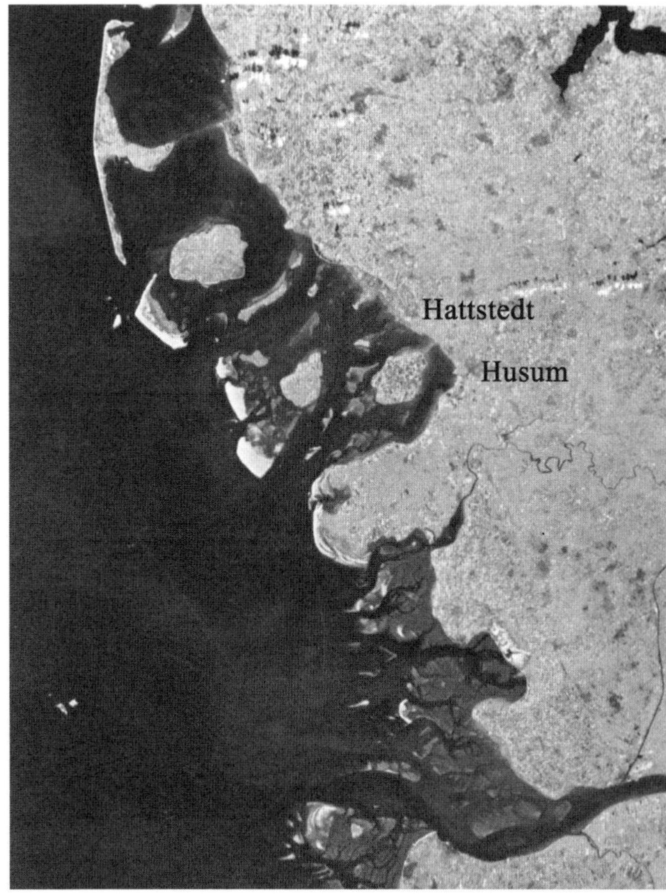

Satellitenaufnahme der Westküste Schleswig-Holsteins zwischen der Elbmündung und der Insel Sylt

nördlich davon durch die Ausbildung der Wattströme vor Bredstedt zunächst eine Ausräumung stattfand. Erst seit dem 17. Jahrhundert überwog auch hier die Verlandung. In geschützten Bereichen entstanden neue Halligen wie die später für Storm bedeutsame Harmelfshallig. Erst seit dem Übergang vom 14. zum 15. Jahrhundert bildete sich durch Sedimentation ein junger Marschboden, der um 1450 landwirtschaftlich attraktiv genug war, um ihn vor weiteren Überschwemmungen und damit verbundener Versalzung zu schützen. Damit begann eine Phase der Eindeichungen und der Landgewinnung, die erst im 20. Jahrhundert beendet wurde.

Die Marsch vor Hattstedt[128] wurde auf den Dünenhügeln von Sterdebüll, Herstrum und Lundenberg sowie auf den hohen Uferrändern des Flüsschens Arlau mit seinen Erhebungen von Tedebüll und Ellerbüll bereits in nachchristlicher Zeit von angelsächsischen Geestrand-

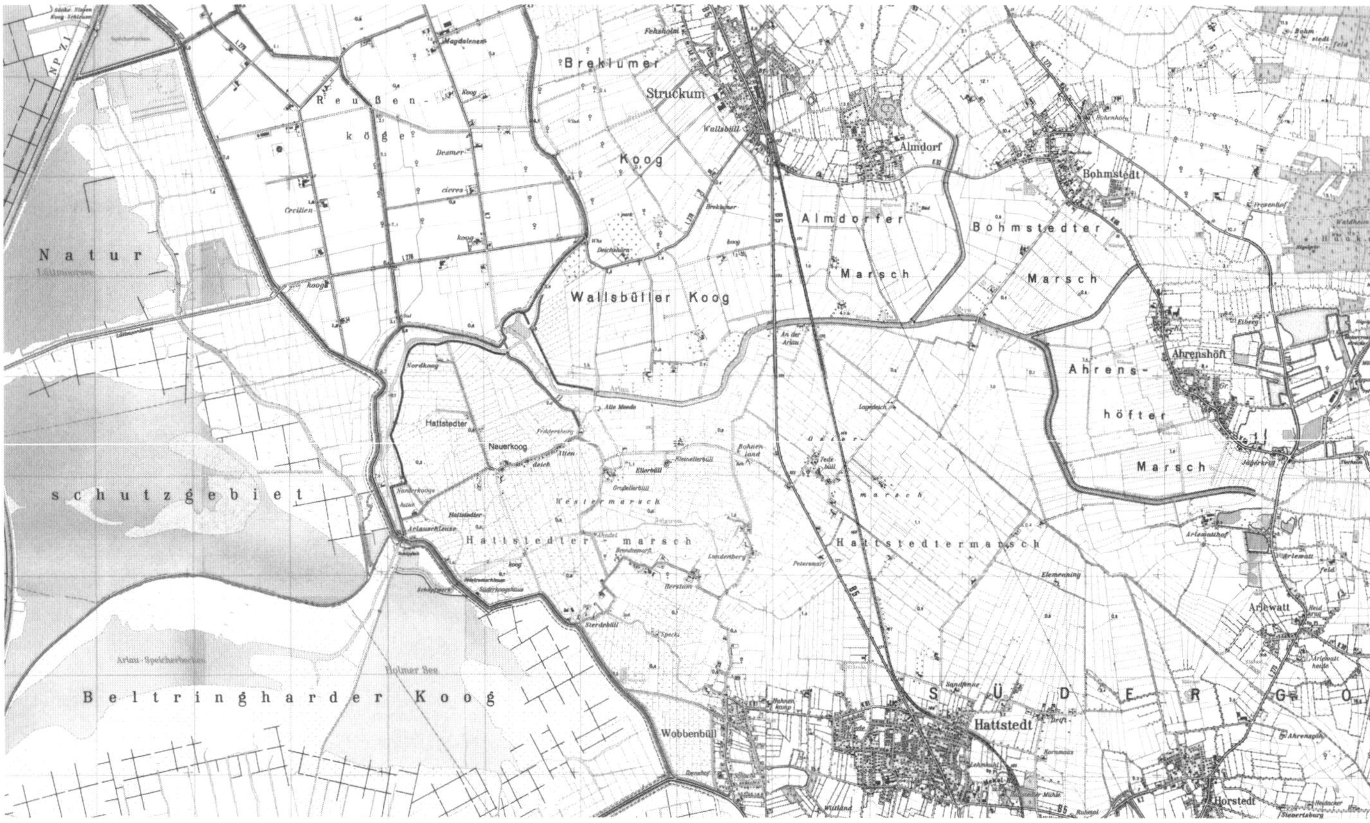

Karte der Hattstedter Marsch 2005. (Landesvermessungsamt Schleswig-Holstein)

siedlungen besetzt; von hier aus wurde das fruchtbare Land urbar gemacht und für Getreidebau und Viehzucht genutzt. Seit dem 13. Jahrhundert dienten die höher gelegenen Formationen als dauerhafte Siedlungen; die Wohnplätze in der Marsch waren durch die vorgelagerte Insel Strand vor Sturmfluten geschützt und mussten nicht bedeicht werden. Die Sturmflut von 1362[129] riss mit dem sagenhaften Rungholt[130] einen natürlichen Schutzwall weg, so dass die Bucht des Flüsschens Arlau den nun höher auflaufenden Fluten schutzlos preisgegeben war. Nach einer Verlegung des Arlau-Unterlaufs, die wegen der hohen Anschwemmung nach der großen Sturmflut erforderlich geworden war, wurden erste Teildeiche in der Marsch vor dem Dorf Hattstedt (9 m über der mittleren Meereshöhe) errichtet, um die neuen Ablagerungen für eine landwirtschaftliche Nutzung zu sichern.

Die ersten Maßnahmen in der Hattstedter Marsch zwischen Arlau und der Schobüller Geest bestanden aus Teilbedeichungen am Anfang des 15. Jahrhunderts. Den Verlauf der ersten Deiche kann man heute nur noch im Wegenetz des zuerst eingedeichten Teils der Hattstedter Marsch erkennen, das die Geesthügel und Warften miteinander verbindet.[131]

Um die Mitte des 15. Jahrhunderts wurden Ländereien, die in den sturmflutarmen Jahreszeiten bereits landwirtschaftlich nutzbar waren, durch Deiche dauerhaft gesichert. Dazu wurde auch die Entwässerung des ca. 250 Quadratkilometer großen Einzugsbereichs der Arlau in Angrifff genommen. Die ersten größere Bedeichungen wurden nördlich der Arlau vor Wallsbüll vorgenommen, danach wurde die Deichlinie von der Arlau bis Wobbenbüll geführen, wo der vorspringende Geestrücken nördlich von Schobüll erreicht wird. Der Alte Deich schützte etwa 3300 Demat des Alten Kooges, also ein Gebiet von ca. 1700 Hektar.

Die Abdämmung der Arlau und damit verbundene Folgeprobleme führten zu mehreren Verlegungen dieses für die Entwässerung wichtigen Vorfluters. Der Deichvorsprung des Hattstedter Alten Kooges hat die Verlandung des Vorlandes so günstig beeinflusst, dass schon zwei Jahrzehnte nach seiner Fertigstellung Pläne für einen neuen Koog angefertigt wurden. So entstand seit 1496 der Neue Hattstedter Koog, der um 1500 vollendet[132] war und ein Gebiet von ursprünglich 800 und nach kleineren Ausdeichungen in den Jahren 1632/33 von heute 700 Demat umfasst.[133]

Dieser neue Koog ragte mit seiner Nordwestspitze in das Wattenmeer hinaus; dem Deich gegenüber lag die Harmelfshallig, die noch lange Zeit als Vorland für die Schafzucht genutzt wurde. An der Nordostecke traf der neue Deich in einem spitzen Winkel auf den Deich des Breklumer Kooges, einem nördlich der Arlau verlaufenden Teil des alten Deiches. Dies war ein sehr gefährdeter Abschnitt, da die Stürme und Fluten aus Nordwest von großer Gewalt sind und an dieser trichterförmigen Stelle zu gefährlichen Staubildungen führten. Erst die Eindeichung des Wallsbüller Saatkooges im Jahre 1529 verringerte den Druck, der bei Sturmfluten auf die Arlaumündung lastete.[134] Hier lagen auch die Siele der Arlau, die zu den Schwachstellen der Deichlinie zählten und die bei der Eisflut von 1718 herausgerissen wurden, wodurch die Große Wehle entstand. Zu Beginn des 16. Jahrhunderts war die Bedeichung der Hattstedter Marsch abgeschlossen.

In der ersten Hälfte des 17. Jahrhunderts plante man, die inzwischen angeschwemmte flache Bucht zwischen dem Ockholmer Koog im Norden und dem Hattstedter Neuen Koog im Süden einzudeichen. Dabei musste das zwischen der nördlichen Deichlinie des Neuen Hattstedter Kooges und der Harmelfshallig liegende Königstief durchdämmt werden. Diese „Bredstedter Werk“ genannte Projekt scheiterte jedoch, da es durch die Sturmflut von 1625 unterbunden wurde.[135]

Die zweite Große Mandränke, die schwere Sturmflut von 1634[136], betraf vor allem die Insel Alt-Nordstrand, die zerrissen wurde in die heutigen Inseln Nordstrand und Pellworm, die Hallig Nordstrandischmoor sowie den nordwestlichen Teil der Bredstedter Bucht. Diese Schäden mussten in der Folgezeit vordringlich beseitigt werden. Die Veränderungen im Wattenmeer führten zu einer erneuten Vorlandbildung in der Bucht vor Bredstedt, sodass seit 1664 der alte Plan wieder aufgegriffen wurde.

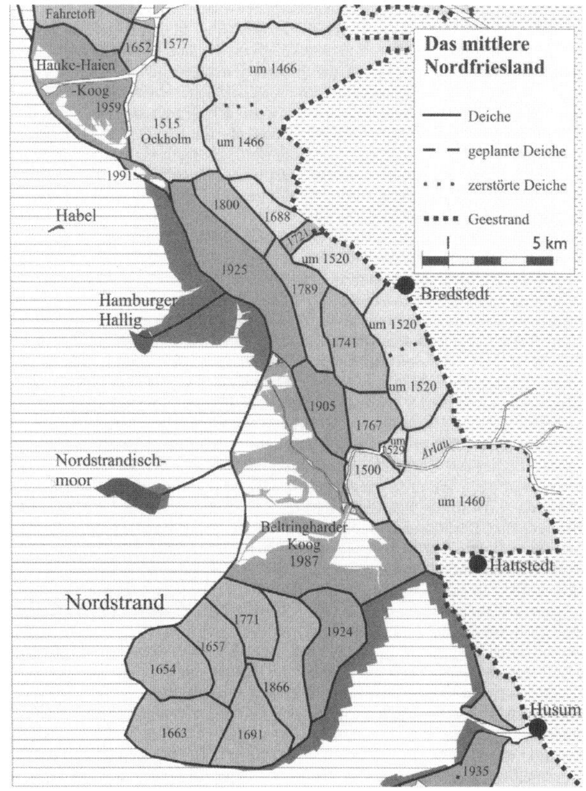

Die Bedeichung der nordfriesischen Küste. Karte von J. Kohlhuus. In: Reimer Kay Holander: Der Schimmelreiter – Dichtung und Wirklichkeit. Bredstedt 2003, S. 173

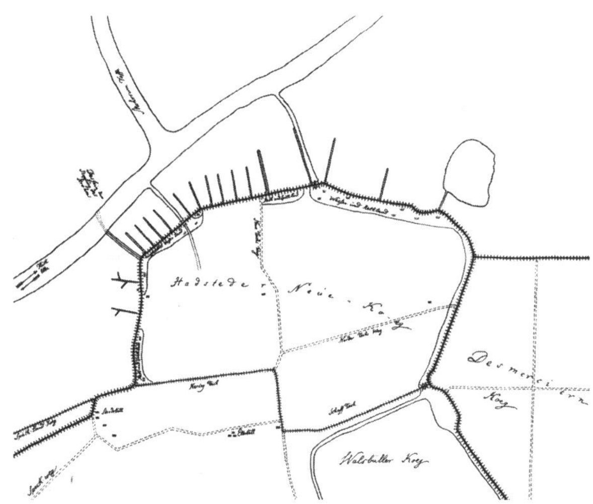
Der Neue Hattstedter Koog 1771. Otto Fischer: Landgewinnung und Landerhaltung in Schleswig-Holstein. 1955, Abb. 29, nach S. 284. (Die Karte ist nicht eingenordet; Norden ist rechts)

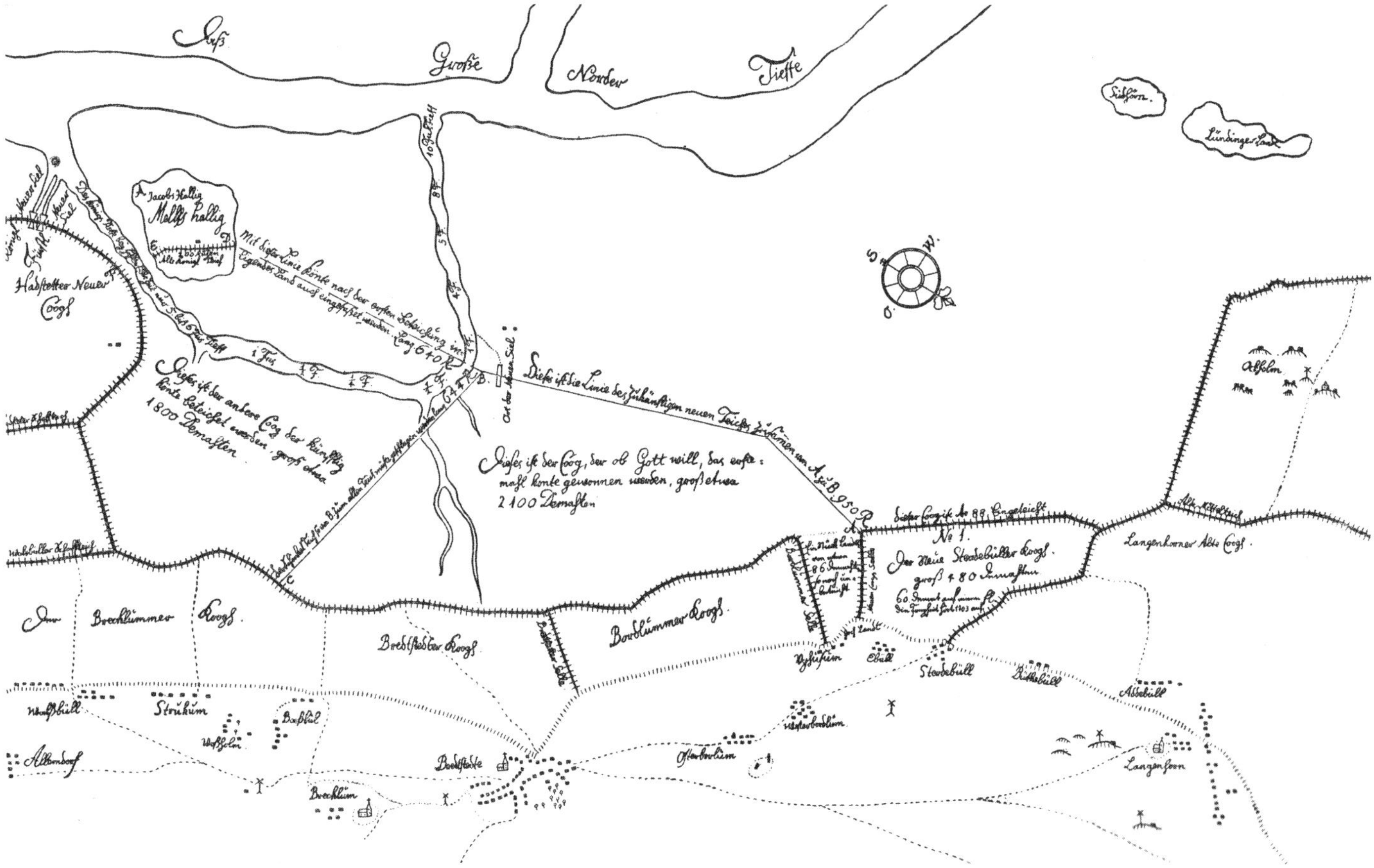

Bedeichungsentwurf nach A. Jessen, 1687. In: Otto Fischer: Landgewinnung und Landerhaltung in Schleswig-Holstein. Berlin 1955, Abb. 18. (Westen ist oben)

Vergleiche zwischen dem Novellentext und der Landschaft in der Hattstedter Marsch belegen, wie sehr Storms kunstvolle poetische Fiktion auf seine vielfältigen Wahrnehmungen und Erlebnisse zurückgeführt werden kann.[137] Allerdings hat Storm seine Erinnerungen an die wirkliche Landschaft nordwestlich von Husum und ihre Menschen im Schreibprozess gemäß der inneren Logik seiner Erzählung verändert. An der Nordostecke des Neuen Hattstedter Kooges befindet sich eine Wehle, die Storm in seiner Fiktion durch Spiegelung der Landschaft an einer Ost-West-Achse durch die Mitte des neuen Kooges in unmittelbare Nähe des Gasthauses verlegt, der in der Novelle nicht im Süden, sondern auch im Norden verortet wird.

Die Jevershallig in der Novelle, auf der ein Pferdegerippe liegt, wurde zunächst als „die frühere Jakobshallig" identifiziert, die heute die Südecke des Cecilienkooges bildet. „Auch der gefährlich blinkende Priel, der den Deichbruch hervorrief, verlief hier. Es war der Rest des Königstiefs, der frontal auf den alten Deich stieß, aber eine Ablenkung zum neuen Koog hatte."[138]

Betrachtet man alte Karten der Hattstedter Marsch, so wird deutlich, dass Storm sich beim Schreiben die Situation vorstellt, die nach dem Bau des Neuen Hattstedter Kooges vor dem Seedeich an der nordwestlichen Ecke herrschte. Von hier aus sahen die Initiatoren der weiteren Eindeichung der Arlaubucht, die das „Bredstedter Werk" planten, auf den breiten Anwuchs des Wattenmeeres hinaus.[139]

Die Bemühungen um das sogenannte Bredstedter Werk[140], ein Bedeichungsplan für die flache Bucht zwischen Ockholmer Koog im Norden und dem Neuen Hattstedter Koog im Süden, gehören zu den bedeutenden Großunternehmen des 17. Jahrhunderts an der Küste

Situations Charte. Zeichnung von R. Feddersen, 1768. Otto Fischer: Landgewinnung und Landerhaltung in Schleswig-Holstein. Berlin 1955, S. 295, Abb. 32

Nordfrieslands. Wegen der schweren Sturmfluten von 1625 und 1634, aber auch aus technischen Gründen hat dieses Projekt nicht verwirklicht werden können; dennoch sind zwischen 1619 und den ersten beiden Jahrzehnten des 18. Jahrhunderts die Voraussetzungen geschaffen worden, die schließlich seit 1733 zu einer Schließung der Deichlinie vor der Bredstedter Bucht bis Ende des Jahrhunderts führten.

Die Hattstedter Marsch und der Hattstedter Neue Koog mit seinen Deichanlagen bilden den landschaftlichen Hintergrund für Storms Schilderungen in der Novelle; das „Kirchdorf" oder „Geestdorf" lässt sich in Hattstedt wiedererkennen. Mehrfach wird die Hattstedter Kirche erwähnt, so in der Szene, in der die Mannschaft für den Boßel-Kampf gegen die Geestmannschaft zusammengestellt wird.

Die Versammlungen und das Tanzvergnügen finden im Dorfkrug statt, den Storm nach dem Vorbild des Hattstedter Kruges (Christiansen´s Gasthof) gestaltet hat.

Storm erzählt in der Novelle, wie kurz vor der großen Sturmflut sich allerlei Unheil in Nordfriesland ereignet hat und übernimmt aus den Büchern des Husumer Chronisten Johannes Laß ein Ereignis, das sich am 24. September 1751 abgespielt hat.[141] Danach traf ein Blitz die Spitze des Hattstedter Kirchturms, der in Brand geriet. Die Hattstedter retteten ihre Kirche, indem sie die 23 Fuß hohe Kirchturmspitze absägten. In der Novelle heißt es: „am Sonntage Lätare war droben von der Turmspitze der goldene Hahn durch einen Wirbelwind herabgeworfen worden; […]."[142] Und auch die Schilderung der Beerdigung des alten Deichgrafen lässt sich mit dem Friedhof neben der Hattstedter Kirche verbinden.

Hattstedter Kirche, Lithographie nach einer Zeichnung von Heinz Hansen. In: Jens Peter Trap: Statistisk-topographisk Beskrivelse af Hertugdømmet Slesvig, København 1864.

Christiansen´s Gasthof in Hattstedt; links vom Turm der Kirche aus gesehen; rechts Kutschen vor dem Gasthof. Fotografien um 1930.

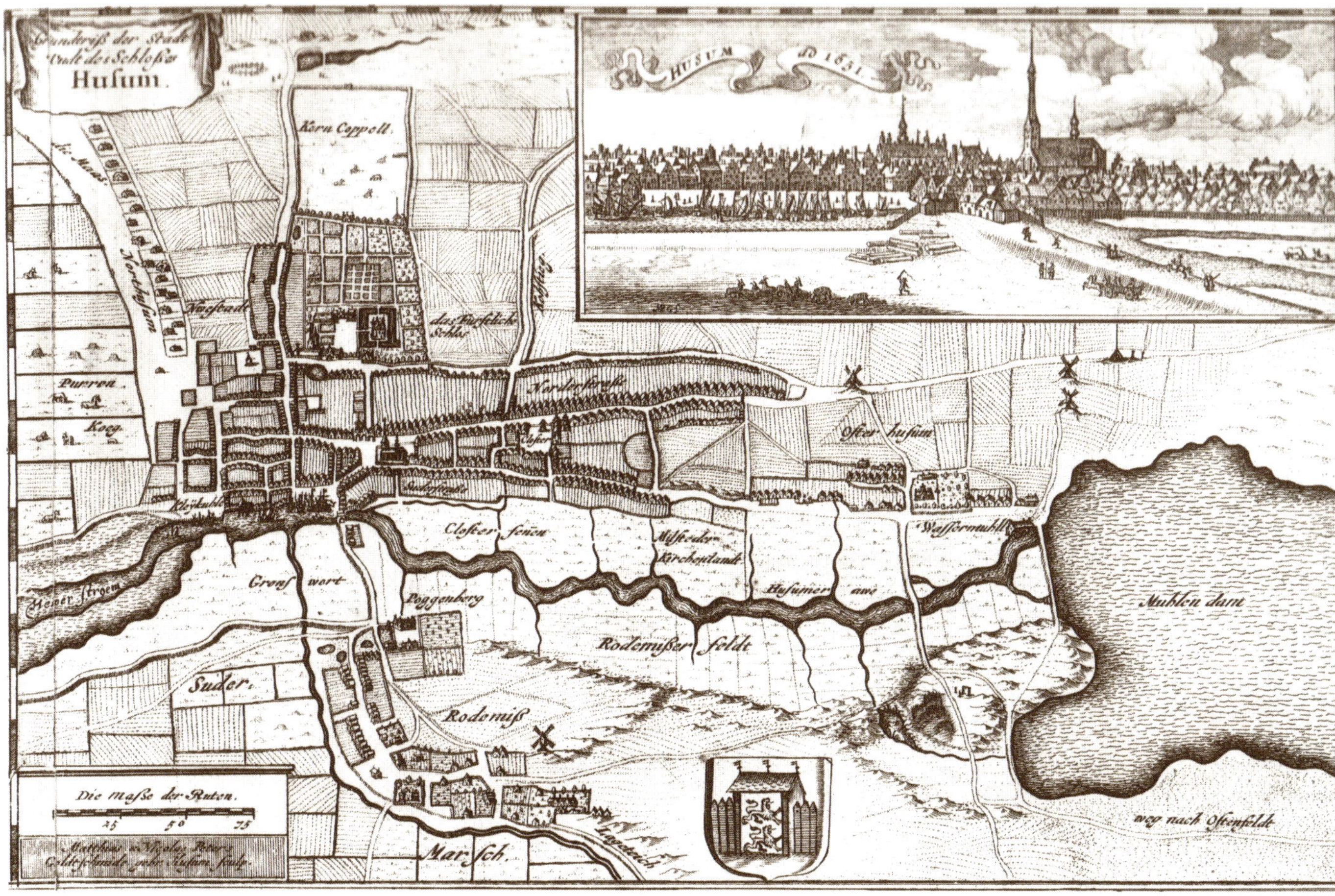

Plan der Stadt Husum Anno 1651. Lithographie in: Jens Peter Trap: Statistisk-topographisk Beskrivelse af Hertugdømmet Slesvig. København 1864. (Einzelblatt)

Vom Deichgrafenhof in der Novelle sind es aber bis zum alten Deich nach Auskunft des Schulmeisters nur „etwa fünf bis sechshundert Schritte weiter nordwärts" (Schimmelreiter, S. 74). Schaut man sich die Kartenskizze von Gertrud Eckermann nach Mejer an, so findet man dort „Ellerbull" eingetragen. Von einem Besuch im September 1845 in der Hattstedter Marsch auf Groß-Ellerbüll, einer zur Warft erhöhten Düneninsel, kannte Storm[143] das Haus von Jens Thoms Jensen, der neben der Familie Iwersen Schmidt einen der größten Höfe in der Marsch bewirtschaftete. Jensen stammt ebenfalls aus einer Deichgrafenfamilie; sein Vater Thoms Jensen war von 1825 bis 1836 Deichgraf. Ein Zeitgenosse berichtet: „Er legte sein Amt nieder, weil er infolge der schlechten Konjunktur der Landwirtschaft von den Koogsinteressenten die Beiträge nicht eintreiben konnte und mitunter zu ungewöhnlicher Härte gezwungen war. Von einem alten Deichofficialen erfuhr ich, daß Thoms Jensen in dem Rufe eines harten, strengen Mannes gestanden: Er habe ohne Besinnen über schlecht ausgeführte Deicharbeiten Strafen verhängen lassen – der Deich sei aber unter ihm in besonders gutem Zustand gewesen."[144] In den 1840er Jahren hatte sein Sohn Jens Thoms Jensen das Amt des Amts-Höftmanns inne und verhandelte mit einigen Beisitzern unter Vorsitz des Landvogts Rechtsangelegenheiten im Amt Husum.

Beide Anwesen, sowohl das von Jens Thoms Jensen auf Ellerbüllwarft als auch der Hof der Deichgrafenfamilie Iwersen Schmidt auf Lundenberg, sind Vorbilder für den Deichgrafenhof in Storms Novelle gewesen. Storm hat sich bei der Konzeption und Niederschrift seiner Novelle an seine früheren Besuche in der Hattstedter Marsch

Julius Grelstorff: Schloss vor Husum (nach Trapp's Top.), aquarellierte Zeichnung 1887

erinnert; außerdem konnte er die Ereignisse beim Ausflug vom September 1845 gleich zweimal nachlesen, denn in seiner Bibliothek standen sowohl der Reisebericht Mügges aus dem Jahre 1846[145] als auch dessen literarische Verarbeitung in der Novelle „Wilhelm Wiebe" von 1854.[146] So erklären sich auch die deutlichen Parallelen im Erzählaufbau beider literarischer Darstellungen und die Funktionalisierung, die Landschaft und Menschen aus Storms Erinnerung in der Novelle erfahren haben. Ein Blick auf die Mejersche Karte (1649), von der Storm eine vereinfachte Zeichnung benutzte, die Gertrud Eckermann für ihn angefertigt hatte, zeigt südöstlich der Stelle, an der die Nordseite des neuen Kooges auf den alten Deich trifft, die Warft Ellerbüll und entspricht damit genau der Stelle, wo in der Novelle der Deichgrafenhof angesiedelt ist. Während bei Mejer auch „Lundenbargum" verzeichnet ist, hat Gertrud Eckermann diesen Wohnplatz der Familie Iwersen Schmidt aber weggelassen.[147]

Bei der Konzeption der Stadt, in die Hauke und seine Knechte mehrmals reiten und in der auch eine seiner Mägde Produkte der Landwirtschaft verkauft, hat Storm seine Heimatstadt Husum vor Augen gehabt. In der No-

Julius Grelstorff: Die Marienkirche zu Husum (nach Trapp's Top.), aquarellierte Zeichnung 1887

velle heißt es: „so ritt ich eben wieder aus der Stadt hinaus, da, auf dem Damm, hinter dem Hafen, begegnet mir ein ruppiger Kerl". Mit der „Stadt" südlich des Marschdorfes ist Husum gemeint, mit dem „Damm" die befestigte Straße, die von der Schiffbrücke nach Süden führt. Hauke Haien besucht mehrmals die Stadt; zunächst geht er „zum alten Goldschmied Andersen" und bestellt „einen starken Goldring", später, während der Planungen des neuen Deiches, muss er mehrfach zum Oberdeichgrafen (sein Vorbild residierte im alten Schloss vor Husum) reiten und später ist er einmal „zur Zeit des Pferdemarktes in die Stadt" unterwegs und bringt den Schimmel mit auf seinen Hof. Neben dem Hafen wird auch die Apotheke am Markt erwähnt; der Knecht Iven Johns reitet dorthin und holt Arznei für die erkrankte Elke; später wird Korn in die Stadt geliefert und die Magd Ann' Grethe steht dort an der „Apotheker-Ecke"[148] und verkauft Butter.

Neben dem Handlungsort musste Storm auch noch klären, in welcher Zeit seine Erzählung spielen sollte.[149] Der Erzähler des äußeren Rahmens (von Storm während des Schreibprozesses 1886/87 erfunden) berichtet über eine Lektüre („vor reichlich einem halben Jahrhundert") der

Carte ueber die See-Deiche Mittel-Deiche und Wasserlösungen des 1. und 2. Schleswigschen Deichbands. Gezeichnet im Jahr 1823 von H. C. Petersen. (Ausschnitt). Otto Fischer: Landgewinnung und Landerhaltung in Schleswig-Holstein. Berlin 1955, Tafel 57

Gespenstergeschichte vom Reiter an der Weichsel, die 1838 im Druck erschien. Der Erzähler des inneren Rahmens, dem die Geschichte von Hauke Haien durch den Schulmeister erzählt wird, leitet seine Erlebnisse mit einer Zeitangabe ein: „Es war im dritten Jahrzehnt unseres Jahrhunderts, an einem Oktober-Nachmittag". Die innere Rahmenerzählung spielt also Ende der 1820er Jahre. Die Binnenerzählung des Schulmeisters führt ins 18. Jahrhundert zurück „In der Mitte des vorigen Jahrhunderts, oder vielmehr, um genauer zu bestimmen, vor und nach derselben, gab es hier einen Deichgrafen" heißt es dort, also finden Haukes aktive Tätigkeiten um das Jahr 1750 statt. Da das Jahr des Deichbruchs vom Erzähler mit 1756 bestimmt wird, muss der neue Deich nach 1750 errichtet worden sein. Erwähnt werden im Erzählrahmen Erinnerungen an die Sturmflut von 1717, die vor allem auf der Nordstrander Seite Zerstörungen anrichtete. Innerhalb der Binnenerzählung werden Sturmfluten des 18. und 17. Jahrhunderts erwähnt, die sich als die Fluten von 1717, 1685 und 1686 sowie 1634 identifizieren lassen.

Bei der Charakterisierung der abergläubischen Landbevölkerung verwendete Storm Informationen, die er aus Heimreichs „Ernewrete NordFresische Chronick" aus dem Jahre 1668 entnommen hat.[150] Es handelt sich dabei um Naturerscheinungen, die von den Mägden und Knechten als Vorzeichen kommenden Unheils gedeutet werden. Diese z. T. wörtlichen Übernahmen und die Erwähnung des Konventikelwesens, privater religiöser Versammlungen radikaler Pietisten, verweisen auf die Mentalitätsgeschichte Nordfrieslands in der Mitte des 17. Jahrhunderts; einige der für die Novellenhandlung bestimmenden Ereignisse liegen sogar im 16. Jahrhundert. Storm hat die Handlung also in die Mitte des 18. Jahrhunderts gelegt, dabei aber menschliche Verhaltensweisen beschrieben, die typisch für die Verhältnisse hundert Jahre früher waren.

Für die realistische Darstellung sozialer Beziehungen informierte sich der studierte Jurist und spätere Landvogt von Husum auch in den vielfältigen Verwaltungs- und Rechtsvorschriften, die in den Herzogtümern zum Teil noch nach der Gründung des Deutschen Reiches gültig waren.[151]

Schon zu Storms Jugendzeit verschwand die friesische Sprache aus der Hattstedter Marsch und nur noch wenige alte Leute beherrschten sie; deshalb lässt der Dichter die Menschen in der Marsch Hochdeutsch und Plattdeutsch sprechen. Die Mentalität der Gebildeten entspricht der des 19. Jahrhunderts, nur die Abergläubischen unter der Landbevölkerung sind nach Vorbildern des 17. Jahrhunderts gestaltet.

Die sozialen Strukturen der Novellenhandlung stimmen mit dem überein, was bis in die erste Hälfte des 19. Jahrhunderts diese Region prägte, neben einigen wohlhabenden Großbauern lebten vor allem kleinere Landbesitzer neben vielen Knechten und Mägden, die im Alter auf die Unterstützung ihrer früheren Arbeitsherren angewiesen waren. So stehen sich etwa der aufstrebende Tede Haien und die verarmte Witwe Antje Wohlert ebenso gegenüber wie Hauke Haien und Trien' Jans, die bereits seit mehreren Generationen bei der deichgräflichen Familie arbeitet. Da es keine Alterssicherung gibt, gewährt die junge Deichgrafenfamilie der alten Magd bis zu ihrem Tode ein Unterkommen und leistet so einen Beitrag für das Gemeinwohl.

Innerhalb der klar gegliederten Strukturen ist ein sozialer Aufstieg möglich, wie es an Hauke Haien und seinem Widersacher Ole Peters demonstriert wird. Haukes Vater vergrößert seinen Besitz durch Tüchtigkeit und Sparsamkeit; Ole Peters steigt allein durch Einheirat aus der Gruppe der Tagelöhner zum reichen Bauern auf.

Die wirtschaftlichen Verhältnisse in der Marschgemeinde sind durch die Landwirtschaft geprägt, die Seefahrt und der Fischfang spielen nur als Erwerbsquellen kleiner Leute eine untergeordnete Rolle, so wenn es vom Sohn der Trien' Jans heißt, der Matrose habe „hier an der Küste seinen jähen Tod gefunden [...]", da er im Sturm seiner Mutter beim Porrenfangen hatte helfen wollen.

Vorbilder für den mathematisch begabten und energischen Hauke Haien waren neben dem Deichgrafen Iwersen Schmidt und dem Amtshöftmann Jens Thoms Jensen auch historische Gestalten, die für den Deichbau in Nordfriesland Hervorragendes geleistet haben. Bei der Beschreibung des Marschlandes und der vorgelagerten Inseln und Halligen hat sich Storm allerdings nicht an der Landschaft orientiert, die er im 19. Jahrhundert vor der Hattstedter Marsch wahrnehmen konnte, sondern an den Verhältnissen, wie sie vor der Zweiten Mandränke (1634) in Nordfriesland herrschten. Daher folgt Storm in seiner Landschaftsdarstellung sowohl der Topographie Nordfrieslands vor als auch nach dieser Katastrophen-Flut.

Der neue Koog, den Hauke Haien mit einem modernen Deichprofil sichern lässt, ist dem Neuen Hattstedter Koog nachempfunden, der im letzten Jahrzehnt des 15. Jahrhunderts errichtet wurde. Die Vision, die Hauke vor der Verwirklichung seines Projekt entwickelt, hat Storm nach Berichten über die Pläne zur Eindeichung der Bredstedter Bucht gestaltet, die in der zweiten Hälfte des 17. Jahrhunderts entwickelt wurden. Da Storm für seinen fiktiven Handlungsraum Hauke Haien den Bau des Neuen Hattstedter Kooges zuschreibt, der zur Zeit von Harro Feddersens Bericht aber bereits seit mehr als 170 Jahren den Sturmfluten erfolgreich trotzte, musste er die von Feddersen im Jahre 1685 beschriebenen Verhältnisse des Vorlandes, als er sie in den Mund von Hauke Haien legte, zurückverlegen in den heutigen Neuen Koog, der ja in der Novelle erst erbaut werden sollte.[152]

Als Hauke Haien die Eindeichung des neuen Kooges plant, lässt der Erzähler ihn vom Deichgrafenhof nach Nordwesten zur „Osterschleuse" gehen, dann auf dem alten Deich nach Süden, so dass er rechterhand auf das noch unbedeichte Vorland blicken kann, auf „das große Vorland, das unserer Hofstatt gegenüber beginnt". Der Erzähler schildert das Vorland, das dem Neuen Hattstedter Koog im Nordwesten vorgelagert ist und das erst in der zweiten Hälfte des 18. Jahrhunderts durch den Grafen Henri

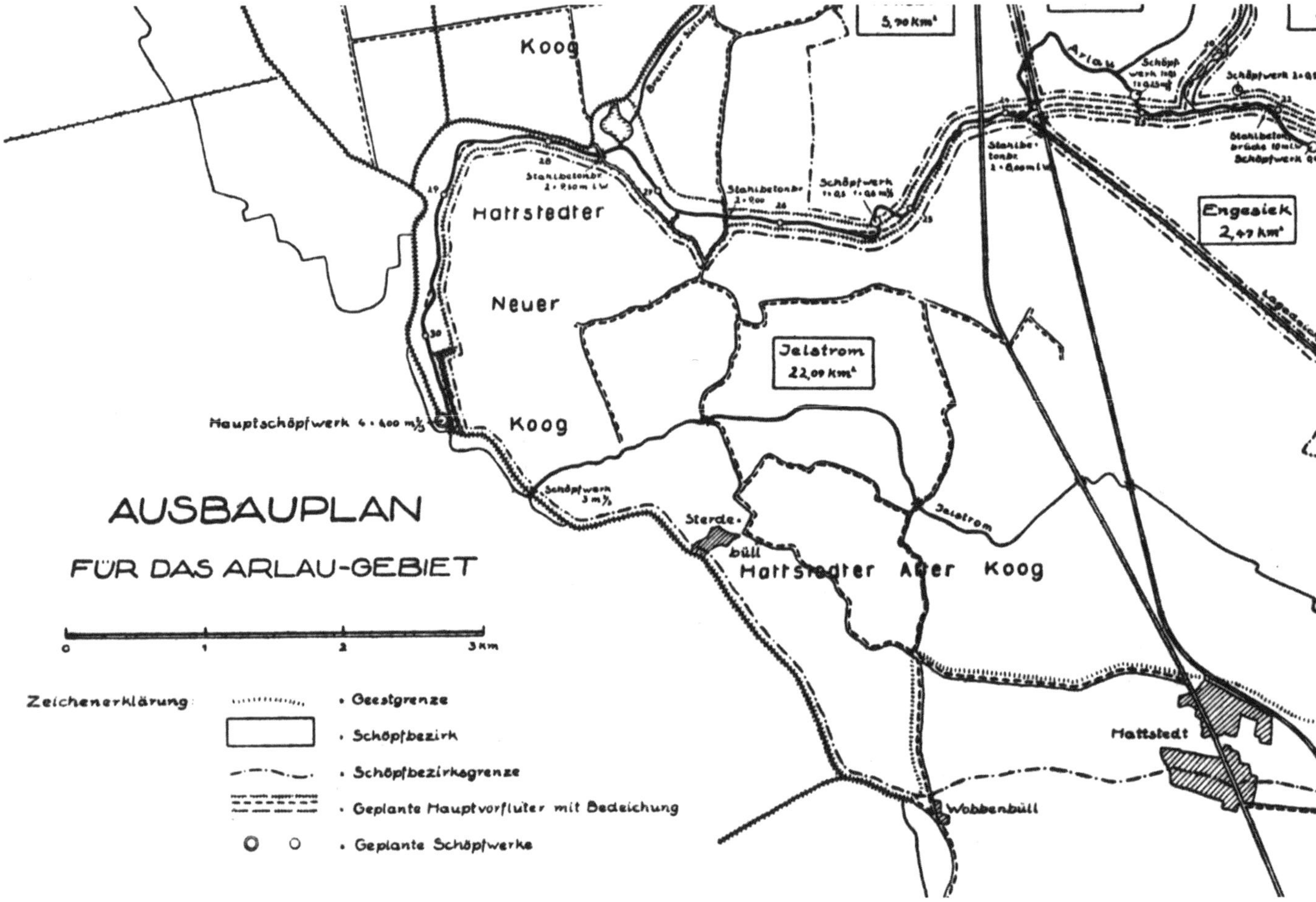

Deichanlagen und Wasserlösung für die Hattstedter Marsch 1954 (heutiger Zustand).
Otto Fischer: Landgewinnung und Landerhaltung in Schleswig-Holstein. Berlin 1955, Abb. 68, S. 407

Desmercieres bedeicht wurde. Bei der Hallig handelt es sich um die Harmelfshallig (auch Melfshallig oder Jacobshallig) und bei dem „tiefen Priel" um das Königstief (auch Hattstedter Deep). Dieselbe Perspektive nimmt auch der Husumer Bürgermeister Harro Feddersen in seinem Bericht aus dem Jahr 1685 ein, in dem er die Bedeichung der Bredstedter Bucht vorschlägt. Dieses Projekt wurde zunächst nicht verwirklicht; nur die Schleusen bei der Arlaumündung an der nordöstlichen Ecke des Hattstedter Kooges wurden verlegt. Stattdessen hat man den nördlich der Arlau liegenden Marschbereich zwischen Bordelumer und Hattstedter Koog erst im 18. Jahrhundert durch den Sophie-Magdalenen-Koog und den Desmerciereskoog gesichert. Das reale Deichprojekt „Bredstedter Werk", dessen Verwirklichung im ausgehenden 17. Jahrhundert mehrfach scheiterte, wird in der Novellenhandlung zum Bau des Hattstedter Neuen Kooges, der zur von Storm erzählten Zeit bereits seit 240 Jahren den Sturmfluten widerstand.

An der Stelle, wo der Hattstedter Neue Koog im Norden auf den alten Deich stößt, lagen früher die beiden Siele der Arlau-Mündung. Dort lässt Storm den inneren Rahmen der Novelle spielen. Der Erzähler kommt von Norden auf dem alten Deich geritten, sieht linkerhand eine Wehle und weiter südlich unmittelbar vor dem Anschluss des neuen Kooges ein Wirtshaus. Dieses Wirtshaus liegt am südlichen Ende des Hattstedter Neuen Kooges auf der Sterdebüller Düneninsel, wird in der Erzählfiktion aber an die Nordostecke des neuen Kooges verlegt.

Das Vorbild für die Wehle in der Erzählung war die „Große Wehle" am ursprünglichen Auslauf der Arlau. Sie entstand bei der Weihnachtsflut von 1717, als die

Der heute als „Schimmelreiter-Krug" benannten Hof bei Sterdebüll, ein Neubau aus dem späten 19. Jahrhundert; um 1880 hat hier Johann Georg Albertsen eine kleine Landwirtschaft und eine Gastwirtschaft betrieben. Postkarte um 1900

alten Siele herausgerissen wurden. Die Arlauschleusen waren 1689 in die Nordwestecke des Hattstedter Neuen Kooges verlegt worden, um eine weitere Eindeichung der Vorländer nördlich der Arlau zu ermöglichen. Die Strömungsverhältnisse vor den Deichen verschlechterten sich allerdings durch den Landverlust der Sturmflut, schließlich wurden die Arlauschleusen um 1700 noch einmal verlegt. In der ersten Hälfte des 18. Jahrhunderts nahm der Anwachs im Bereich nördlich des Neuen Hattstedter Koogs stetig zu, so dass 1762 eine neue Schleuse für die Arlau gebaut werden musste, die wieder ein Stück nach Süden rückte. Aber auch diese Baumaßnahme löste das Entwässerungsproblem nur für eine gewisse Zeit, denn in den Jahren 1834/35 musste im Zusammenhang mit einer Verstärkung der Hattstedter Seedeiche die Arlauschleuse erneut nach Süden verlegt werden. Diesmal wurde das Bauwerk nach Plänen des Deichinspektors Salchow ca. 800 m nördlich der heutigen Schleuse errichtet. Storm hat als Primaner diese letzten Baumaßnahmen miterlebt und erwähnt sie in seiner Novelle „Der Herr Etatsrat".

Wenn man sich mit der Novelle in der Hand auf den Deich stellt, an dessen Ostseite noch heute das Wasser der Großen Wehle steht, und den dramatischen Novellenschluss liest, so kann man sich leicht vorstellen, wie Elke und Wienke mit der Kutsche auf dem Schafdeich entlangfahren und dann von den Fluten der einbrechenden Nordsee verschlungen werden. Und alles wird im Osten vom Turm der Hattstedter Kirche überragt, von dem Hauke kurz vor seinem Selbstmord ein Licht blinken sieht.

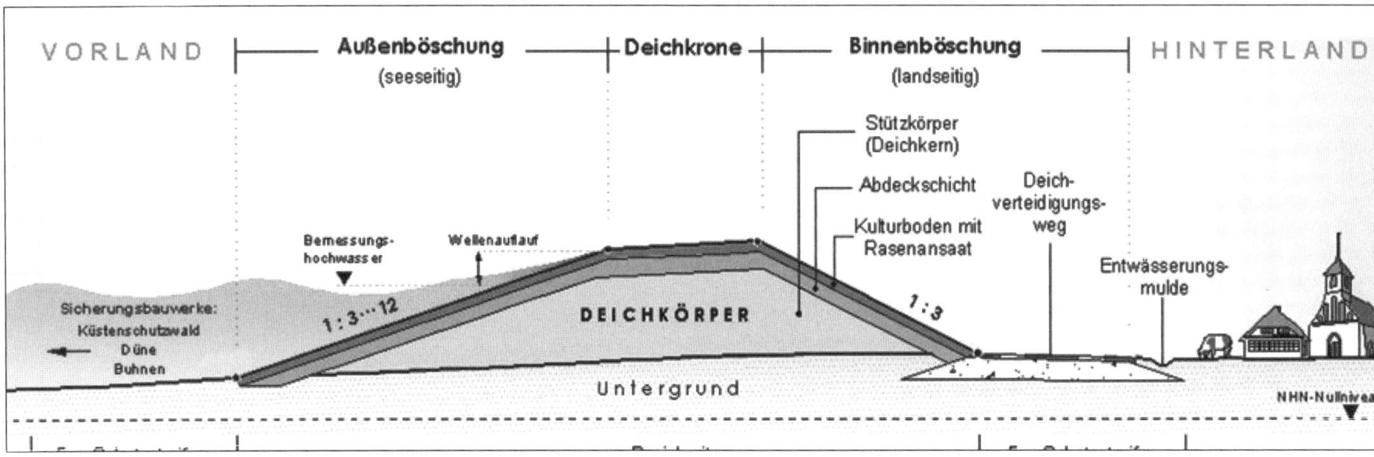

Moderne Deichanlage. Nach: Regelwerk Küstenschutz Mecklenburg-Vorpommern 3.2009, Staatliches Amt für Umwelt und Natur, Rostock, S. 55

Die große Wehle an der Nordostecke des Hattstedter Neuen Kooges; Blick nach Osten

Aufnahme und Nachwirkungen

„Nur einen Glückwunsch, lieber Alter, zum Schimmelreiter. Ein gewaltiges Stück, das mich durch und durch geschüttelt, gerührt und erbaut hat. Wer machte Dir das nach! Ich lese es wieder in ruhigerer Zeit, heute hab ich's nur athemlos durchgejagt, als säße ich selbst auf dem Gespenstergaul, und kann Dir nur im Fluge die Hand drücken und von Herzen Heil! Heil! rufen, da ich in schwerer Arbeit tief vergraben bin."

Diese Sätze schrieb Paul Heyse an Theodor Storm am 2. Mai 1888[153], unmittelbar nachdem er die neue Novelle seines Freundes im April- und Mai-Heft der Deutschen Rundschau zum ersten Mal gelesen hatte.

Und fast gleichzeitig traf von dem Literaturhistoriker Erich Schmidt aus Berlin ein (heute verschollener) Brief ein, in dem es heißt[154]:

„Ich staune über die Wucht und Größe, die Sie als Siebziger für den „Schimmelreiter" aufbieten konnten, dessen Thema auf so furchtbare Weise zeitgemäß geworden ist. Alles Meer- und Strandhafte des Gegenstandes ist so sehr ersten Ranges, daß ich ihm nichts überzuordnen wüßte; und in der Seele des Mannes brandet's gleich leidenschaftlich. Wundervoll die Verbindung des Abergläubisch-Geheimnißvollen mit dem sachkundigen Realismus, der da weiß, wie man Deiche baut u. s. w., wie die Fluth frißt u. s. w."

Nachdem Storm das jeweilige Lob dem anderen seiner beiden Freunde mitgeteilt hatte, zitierte er die Urteile von Heyse und Schmidt innerhalb von 17 Tagen in mindestens sieben weiteren Briefen (vergl. die Dokumente zur Arbeit am „Schimmelreiter"); vermutlich waren es noch mehr, die sich aber nicht erhalten haben. So gab der Autor das Lob seiner sachverständigen Freunde, also die Urteile des erfolgreichen Schriftstellers und des damals bedeutendsten Literaturhistorikers, an alle ihm sehr nahe stehenden Personen weiter; neben seinem Verleger Elwin Paetel waren dies sein Sohn Karl, sein junger Freund, der Soziologe Ferdinand Tönnies, sein alter Vertrauter, der Theologe Heinrich Schleiden, sowie der Literaturkritiker Alfred Biese.

Man könnte diese Aktion als Eitelkeit eines alten Mannes abtun, der bereits mit einem Fuß im Grab stand (Storm erlag zwei Monate später seinem Krebsleiden); betrachtet man aber den Kontext, in dem diese Briefe stehen, so lässt sich der zunächst befremdliche Befund auch anders deuten. Storm wurde immer wieder von Selbstzweifeln geplagt, wenn er kurz vor der Vollendung einer Novelle stand. Das Urteil seines Freundeskreises bedeutete ihm viel und er berücksichtigte kritische Anmerkungen, wenn sie nur einsichtig begründet waren, in fast allen seiner mehr als 50 Novellen und Erzählungen. Das Urteil einer ausgewählten Gruppe von Erstlesern, wozu auch Familienmitglieder wie seine beiden Frauen und die heranwachsenden bzw. erwachsenen Kinder gehörten, war ein fester und unverzichtbarer Bestandteil der Schreibprozesse. Die Veröffentlichungspraxis seiner Novellen kam diesem Verfahren entgegen. Zunächst ließ Storm einen Vorabdruck in einer renommierten Zeitschrift erscheinen, verschickte an einen kleinen Freundeskreis zumeist bereits die Druckfahnen und bedingte sich in den von ihm selber formulierten Verlagsverträgen die Buchrechte spätestens zum Jahresende nach dem Erstdruck aus. So konnte er die kritischen Anmerkungen der Erstleser für eine nochmalige Revision seiner Novellen nutzen und sah sich in den Stärken seiner Erzählkunst ebenso bestätigt, wie durch kritische Anmerkungen zu zum Teil bedeutsamen Revisionen veranlasst. Mit dem

Otto Marcus: Der gespenstige Reiter auf dem Deich, Tuschzeichnung, Berlin 1924 (Foto: Storm-Archiv nach einer Buchillustration)

Erscheinen der ersten Buchausgabe seiner Werke – zumeist waren das Einzelausgaben in Oktavformat, die farbig gebunden hübsche Geschenke abgaben und häufig zum Weihnachtsgeschäft auf den Markt kamen – war der Schreibprozess für Storm abgeschlossen. Eine erneute Revision erfolgte nur noch bei der Aufnahme einer Erzählung in die „Gesammelten Werke“, wobei allerdings die Abweichungen von der ersten Buchausgabe in fast allen Fällen recht gering sind.

Storm trennt sich also mit der Veröffentlichung seiner Novellen in zwei Schritten von seinen Texten und am Ende sind sie zu „Werken“ geworden, auf die der Autor keinen Einfluss mehr hat, und die – neben der Vermarktung – nun zum Objekt der Beurteilung durch die Literaturkritik werden.

Nach dem Tode des Autors schrieb Moritz Necker in der Zeitschrift „Die Grenzboten“ (Nr. 48 1889): „Storms ‚Schimmelreiter‘, der die Reihe seiner unvergänglichen Novellen als das bedeutendste Werk abschließt, ist eine nach jeder Richtung hin bewunderungswürdige Schöpfung.“

Damit ist ein Ton angeschlagen, der die Rezeption der Novellen Storms für fast hundert Jahre bestimmen wird; das schriftstellerische Produkt wird als „Werk“ begriffen, das immer mehr vom Entstehungsprozess losgelöst betrachtet wird und dem man als Kunstwerk eine überpersönliche und überzeitliche Bedeutung zuschreiben möchte.

In den letzten vierzig Jahren hat die Literaturwissenschaft gezeigt, wie unhistorisch eine solche Betrachtung von literarischen Kunstwerken sein kann und welche bedeutsamen Aspekte von Literatur dabei übersehen werden. Zunächst konzentrierte sich das Interesse auf die Rezeptionsgeschichte eines Kunstwerks, indem die Wirkungen und die Reaktionen des Leserpublikums erforscht und die Frage gestellt wurde, welche Relevanz in gesellschaftlichen, also politischen und kulturellen Zusammenhängen einem Werk zugesprochen werden kann. Dann wurde eine bereits in der 2. Hälfte des 19. Jahrhunderts entwickelte Methode der historischen Literaturbeschreibung wieder aufgegriffen und das Werk nun im Kontext von anderen Werken als Ergebnis einer historischen Auseinandersetzung mit Elementen der Tradition begriffen; Literaturgeschichte wurde so zugleich immer auch zur Beschreibung von Sozialgeschichte.

Standen zunächst vor allem die Quellen im Mittelpunkt des Interesses, verlagerte sich in den letzten Jahren das Interesse auch auf den Schreibprozess selbst, also auf jenen Vorgang, in dem der Autor von der Materialsammlung über die Skizze allmählich zur Konzeption und Niederschrift seiner Texte voranschreitet. Vor allem in der Kafka-Forschung konnte gezeigt werden, dass dieser Prozess selber gelegentlich die eigentliche Leistung des Künstlers ausmacht und damit der ältere „Werk“-Begriff sich als ungeeignet erwies, literarische Texte adäquat zu beschreiben, die gar nicht mit dem Anspruch versehen wurden, als „Werke" von schreibenden Autor getrennt rezipiert zu werden.

Nach der Aufhebung des Autorenschutzes im Jahre 1917 erschienen immer mehr Einzelausgaben von Storms Erzählungen; der „Schimmelreiter" wurde bald zur meistgelesenen Novelle Storms. In fast jeder Auswahlausgabe der Novellen ist dieser Text enthalten und bald wurde er auch beliebte Schullektüre. Die Novelle eignet sich vor allem für jugendliche Leser, sie ist spannend und lässt sich gut für die Erarbeitung der unterschiedlichsten Aspekte verwenden. Diese Erfolgsgeschichte hält bis heute an; davon zeugen viele Leseausgaben renommierter Schulbuchverlage und didaktische Aufbereitungen für die Hand des Lehrers. Auch in Lesebücher wurden Auszüge aus der Novelle aufgenommen, wo sie die Literatur des Realismus in der zweiten Hälfte des 19. Jahrhunderts repräsentiert.

Die Geschichte der Deutung des „Schimmelreiters" stellt einen wesentlichen Teil der Rezeption von Storms Gesamtwerk dar. In der Zeit nach dem Zweiten Weltkrieg wird – wie bereits von der älteren Storm-Forschung – Hauke Haien als „Willensmensch" und „schöpferische Einzelpersönlichkeit" gefeiert, weil er sich aus der Masse der wenig aktiven Menschen heraushebt. Der Konflikt zwischen Individuum und Gemeinschaft endet für den Helden tragisch, weil er unausweichlich ist. In den folgenden Jahrzehnten hat es verschiedene Versuche gegeben, die Frage nach der Ursache von Hauke Haiens Untergang zu beantworten; dabei wurde betont, dass der Deichgraf als reiner Vernunftmensch wichtige Bereiche des menschlichen Lebens ausklammert und das Irrationale der Natur nicht begreift. Man sah in Hauke Haien den Prototypen des „gründerzeitlichen Übermenschen", dessen Scheitern in seiner Selbstüberschätzung gründet. Storm übt danach in seiner Novelle Kritik an den Auswüchsen der gesellschaftlichen Veränderung zur Entstehungszeit, also den späten 1880 Jahren im deutschen Kaiserreich.

Eine wissenschaftliche Erforschung von Leben und Werk Theodor Storms setzte erst nach dem zweiten Weltkrieg ein. Die wichtigsten Interpretationsansätze, die zwischen 1955 und 1992 veröffentlicht wurden, referiert Regina Fasold in ihrem Forschungsbericht zu Theodor Storm (Fasold: 1997, S. 152–167). Nach 1970 konzentrierte sich die Forschung vor allem auf den landesgeschichtlichen Hintergrund der Novelle; es wurden die Quellen und die Entstehungsgeschichte der Erzählung erarbeitet und das Verhältnis von Novellenfiktion und der realen Deichbaugeschichte ermittelt. Die Erforschung der Schreibprozesse Storms wird bis heute fortgesetzt und konnte durch die Sichtung immer neuer Dokumente sehr verfeinert werden.

Der „Schimmelreiter" wurde vor dem Hintergrund von Darwins Theorie vom Kampf ums Dasein interpretiert. Man hat aus einer geschlechtsspezifischen Sicht argumentiert und der männlichen Welt von Hauke Haien eine weiblich bestimmte Welt gegenübergestellt, in der Fürsorge, Mitgefühl und Vertrauen herrschen. Weiter wurde nach der Aktualität des Textes für die Gegenwart gefragt und der Geschlechterkampf betont.

In den letzten Jahren ist die Ebene des Aberglaubens der bäuerlichen Welt wieder in den Blick genommen und Haukes Tun als Teufelspaktgeschichte gelesen worden; welche Bedeutung diese Tradition im Zusammenhang mit Storms weltanschaulichen Positionen hat, ist noch nicht hinreichend beleuchtet worden. Schließlich hat man in den 1990er Jahren verstärkt auf die Erzählstruktur der Novelle geachtet und sieht die Bedeutung dieser Erzählung vor allem in der Mehrdeutigkeit des Textes, der dem Leser unterschiedliche Sichtweisen auf Hauke Haien und seine Welt ermöglicht. Storm gibt keine eindeutige Begründung für das, was sein Held tut und erleidet, er bietet aber eine ganze Reihe von Erklärungen an, indem er eine Vielzahl von Erzählern von Ereignissen sprechen lässt, deren Authentizität an keiner Stelle verbürgt ist. Der Erzählvorgang selbst ist für die gesamte Novellistik Storms bedeutsam; Erzählen und Erinnern werden zu zentralen Mitteln seiner realistischen Darstellung. Storm wählt das Erinnerungsmotiv, um in dem Leser den Eindruck hervorzurufen, dass aus der Erinnerung heraus erzählt wird. Auch dadurch erreicht der Autor eine Nähe zum mündlichen Erzählen. Diese Fiktion der Mündlichkeit ist charakteristisches formales Merkmal des „Schimmelreiters". In der kunstvoll geschachtelten Rahmenerzählung werden die Ereignisse um den Deichgrafen Hauke Haien von drei Erzählern mitgeteilt; in einem äußeren Rahmen berichtet der namenlose Erzähler von seiner Jugendzeit, in der er auf die Geschichte vom gespenstischen Reiter beim Durchblättern von Zeitschriften gestoßen sein will; der Erzähler beschreibt die Erinnerung an die Lektüre aber so, als ob es sich um eine mündliche Erzählung gehandelt habe. Er lässt nun diese Ereignisse von einem

Szenenfoto aus dem „Schimmelreiter"-Film von 1933/34 mit Mathias Wiemann in der Rolle des Hauke Haien

Reisenden erzählen, dem beim Ritt über den Deich bei einer Sturmflut ein Gespenst erscheint. In einem Gasthof entfaltet erst der dritte Erzähler, ein alter Schulmeister, die Geschichte von Hauke Haien als mündlichen Bericht. Allerdings hat der Schulmeister den Deichgrafen nicht gekannt, er kann also auch nur das erzählen, was ihm mündlich zugetragen wurde. Dieser Text der Novelle zeigt, dass Storm die dreifache Erzählerfiktion um eine weitere ergänzt; der Schulmeister wird in einem Atemzuge mit der alten Wirtschafterin Antje Vollmers genannt. Diese repräsentiert die einfachen Leute vom Lande, die von Hauke Haien – genau wie der Schulmeister – nur aus älteren Erzählungen wissen; im Gegensatz zu diesem glauben sie aber an Spuk und an Übernatürliches und würden daher das Vergangene in ganz anderer Weise erzählen. Selbst der Schulmeister, der vom Deichgrafen gerade als Gelehrter charakterisiert wurde und später der Aufklärung zugerechnet wird, relativiert das, was er zu erzählen beabsichtigt, mit dem Hinweis, dass viel Aberglauben dazwischen sei, und erst der fiktive Zuhörer, der Erzähler der zweiten Ebene also, traut es sich zu, die Spreu vom Weizen zu sondern.

Eine ähnliche Konstellation von Aufklärung und Aberglauben finden wir innerhalb der Erzählung wieder; dort stehen sich der rational kalkulierende Hauke Haien und einige Knechte und Mägde gegenüber, die in einem Konventikel eine Mischung von Aberglauben und radikalem Pietismus praktizieren. Durch diesen Erzählgriff erscheint Hauke Haien in der Erzählung des Schulmeisters einerseits als vernünftiger Neuerer und vorausdeutendes Genie, andererseits aber auch als unheimlicher Teufelsbündner, wie er von den abergläubischen Mägden und Knechten gesehen wird. Beide Sichtweisen werden in der Erzählung kunstvoll miteinander verflochten, und der zuhörende Reisende erklärt dem Leser nicht, ob und wie es ihm gelungen ist, die Spreu vom Weizen zu trennen. Im Gegenteil, am Ende der Erzählung des Schulmeisters bleibt als einzige Gewissheit, dass die Körper Haukes und der Seinen verschwunden blieben, nicht einmal Gräber gibt es von ihnen.

Spuren, die von der Existenz Hauke Haiens künden, sind nur der Deich und die Erinnerung von Menschen; letztere ließ sich aber auch im komplexen Erzählvorgang – die Erzählung des Schulmeisters wird mehrfach durch dialogische Reflexionen auf das Problem unterbrochen – nicht in Gewissheit und Vermutung, wirklich Geschehenes und bloß Phantasiertes trennen. Als der Deichgraf der Rahmenerzählung in den Gasthof zurückkehrt, relativiert er gegenüber dem Reisenden die Erzählung des Schulmeisters auf seine Weise noch einmal; damit lässt Storm den Leser vollends im Unklaren darüber, ob die Ereignisse, die vorher mit dem Namen Hauke Haien in Verbindung gebracht wurden, der Sphäre der nüchternen Aufklärung angehören oder ob sie nur Ausgeburten einer abergläubischen Phantasie sind. Und da der Reisende – dem Leser zeitlich und vom modernen Bewusstsein nahe – selber bloß einen Spuk wahrgenommen hat, bleibt für den Leser die Frage nach der Existenz Hauke Haiens offen. Die andere Möglichkeit, die von den Nichtaufgeklärten geglaubt wird, gewinnt durch den Erzählvorgang sogar noch an Wahrscheinlichkeit. Jeder erzählt von Hauke Haien so, wie er ihn sieht;

Der Schimmelreiter (DDR/Polen 1984). Szenarium: Gerhard Rentzsch, Regie: Klaus Gendries. Hauke Haien: Sylvester Groth

jeder dieser Erzählansätze wird wieder relativiert, obwohl Storm seine Erzähler im Prozess des Erzählens sich des Erzählten mehrfach vergewissern lässt. Das Mittel, um den Leser schließlich im Unklaren zu lassen, ist die Fiktion des mündlichen Erzählens. Sie eröffnet unterschiedliche, ja konträre Deutungsmöglichkeiten.

Wesentlich zur Popularisierung von Storms Novelle haben auch die drei Filme beigetragen, die zwischen 1933 und 1984 gedreht wurden.

Der erste Schimmelreiter-Film entstand 1933 nach dem Drehbuch von Curt Oertel und Hans Deppe und gilt als einer der frühsten ideologisch dem Nationalsozialismus verpflichteten deutschen Spielfilme. Die weltanschauliche Deutung der Novelle spiegelt zugleich die in der Wilhelminischen Ära ebenso wie in der Weimarer Republik dominierende Sichtweise der Novelle wider: Hauke Haien wird als Helden- und Führergestalt gezeigt, der sich gegenüber einer ignoranten Masse durchsetzen muss; der Held verkörpert völkische Wertprinzipien wie Ehre und Treue, Mut und Härte, Leistungswille, Schöpferkraft, Kämpfertum und Opferbereitschaft. Damit entspricht dieser Film den Vorstellungen der NS-Propagandisten von der weltanschaulich bildenden Funktion der scheinbar unpolitischen Unterhaltungsfilme, wie sie in den nächsten zwölf Jahren von der UFA in Massen produziert wurden. Große historische Persönlichkeiten wurden genutzt, um sie in Analogie zu Adolf Hitler als Führer und Vorbilder darzustellen.

Der zweite Schimmelreiter-Film, der 1978 wiederum in Nordfriesland gedreht wurde, war ein rein kommerzielles Projekt, das allein auf die Unterhaltung des Publikums

Aus dem Schimmeleiter-Comic von Mart Klein und Miriam Migliazzi. In: Frankfurter Allgemeine Sonntagszeitung vom 12.9.2010 © Miriam Migliazzi & Mark Klein, www.dainz.net

abzielte. Die stilistische und dramaturgische Konzeption ist allein von der Absicht geprägt, publikumsrelevante Unterhaltung zu schaffen; das führt zum Beispiel zu einer – dem Novellentext völlig konträren – Versöhnung zwischen Hauke Haien und seinem Erzrivalen Ole Peters, die schließlich in naiver Eintracht eine Doppelhochzeit feiern. Der Regisseur Alfred Weidenmann wollte von Anfang an einen reinen Unterhaltungsfilm drehen und hatte nie die Absicht, sich künstlerisch mit Storms Novelle auseinanderzusetzen.

Der dritte Schimmelreiter-Film entstand 1984 als Kooperation des Fernsehens der DDR mit dem polnischen Fernsehen. Regie führte Klaus Gendries, der den Film in der ursprünglichen Region an der Weichsel drehte, aus der die Sage durch Storm nach Nordfriesland importiert wurde. Dieser Film steht in der Tradition Stormscher Erzählkunst und versucht, mit filmischen Mitteln eine mögliche Interpretation umzusetzen, die im Kontext der Diskussion über das „bürgerliche Erbe" im Zusammenhang des sozialistischen Realismus geführt wurde. Es ist der einzige Film, der die Rahmentechnik Storms aufgreift und damit versucht, das für Storms Erzählkunst so bedeutsame Erinnerungsmotiv filmsprachlich umzusetzen.

Man hat den Text mehrfach für das Theater und die Oper adaptiert und selbst in der Bildenden Kunst gibt es eine vielfältige Auseinandersetzung mit dem Stoff.

In der Bibliothek des Husumer Storm-Archivs sind „Schimmelreiter"-Übersetzungen in folgende Sprachen vorhanden: Afrikaans, Chinesisch, Dänisch, Englisch, Esperanto, Finnisch, Französisch, Friesisch, Italienisch, Japanisch, Koreanisch, Niederländisch, Polnisch, Portugiesisch, Russisch, Spanisch, Schwedisch und Ungarisch.

Und in Nordfriesland selbst lässt sich gut mit dem Schimmelreiter werben. Die Besucher Husums können im Storm-Museum eine Ausstellung zu Storms Altersnovelle betrachten, die sie vielleicht dazu anregt, den Text wieder einmal zu lesen. Danach bietet es sich an, nach Hattstedt zu fahren und vom hohen Kirchdorf hinunter in die Marsch zu wandern, wo die Handlungsorte der Novelle in stiller Abgeschiedenheit auf den interessierten Besucher warten, um ihm die Atmosphäre nahezubringen, die einst Theodor Storm dazu angeregt hat, sich so intensiv mit dem Stoff und seiner Landschaft auseinander zu setzen.

Zu den Illustrationen von Alex Eckener

Der aus Flensburg gebürtige Maler und Grafiker Alex Eckener (1870–1944) entstammt einer wohlhabenden bürgerlichen Familie und konnte sich an der Kunstakademie in München zum Maler ausbilden lassen. Nach ersten Erfolgen mit Gemälden und Grafiken, in denen er das Alltagsleben des friesischen Bürgertums darstellte, schloss sich Eckener der Künstlerkolonie in Ekensund am Nordufer der Flensburger Förde an und befreundete sich mit dem dort dominierenden Maler Otto H. Engel. Die Landschaft an der Ostsee und die Nordseeküste vor Nordfriesland faszinierten den Maler sein ganzes Leben und regten ihn zu Werken in unterschiedlichen Techniken an. An der Kunstakademie Stuttgart erlernte Eckener seit 1899 die Techniken des Holzschnitts, der Radierung und der Lithographie. Nach einer Paris-Reise ließ er sich in Stuttgart nieder und wurde dort mit einem Lehramt betraut, seit 1912 als Professor. In den Jahren 1925 bis 1928 leitete er diese Hochschule als Direktor. In den 1920er Jahren beschäftigte er sich in seinen Werken mit der künstlerischen Darstellung der Industrie und der dort arbeitenden Menschen. Der norddeutschen Landschaft seiner Heimat blieb er auch während seiner Stuttgarter Zeit verbunden.

Alex Eckener. Selbstbildnis (Radierung 1929)

Eckener veröffentlichte im Jahre 1939 eine Mappe mit 59 Radierungen.[155] Das Titelblatt, das er von einer Kupferplatte druckte, zeigt einen Reiter und die Inschrift: „Der Schimmelreiter von Theodor Storm mit Radierungen von A. Eckener" (vergl. die Abbildung auf der dem Titelblatt gegenüberliegenden Seite). Die übrigen Radierungen wurden von Zellglasplatten abgezogen, die Eckener in der Kaltnadeltechnik bearbeitet hatte. Jeder Abzug ist mit einem Deckblatt versehen, das neben der laufenden Blattnummer einen kurzen Text enthält, der wie ein Zitat aus Storms Novelle erscheint. Allerdings handelt es sich um kurze Inhaltsangaben von den Abschnitten im Novellentext, denen Eckener jedes einzelne Blatt zugeordnet hat. Diese Texte stellen also in gewisser Weise Kurzinterpretationen jener Textausschnitte dar, die Eckener jeweils illustriert hat.

Umschlag der Mappe

Die 59 Radierungen der Mappe stellen den Großteil der Illustrationen dar, die Eckener einer geplanten Buchausgabe der Storm-Novelle beigeben wollte. Den Plan für eine solche illustrierte Ausgabe von Storms „Schimmelreiter" fasste Eckener bereits Anfang der 1920er Jahre, als er an der Kunstakademie in Stuttgart als Professor für Graphik wirkte.[156] Die Kunsthistorikerin Marianne Risch-Stolz schreibt über diese Lebensphase Eckeners[157]:

„Die Marschlandschaft, die Weite und der Deich waren Motive, die ihn oft zum Skizzieren anregten. Der Ort Bongsiel, wo Eckener regelmäßig beim Gastwirt Lauritz Thamsen übernachtete, war dabei häufig sein Ausgangspunkt; einige Briefe aus dem Jahre 1910 sind erhalten geblieben, in denen Eckener sehr anschaulich von seinen Erlebnissen berichtet. Am 6. August 1910 erzählt Eckener seiner Frau von einer Fahrt „durch die wundervolle weite Marsch, die im warmen Sonnenschein lag... Altendeich liessen wir rechts an der Chaussee liegen und fuhren quer über den Kleiweg, wenn Du ihn erinnerst; durch Regengüsse der letzten Tage hatte sich ein unendliches Wasser in den Gräben angesammelt und überschwemmte teilweise auch den Fahrweg, dass die Pferde bis an die Knie im Wasser gingen. Die Wassertropfen spritzten wie Funken; dazu die kräftige frische Seeluft und das famose weite freiheitliche Gefühl, das man hier in der Marsch immer hat, ferner auch die 3 genossenen Pünsche gaben eine wundervoll gehobene Stimmung. Ich fuhr durch das Dorf mit bis an den Aussendeich, wo der Weg zum Süderdeich umbiegt; an der Stelle, wo Lise und Du mir damals das Butterbrot brachtet, als ich die Radierung vom Aussendeich auf Zink machte, weisst Du. Und dann kam ich oben auf den Kamm und sah das Watt bei hoher Ebbe in goldenen tiefen schimmernden Tönen daliegen. Das war einfach erhaben, wie schade, dass Du nicht dabei warst!"

Als gesicherte Familienüberlieferung darf gelten, daß alle Landschaftsmotive für die „Schimmelreiter"-Illustrationen in Bongsiel und Ockholm zeichnerisch aufgenommen worden sind. Außerdem kann ergänzt werden, daß Eckener ebenfalls zu einzelnen Personen Vorzeichnungen anfertigte. Die Skizzen sind von einer großen zeichnerischen Genauigkeit und einer bestechend sauberen Linienführung, die die Vermutung nahelegen, daß Eckener hier schon an die zu radierenden Motive dachte. Zusammen mit dem Brief aus dem Jahre 1921 kann man davon ausgehen, daß Eckener bereits weit vor 1936 erste gedankliche Skizzen sowie künstlerische Entwürfe für eine illustrierte Ausgabe von Storms Novelle vorbereitete."

In dieser Arbeitsphase stellte Eckener eine Reihe von Zeichnungen her und arbeitete die Motive zunächst als Tuschzeichnungen[158] aus, bevor er sie in Kupfer- oder Zellglasplatten gravierte. Ernst Schlee führt in seinem Buch über die Illustrationen der Werke Theodor Storms dazu aus[159]:

„Man spürt den Radierungen sogleich das Authentische an: die Landschaft ist aus innigster Vertrautheit mit Stimmungen und Wetterlagen, mit Flut und Ebbe, Wind, Sturm und Sturmflut, mit Wolkendramatik und Bodennässe heraufbeschworen als Szene für Storms mythisch-episch-dramatische Novelle vom „Schimmelreiter". Authentisch geschildert sind auch die Höfe auf den Warften, die von windgebeugten und -geschorenen Bäumen umstandenen Häuser, die Stuben in ihrer gerade hier üblichen alten Form, mit holzverkleideten und fliesenbelegten Wänden, mit Wandbetten und Beilegerofen, authentisch nicht minder die Gestalten der Bauern, der Deicharbeiter, der Frauen in Tracht, authentisch die Kutschwagen, das Boßelspiel in der Marsch, die Tischrunde der Koog-Honoratioren, die gewichtigen Figuren der Autoritäten in ihrer

Alex Eckener: Tuschzeichnung zu Storms „Schimmelreiter

Selbstherrlichkeit. In mehreren Radierungen ist die Figur des Schimmelreiters verselbständigt, doch bleibt sie in das Szenarium einbezogen und erfährt keine heroische Überhöhung. Die ganze Folge, vermehrt um zahlreiche Vorarbeiten und benachbarte Motive, liest sich wie eine breit angelegte Milieuschilderung, eine die Menschen einbeziehende Inventur der Landschaft, die in dramatischen Situationen, bedingt durch das unberechenbare Element ebenso wie durch die Eigenart der Menschen, dann und wann zu elementaren Ausbrüchen neigt.

In Alex Eckeners Radierungen gipfelt zugleich die bildliche „Nachdichtung" von Storms Novelle im Medium der Illustration, genau genommen geht sie sogar darüber hinaus, nimmt doch das einzelne Blatt keinerlei Rücksicht auf Buchgestalt und Typographie."

Aber erst nach seiner Emeritierung im Jahre 1936 griff er dieses Projekt wieder auf und führte die Radierungen im Wesentlichen bis 1938 aus. Mit dem Berliner Verleger Friedrich Feddersen (1870–1939) nahm er die Arbeiten für das Buch auf, nachdem die Finanzierung durch Zuschüsse der Stadt Husum, des Heimatbundes des Kreises Husum und durch die Ludwig-Nissen-Stiftung gesichert war. Dafür fertigte Eckener Klebeumbrüche an, für die er vorhandene Bücher verwendete und seine Grafiken in den Textfluss einordnete. In der Schlussphase der Vorbereitungen für eine Drucklegung verwendete er die Typographie einer Novellenausgabe, die 1934 mit Triefdrucktafeln von Bildern und Standfotos des „Schimmelreiter"-Films von Curt Oertel und Hans Deppe aus demselben Jahr erschienen war.[160] Der plötzliche Tod des Verlegers verhinderte allerdings die Fertigstellung des Buchs[161]. Aus dieser Arbeitsphase haben sich acht Blätter erhalten, die Motive zeigen, die nicht in der 1939 veröffentlichten Mappe enthalten sind. Sie werden in dieser Ausgabe zusammen mit dem vollständigen Zyklus der Mappe an den Stellen des Textes eingeordnet, die Eckener für seine nicht vollendete illustrierte Ausgabe vorgesehen hatte. Das Blatt mit der

Alex Eckener: Tuschzeichnungen zu Storms „Schimmelreiter"

Nummer 32, das aus Eckeners letzten Klebeumbruch herausgefallen war, wird hier ebenfalls mit abgedruckt.[162]

Die zeitliche Nähe der Arbeiten Eckeners zu den Jahren des ersten „Schimmelreiter"-Films[163], der 1933 nach dem Drehbuch von Curt Oertel und Hans Deppe entstand und der als einer der frühsten ideologisch dem Nationalsozialismus verpflichteten deutschen Spielfilme gilt, hat sich nicht auf die Kunst von Alex Eckener ausgewirkt. Dazu schreibt Dieter Lohmeier[164]:

„Dieses obrigkeitliche Wohlwollen ist aber nur der Finanzierung des Buchprojekts zugute gekommen; die Radierungen selbst dagegen sind völlig frei vom heroischen Pathos, den scharfen Konturen und der Atmosphärelosigkeit, die für die Kunst des Nationalsozialismus charakteristisch sind und die sich auch im „Schimmelreiter"-Film finden; auch fehlt ihnen alle Vorliebe für demonstrativ nordfriesische Folklore, die im Film ebenfalls unverkennbar ist. Was Eckener als einen Erben der realistischen Kunst des 19. Jahrhunderts interessiert, ist vielmehr die Küstenlandschaft mit ihrem weiten Himmel und seinen wechselnden Stimmungen zwischen sommerlicher Heiterkeit und herbstlicher Sturmdramatik."

1954 veröffentlichte die Witwe Sophie Eckener einen Großteil der Radierungen in einer Buchausgabe mit neuem Satz, die drei weitere Auflagen erlebte[165]. Damit brachte sie zehn Jahre nach dem Tod von Alex Eckener dieses Projekt zu einem Abschluss.[166]

Die künstlerische Qualität der Druckgraphik Eckeners bewertet Marianne Risch-Stolz folgendermaßen:

„Alex Eckener stellt sich mit ihnen als hervorragender Graphiker unter Beweis, der in diese Illustrationsfolge auch Aspekte seiner theoretischen Überlegungen einfließen ließ. Die Dramatik der Lichtführung wird dabei deutlich in den letzten Szenen sichtbar, in denen sich die Geschichte ihrem Verhängnis nähert und wo die Hell-Dunkel-Werte in bewußtem Kontrast verwendet werden.

In vielen Motiven bleibt Eckener seinem Leitsatz treu, daß Radieren die Kunst des Auslassens sei, und verzichtet auf beschreibende Elemente im Vordergrund. Auch selbst bei seinem Lieblingsthema, den Phänomenen der Wolkenbildung, beschränkt er sich auf eine sparsame Strichführung, „um die hereinströmende Helligkeit anzudeuten". Seiner Auffassung entsprechend stellt Eckener also das wesentliche Geschehen im Mittelgrund dar, wobei die Hauptmomente in klarer geschliffener Form herausgearbeitet werden, „den Gegenstand vielleicht nicht immer restlos erschöpfend, aber doch seine wesentliche Seite mit einem ungeahnten Blitze erhellend".

Es macht gerade den Reiz von Alex Eckeners Radierungen aus, daß er die einzelnen Textstellen, die nur aus einigen Wörtern bestehen können, bildlich knapp interpretiert. So erhöht sich die Spannung innerhalb der Illustrationsfolge, denn darin liegt gewiß eine Stärke von Alex Eckeners Zyklus: Auch ohne Texthilfe kann der Betrachter die Handlung nachvollziehen. Damit erfüllt Eckener zugleich eine von ihm selbst formulierte Aufgabe eines Künstlers: „Durch des Künstlers, des Poeten Auge und Temperament will man heute die Welt, die uns umgebende, und bedingende, kränkende und erfreuende, mitgenießen,

Alex Eckener: Tuschzeichnungen zu Storms „Schimmelreiter"

einerlei wie er sie darstellt, wenn die Darstellung nur packt, überzeugt, ergreift."[167]

Bettet man Alex Eckeners Radierungen in einen größeren kunstgeschichtlichen Rahmen, so vertritt der Künstler, bei aller Experimentierfreude auf dem Gebiet der graphischen Techniken, eine eher traditionelle Auffassung. In einer Zeit des künstlerischen Aufbruchs groß geworden, in der Abstraktion und stilistische Experimente erprobt wurden, in der z. B. expressionistisch und kubistisch gearbeitet wurde, wirkt Eckener mit seiner streng naturalistischen Kunstauffassung kontrastierend beständig und kaum progressiv. Kontinuität durchzieht sein ganzes Werk, kombiniert mit dem steten Bemühen, radiertechnische Fähigkeiten noch weiter zu vertiefen. Darauf liegt eindeutig ein Schwergewicht des künstlerischen Schaffens von Alex Eckener."

Alex Eckener: Tuschzeichnung zu Storms „Schimmelreiter"

Anmerkungen

1 Der Schimmelreiter. Novelle von Theodor Storm. Historisch-kritische Edition, herausgegeben von Gerd Eversberg unter Mitarbeit von Anne Petersen. Berlin 2014.

2 Ernst Storm an Verlag Westermann vom 22. Oktober 1888. Zitiert nach Br. Paetel, S. 466.

3 Theodor Storm an Erich Schmidt, Brief vom 3.2.1885, (Br. Schmidt, Bd. 2, S. 107).

4 Der gespenstige Reiter. Ein Reiseabenteur. (Nachdruck aus: Danziger Dampfboot Nr. 45 vom 14.4.1838). In: Lesefrüchten vom Felde der neuesten Literatur des In- und Auslandes. Gesammelt von J. J. C. Pappe, Hamburg, Jahrgang 1838, Zweiter Band, S. 125–128.

5 Karl Müllenhoff: Sagen, Märchen und Lieder der Herzogthümer Schleswig, Holstein und Lauenburg, (Müllenhoff 1845). In Lauenburg: Ein Deichgraf (Anmerkung zu Sage Nr. 243).

6 Vergl. Eversberg 2005a, S. 194 ff.

7 Heinrich Momsen: Der Schimmelreiter. In: Bilder aus Eiderstedt und den angrenzenden Gegenden. (Momsen 1890, S. 73–77.)

8 Momsen teilt über die Sagen im Vorwort seines Buches mit: „Zu verschiedenen Zeiten entstanden und teilweise bereits veröffentlicht, geben sie ein Bild der Verhältnisse und Zustände vergangener Zeiten. Was ich beim Studium der Heimatsgeschichte sammelte, worauf ich durch eigene Anschauung aufmerksam wurde, was von den in der Kindheit vernommenen Erzählungen in meiner Seele haften blieb, das habe ich in kleine Bilder zu formen und einzurahmen versucht."

9 J. Jasper: Der Schimmelreiter. In: Eiderstedt. Beiträge zur Heimatkunde. Geschrieben von Lehrern des Kreises. Garding (Jasper 1910, S. 102 f.).

10 In einem Aufsatz unter dem Titel „Sturmflutsagen. Mitgeteilt und mit einer Einleitung versehen von J. Jasper." In: Heimaterde. Unterhaltungsbeilage zur „Schleswig-Holsteinischen Landeszeitung. Rendsburger Tageblatt" Nr. 13 vom 8.10.1929 behauptet der Verfasser, er habe die in diesem Beitrag mitgeteilte „Schimmelreiter"-Sage „einer vor etwa vier Jahrzehnten mündlich empfangenen Erzählung nachgebildet."

11 Hermann Lübbing: Friesische Sagen. Von Texel bis Sylt. (Lübbing 1928, S. 151).

12 Rudolf Muuß: Nordfriesische Sagen (Muuß 1933, S. 87 f.).

13 So in einer umfangreichen Studie, die Reimer Kay Holander unter dem Titel „Der Schimmelreiter – Dichtung und Wirklichkeit. Kommentar und Dokumentation zur Novelle ‚Der Schimmelreiter' von Theodor Storm." zunächst 1976 im Ullstein-Verlag und dann noch einmal in einer neuen, verbesserten und aktualisierten Ausgabe (Bredstedt 2003) publiziert hat.

14 Gundula Hubrich-Messow (Sagen aus Schleswig-Holstein. München 1993; „Der Schimmelreiter in Eiderstedt", S. 93 f.) übernimmt den Jasper-Text nach Rudolf Muuß unter dem Titel „Der Schimmelreiter in Eiderstedt" in einer stilistischen Überarbeitung in ihre Sammlung von „Sagen aus Schleswig-Holstein". „Das große deutsche Sagenbuch" von Heinz Rölleke (Düsseldorf 1996; „Der Schimmelreiter", S. 50) enthält die Sage wörtlich in der Textgestalt von Hermann Lübbing. Und Jurjen van der Kooi hält sich in seinen beiden Sammlungen „Friesische Sagen" (Friesische Sagen. München 1994; „Der Schimmelreiter", S. 119–123) und „Sagen aus Nordfriesland" (Der Ring im Fischbauch. Leer 1998; „Der Schimmelreiter", S. 93–96) ebenfalls wörtlich an die längere Textfassung von Heinrich Momsen.

15 Vergl. die kritische Studie von Gerd Eversberg: Die Schimmelreiter-Sage. (Eversberg 2011, S. 67–92).

16 Theodor Storm an Tochter Lisbeth, Brief vom 20.2. 1885 (Br. Kinder, S. 232).

17 Theodor Storm an Theodor Mommsen, Brief vom 13.2.1843 (Br. Mommsen, S. 49).

18 Theodor Storm an Adele Eckermann, Brief vom 10.2.1885 (Br. Eckermann, S. 55 f.).

19 Theodor Storm an Gertrud Eckermann, Brief vom 2.4.1885 (Br. Eckermann, S. 56).

20 Christian Eckermann: Zur Geschichte der Eindeichungen in Norderdithmarschen (Eckermann 1882, S. 1–72); Christian Eckermann: Die Eindeichungen von Husum bis Hoyer (Eckermann 1891, S. 187–234).

21 Das geht ebenfalls aus dem Brief hervor, den Storm Anfang April an Gertrud Eckermann schrieb und in dem es heißt: „Grüße, bitte, Deine Eltern und sage Papa, Dodo solle die mir anvertrauten Schriften an ihn zurückbringen; […]." Theodor Storm an Gertrud Eckermann, Brief vom 2.4.1885, (Br. Eckermann, S. 56).

22 Hans Momsen 1799, Harms 1843, Groth 1871.

23 Heimreich 1668.

24 Laß 1750a, 1750b und 1752.

25 Clement 1845 und C.P. Hansen 1865.

26 Schrader 1805 und Friedrich Feddersen 1853.

27 Nicolai Falck (Hg.:) „Das jütsche Low; aus dem Dänischen übersetzt von Blasius Eckenberger. Mit einer hochdeutschen Uebersetzung, den Artikeln Tord Degns und einigen Anmerkungen." (Falck 1819)

28 Sie sind im Literaturverzeichnis mit einem Stern markiert.

29 Vergl. Gerd Eversberg: Theodor Storm als Sammler nordfriesischer Sagen (Eversberg 2005c).

30 Theodor Storm: Concept zum „Schimmelreiter", S. 128.

31 Harry Kunz/Albert Panten: Die Köge in Nordfriesland (Kunz/Panten 1999).

32 Insgesamt 12 Anzeigen zwischen Februar 1833 und November 1834.

33 Theodor Storm: Aus der Jugendzeit. In: LL 4, S. 429.

34 Ernst Felkes: Die geschichtliche Entwicklung der Deichlast in Nordfriesland (Felkes 1937).

35 Kreisarchiv NF, Husum, F26 – 326 (1820 – 1836).

36 Karl Friedrich Emil Krebs (1815–1897) aus Bredstedt, Schüler an der Husumer Gelehrtenschule bis Michaelis 1830; seit Herbst 1830 Studium in Kiel, Advokat in Bredstedt.

37 Theodor Storm: Aus der Jugendzeit. In: LL 4, S. 429.

38 Bericht über die Wirkung der großen Sturmflut vom 3. auf den 4. Februar 1825, Landesarchiv Schleswig, Abt. 65,2, Nr. 6179.

39 Theodor Storm an Theodor Mommsen; Brief vom 13.2.1843 (Br. Mommsen, S. 49).

40 Vergl. Laage 2011, S. 157f.

41 Vergl. den auf Seite 139 und 140 abgedruckten Text.

42 Gerd Eversberg: Mündlichkeit/Schriftlichkeit/Drucktext. Literarische Produktion als Medienwechsel (Eversberg 1999, S. 64ff.).

43 In der alten Schreibweise handelt es sich um eine Dehnungs-e.

44 Theodor Storm an Constanze Esmarch; Brief vom 3.–6.8.1845 (Br. C. Esmarch, S. 182f.).

45 Mügge 1846 und Mügge 1854.

46 „Concept", S. 147.

47 Vergl. Fischer 1955, S. 335ff.

48 Theodor Storm. Schleswig-Holsteinische Zeitung vom 29. April 1848. Zitiert nach: LL 4, S. 319.

49 Theodor Storm: Lena Wies. Ein Gedenkblatt, geschrieben 1870; veröffentlicht in Deutsche Jugend 1 (1873), S. 71–75; zit. nach LL 4, S. 179.

50 Theodor Storm an Karl Gottfried Ritter von Leitner, Brief vom 25.4.1881 (Br. Leitner, S. 193f.).

51 Harro Feddersen: Bericht und Bedencken von dem so genanten Brehtsteder Werck auffgesetzet von Harro Feddersen in Husum Anno 1685. Landesarchiv Schleswig-Holstein; Christian Eckermann: Die Eindeichungen von Husum bis Hoyer (Eckermann 1891, S. 199–202).

52 Details bei Fischer 1955, Kapitel 10: Bemühungen um das Bredstedter Werk. 1619/1722, S. 203–231.

53 Theodor Storm an Heinrich Schleiden, Brief vom 7.10.1885, (Br. Schleiden, S. 61).

54 Theodor Storm an Paul Heyse, Brief vom 4.12.1885, (Br. Heyse Bd. 3, S. 123).

55 Theodor Storm an Elwin Paetel, Brief vom 5.12.1885, (Br. Paetel, S. 194).

56 Theodor Storm an Paul Heyse Brief vom 15.1.1886, (Br. Heyse Bd. 3, S. 128).

57 Theodor Storm an Heinrich Schleiden, Brief vom 12.2.1886, (Br. Schleiden, S. 63).

58 Theodor Storm an Erich Schmidt, Brief vom 30.3.1886, (Br. Schmidt Bd. 2, S. 125).

59 Theodor Storm an Tochter Lisbeth, Brief vom 17.2.1888; (Br. Kinder, S. 239).

60 Theodor Storm an Ferdinand Tönnies, Brief vom 7.4.1888, (Br. Tönnies, S. 123).

61 Concept zum „Schimmelreiter", S. 115.

62 Theodor Storm an Ernst Storm, Brief vom 27.6.1886, (Br. Ernst Storm, S. 284.)

63 Theodor Storm an Adolf Krause; unveröffentlichter Brief vom 28.6.1886, StA, Husum.

64 Theodor Storm: Eine zurückgezogene Vorrede. In: LL 4, S. 409.

65 Vergl. Dieter Lohmeier: Erzählprobleme des Poetischen Realismus. Am Beispiel von Storms Novelle „Auf dem Staatshof" (Lohmeier 1979, S. 109–122).

66 Theodor Storm an Elwin Paetel, Brief vom Juli/August 1886, (Br. Paetel, S. 278).

67 Theodor Storm an Elwin Paetel, Brief vom 17.9.1886, (Br. Paetel, S. 222).

68 Theodor Storm an Elwin Paetel, Brief vom 14.5.1887, (Br. Paetel, S. 226f.).

69 Theodor Storm an Paul Heyse, Brief vom 25.5.1887, (Br. Heyse Bd. 3, S. 151).

70 Theodor Storm an Sohn Karl; Br. Kinder, S. 185, (hier nach der Handschrift in der SHLB Kiel).

71 Theodor Storm an Elwin Paetel, Brief vom 8.6.1887, (Br. Paetel, S. 228).

72 Theodor Storm an Elwin Paetel, Brief vom 20.7.1887, (Br. Paetel, S. 232).

73 Concept zum „Schimmelreiter", S. 115.

74 Concept zum „Schimmelreiter", S. 0/1

75 Zitiert nach LL 4, S. 77.

76 Die Erzählung „Am Kamin" wurde Anfang 1862 in: Victoria. Illustrirte Muster- und Modezeitung, Berlin, 12, Jg., Nr. 6 vom 8. 2 1862, S. 46 f. und Nr. 8 vom 12.2. 1862, S. 62 f. veröffentlicht. In ihr griff Storm Gespenstergeschichten wieder auf, die er in den 1840er Jahren für seine Sammlung „Neues Gespensterbuch" zusammengestellt hatte. Vergl. Karl Ernst Laage (Hg.): Theodor Storm. Neues Gespensterbuch. Beiträge zur Geschichte des Spuks. Frankfurt am Main 1991 (Insel Taschenbuch 1346). Neue Ausgabe: Heide 2011.

77 Br. Keller, S. 92.

78 Tzvetan Todorov: Einführung in die fantastische Literatur. München 1972, S. 33.

79 Theodor Storm an Paul Heyse, Brief vom 20.10.1887, (Br. Heyse Bd. 3, S. 161).

80 Aus Storms Tagebuch; „Braunes Taschenbuch", 28.10.1887, LL 4, S. 558 f.

81 Theodor Storm an Wilhelm Petersen, Brief vom 3.12.1887, (Br. Petersen, S. 176).

82 Theodor Storm an Elwin Paetel, Brief vom 5.12.1887, (Br. Paetel, S. 237).

83 Elwin Paetel an Theodor Storm, Brief vom 14.12.1887, (Br. Paetel, S. 238).

84 Theodor Storm an Gräfin Emilie zu Reventlow, Brief vom 5.2.1888, (Br. Reventlow, S. 44).

85 Karl Müllenhoff: Sagen, Märchen und Lieder der Herzogthümer Schleswig, Holstein und Lauenburg (Müllenhoff 1845, Nr. 331).

86 Reinschrift zum „Schimmelreiter", S. 158 f.

87 Aus Storms Tagebuch; „Braunes Taschenbuch", 9.2.1988, LL 4, S. 561.

88 „An Paetel einen Nachtrag zum ‚Schimmelreiter' geschickt." (Aus Storms Tagebuch „Braunes Taschenbuch", 22.2.1888, LL 4, S. 561.

89 Von diesem ersten Korrekturabzug ist nur der Schlussteil erhalten; vergl. Laage 1979.

90 zitiert nach Albert Köster im Kommentar zu Theodor Storms Sämtliche Werke, Leipzig 1923, Bd. 8, S. 288, aus einem verlorenen Brief Storms an Elwin Paetel vom 3.3.1888, der aber von Storm in einem zweiten Brief an den Verleger vom selben Tage erwähnt wird.

91 Dieser zweite Korrekturabzug ist nicht erhalten.

92 Theodor Storm an Tochter Lisbeth, Brief vom 10.3.1888; (Br. Kinder, S. 338 f.).

93 Theodor Storm an Elwin Paetel, Brief vom 14.4.1888, (Br. Paetel, S. 256).

94 Theodor Storm an Elwin Paetel, Brief vom 23.2.1888, (Br. Paetel, S. 259).

95 Theodor Storm an Elwin Paetel, Brief vom 7.3.1888, (Br. Paetel, S. 247 f.).

96 Elwin Paetel an Theodor Storm, Brief vom 5.3.1888, (Br. Paetel, 246 f.).

97 Elwin Paetel an Theodor Storm, Brief vom 27.6.1888, (Br. Paetel, S. 262).

98 Das lässt sich durch den Vergleich der handschriftlichen und gedruckten Textzeugen erkennen.

99 Theodor Storm an Ferdinand Tönnies, Brief vom 7.4.1888, (Br. Tönnies, S. 123 f.).

100 Vergl. zu Folgendem: Karl Ernst Laage: Zur ersten Buchausgabe von Storms „Schimmelreiter (Laage 1989, S. 169–175).

101 Zu den Himmelrichtungen vergl. Karl Ernst Laage: Das Wirtshaus in Storms Novelle „Der Schimmelreiter": poetische Fiktion und Wirklichkeit (Laage 2007, S. 113–120).

102 Theodor Storm an Elwin Paetel, Brief vom 28.5.1888; (Br. Paetel, S. 259).

103 Sie wird in dieser Edition nach der neuen historisch-kritischen Edition korrigiert.

104 Die folgenden Briefe und autobiographischen Dokumente werden in der Regel nach den zuverlässigen Textausgaben wiedergegeben, die nach unterschiedlichen Prinzipien ediert wurden. Wenn auf unveröffentlichtes handschriftliches Material zurückgegriffen wird, erfolgt die Textwiedergabe zeichengetreu nach den Quellen. Ergänzungen stehen in spitzen Klammern, Auslassungen werden durch [...] markiert und Herausgeberkommentare stehen in eckigen Klammern.

105 Der gespenstige Reiter. Ein Reiseabenteuer. (Reiter 1838, S. 125 ff.)

106 Vergl. Karl Hoppe: Der gespenstige Reiter. Eine unbekannte Quelle Storms. (Hoppe 1949, S. 45 ff.)

107 Rolf Kuschert: Die frühe Neuzeit. In: Geschichte Nordfrieslands (Nordfriesland 1995, S. 105–204).

108 Vergl. Laage 1971, den Kommentar zum „Schimmelreiter" in LL 3, S. 1051 ff. sowie die Dokumentation des Schreibprozesses und einiger Quellen bei Laage 2009, S. 110–155.

109 Ich schließe mich hier an die Terminologie an, die Barbara Piatti entwickelt hat: Die Geographie der Literatur. Schauplätze, Handlungsräume, Raumphantasien. Göttingen 2008, S. 22 f.

110 Zu Storms Realismus vergl. Lohmeier 1979.

111 Vergl. Karl Ernst Laage: Das Erinnerungsmotiv in Theodor Storms Novellistik (Laage 1958, S. 24) und Gerd Eversberg: Theodor Storm arbeitet mit Quellen (Eversberg 2007, S. 115 ff.).

112 Geschichte Husums. Von den Anfängen bis zur Gegenwart. Hg. von der Gesellschaft für Husumer Stadtgeschichte (Husum 2003).

113 Vergl. Hans Joachim Kühn/Albert Panten: Der frühe Deichbau in Nordfriesland. Archäologisch-historische Untersuchungen. (Kühn/Panten 1995, S. 39 ff.)

114 Uwe Iben: Der Husumer Hafen. Husum 2004, S. 20–37.

115 Vergl. Johann Friedrich Hansens Staatsbeschreibung des Herzogthums Schleswig (J.F. Hansen 1770); Georg Hanssen: Ueber das Landgemeindewesen in den Herzogthümern Schleswig und Holstein (G. Hanssen 1844); K.J. Clement: Die Lebens- und Leidensgeschichte der Frisen (Clement 1845), J.G. Kohl: Die Marschen und Inseln der Herzogthümer Schleswig und Holstein, Erster Band (Kohl 1846); Theodor Mügge: Streifzüge in Schleswig-Holstein und im Norden der Elbe. Erster Theil (Mügge 1846); Friedrich Feddersen: Beschreibung der Landschaft Eiderstedt (Friedrich Feddersen 1853); C.P. Hansen: Das Schleswig'sche Wattenmeer und die friesischen Inseln (C.P. Hansen 1865); Chr. Johansen: Halligenbuch. Eine untergehende Inselwelt (Johansen 1866).

116 Die Hattstedter Marsch umfasst das Gebiet nordwestlich des Dorfes Hattstedt bis zur Arlau; die Gemeinde heißt heute Hattstedtermarsch; (vergl. Chronik Hattstedtermarsch 1985).

117 Storms Kollege Christian Ulrich Beccau (1809–1867), aus Friedrichstadt; Vater: Carl Beccau, Chirurg in Friedrichstadt; Schüler an der Husumer Gelehrtenschule seit Ostern 1825; Studium der Jurisprudenz in Kiel; 1838 Untergerichtsadvokat in Husum; 1842 Notar; musste Husum 1848 verlassen, kehrte 1851 zurück und erhielt seine Bestallung als Rechtsanwalt 1855 zurück. Verfasser einer Geschichte: Versuch einer urkundlichen Darstellung der Geschichte Husums bis zur Ertheilung des Stadtrechtes (Beccau 1854).

118 Vergl. Robert Stadelmann: Meer – Deiche – Land. Küstenschutz und Landgewinnung an der deutschen Nordseeküste (Stadelmann 1981).

119 Joh. Nikol. Tetens: Ueber den eingedeichten Zustand der Marschländer, und die demselben anklebende Gefahr vor Ueberschwemmungen, – eine Vorlesung, gehalten in der Versamlung der schleswig-holsteinischen patriotischen Gesellschaft den 31sten Oktober 1787 (Tetens 1787); Bemerkungen über die einländischen Marschen über das Eigene ihrer verschiedenen Bezirke und den Charakter ihrer Bewohner (Tetens 1788a); Johann Nicolai Tetens: Reisen in die Marschländer an der Nordsee zur Beobachtung des Deichbaus in Briefen. Erster Band. Leipzig 1788 (Tetens 1888b).

120 Allgemeines Deich-Reglement für die sämmtlichen Marschcommünen, adlichen Marschgüter und octroyirten Koege in den Herzogthümern Schleswig und Holstein 1803, § 9. Vergl. Chronologische Sammlung der im Jahr 1803 ff. ergangenen Verordnungen und Verfügungen für die Herzogthümer Schleswig und Holstein. Kiel 1826–1849, S. 17–39 (Deichreglement 1803).

121 Vergl. Schrader 1805.

122 Brief an Paul Heyse vom 29.8.1886; (Br. Heyse, Bd. 3, S. 140)

123 Die Darstellung in der Novelle stimmt bis ins Detail mit dem überein, was der Berliner Journalist Theodor Mügge nach einem gemeinsamen Besuch der Hattstedter Marsch in seinem Buch über Schleswig-Holstein (Mügge 1846, Erster Theil, S. 318 ff.) beschrieben hat. Über Mügges Aufenthalt in Husum vergl. den Briefwechsel Storms mit seiner Braut Constanze Esmarch (Br. Constanze E., Bd. 1, Brief Nr. 70).

124 Rolf Kuschert (Hg.): Hans Momsen der Landmann, Mechaniker und Mathematiker aus Fahretoft in Nordfriesland 1735–1811 (Kuschert 1982).

125 Vergl. Otto S. Knottnerus: Eine gefahrvolle Existenz: Zur inhärenten Ambivalenz der frühneuzeitlichen Küstengesellschaft. In: Fischer u.a. 2007, S. 107–149.

126 Laß 1750a, Laß 1750b sowie Laß 1752.

127 Vergl. zum Folgenden: Otto Fischer: Landgewinnung und Landerhaltung in Schleswig-Holstein. Dritter Teil: Das Festland. Band 2: Nordfriesland (Fischer 1955, S. 36 ff.).

128 Vergl. Paul Barz: Der wahre Schimmelreiter. Die Geschichte einer Landschaft und ihres Dichters Theodor Storm (Barz 1985); Reimer Kay Holander: Der Schimmelreiter – Dichtung und Wirklichkeit. Kommentar und Dokumentation zur Novelle „Der Schimmelreiter" von Theodor Storm (Holander 2003); Christian Eckermann: Die Eindeichungen von Husum bis Hoyer (Eckermann 1891); Hugo Hinrichsen: Die Verwaltung der Deiche in der nordfriesischen Marsch vor 1800 (Hinrichsen 1925); und Hans Joachim Kühn: Die Anfänge des Deichbaus in Schleswig-Holstein (Kühn 1992).

129 Albert Panten: Die Nordfriesen im Mittelalter. In: Geschichte Nordfrieslands. Heide 1995, S. 71 f.; Marie Luisa Allemeyer: „In diesser erschrecklichen unerhörten Wasserfluth, kan man keine naturlichen Ursachen suchen". Die Burchardi-Flut des Jahres 1634 an der Nordseeküste, in: Schenk 2009, S. 93–108.

130 Vergl. Hans-Herbert Henningsen: Rungholt, der Weg in die Katastrophe. Husum 2000.

131 Chronik Hattstedtermarsch 1985, S. 18 ff.

132 Vergl. Chronik Hattstedtermarsch 1985, S. 23 sowie Hattstedter Neuer Koog 1500–2000. Festschrift zur 500-Jahrfeier. Hattstedtermarsch 2000.

133 Das Demat war in den Herzogtümern Schleswig und Holstein gebräuchliches Flächenmaß. Ein Demat entsprach im Amt Husum 0,48 ha. Vergl. Lorenzen-Schmidt 1990, S. 14 f.

134 Zur Datierung der Deichbauprojekte vergl. Harry Kunz/Albert Panten: Die Köge in Nordfriesland, 2., durchgesehene und aktualisierte Auflage 1999.

135 Fischer 1955, S. 203 ff.

136 Manfred Jakubowski-Tiessen: „Erschreckliche und unerhörte Wasserflut". Wahrnehmung und Deutung der Flutkatastrophe von 1634. In: Jakubowski/Lehmann 2003, S. 179–200; Guntram Riecken: Die Flutkatastrophe am 11. Oktober 1634 – Ursachen, Schäden und Auswirkungen auf die Küstengestalt Nordfrieslands. In: Hinrichs 1991, S. 11–64.

137 Karl Ernst Laage: Kommentar zu „Der Schimmelreiter" in LL 3 (Laage 1988, S. 1049–1124); Karl Ernst Laage: Das Wirtshaus in Storms Novelle „Der Schimmelreiter": Poetische Fiktion und Wirklichkeit (Laage 2007, S. 113–120); Kay Reimer Holander: Der Schimmelreiter – Dichtung und Wirklichkeit. Kommentar und Dokumentation zur Novelle „Der Schimmelreiter" (Holander 2003, S. 53–96.)

138 August Wilhelm Geerkens: Jean Henri Graf Desmercieres (Geerkens 1960, S. 13).

139 Vergl. die detaillierte Darstellung bei Fischer 1955, S. 185 ff.

140 Details bei Otto Fischer: Landgewinnung und Landerhaltung in Schleswig-Holstein. Berlin 1955. (Das Wasserwesen an der schleswig-holsteinischen Nordseeküste. Dritter Teil: Das Festland. Band 2: Nordfriesland), Kapitel 10: Bemühungen um das Bredstedter Werk. 1619/1722, S. 203–231. Eine Übersicht bietet Dirk Meier u.a.: Der Küstenatlas. Das schleswig-holsteinische Wattenmeer in Vergangenheit und Gegenwart. Heide 2013. Eine ältere Darstellung bei Christian Petersen: Das Bredstedter Werk, ein Abschnitt aus dem Kampf der Nordfriesen mit dem Meer. In: Jahrbuch des Nordfriesischen Vereins für Heimatkunde und Heimatliebe. Husum 1925, S. 89–105.

141 Johannes Laß: Sammelung einiger Husumischen Nachrichten, von Anno 1089. bis Anno 1700. inclusiue, aus unterschiedenen Manuscripten und Documenten etc. zusammen getragen [...]. (Laß 1750a) sowie die Fortsezung der Samlung einiger Husumischen Nachrichten, welche de Anno 1701. biß 1750. Junii inclusiue, aus vielen Nachrichten zusammengetragen, [...]. (Laß 1750b, Anlage ad ann. 1751, S. 9 ff.)

142 Vergl. Der Schimmelreiter, S. 120.

143 Theodor Storm an Constanze Esmarch; Brief vom 6.–10.9.1845 (Br. C. Esmarch); Bd. 1, S. 270 ff.

144 Dorfchronik Horstedt, S. 118 f.

145 Mügge 1846

146 Mügge 1854

147 Johannes Mejer: Landtcarte von Nordgoesharde, Ambt Husum, Lundenberg undt dem Nortstrande; vergl. die Karte von Mejer sowie die Zeichnung von Gertrud Eckermann (S. 143).

148 Helgo und Günter Klatt: 375 Jahre Einhorn-(Rats-)Apotheke in Husum. Husum 1988.

149 Vergl. Eversberg 2009b

150 Storm benutzte sowohl ein Exemplar der zweiten Auflage der Heimreich'schen Chronik (1668), in das nach S. 84 eine Landkarte Nordfrieslands eingeklebt ist, als auch die Falck'sche Edition in zwei Bänden aus dem Jahre 1819.

151 Carl Schrader: Systematische Übersicht des Deichrechts als Resultat der wichtigsten teutschen Gesetze, über die, aus Deich- Damm- Siel- und Schleusen-Sachen entstehenden Rechtsverhältnisse, zum Gebrauch academischer Vorlesungen. Kiel 1805; Nicolai Falck (Hg.:) Das jütsche Low; aus dem Dänischen übersetzt von Blasius Eckenberger. Mit einer hochdeutschen Uebersetzung, den Artikeln Tord Degns und einigen Anmerkungen. Altona 1819; Nicolai Falck: Handbuch des Schleswig-Holsteinischen Privatrechts. 4 Bände Altona 1825ff; Storm erwähnt Bd. 1 (1825), Bd. 2 (1831), Bd. 3 (1835) und Bd. 4 (1840); Heinrich Carl Esmarch: Praktische Darstellung des Strafverfahrens im Herzogthum Schleswig. Schleswig 1840; Heinrich Carl Esmarch: Das im Herzogthume Schleswig geltende bürgerliche Recht. Schleswig 1846; Heinrich Carl Esmarch (Hg.): Sammlung der Statute, Verordnungen und Verfügungen, welche den bürgerlichen Proceß des Herzogthums Schleswig betreffen. Schleswig 1848; Christian L. E. v. Stemann: Geschichte des öffentlichen und Privat-Rechts des Herzogthums Schleswig. 2 Theile. Kopenhagen 1866. (Bd. 2, § 50 „Die Koege", S. 146–149.); C. Parey: Das Deichbuch. Eine Sammlung der wichtigsten auf das Deichwesen bezüglichen gesetzlichen Bestimmungen. Danzig 1871.

152 Christian Eckermann zitiert in seinem 1891 veröffentlichten Bericht über die Eindeichungen vor Nordfriesland aus Feddersens Bericht. (Eckermann 1891, S. 199–202) Die beigefügte Karte zeigt die von Feddersen vorgeschlagene Deichlinie. Der Aufsatz erschien zwar erst nach Storms Tod, die dort dargestellten Forschungsergebnisse kannte Storm aber aus seinen Gesprächen mit Eckermann im Oktober und Dezember 1887; wahrscheinlich gehörte die Handschrift zu den Quellentexten, die Storm Anfang 1885 von Eckermann geliehen bekommen hatte.

153 Paul Heyse an Theodor Storm, Bd. 2, S. 173.

154 Zitiert nach Theodor Storm an Elwin Paetel; S. 257 f.

155 Die Mappe, deren Blätter von Eckener persönlich gedruckt worden waren, erschien in einer Auflage von 20 Exemplaren; die Reproduktionen in dieser Ausgabe erfolgen nach dem Exemplar des Husumer Storm-Archivs. 1980 wurde in Stuttgart von den Originalplatten erneut 20 Exemplare hergestellt: Alexander Eckener: 60 Radierungen zu Theodor Storms Novelle „Der Schimmelreiter". Mit einer Einleitung versehen von Marianne Grams.

156 Heinrich Rummel: Alex Eckener. Ein Malerleben zwischen Flensburg und Stuttgart. Flensburg [2]1984.

157 Marianne Risch-Stolz: Alex Eckeners Illustrationen zu Theodor Storms „Schimmelreiter". In: Nordelbingen Bd. 58 (1989), S. 115–136.

158 Sechs Motive aus dieser Serie, die Eckener nicht in Radierungen umarbeitete, sind in diesem Kapitel abgebildet. Sie wurden 1982 als Heliogravüren veröffentlicht.

159 Hans Schlee: Illustrationen zu den Werken Theodor Storms. Heide 1987, S. 75–77.

160 Theodor Storm: Der Schimmelreiter. Mit 96 ganzseitigen Lichtbildern aus dem gleichnamigen Film und nach Landschaftsaufnahmen. Hannover (1934).

161 Dieter Lohmeier hat das unvollendete Buch 1990 anlässlich des 70. Geburtstages von Karl Ernst Laage, des damaligen Sekretärs der Theodor-Storm-Gesellschaft, nach einem Exemplar in der Schleswig-Holsteinischen Landesbibliothek aufbewahrten Klebeumbruch fertiggestellt und nach den Angaben von Eckener zum Druck gebracht: Theodor Storm. Der Schimmelreiter. Mit Radierungen von Alex Eckener. Heide 1990.

162 Mit freundlicher Erlaubnis der Schleswig-Holsteinischen Landesbibliothek, Kiel (Landesgeschichtliche Sammlung).

163 Der Schimmelreiter. Deutschland 1933/34, Curt Oertel, Hans Deppe. Rudolf Fritsch-Tonfilm Produktion, Berlin.

164 Dieter Lohmeier im Nachwort zu: Theodor Storm. Der Schimmelreiter. Mit Radierungen von Alex Eckener. Heide 1990; hier S. 147f.

165 Der Schimmelreiter von Theodor Storm mit Radierungen von A. Eckener. Herausgegeben von Sophie Eckener in Verbindung mit der Theodor-Storm-Gesellschaft, Husum. Flensburg 1954. 2. neu bearbeitete und erweiterte Auflage, Flensburg 1971; 3. Auflage, Hamburg 1977; 4. Auflage, Hamburg 1981.

166 1982 veröffentlichte Marianne Grams 42 Heliogravüren, die nach Tuschzeichnungen Eckeners hergestellt wurden. Dabei handelt es sich um Entwurfszeichnungen Eckeners, die zum Teil von den späteren Radierungen abweichen; auch sind einige Motive nicht in eine Druckplatte übernommen worden. Alex Eckener: 42 Heliogravüren nach den Entwürfen zu Theodor Storms Novelle „Der Schimmelreiter“. Mit einer Einleitung versehen von Marianne Grams. Stuttgart 1982.

167 Alex Eckener: Über die Technik der Künstlerlithographie. In: Mitteilungen des Würtembergischen Kunstgewerbevereins, Stuttgart 1904/05, H. 1, S. 70f.

Verzeichnis der Abkürzungen

Abb.	Abbildung
Br.	Brief / Briefe
d. i.	das ist
f. / ff.	die folgende Seite / die folgenden Seiten
LL	Theodor Storm, Sämtliche Werke, hg. von Karl Ernst Laage und Dieter Lohmeier, 4 Bde, Frankfurt am Main 1987/88. (Mit Bandnummer und Seiten).
nd.	niederdeutsch
S.	Seite
SHLB	Schleswig-Holsteinische Landesbibliothek, Kiel
StA	Storm-Archiv, Husum
STSG	Schriften der Theodor-Storm-Gesellschaft, Heide 1952 ff.
Concept	Entwurfshandschrift
Reinschrift	Reinschrift für den Verlag Paetel
‹Text›	Text-Ergänzungen durch den Herausgeber
[Text]	Erläuterungen des Herausgebers

Für den Kommentar wurden folgende Nachschlagewerke, Lexika und Wörterbücher verwendet:

Das Deutsche Wörterbuch von Jacob und Wilhelm Grimm auf CD-ROM und im Internet (http://germazope.uni-trier.de/Projekte/DWB/start)

Brockhaus' Konversations-Lexikon. Vierzehnte vollständig neubearbeitete Auflage. In sechzehn Bänden. Berlin 1892.

Meyers Großes Konversations-Lexikon. Sechste Auflage 1905–1909. Studienausgabe. Berlin 2005 (Digitale Bibliothek Bd. 100).

Otto Mensing: Schleswig-Holsteinisches Wörterbuch (Volksausgabe). Fünf Bände. Neumünster 1927–1935.

Duden online (www.duden.de)

Weitere Abkürzungen im Literaturverzeichnis

Literaturverzeichnis

Werke Storms

Der Schimmelreiter. Novelle von Theodor Storm. In: Deutsche Rundschau, hg. von Julius Rodenberg. Bd. LV (April – Mai – Juni 1888). Berlin 1888, S. 1–34 und 161–203.

Der Schimmelreiter. Novelle von Theodor Storm, Berlin 1888.

Der Schimmelreiter. (1888.). In: Theodor Storm's Gesammelte Schriften. Band 19, Braunschweig 1889, S. 99–326.

Der Schimmelreiter. In: Theodor Storms Sämtliche Werke in acht Bänden. Hg. von Albert Köster. Leipzig 1920, Bd. 7, S. 252–377.

Der Schimmelreiter. Mit 96 ganzseitigen Lichtbildern aus dem gleichnamigen Film und nach Landschaftsaufnahmen. Hannover (1934).

Der Schimmelreiter. In: Theodor Storm. Sämtliche Werke. Novellen, kleinere Prosa. 4 Bde, Berlin [6]1986 (Sämtliche Werke in vier Bänden. Hg. von Peter Goldammer, Bd. 4), S. 251–372.

Theodor Storm, Sämtliche Werke. Hg. von Karl Ernst Laage und Dieter Lohmeier, 4 Bde, Frankfurt a.M. 1987/88. (LL)

Der Schimmelreiter. Novelle von Theodor Storm. Historisch-kritische Edition, herausgegeben von Gerd Eversberg unter Mitarbeit von Anne Petersen. Berlin 2014. (Husumer Beiträge zur Storm-Forschung. Herausgegeben von Heinrich Detering und Gerd Eversberg. Band 9)

Briefausgaben

Br. Brinkmann | Theodor Storm – Hartmuth und Laura Brinkmann. Briefwechsel. Hg. von August Stahl. Berlin 1986.

Br. Constanze E. | Theodor Storm – Constanze Esmarch. (früher: Briefe an seine Braut) Briefwechsel. Hg. von Regina Fasold. 2 Bde, Berlin 2002.

Br. Constanze S. | Theodor Storm – Constanze Storm. Briefwechsel. Hg. von Regina Fasold. Berlin 2009.

Br. Eckermann | Karl Ernst Laage: Die Beziehungen Storms zu seinem „Schimmelreiter"-Berater Christian Eckermann und dessen Familie (mit unveröffentlichten Briefen). In: STSG 49 (2000), S. 45–63.

Br. Ernst Storm | Theodor Storm – Ernst Storm. Briefwechsel. Hg. von David Jackson. Berlin 2007.

Br. Esmarch | Theodor Storm – Ernst Esmarch. Briefwechsel. Hg. von Arthur Tilo Alt. Berlin 1979.

Br. Franzos | Peter Goldammer: Theodor Storm und Karl Emil Franzos. Ein unbekannter Briefwechsel. In: STSG 18 (1969), S. 9–40.

Br. Groth | Theodor Storm – Klaus Groth. Briefwechsel. Hg. von Boy Hinrichs. Berlin 1990.

Br. Hans Storm | Theodor Storm. Briefe an seinen Sohn Hans. Katalog 633. J.A. Stargardt, Marburg 1985.

Br. Heimat | Theodor Storm: Briefe in die Heimat (an die Eltern). Hg. v. Gertrud Storm. Berlin 1907.

Br. Heyse | Theodor Storm – Paul Heyse. Briefwechsel. Hg. von Clifford Albrecht Bernd. 3 Bde. Berlin 1969/70/74.

Br. Keller | Theodor Storm – Gottfried Keller. Briefwechsel. Hg. von Karl Ernst Laage. Berlin 1992.

Br. Kinder | Theodor Storm: Briefe an seine Kinder (an Hans, Ernst, Karl, Lisbeth, Lucie, Elsabe, Gertrud, Dodo). Hg. von Gertrud Storm. Braunschweig 1916.

Br. Kuh | Briefwechsel zwischen Theodor Storm und Emil Kuh, veröffentlicht von Paul R. Kuh. In: Westermanns Monatshefte 67 (1889/90).

Br. Leitner | Erwin Streitfeld: Der Grazer Dichter Karl Gottfried Ritter von Leitner und Theodor Storm. Kommentare zu ihrer Begegnung. (Mit unveröffentlichten Briefen und einem Exkurs über die Wirkungsgeschichte eines novellentheoretischen Satzes von Leitner). In: Historisches Jahrbuch der Stadt Graz, 10 (1979), S. 169–202.

Br. Lorenzen | Theodor Storms Briefe an seinen Freund Georg Lorenzen 1876–1882. Leipzig 1923.

Br. Mommsen | Theodor Storms Briefwechsel mit Theodor Mommsen. Hg. von Hans-Erich Teitge. Weimar 1966.

Br. Paetel | Theodor Storm – Gebrüder Paetel. Briefwechsel. Hg. von Roland Berbig. Berlin 2006.

Br. Petersen | Theodor Storm – Wilhelm Petersen. Briefwechsel. Hg. von Brian Coghlan. Berlin 1984.

Br. Pietsch | Blätter der Freundschaft. Aus dem Briefwechsel zwischen Theodor Storm und Ludwig Pietsch. Mitgeteilt von Volquart Pauls. 2. Aufl., Heide 1943.

Br. Reventlow | Ferdinand Trömel: Theodor Storms Briefe an die Gräfin Emilie Reventlow. In: STSG 25 (1976), S. 25–47.

Br. Scherer/Br. Liliencron | Theodor Storm: Briefe an Georg Scherer und Detlev von Liliencron. Hg. von Franz Stuckert. In: STSG 3 (1954), S. 15–59.

Br. Seidel | Gerd Eversberg: Der Briefwechsel zwischen Theodor Storm und Heinrich Seidel. In: STSG 45 (1996), S. 47–96.

Br. Schleiden | Theodor Storm – Heinrich Schleiden. Briefwechsel. Hg. von Peter Goldammer. Berlin 1995.

Br. Schmidt | Theodor Storm – Erich Schmidt. Briefwechsel. Hg. von Karl Ernst Laage. 2 Bde. Berlin 1972/76.

Br. Tönnies | Der Briefwechsel zwischen Theodor Storm und Ferdinand Tönnies. Hg. von Dieter Lohmeier. In: Stormlektüren. Festschrift für Karl Ernst Laage zum 80. Geburtstag. Hg. von Gerd Eversberg u.a., Würzburg 2000, S. 91–127.

Sonstige Literatur

Von Storm als Quellen benutzte Titel sind mit einem Stern (*) markiert

Adelsheim 1719 | Philomon Adelsheim: Neuer und Verbesserter Kriegs- Mord- und Tod- Jammer- und Noth-Calender/Auf das Jahr nach der gnadenreichen heiligen Geburt unsers HErrn und Heilands JEsu Christi M DCC XIX. In welchem Nebenst der Beschreibung des Gewitters/Erwehlungen/der Planeten Lauff und Gang/samt deroselben natürlichen Zuneigungen/auch zu finden ist Eine ausführliche Beschreibung Der entsetzlichen Stürme/und daher verursachten fast über natürlich-hohen Wasser-Fluten/womit GOttes Hand am H. Christ-Tag 1717, und den 25. Hornung 1718 die Länder an der Nord-Süder- und Ost-See heimgesuchet, Nebst einem Kupfer/welcher diese Strafe Gottes deutlich vorstellet. Nürnberg 1719.

Allgemeines Deichreglement 1803* | Allgemeines Deichreglement für die sämmtlichen Marschcommünen, adelichen Marschgüter und octroyirten Koege in den Herzogthümern. In: Chronologische Sammlung der im Jahr 1803 ff. ergangenen Verordnungen und Verfügungen für die Herzogthümer Schleswig und Holstein. Kiel 1826–1849, S. 17–39.

Allgemeines Deich-Reglement für die sämmtlichen Marschcommünen, adlichen Marschgüter und octroyirten Koege in den Herzogthümern Schleswig und Holstein. In: Schleswig-Holsteinische Anzeigen. 20stes Stück. Montag den 16ten Mai 1803 [erster Teil], S. 500–509.

Allemeyer 2006 | Marie Luise Allemeyer: „Kein Land ohne Deich …!" Lebenswelten einer Küstengesellschaft in der Frühen Neuzeit; Göttingen 2006.

Asbjörnsen/Moe 1847* | Norwegische Volksmärchen gesammelt von Peter Christen Asbjörnsen und Jörgen Moe. Deutsch von Friedrich Bresemann. Mit einem Vorworte von Ludwig Tieck. Berlin 1847.

Baltensweiler 2002 | Thomas Baltensweiler: Die Aporie in der bürgerlichen Familie. Zur Funktion des Erwerbssinns in „Hans und Heinz Kirch" und „Der Schimmelreiter". In: STSG 51/2002, S. 87–100.

Barz 1985 | Paul Barz: Der wahre Schimmelreiter. Die Geschichte einer Landschaft und ihres Dichters Theodor Storm. Frankfurt a. M. 1985.

Beccau 1854* | Christian Ulrich Beccau: Versuch einer urkundlichen Darstellung der Geschichte Husums bis zur Ertheilung des Stadtrechtes. Schleswig 1854.

Bibel 1876 | Die Bibel oder die ganze Heilige Schrift des Alten und Neuen Testaments, nach der deutschen Übersetzung Dr. Martin Luthers. Frankfurt a. M. 1876.

Blödorn 2005 | Andreas Blödorn: Storms „Schimmelreiter". Vom Erzählen erzählen. In: Der Deutschunterricht 2/2005, S. 8–17.

Boetius 1798* | Matthias Boye's [d. i. Matthias Boetius] Geschichte der Ueberschwemmungen Nordstrands und des Deichbaues daselbst in den Jahren 1612–1618. In: Schleswig-Holsteinische Provinzialberichte 1798, Erster Band, Zweites Heft, S. 105–152.

Brandstäter 1883* | Danziger Sagenbuch. Sagen von der Stadt und ihren Umgebungen. Danzig 1883.

Brockdorff/Eggers 1794* | Cai Lorenz Freyherr von Brockdorff und Friedrich Ludwig von Eggers (Hg.): Corpus Statutorum Slesvicensium. Erster Band. Schleswig 1794.

Büchting 1770* | Staatsbeschreibung des Herzogthums Schleswig. Hg. von Anton Friedrich Büchting. Hamburg 1758.

Burchard 1960/61 | Annemarie Burchard: Theodor Storms „Schimmelreiter" – Ein Mythos im Werden. In: Antaios 2 (1960/61), S. 456.

Busch 1952a | Andreas Busch: Auf den Spuren des Schimmelreiters. In: Husumer Nachrichten vom 20.9.1952.

Busch 1952b | Andreas Busch: Handschriftliche Aufzeichnungen aus der Familie Iwersen-Schmidt aus dem Jahre 1952; ungedrucktes Typoskript (Storm-Archiv, Husum).

Busch 1960 | Andreas Busch: Neuer Beitrag zum Schauplatz der Schimmelreiternovelle. In: Die Heimat, 67. Jg., H. 9, September 1960.

Christian I. 1465* | König Christian I. Octroy des in der Landschaft Bredstedt belegenen sogenannten Stördewerker Koegs. 1465. Jan. 1. Nordalbingische Studien. Bd. 3, Kiel 1846, S. 287–288.

Christiansen 1903 | U[lrich] A[nton] Christiansen: Die Geschichte Husums im Rahmen der Geschichte Schleswig-Holsteins mit vorangehender Beschreibung Nordfrieslands und der Sturmfluten. 2 Teile. Husum o. J. (1903).

Chronik Deichverband 1800 | Chronik des Deich- und Hauptsielverbandes Dithmarschen, zusammengestellt von Hans Michelsen. Bd. 1, Hemmingstedt, 2. Aufl. 2008 (4. Neuordnung des Deich- und Wasserwesens ab 1800), S. 33–41.

Chronik Hattstedtermarsch 1985 | Chronik der Hattstedtermarsch. Bredstedt 1985.

Chronik Horstedt 1990 | Dorfchronik Horstedt, Horstedt 1990.

Clement 1845* | K[nut] J[ungbohn] Clement: Die Lebens- und Leidensgeschichte der Frisen, insbesondere der Frisen nördlich von der Elbe. Kiel 1845.

Cornils 1841* | P[eter] W[ilhelm]. Cornils: Die Communal-Verfassung in der Landschaft Eiderstedt. Heide 1841.

Crelle 1832 | A. L. Crelle (Hg.): Journal für die Baukunst, Bd 5, Berlin 1832.

Cremper Marsch 1826* | Die Überschwemmung der Cremper Marsch nebst umliegender Gegend am 7. Oct. 1756. In: Staatsbürgerliches Magazin. Hg. von N. Falck. Bd. 6, Schleswig 1826, S. 512–533.

Deichordnung 1595* | Neue Deichordnung vom 14 November 1595. In: Etwas von den Stallern und besonderen Gesezen und Freiheiten der drei Lande Eyderstedt, Everschop und Utholm. III. In: Schleswig-Holsteinische Provinzial-Berichte, 1790, Heft 5, S. 646–655.

Detlefsen | Detlef Detlefsen: Geschichte der holsteinischen Elbmarschen, 2 Bde., Glückstadt 1891 und 1892

Dreyer-Eimbcke 2006 | Oswald Dreyer-Eimbcke: 400 Jahre Johannes Mejer (1606–1674). Der große Kartograph aus Husum. Oldenburg 2006.

Eckener 1904/05 | Alex Eckener: Über die Technik der Künstlerlithographie. In: Mitteilungen des Würtembergischen Kunstgewerbevereins, Stuttgart 1904/05, H. 1, S. 70 f.

Eckener 1954 | Der Schimmelreiter von Theodor Storm mit Radierungen von A. Eckener. Herausgegeben von Sophie Eckener in Verbindung mit der Theodor-Storm-Gesellschaft, Husum. Flensburg 1954. 2. neu bearbeitete und erweiterte Auflage, Flensburg 1971; 3. Auflage, Hamburg 1977; 4. Auflage, Hamburg 1981.

Eckener 1982 | Alex Eckener: 42 Heliogravüren nach den Entwürfen zu Theodor Storms Novelle „Der Schimmelreiter". Mit einer Einleitung versehen von Marianne Grams. Stuttgart 1982.

Eckener 1990 | Theodor Storm. Der Schimmelreiter. Mit Radierungen von Alex Eckener. hg. von Dieter Lohmeier. Heide 1990.

Eckermann 1875* | Christian Eckermann: Die Bedeichung der Maxqueller, des jetzigen Kaiser Wilhelm-Koogs. In: Zeitschrift für Bauwesen 25 (1875), Sp. 219–238; mit einer Karte im zugehörigen Atlas-Bd., Bl. 38. Wiederabdruck bei Lohmeier 1990.

Eckermann 1882* | Christian Eckermann: Zur Geschichte der Eindeichungen in Norderdithmarschen. In: Zeitschrift der Gesellschaft für Schleswig-Holstein-Lauenburgische Geschichte, Bd. 12, Kiel 1882, S. 1–72.

Eckermann 1891 | Christian Eckermann: Die Eindeichungen von Husum bis Hoyer. In: Zeitschrift der Gesellschaft für Schleswig-Holstein-Lauenburgische Geschichte, Bd. 21, Kiel 1891, S. 187–234.

Eiderstedt 1910 | Eiderstedt. Beiträge zur Heimatkunde. Geschrieben von Lehrern des Kreises. Garding 1910.

Ellis 1969 | J. M. Ellis: Narration in Storm's *Der Schimmelreiter*. In: The Germanic Review 44 (1969), S. 21–30.

Erdmann-Degenhardt 1992 | Antje Erdmann-Degenhardt: Theodor Storm – vom Husumer Advokat zum preußischen Richter. In: Schleswig-Holsteinische Anzeigen. Justizministerialblatt für Schleswig-Holstein. Teil A, Nummer 8, August 1992, S. 121–129 und Nr. 9, September 1992, S. 137–142.

Esmarch 1840* | Heinrich Carl Esmarch: Praktische Darstellung des Strafverfahrens im Herzogthum Schleswig. Schleswig 1840, S. 32 f.

Esmarch 1846* | Heinrich Carl Esmarch: Das im Herzogthume Schleswig geltende bürgerliche Recht. Schleswig 1846.

Esmarch 1848* | Heinrich Carl Esmarch (Hg.): Sammlung der Statute, Verordnungen und Verfügungen, welche den bürgerlichen Proceß des Herzogthums Schleswig betreffen. Schleswig 1848.

Essen 1800 | Karl Essen: Hans Momsen. In: Fragmente aus dem Tagebuche eines Fremden mehrentheils während dessen Aufenthalt in einigen königlich-dänischen Staaten gesammlet. Kopenhagen 1800, S. 29–55.

Eversberg 1999a | Gerd Eversberg: Theodor Storm: Der Schimmelreiter. Das „Concept" (Sommer bis Weihnachten 1887). Rekonstruktion und Edition des „Schimmelreiter"-Manuskripts aus dem Konvolut „Nachlaß Ernst Storm" im Storm-Archiv, Husum. In: Theodor-Storm-Gesellschaft Husum: Die Storm-Handschriften aus dem Nachlaß von Ernst Storm. Hg. von der Kulturstiftung der Länder in Verbindung mit der Theodor-Storm-Gesellschaft. Berlin 1999. S. 13–77.

Eversberg 1999b | Gerd Eversberg: Mündlichkeit/Schriftlichkeit/Drucktext. Literarische Produktion als Medienwechsel (am Beispiel von Sagen und Spukgeschichten). In: Gerd Eversberg und Harro Segeberg (Hg.): Theodor Storm und die Medien. Zur Mediengeschichte eines poetischen Realisten. Berlin 1999. (Husumer Beiträge zu Storm-Forschung, Bd. 1), S. 49–66.

Eversberg 2000 | Gerd Eversberg: „Vor der Deichnovelle habe ich einige Furcht". Storms letzter Schreibprozeß im Spiegel der „Schimmelreiter"-Textzeugen. In: Stormlektüren. Festschrift für Karl Ernst Laage zum 80. Geburtstag. Würzburg 2000. S. 323–348.

Eversberg 2005a | Gerd Eversberg (Hg.): Theodor Storm: Anekdoten, Märchen, Sagen, Sprichwörter und Reime aus Schleswig-Holstein. Texte, Entstehungsgeschichte, Quellen. Unter Berücksichtigung der von Theodor Mommsen beigetragenen Sagen nach den Handschriften und Erstdrucken. Heide 2005.

Eversberg 2005b | Gerd Eversberg: Die Rungholtsage. In: Nordelbingen 74 (2005), S. 113–143.

Eversberg 2005c | Gerd Eversberg: Theodor Storm als Sammler nordfriesischer Sagen: In: Nordfriesisches Jahrbuch, Bd. 41, Bredstedt 2005, S. 81–98.

Eversberg 2006a | Theodor Storm als Schüler. Mit vier Prosatexten und den Gedichten von 1833 bis 1837 sowie sechs Briefen. Heide 2006.

Eversberg 2006b | Gerd Eversberg: Theodor Storms Schulzeit. Die Neuorganisation der Husumer Gelehrtenschule in der 1. Hälfte des 19. Jahrhunderts unter Rektor Peter Friedrichsen. In: Beiträge zur Husumer Stadtgeschichte 2006, Band 10, S. 8–34.

Eversberg 2007 | Gerd Eversberg: Theodor Storm arbeitet mit Quellen. In: STSG 56 (2007), 113–127.

Eversberg 2009a | Gerd Eversberg: Theodor Storm lässt grüßen. Beobachtungen aus dem Land des Schimmelreiters. Heide 2009.

Eversberg 2009b | Gerd Eversberg: Raum und Zeit in Storms Novelle „Der Schimmelreiter". In: STSG 58 (2009), S. 15–23.

Eversberg 2009c | Gerd Eversberg: Theodor Storms „Schimmelreiter". Eine Ausstellung im Storm-Haus. Heide 2009. (Husumer Kataloge 2)

Eversberg/Lefebvre 2010 | Gerd Eversberg und Jean Lefebvre: Du siehst Gespenster! Ein Dialog über Storms „Schimmelreiter". In: STSG 59 (2010), S. 21–43.

Eversberg 2010 | Gerd Eversberg: Der echte Schimmelreiter. So (er)fand Storm seinen Hauke Haien. Heide 2010.

Eversberg 2011 | Gerd Eversberg: Die Schimmelreiter-Sage. In: STSG 60. (2011), S. 67–92.

Falck 1819* | Nicolai Falck (Hg.:) „Das jütsche Low; aus dem Dänischen übersetzt von Blasius Eckenberger. Mit einer hochdeutschen Uebersetzung, den Artikeln Tord Degns und einigen Anmerkungen." Altona 1819.

Falck 1825–1840* | Nicolai Falck: Handbuch des Schleswig-Holsteinischen Privatrechts. 4 Bd. Altona, Bd. 1 (1825), Bd. 2 (1831), Bd. 3 (1835) und Bd. 4 (1840).

Fasold 1997 | Regina Fasold: Theodor Storm. Stuttgart 1997.

Friedrich Feddersen 1853* | Friedrich Feddersen: Beschreibung der Landschaft Eiderstedt. Altona o.J. [1853].

Harro Feddersen 1685* | Harro Feddersen: Bericht und Bedencken von dem so genannten Brethsteder Werck – auffgesetzet von Harro Feddersen in Husum. Anno 1685. (Landesarchiv Schleswig-Holstein, Schleswig)

Felkes 1937 | Ernst Felkes: Die geschichtliche Entwicklung der Deichlast in Nordfriesland. Stuttgart 1937.

Fischer 1955 | Otto Fischer: Landgewinnung und Landerhaltung in Schleswig-Holstein. Berlin 1955. (Das Wasserwesen an der schleswig-holsteinischen Nordseeküste. Dritter Teil: Das Festland. Band 2: Nordfriesland.)

Fischer u. a. 2007 | Norbert Fischer u. a. (Hg.): Inszenierungen der Küste. Berlin 2007. (Schriftenreihe der Isa Lohmann-Siems Stiftung. Bd. 1.)

Freund 1984 | Winfried Freund: Theodor Storm. Der Schimmelreiter. Glanz und Elend des Bürgers. Mit Abbildungen, Lageplänen und Struktur-Skizzen. Paderborn 1984.

Freund 1987 | Winfried Freund: Theodor Storm. Stuttgart 1987.

Freund 2002 | Winfried Freund: Theodor Storm: Der Schimmelreiter. Stuttgart: 2002 (Lektüreschlüssel).

Frühwald 1981 | Wolfgang Frühwald: Hauke Haien, der Rechner. Mythos und Technikgläubigkeit in Theodor Storms Novelle „Der Schimmelreiter". In:

J. Brummack (Hg.): Literaturwissenschaft und Geistesgeschichte. Festschrift für R. Brinkmann. Tübingen 1981, S. 438–457.

Geerkens 1960 | August Wilhelm Geerkens: Jean Henri Graf Desmercieres. Flensburg 1960.

Goldammer 1968 | Peter Goldammer: Theodor Storm. Eine Einführung in Leben und Werk. Leipzig 1968.

von Graevenitz 1993 | Gerhart von Graevenitz: Memoria und Realismus. Erzählende Literatur in der deutschen ‚Bildungspresse' des 19. Jahrhunderts. In: Anselm Haverkamp und Renate Lachmann (Hg.): Memoria. Vergessen und Erinnern. München 1993, S. 283–304.

Griese 2002 | Volker Griese: Theodor Storm. Chronik seines Lebens. Husum 2002.

Grimm 1835 | Jacob Grimm: Deutsche Mythologie. Göttingen 1835

Groth 1871* | Klaus Groth: De Heisterkrog. In: K.G.: Quickborn. Zweiter Theil. Volksleben in plattdeutschen Dichtungen ditmarscher Mundart. Leipzig 1871, S. 1–102.

Grove 1863* | E.R. Grove: Widerlegung der vom Grafen Arthur Revenlow verfaßten Schrift, betitelt: „Ueber die Marschbildung an der Westküste des Herzogthums Schleswig". Husum 1863.

Grunsky-Peper | In: Konrad Grunsky-Peper u.a.: Gemaltes Nordfriesland. Carl Ludwig Jessen und seine Bilder. Husum 1983.

Gudme 1816* | Landinspector Gudme: Tabellarische Uebersicht des Areals und der Bevölkerung der beiden Herzogthümer Schleswig und Holstein. In: Kieler Blätter, herausgegeben von einer Gesellschaft Kieler Professoren. Dritter Band. Kiel 1816, S. 413–417.

Gudme 1834* | Landinspector Gudme: Wendtorfer und Wischer Hafdeich. In: Neues Staatsbürgerliches Magazin, mit besonderer Rücksicht auf die Herzogthümer Schleswig, Holstein und Lauenburg. Hg. von N. Falck, zweiter Band, Schleswig 1834, S. 884–889.

C.P. Hansen 1865* | C[hristian] P[eter] Hansen: Das Schleswig'sche Wattenmeer und die friesischen Inseln. Glogau (1865).

J.F. Hansen 1770* | Johann Friedrich Hansens vollständigere Staatsbeschreibung des Herzogthums Schleswig. Flensburg 1770.

G. Hanssen 1844* | Georg Hanssen: Ueber das Landgemeindewesen in den Herzogthümern Schleswig und Holstein. In: Volksbuch für das Jahr 1845, hg. von K.L. Biernatzki. Kiel 1844, S. 133–166.

Harms 1843* | Claus Harms (Hg.): Schleswig-Holsteinischer Gnomon, ein allgemeines Lesebuch insonderheit für die Schuljugend. Kiel 1843, S. 43–46.

Hattstedter Koog 2000 | Hattstedter Neuer Koog 1500–2000. Festschrift zur 500-Jahrfeier. Hattstedtermarsch 2000.

Heimreich 1668* | M. Antoni Heimreichs Ernewrete NordFresische Chronick. Außgegeben Anno 1668. Hg. von. N. Falck, 2 Bd. Tondern 1819.

Henningsen 2000 | Hans-Herbert Henningsen: Rungholt, der Weg in die Katastrophe. Husum 2000.

Hermand 1965 | Jost Hermand: Hauke Haien, Kritik oder Ideal des gründerzeitlichen Übermenschen? In: Wirkendes Wort 15 (1965), S. 40–50.

Hinrichs 1991 | Boy Hinrichs: Flutkatastrophe 1634. Natur, Geschichte, Dichtung. Neumünster ²1991.

Hinrichsen 1925 | Hugo Hinrichsen: Die Verwaltung der Deiche in der nordfriesischen Marsch vor 1800. In: Jahrbuch des Nordfriesischen Vereins für Heimatkunde und Heimatliebe 1925, Heft 12, S. 3–40.

Hoffmann 1997 | Volker Hoffmann: Theodor Storm: „Der Schimmelreiter". Eine Teufelspaktgeschichte als realistische Lebensgeschichte. In: Interpretationen. Erzählungen und Novellen des 19. Jahrhunderts. Bd. 2. Stuttgart: Reclam, 1997, S. 333–370.

Holander 2003 | Reimer Kay Holander: Der Schimmelreiter – Dichtung und Wirklichkeit. Kommentar und Dokumentation zur Novelle „Der Schimmelreiter" von Theodor Storm. Zuerst Berlin 1976. Neue, verbesserte und aktualisierte Ausgabe, Bredstedt 2003.

Hoppe 1948 | Karl Hoppe (Hg.): Kommentar. In: Theodor Storm. Ausgewählte Werke. Braunschweig 1948, Bd. 4, S. 424–428.

Hoppe 1949* | Karl Hoppe: Der gespenstige Reiter. Eine unbekannte Quelle Storms. In: Westermanns Monatshefte, Braunschweig 1949, H. 5, S. 45–47.

Husum 2003 | Geschichte Husums. Von den Anfängen bis zur Gegenwart. Hg. von der Gesellschaft für Husumer Stadtgeschichte. Husum 2003.

Iben 2004 | Uwe Iben: Der Husumer Hafen. Husum 2004. (Schriftenreihe des Nordfriesischen Schifffahrtsmuseums, Bd. 5.)

Jackson 2001 | David A. Jackson: Theodor Storm. Dichter und demokratischer Humanist. Eine Biographie. Berlin 2001.

Jakubowski 1983 | Manfred Jakubowski-Tiessen: Der frühe Pietismus in Schleswig-Holstein. Göttingen 1983.

Jakubowski 1992 | Manfred Jakubowski-Tiessen: Sturmflut 1717. Die Bewältigung einer Naturkatastrophe in der Frühen Neuzeit. München 1992.

Jakubowski/Lehmann 2003 | Manfred Jakubowski-Tiessen u. Hartmut Lehmann (Hrsg.): Um Himmels Willen. Religion in Katastrophenzeiten. Göttingen 2003.

Jasper 1910 | J[ohannes] Jasper: Der Schimmelreiter. In: Eiderstedt. Beiträge zur Heimatkunde. Geschrieben von Lehrern des Kreises. Garding 1910, S. 102 f.

Jasper 1929 | J[ohannes] Jasper: Sturmflutsagen. In: „Heimaterde". Unterhaltungsbeilage zur Schleswig-Holsteinischen Landeszeitung, Rendsburger Tageblatt vom 8.10.1929.

Johansen 1866* | Chr[istian] Johansen: Halligenbuch. Eine untergehende Inselwelt. Schleswig 1866.

Jutisch Lowbok 1976 | Jutisch Lowbok. Lübeck 1486. Faksimiledruck mit einer Einleitung von Klaus von See. Glashütten im Taunus 1976.

H. und G. Klatt 1988 | Helgo und Günter Klatt: 375 Jahre Einhorn-(Rats-) Apotheke in Husum. Ein Beitrag zur Entwicklung des Apothekerwesens der Stadt Husum. Husum 1988.

Köster 1920 | Albert Köster: Kommentar (zu „Der Schimmelreiter"). In: Theodor Storms Sämtliche Werke in acht Bänden. Hg. von A.K. Leipzig 1920, Bd. 8, S. 288 f.

Kobes 1917 | Franz Kobes: Kindheitserinnerungen und Heimatbeziehungen bei Theodor Storm in Dichtung und Leben. Berlin 1912.

Kohl 1846* | J[ohann] G[eorg] Kohl: Die Marschen und Inseln der Herzogthümer Schleswig und Holstein. Nebst vergleichenden Bemerkungen über die Küstenländer, die zwischen Belgien und Jütland liegen. 3 Bde. Erster Band, Dresden und Leipzig 1846.

van der Kooi 1994 | Jurjen van der Kooi (Hg.): Friesische Sagen. München 1994.

van der Kooi 1998 | Jurjen van der Kooi: Der Ring im Fischbauch. Sagen aus Nordfriesland. Leer 1998.

Kühn 1992 | Hans Joachim Kühn: Die Anfänge des Deichbaus in Schleswig-Holstein. Heide 1992. (Kleine Schleswig-Holstein-Bücher. Bd. 42.)

Kühn/Panten 1995 | Hans Joachim Kühn/Albert Panten: Der frühe Deichbau in Nordfriesland. Archäologisch-historische Untersuchungen. Bredstedt, 2. Aufl. 1995.

Kuhn 1999 | Heribert Kuhn: Theodor Storm. Der Schimmelreiter. Mit einem Kommentar. Frankfurt am Main 1999. (Suhrkamp Basisbibliothek.)

Kunz/Panten 1999 | Harry Kunz/Albert Panten: Die Köge in Nordfriesland, 2., durchgesehene und aktualisierte Auflage 1999.

Kuschert 1982 | Rolf Kuschert (Hg.): Hans Momsen der Landmann, Mechaniker und Mathematiker aus Fahretoft in Nordfriesland 1735–1811. Husum 1982. (Schriften des Kreisarchivs Nordfriesland, Schloß vor Husum 5.)

Laage 1958 | Karl Ernst Laage: Das Erinnerungsmotiv in Theodor Storms Novellistik. In: STSG 7 (1958), S. 39–61.

Laage 1971 | Karl Ernst Laage: Der „Schimmelreiter" im „Danziger Dampfboot". In: STSG 20 (1971), S. 72–75.

Laage 1979 | Karl Ernst Laage: Der ursprüngliche Schluß der Stormschen „Schimmelreiter-Novelle", in: Euphorion 73 (1979), S. 451–457, und in STSG 30 (1981), S. 57–67.

Laage 1988 | Karl Ernst Laage: Kommentar (zu „Der Schimmelreiter") in LL 3, Frankfurt/Main 1888, S. 1049–1124.

Laage 1989 | Karl Ernst Laage: Zur ersten Buchausgabe von Storms „Schimmelreiter". In: In Search of the Poetic Real. Essays Honor of Cl. A. Bernd, Stuttgart 1989, S. 169–175.

Laage 1991 | Karl Ernst Laage (Hg.): Theodor Storm. Neues Gespensterbuch. Beiträge zur Geschichte des Spuks. Frankfurt am Main 1991. (Insel Taschenbuch 1346.)

Laage 1999 | Karl Ernst Laage: Ein Kampf auf Leben und Tod: „Der Schimmelreiter". In K. E. L.: Theodor Storm. Eine Biographie. Heide 1999, S. 244–258.

Laage 2003 | Karl Ernst Laage: Theodor Storms Schimmelreiter-Land. Heide 2003.

Laage 2007 | Karl Ernst Laage: Das Wirtshaus in Storms Novelle „Der Schimmelreiter": Poetische Fiktion und Wirklichkeit. In: K.E.L.: Theodor Storm. Neue Dokumente, neue Perspektiven. Berlin 2007 (Husumer Beiträge zur Storm-Forschung. Bd. 6), S. 113–120.

Laage 2009 | Karl Ernst Laage (Hg.): Theodor Storm. Der Schimmelreiter. Text, Entstehungsgeschichte, Quellen, Schauplätze, Aufnahme und Kritik. Heide 13., durchgesehene Auflage 2009.

Laage 2011 | Karl-Ernst Laage (Hg.): Theodor Storms neues Gespensterbuch. Beiträge zur Geschichte des Spuks. Heide 2011.

Laß 1750a* | J[ohannes] Laß: Sammelung einiger Husumischen Nachrichten, von Anno 1089. bis Anno 1700. inclusiue, aus unterschiedenen Manuscripten und Documenten etc. zusammen getragen […]. Flensburg 1750.

Laß 1750b* | J[ohannes] Laß: Fortsezung der Samlung einiger Husumischen Nachrichten, welche de Anno 1701. biß 1750. Junii inclusiue, aus vielen Nachrichten zusammengetragen, […]. Flensburg, gedruckt durch C. F. Holwein 1750.

Laß 1752* | J[ohannes] Laß: Sammlung Husumscher Nachrichten, Zweyter Fortsetzung, 8 Stücke, nebst Register. Flensburg 1752 ff.

Lefebvre 2009 | Jean Lefebvre: Nichts als Gespenster? Die Funktionen des Deichreiters in den Rahmenhandlungen des „Schimmelreiters. In: STSG 58 (2009), S. 7–13.

Lembke 1957 | Friedrich Lembke: Die Sage vom Schimmelreiter. Eine Anfrage. In: Die Heimat, Neumünster, (1957) 7, S. 181.

Levsen 1821* | [Christian Levsen]: Nachrichten über das Amt Bredstedt. Abgedruckt aus den Schriften der patriotischen Gesellschaft. Altona 1821. (Nachdruck: Bredstedt 1992)

Lowsky 2009 | Martin Lowsky: Menschen, die verblüffen. Trien' Jans und andere Nebenfiguren bei Theodor Storm, Theodor Fontane und Karl May. In: Die Horen 234 (2009), S. 107–112.

Loeb 1963 | Ernst Loeb: Faust ohne Transzendenz: Theodor Storms „Schimmelreiter". In: Studies in Germanic Languages and Literatures 1963, S. 121–132.

Lohmeier 1979 | Dieter Lohmeier: Erzählprobleme des Poetischen Realismus. Am Beispiel von Storms Novelle „Auf dem Staatshof". In: STSG 28 (1979), S. 109–122.

Lohmeier 1980 | Dieter Lohmeier: Rollwagen – Claußen – Coott. Personalhistorische Anmerkungen zur Geschichte des Deichwesens in Nordfriesland im frühen 17. Jahrhundert. In: Nordfriesisches Jahrbuch, NF Bd. 16, 1980, S. 75–90.

Lohmeier 1990 | Dieter Lohmeier: Christian Eckermanns Bericht über die Eindeichung des Kaiser-Wilhelm-Koogs. In: Dithmarscher Jahrbuch NF, Bd. 1, Heide 1990, S. 32–53.

Lohmeier 1991 | Dieter Lohmeier: Christian Eckermann. In: Biographisches Lexikon für Schleswig-Holstein und Lübeck, Bd. 9 (1991).

Lohmeier 2012 | Dieter Lohmeier: Theodor Storms „Schimmelreiter" zwischen realistischer Novelle und Gespenstergeschichte. In: STSG 61 (2012), S. 99–109.

Lorenzen-Schmidt 1990 | Klaus-Joachim Lorenzen-Schmidt: Kleines Lexikon alter schleswig-holsteinischer Gewichte, Maße und Währungseinheiten. Neumünster 1990.

Lübbing 1977 | Hermann Lübbing: Friesische Sagen von Texel bis Sylt. Jena 1928. Neudruck: Leer 1977.

Lüden 1978 | Catharina Lüden: Holländische Fliesen in Norddeutschland. Heide 1978.

Mann 1930 | Thomas Mann: Theodor Storm Essay [1930]. Hg. von Karl Ernst Laage. Heide 1996.

Martini 1974 | Fritz Martini: Deutsche Literatur im bürgerlichen Realismus 1848–1898. Stuttgart [3]1974.

Meier, A. 2002 | Albert Meier: „Wie kommt ein Pferd nach Jevershallig?" Die Subversion des Realismus in Theodor Storms „Der Schimmelreiter". In: Weltentwürfe in Literatur und Medien. Phantastische Wirklichkeiten – realistische Imaginationen. Festschrift für Marianne Wünsch. Kiel 2002. S. 167–79.

Meier, D. 2005 | Dirk Meier: Land unter! Die Geschichten der Flutkatastrophen. Ostfildern 2005.

Meier, D. 2013 | Dirk Meier u. a.: Der Küstenatlas. Das schleswig-holsteinische Wattenmeer in Vergangenheit und Gegenwart. Heide 2013.

Mejer/Danckwerth 1652* | Johannes Mejer: Landtcarte von Nordgoesharde, Ambt Husum, Lundenberg undt dem Nortstrande. In: Caspar Danckwerth/Johannes Mejer: Newe Landesbeschreibung der Zwey Hertzogthümer Schleswich und Holstein. […] Schleswig 1652.

Hans Momsen 1799* | Der Landmann Hans Momsen im Fahretofter Koege, ein umfassender Mathematiker und treflicher Mechaniker durch Selbstunterricht und eignes Genie. In: Schleswig-Holsteinische Blätter für Polizei und Kultur, 2. Band, Altona und Kiel 1799, S. 194–204.

Heinrich Momsen 1890 | Heinrich Momsen: Bilder aus Eiderstedt und den angrenzenden Gegenden. Garding 1890.

Mückenberger 2001 | Heiner Mückenberger: Theodor Storm – Dichter und Richter. Eine rechtsgeschichtliche Lebensbeschreibung. Baden-Baden 2001.

Mügge 1846* | Theodor Mügge: Streifzüge in Schleswig-Holstein und im Norden der Elbe. Erster Theil. Frankfurt am Main 1846. S. 289–299.

Mügge 1854* | Theodor Mügge: Sam Wiebe. Ein Lebensbild aus den Marschen. 1854.

Müllenhoff 1845* | Karl Müllenhoff: Sagen, Märchen und Lieder der Herzogthümer Schleswig, Holstein und Lauenburg, Kiel 1845. Neue Ausgabe besorgt von Otto Mensing. Schleswig 1921.

Muuß 1933 | Rudolf Muuß: Nordfriesische Sagen. Flensburg 1933, Der Schimmelreiter. Neudruck: Husum 1992.

Nachricht 1718* | Umständliche historische Nachricht von der grossen Wasser-Fluth, welche in der Christnacht des 1717. Jahrs der Herzogthümer Holstein/Schleßwig/Bremen; ingleichen Delmenhorst/Oldenburg, Jever, Kniephausen, Ost-Frießland, Gröningen, Frießland, Holland und übrige vereinigte Provintzen betroffen: […]. Samt einem Anhange von den hohen Fluthen am 15. 16. Febr. und 16. Mart. 1718; alles aus beglaubten Briefen und Original-Documenten gezogen. Hamburg 1718.

Neumann 2002 | Christian Neumann: Zwischen Paradies und ödem Ort: unbewusste Bedeutungsstrukturen in Theodor Storms novellistischem Spätwerk. Würzburg 2002

Neumann 2007 | Christian Neumann: Eine andere Geschichte vom Schimmelreiter. Der Subtext der Deichnovelle Theodor Storms aus literaturpsychologischer Perspektive. In: STSG 56 (2007), S. 129–148.

Neumeyer 2007 | Harald Neumeyer: Theodor Storms Novellistik. In: Begemann, Christian (Hg.): Realismus. Epoche – Autoren – Werke. Darmstadt 2007, S. 103–120.

Newig 2004 | Jürgen Newig: Die Küstengestalt Nordfrieslands im Mittelalter nach historischen Quellen. In: G. Schernewski und T. Dolch (Hrsg.): Geographie der Meere und Küsten. Coastline Reports 1 (2004), S. 23–36.

Nicolaisen 2007 | Dörte Nicolaisen: Von Husum nach Hadersleben. Die Malerin Charlotte von Krogh (1827–1913). Haderslev 2007, S. 11–73.

Nordfriesland 1995 | Geschichte Nordfrieslands. Hg. vom Nordfriisk Instituut in Zusammenarbeit mit der Stiftung Nordfriesland. Heide 1995.

Parey 1871* | C[arl] Parey: Das Deichbuch. Eine Sammlung der wichtigsten auf das Deichwesen bezüglichen gesetzlichen Bestimmungen. Danzig 1871.

Paulsen/Sörensen 1843* | [Paulsen/Sörensen]: Hans Momsen. Ein Zahl-, ein Maß und auch ein Kraftmann. In: Claus Harms (Hg.): Schleswig-Holsteinischer Gnomon, ein allgemeines Lesebuch insonderheit für die Schuljugend. Kiel 1843, S. 43–46.

Piatti 2008 | Barbara Piatti: Die Geographie der Literatur. Schauplätze, Handlungsräume, Raumphantasien. Göttingen 2008.

Reiter 1838* | Der gespenstige Reiter. Ein Reiseabenteuer. In: Lesefrüchten vom Felde der neuesten Literatur des In- und Auslandes. Hamburg, Jahrgang 1838, Zweiter Band, S. 125–128.

Reventlow 1863* | Arthur Graf zu Reventlow: Ueber Marschbildung an der Westküste des Herzogthums Schleswig und die Mittel zur Bevörderung derselben. Kiel 1863.

Rheinheimer 2003 | Martin Rheinheimer: Mythos Sturmflut. Der Kampf gegen das Meer und die Suche nach Identität. In: Jahrbuch „Demokratische Geschichte“, Bd. 15, Malente 2003, S. 9–58.

Riewerts 1969 | Brar V[olkert] Riewerts: Die Stadt Husum in Geschichte und Gegenwart. Husum 1969.

Risch-Stolz 1989 | Marianne Risch-Stolz: Alex Eckeners Illustrationen zu Theodor Storms „Schimmelreiter“. In: Nordelbingen Bd. 58 (1989), S. 115–136.

Röbling 2000 | Irmgard Röbling: „Von Menschentragik und wildem Naturgeheimnis“. Die Thematik von Natur und Weiblichkeit in „Der Schimmelreiter“. In: Stormlektüren. Festschrift für Karl Ernst Laage zum 80. Geburtstag. Würzburg 2000.

Rölleke 1996 | Heinz Rölleke: Das große deutsche Sagenbuch. Düsseldorf 1996.

Rummel 1984 | Heinrich Rummel: Alex Eckener. Ein Malerleben zwischen Flensburg und Stuttgart. Flensburg ²1984.

Salchow 1828* | [Christian Friedrich] Salchow: Ueber die Dünen überhaupt, – besonders über die Dünen der Insel Silt. In: Staatsbürgerl. Magazin, mit besonderer Rücksicht auf die Herzogthümer Schleswig, Holstein und Lauenburg. Hg. von N. Falck. Bd. 8, Schleswig 1828, S. 376–397.

Schambach/Müller 1855* | Georg Schambach und Wilhelm Müller (Hg.): Niedersächsische Sagen und Märchen. Aus dem Munde des Volkes gesammelt und mit Anmerkungen und Abhandlungen. Göttingen 1855.

Schenk 2009 | Gerrit Jasper Schenk (Hrsg.): Katastrophen. Vom Untergang Pompejis bis zum Klimawandel, Ostfildern 2009.

Schrader 1805* | Carl Schrader: Systematische Übersicht des Deichrechts als Resultat der wichtigsten teutschen Gesetze, über die, aus Deich- Damm- Siel- und Schleusen-Sachen entstehenden Rechtsverhältnisse, zum Gebrauch academischer Vorlesungen. Kiel 1805.

Schütze I–IV* | Johann Friedrich Schütze (Hg.): Holsteinisches Idiotikon, ein Beitrag zur Volkssittengeschichte; oder Sammlung plattdeutscher, alter und neugebildeter Wörter, Wortformen, Redensarten, Volkswitzes, Sprüchwörter, Spruchreime, Wiegenlieder, Anekdoten und aus dem Sprachschatze erklärter Sitten, Gebräuche, Spiele, Feste […]. 4 Theile, Hamburg 1800, 1801, 1802 und 1806.

Segeberg 1987 | Harro Segeberg: Literarische Technik-Bilder. Studien zum Verhältnis von Technik- und Literaturgeschichte im 19. und frühen 20. Jh. Tübingen 1987.

Siegler 1983 | Hans Georg Siegler: Ist der „Schimmelreiter“ der Deichgeschworene von Güttland? In: Danziger Hauskalender 35 (1983).

Schlee 1987 | Hans Schlee: Illustrationen zu den Werken Theodor Storms. Heide 1987, S. 75–77.

Schmeißer 1934 | Felix Schmeißer: Storms Schimmelreiter. Seine Vorgeschichte und sein Schauplatz. In: Stormarnische Heimatblätter 148 (Februar 1934).

Schmeißer 1952a | Felix Schmeißer: Der Schauplatz des Schimmelreiters. Überraschende Feststellungen zu Theodor Storms Meisternovelle. In: Husumer Tageblatt vom 18.9.1952.

Schmeißer 1952b | Felix Schmeißer: Auf den Spuren des Schimmelreiters. In: Husumer Tageblatt vom 20.9.1952.

Schmeißer 1960 | Felix Schmeißer: Neuer Beitrag zum Schauplatz der Schimmelreiternovelle. In: Die Heimat 67. Jg. 1960, Heft 9.

Schuster 2003 | Ingrid Schuster: Tiere als Chiffre. Natur und Kunstfigur in den Novellen Theodor Storms. Bern 2003.

Segeberg 1987 | Harro Segeberg: Literarische Technik-Bilder. Studien zum Verhältnis von Technik- und Literaturgeschichte im 19. und frühen 20. Jahrhundert. Tübingen 1987.

Silz 1955 | Walter Silz: Theodor Storm's Schimmelreiter. In: Modern Language Association of America 61 (1946), S. 762–783. Deutsche Übersetzung in: STSG 4 (1955), S. 9–30.

Stadelmann 1981 | Robert Stadelmann: Meer – Deiche – Land. Küstenschutz und Landgewinnung an der deutschen Nordseeküste. Neumünster 1981.

Steensen 1992 | Thomas Steensen (Hg.): Deichbau und Sturmfluten in den Frieslanden. Beiträge vom 2. Historiker-Treffen des Nordfriisk Instituut. Bredsted 1992.

Stemann 1866* | Christian L. E. v. Stemann: Geschichte des öffentlichen und Privat-Rechts des Herzogthums Schleswig. 2 Theile. Kopenhagen 1866.

Stein 2005 | Malte Stein: Grenzgänge. Zur Bedeutung des Wasserfrau-Motivs in Storms Erzählungen „Auf der Universität" und „Der Schimmelreiter". In: Storm-Blätter aus Heiligenstadt. 11 (2005), S. 19–32.

Stein 2006 | Malte Stein: „Sein Geliebtestes zu töten". Literaturpsychologische Studien zum Geschlechter- und Generationenkonflikt im erzählerischen Werk Theodor Storms. Berlin 2006.

Steinert 1991 | Harald Steinert: Der Name des Schimmelreiters. Das Vorbild für Storms berühmte Novelle war der Deichgeschworene Andreas Wannow. In: Danziger Hauskalender, 43 (1991).

Aemil Storm 1857* | Aemil Storm: De Febre sic dicta Marchica. Dissertatio inauguralis medica […]. Kiel 1857.

Stuckert 1955 | Franz Stuckert: Theodor Storm. Sein Leben und seine Welt. Tübingen 1955.

Teitge 1967 | Hans-Erich Teitge: Theodor Storm Bibliographie. Berlin 1967.

Tetens 1787* | Joh[ann] Nicol[ai] Tetens: Ueber den eingedeichten Zustand der Marschländer, und die demselben anklebende Gefahr vor Ueberschwemmungen, – eine Vorlesung, gehalten in der Versamlung der schleswig-holsteinischen patriotischen Gesellschaft den 31sten Oktober 1787. In: Schleswig-Holsteinische Provinzialberichte 1787, Heft 6, S. 641–665.

Tetens 1788a* | Bemerkungen über die einländischen Marschen über das Eigene ihrer verschiedenen Bezirke und den Charakter ihrer Bewohner. In: Schleswig-Holsteinische Provinzial-Berichte, 1788, H. 6, S. 350–376.

Tetens 1788b* | Johann Nicolai Tetens: Reisen in die Marschländer an der Nordsee zur Beobachtung des Deichbaus in Briefen. Erster Band. Leipzig 1788.

Tettau/Temme 1837* | Die Volkssagen Ostpreußens, Litthauens und Westpreußens. Gesammelt von W[ilhelm] J[ohann] A[lbert Freiherr von] Tettau und J[odocus] D[onatus] H[ubertus] Temme. Berlin 1837.

Trap 1864* | Jens Peter Trap: Statistik-topographisk Beskrivelse af Hertugdømmet Slesvig. Kjøbenhavn 1864. (2 Bde. und Kortbilag). Speciel Deel. Bredsted Amt, S. 203–219.

Theisohn 2008 | Philipp Theisohn: ‚Der Schimmelreiter'. Gespenstisches Erzählen. In: Christoph Deupmann (Hg.): Theodor Storm: Novellen. Stuttgart 2008, S. 104–125.

Tschorn 1978 | Wolfgang Tschorn: Idylle und Verfall. Die Realität der Familie im Werk Theodor Storms. Bonn 1978.

Vinçon 2004 | Hartmut Vinçon: Theodor Storm mit Selbstzeugnissen und Bilddokumenten. Reinbek ^{16}2004.

Volksbuch 1847 | Volksbuch für das Jahr 1847 mit besonderer Rücksicht auf die Herzogthümer Schleswig, Holstein und Lauenburg. Mit Beiträgen von […], herausgegeben von K(arl) L(eonhard) Biernatzki. Altona: Verlag der Expedition des Altonaer Mercur's

1846. Darin aus der Feder von Theodor Storm: Vaterländische Anekdoten, Sagen und Geschichten, S. 132–144; „Das Wunderkind", S. 139–144 ohne Hinweis auf den Beiträger.

Vorschlag 1823* | Unmaßgeblicher Vorschlag zur Benutzung des Wilhelminenkoogs, in einem Schreiben an den Herrn Professor Falck. In: Staatsbürgerl. Magazin, mit besonderer Rücksicht auf die Herzogthümer Schleswig, Holstein und Lauenburg. Bd. 3, Schleswig 1823, S. 230–235.

Wagener 2001 | Hans Wagener: Theodor Storm: Der Schimmelreiter. Erläuterungen und Dokumente. Stuttgart: Reclam, ²2001.

Weinreich 1997 | Gerd Weinreich: Theodor Storm: Der Schimmelreiter. Frankfurt a.M. ³1997 (Grundlagen und Gedanken).

Wittmann 1961 | Lothar Wittmann: Theodor Storms „Der Schimmelreiter". In: Deutsche Novellen des 19. Jahrhunderts. Interpretationen zu Storm und Keller. Hg. von Heinrich Gaese, u.a. Frankfurt a.M. 1961, S. 50–92.

Wolf 1788* | Heinrich Wolf: Nachricht von der Eindeichung des Marner Aussendeiches. In: Schleswig-Holsteinische Provinzial-Berichte. 1788, Heft 2, S. 35–47.

Wolf 1791* | Heinrich Wolf: Von dem Sinken der Brokdorfer Elbdeiche, sowie: Ergänzung und Berichtigung der vorstehenden Nachricht nach einer auf der Stelle unternommenen Besichtigung der besagten Deichstrecken. In: Schleswig-Holsteinische Provinzial-Berichte, 1791, Heft 5, S. 167–184.

INSVL
FOR.Æ
Small deep
Hooge
BELTRING
PEL WORM
HER DE
Pel worm
gr Kerck
kl Kerck
Süd fall
Rungholt
Trinde marsch
Odenbul
Rorbeck
Stintebul
Gaickebul
Morrum
Evenbul
Faretoft
Ockholm
Oland
Valgesbul
Burtee
Koningsbul
die Schluth